Geschichte und Gesellschaft
Sonderheft 18
Das Neue Jahrhundert

V&R

Geschichte und Gesellschaft

Zeitschrift für Historische Sozialwissenschaft

Herausgegeben von
Werner Abelshauser / Gisela Bock / Ute Frevert /
Wolfgang Hardtwig / Wolfgang Kaschuba / Jürgen Kocka /
Dieter Langewiesche / Hans-Jürgen Puhle / Reinhard Rürup /
Wolfgang Schieder / Klaus Tenfelde / Hans-Peter Ullmann /
Hans-Ulrich Wehler / Hartmut Zwahr

Sonderheft 18:
Das Neue Jahrhundert

Vandenhoeck & Ruprecht
in Göttingen

Das Neue Jahrhundert

Europäische Zeitdiagnosen
und Zukunftsentwürfe um 1900

Herausgegeben von
Ute Frevert

Vandenhoeck & Ruprecht
in Göttingen

Die Deutsche Bibliothek – CIP-Einheitsaufnahme

Das neue Jahrhundert: europäische Zeitdiagnosen und Zukunftsentwürfe um 1900 / hrsg. von Ute Frevert. – Göttingen : Vandenhoeck und Ruprecht, 2000
(Geschichte und Gesellschaft : Sonderheft ; 18)
ISBN 3-525-36418-0

© 2000 Vandenhoeck & Ruprecht, Göttingen
Printed in Germany. – Das Werk einschließlich aller seiner Teile ist urheberrechtlich geschützt. Jede Verwertung außerhalb der engen Grenzen des Urheberrechtsgesetzes ist ohne Zustimmung des Verlages unzulässig und strafbar.
Das gilt insbesondere für Vervielfältigungen, Übersetzungen, Mikroverfilmungen und die Einspeicherung und Verarbeitung in elektronischen Systemen.
Satz: Satzspiegel, Nörten-Hardenberg
Druck- und Bindearbeiten: Hubert & Co., Göttingen

Inhalt

Ute Frevert
Jahrhundertwenden und ihre Versuchungen 7

Thomas Welskopp
Im Bann des 19. Jahrhunderts. Die deutsche Arbeiterbewegung
und ihre Zukunftsvorstellungen zu Gesellschaftspolitik und
„sozialer Frage" 15

Hartmut Berghoff
„Dem Ziele der Menschheit entgegen". Die Verheißungen der
Technik an der Wende zum 20. Jahrhundert 47

Alexander Schmidt-Gernig
Zukunftsmodell Amerika? Das europäische Bürgertum und die
amerikanische Herausforderung um 1900 79

Dirk Schumann
Der brüchige Frieden. Kriegserinnerungen, Kriegsszenarien und
Kriegsbereitschaft 113

Ute Frevert
Die Zukunft der Geschlechterordnung. Diagnosen und
Erwartungen an der Jahrhundertwende 146

Friedrich Wilhelm Graf
Alter Geist und neuer Mensch. Religiöse Zukunftserwartungen
um 1900 185

Wolfgang Schieder
Die Zukunft der Avantgarde. Kunst und Politik im italienischen
Futurismus 1909–1922 229

Dietrich Geyer
Rußland an der Jahrhundertwende. Zeitdiagnosen und
Zukunftsprojektionen aus östlicher Perspektive 244

Jürgen Osterhammel und Niels P. Petersson
Ostasiens Jahrhundertwende. Unterwerfung und Erneuerung in
west-östlichen Sichtweisen 265

Die Autoren 307

Jahrhundertwenden und ihre Versuchungen

von Ute Frevert

Während Historiker darüber streiten, wann das 20. Jahrhundert begonnen hat und ob es nun ein langes oder ein kurzes Jahrhundert war, bereiten sich die Menschen auf einen neuen Jahrhundertanfang vor. Sie tun es in dem Bewußtsein, daß die Jahreswende nicht nur eine Jahrhundertwende, sondern sogar eine Jahrtausendwende markiert. Dieses kalendarische Faktum steigert das Gefühl, etwas biographisch und generationell Einmaliges zu erleben. Nur wenige Altersjahrgänge erhalten die Gelegenheit, von heute auf morgen in ein neues Jahrhundert, geschweige denn ein neues Jahrtausend einzutreten; um so stärker wird das Bedürfnis, diese Rarität durch eine besondere individuelle Aktion zu feiern. Die Concorde-Flüge rund um die Erde, mittels derer das neue Jahrhundert und Jahrtausend mehrfach begrüßt werden können, sind seit langem ausgebucht; in Städten wie Rom, Jerusalem, aber auch New York sind alle Hotelbetten längst vergeben.

Der Begeisterung für das Außerordentliche steht die Angst vor dem Chaos zur Seite. Immer wieder ist die Rede vom Zusammenbruch aller Kommunikationsnetze am 1. Januar 2000. Der Computer, heißt es, der nach dem 31.12.99 automatisch auf die Jahresziffern 00 umstelle, könne nicht unterscheiden, ob er es mit den Jahren 1900 oder 2000 zu tun habe. Dramatische Fehlsteuerungen seien die Folge; im Internet malt man sich Katastrophenszenarien aus, und in den USA rüsten sich Pessimisten für ein Überleben in der Endzeit.

Zumindest eins ist sicher: In dieser Beziehung sind die Menschen dem Computer überlegen. Sie wissen – und erkennen an untrüglichen Zeichen –, daß die Glocken in der Silvesternacht 1999 das Jahr 2000 und nicht etwa das Jahr 1900 einläuten. Das kollektive Gedächtnis, durch Geschichtsschreibung, Mahnmale und Gedenktage, aber auch durch individuelle und Familienerfahrung bestätigt, signalisiert ihnen, daß sie das 20. Jahrhundert mit seinen weltumspannenden Katastrophen, seinen irritierenden Ungleichzeitigkeiten, seiner atemberaubenden sozialen Dynamik bereits hinter sich haben. Nur das historisch invariante Computersystem kann der Täuschung erliegen, es habe diese Ära der immensen Hoffnungen, der großspurigen Erlösungsversprechungen und der abgrundtiefen Verzweiflung noch vor sich. Nur der Computer kann so tun, als ob es möglich sei, das 20. Jahrhundert noch einmal zu beginnen.

Die Vorstellung jedoch, ihn auf seinem Jahrhundertsprung zu begleiten, ist verlockend. Gerade die Erfahrung der Gegenwart weckt Neugier auf Vergangenheit: Hat man vor hundert Jahren ähnlich aufgeregt und vibrierend auf das kalendarische Ereignis der Jahrhundertwende reagiert? Gab es schon damals „Zukunftskommissionen", „Zukunftswerkstätten" und „Zukunftsgespräche"? Wie war es um das Genre des Rückblicks, der Bilanz des Vergangenen bestellt? Hatten Zeitgenossen um 1900 ebenso wie heute das Bedürfnis, eine Standortbestimmung vorzunehmen, sich im Kontinuum der Zeit zu verorten? Und wenn ja, in welcher Sprache taten sie es, auf welche Bilder griffen sie zurück, um ihre Erfahrungen mitzuteilen und ihre Erwartungen zu formulieren? Wie stellten sie sich das 20. Jahrhundert vor, und worauf gründeten diese gedanklichen Entwürfe?

Daß Jahrhundertwenden als Epochenschnitte oder Epochenschwellen wahrgenommen werden, ist ein Phänomen der Neuzeit. Je schneller sich Gesellschaften veränderten, je höher die Beschleunigung sozialen Wandels war, desto größer wurde offenbar die Neigung, Markierungspunkte zu setzen und ein abstraktes, sachlich undeterminiertes Datum als Ende und Neubeginn hervorzuheben. Dieses Datum lud dazu ein, innezuhalten und die Pause zum Rückblick ebenso wie zur Vorausschau zu nutzen. Seit Beginn des 18. Jahrhunderts kam es in Mode, Säkularmünzen zu prägen. Städte, aber auch Korporationen brachten Erinnerungsmünzen und Medaillen in Umlauf und richteten Feiern aus, um das neue Jahrhundert zu begrüßen. Immer wieder entzündeten sich leidenschaftliche Debatten darüber, wann denn ein Jahrhundert überhaupt beginne. Bereits um 1700 entbrannte ein heftiger Streit, ob das 18. Jahrhundert am 1. Januar 1700 oder aber erst ein Jahr später, am 1.1.1701 anfange. Er wiederholte sich 1800 und 1900 und nahm zuweilen sogar den Charakter unversöhnlicher Grundsatzkonflikte an.[1]

International ging man verschiedene Wege: Das Pariser Längenbüro etwa bestimmte 1899 den 1. Januar 1901 als Beginn des 20. Jahrhunderts, während der deutsche Bundesrat die Jahreswende 1899/1900 als Jahrhundertwende betrachtete. Ersteres war zwar wissenschaftlich völlig korrekt; die Chronologie privilegierte in der Tat die Zahl Eins vor der Null. Das Zeitempfinden der meisten Menschen aber legte eine andere Zählung nahe. Um etwaige Mißverständnisse auszuschließen, gab die Vertretung der Einzelstaaten im Deutschen Reich Anweisung, die „volkstümlichste Auffassung" zugrunde zu legen. Das wiederum empfanden manche Zeitgenossen als skandalöse „Vergewaltigung ihrer wissenschaftlichen Überzeugung". Sie verglichen sich mit Galileo Galilei und warfen den Verantwortlichen „Leichtherzigkeit" und „Mangel an Rückgrat" vor. Der Herausgeber des amtlichen Königlich Preußischen Normalkalenders konterte seinerseits mit der Bemerkung, daß „der bekannte Schritt vom Erhabenen abwärts" bei einer solchen Argumentation „sehr nahe liegt". Anstatt eine „harmlose Angelegenheit" zu einer Frage nationaler Ehre hochzuspielen, solle man den Politikern dankbar sein, daß sie „am Schlusse des Jahrhunderts, in welchem

---

1 Aus früheren Jahrhundertwenden, in: Die Gartenlaube, Nr. 52, 1900, S. 888–890; Meyers Großes Konversations-Lexikon, 6. Aufl., Bd. 10, Leipzig 1905, S. 152.

Deutschland einig geworden ist, eine Verzettelung der Feier der Jahrhundertwende auf zwei verschiedene Jahre verhindert" hätten. Schuldirektoren, Stadtverordnete und Verbandsvorsitzende im ganzen Land wüßten jetzt, wann sie feiern sollten, und könnten dieses große Fest gemeinsam, wie es einem „einheitlichen Gemeinwesen" gebühre, begehen.[2]

Letztlich war es, das läßt diese Argumentation deutlich erkennen, für beide Parteien eine nationale Ehrenfrage, wann die Jahrhundertwende anzusetzen und wie sie zu zelebrieren sei. In dem aufgeheizten politischen Klima des ausgehenden 19. Jahrhunderts zog man mit einer solchen Rhetorik sofort Aufmerksamkeit auf sich und sicherte dem Streitobjekt eine hohe Publizität. Andererseits eigneten sich die Inszenierungen der Jahrhundertwende tatsächlich dazu, mit nationalen Parolen und Deutungen garniert zu werden. Boten sie doch Anlaß, auf die Errungenschaften der Vergangenheit zurückzublicken und zugleich Zukunftsgewißheit auszustrahlen. In diesem Sinne begingen die europäischen Gesellschaften die Jahrhundertwende – ähnlich den Weltausstellungen – als ein großes Fest des Bilanzierens, des selbstzufriedenen Schulterklopfens und der hochfliegenden nationalen Zukunftsentwürfe.

Die wesentlichen Stichworte dieser Zelebration waren bereits in dem deutschen Disput um den richtigen Zeitpunkt aufgetaucht. Es ging darin um wissenschaftliche Ansprüche, um politische Ziele und um internationale Konkurrenz. Der wissenschaftliche Anspruch – hier: das Beharren auf der chronologischen Rechnung – stand für das moderne, fortschrittsbetonte Selbstbild der Zeitgenossen, das sich in (natur)wissenschaftlichen Meßverfahren und Experimenten repräsentiert fand. Technische und wissenschaftliche Rationalität mitsamt der in ihr enthaltenen „Ethik der Wahrheit" erfreuten sich allerhöchster Wertschätzung. Sie galten geradezu als Signatur der Zeit, die sie von früheren Epochen unterschied. Und sie galten als Bedingung jener unerhörten ökonomischen Wachstumsbewegung, die die Länder Europas (und die USA) im 19. Jahrhundert geprägt und von Grund auf verwandelt hatte.

Daneben traten politische Erwägungen und Interessen. Wenn der oberste Sachwalter des preußischen Kalenders dafür plädierte, die „chronologischen und astronomischen Grundlagen" der Zeitrechnung hinter Beweggründe politischer Opportunität und Popularität zurückzustellen, verband er damit ein Bekenntnis zu nationaler Einheit und Größe. Die prekäre, im Innern noch ungefestigte Nationalstaatlichkeit des Deutschen Reiches sollte symbolisch verstärkt werden, indem ein einheitlicher Zeitpunkt für die Jahrhundertfeiern fixiert wurde. Keinesfalls dürfte bei dieser Gelegenheit „wieder ein Bild deutscher Zerrissenheit erscheinen", mahnte der Professor. Im Gegenteil dienten die Feiern dazu, die Stärke und Geschlossenheit der Nation zu erin-

---

2 Ethische Kultur. Wochenschrift für sozial-ethische Reformen, Nr. 2, 13.1.1900, S. 14; Nr. 3, 20.1.1900, S. 23 f.; Nr. 4, 27.1.1900, S. 31.

nern und vorzuführen. Aus einer erfolgreichen Vergangenheit ließen sich sodann Erwartungen an eine ebensolche Zukunft schöpfen.

All dies vollzog sich vor dem Hintergrund internationaler Selbstvergleiche. Schon der Kritiker der deutschen Terminplanung sorgte sich um die „sonderbare Rolle", die Deutschland auf diesem Gebiet spiele. Daß die „anderen Kulturnationen" bei der „Verkürzung des Jahrhunderts" nicht mitmachten, stürze das Reich „in allerlei Verlegenheiten" und „desavouire" es gegenüber dem Ausland. Dem widersprach der Kalenderexperte: Ein „Konflikt mit den übrigen Kulturvölkern" sei nicht zu erwarten. Beide aber stimmten implizit darin überein, daß es not tat, „die anderen" nicht aus dem Blick zu verlieren und das eigene Land nicht zu isolieren. Die Entwicklung der übrigen europäischen Staaten war zwar keine Richtschnur, wohl aber Maßstab für das, was daheim vor sich ging. Kein Land konnte und wollte es sich um 1900 leisten, sich ganz auf sich selber zurückzuziehen; im Gegenteil beobachtete man die Nachbarn genau, stellte Leistungsvergleiche an und suchte den Wettbewerb.[3]

An welchen Kriterien sich diese Selbst- und Fremdbeobachtung ausrichtete und zu welchen Ergebnissen sie führte, wird in diesem Band untersucht. Er identifiziert Themen und Gegenstände des zeitgenössischen Vergleichens, und er ortet diejenigen Reflexionsinstanzen, die solche Vergleiche anstellten und als Meinungsträger auftraten: soziale Gruppen und Bewegungen, Politiker und Intellektuelle, Professionen und Verbandsfunktionäre. Je nach Standpunkt und Interessenlage variierte auch die Sicht auf Vergangenheit, Gegenwart und Zukunft. Wie man die Jahrhundertwende feierte und welche Deutungen man ihr beimaß, hing davon ab, auf welche Erfahrungen man als Angehöriger einer Klasse, eines Geschlechts, einer ethnischen Gruppe, eines Berufs, einer politischen Bewegung zurückblicken konnte. Ebenso wie sich diese Erfahrungen voneinander unterschieden, zeigten auch die daraus abgeleiteten Erwartungen ein differenziertes Profil.

Sicher, auf den ersten Blick wirkten die Reflexionen zum Jahrhundertende und die Jubelfeiern, mit denen das neue Jahrhundert begrüßt wurde, uniform. Überall, in New York nicht anders als in Paris oder Berlin, schwelgte man in Optimismus. Niemals, hieß es immer wieder, sei es der Menschheit so gut gegangen, die Leistungen des vergangenen Säkulums seien imposant, und alles deute darauf hin, daß sich diese Fortschrittsbewegung auch in Zukunft ungebrochen fortsetze. Man könne stolz sein auf das Erreichte, das das Leben der Menschen innerhalb weniger Generationen dramatisch zum Besseren gewendet habe. Die Menschheit insgesamt und das eigene Nationalvolk im Besonderen dürften sich feiern. Die schwermütige Stimmung des Fin de Siècle schien überwunden; selbst die Zerrissenheit und Zwiespältigkeit, die viele Zeitgenossen in den 1890er Jahren bekundet hatten, war einer

---

3 Zitate ebd.

überschäumenden Zukunftsgewißheit gewichen. Von der „Welt der Gegensätze", als die etwa der populäre Philosoph Theobald Ziegler 1899 sein „Fin de Siècle" bezeichnet hatte, war nicht viel übriggeblieben. Die Ambivalenzen waren aus den Leitartikeln und Festreden verschwunden, deren Grundton auf Dur gestimmt war.[4]

Bei näherem Hinsehen und Hinhören aber war der Chor der Jubilanten durchaus vielstimmiger, zuweilen sogar dissonant. Nicht jeder sprach über jedes; je nach dem sozialen und politischen Ort des Sprechers verschoben sich auch die Schwer- und Brennpunkte seiner Rede. Frauen, die sich der feministischen Bewegung zurechneten, wählten einen anderen Beobachtungsfokus als Ingenieure; Pazifisten dachten lieber über den Weltfrieden nach als über den Elektromotor und dessen gesellschaftliches Veränderungspotential; sozialdemokratische Arbeiter und Intellektuelle entwarfen ein anderes Bild des Zukunftsstaates als Unternehmer; Künstler hatten andere Träume als Theologen. Auch der geographische Ort spielte eine Rolle für die Wahl des Themas und die Perspektive, unter der es betrachtet wurde. In Rußland stellte man sich den neuen Menschen des 20. Jahrhunderts anders vor als in Italien. Der Osten sah den Westen mit anderen Augen als der Westen den Osten. Das galt auch für noch weiter entfernte Weltgegenden, für Japan, China oder Indien. Und auch hier war der europäische Blick wiederum kein einheitlicher: Künstler und Visionäre schauten anders und auf anderes als Wissenschaftler und Wirtschaftsfachleute.

Die Vielfalt der Wahrnehmungen und Perspektiven aufzuzeigen ist ein zentrales Ziel der nachfolgenden Beiträge. Sie unterscheiden zwischen verschiedenen Reflexionsinstanzen, die jeweils verschiedene Themen und Problembereiche in den Mittelpunkt ihres Nachdenkens über das Neue Jahrhundert stellten. Als Reflexionsinstanzen gelten dabei Personen, soziale Gruppen und Bewegungen von gesellschaftsprägender Kraft und Ausstrahlung: Politiker und Verbandsfunktionäre ebenso wie Frauen- und Arbeiterbewegungen, Künstlervereinigungen und Intellektuelle. Sie bildeten Kommunikationsgemeinschaften mit hoher Publizität und besetzten Positionen, denen sie auf diese Weise eine große öffentliche Wirksamkeit sichern konnten.

Ihre Debatten um das Neue Jahrhundert werden unter bestimmten Leitfragen untersucht: Welche Wünsche, Befürchtungen, Prognosen wurden darin formuliert? Welche Erfahrungen und Entwicklungen der Vergangenheit wurden fortgeschrieben? Wo erwartete man qualitative oder quantitative

---

4 W. Laqueur, Fin de siècle: Noch einmal mit Gefühl, in: Neue Rundschau, H. 4, 1996, S. 9–48; F. Herre, Jahrhundertwende 1900, Stuttgart 1998; für Deutschland vgl. M. Salewski, ‚Neujahr 1900'. Die Säkularwende in zeitgenössischer Sicht, in: Archiv für Kulturgeschichte 53. 1971, S. 335–381; F. Möller, Das Jahr 1900. Der Traum vom endlosen Fortschritt, in: E. Bünz u. a. (Hg.), Der Tag X in der Geschichte, Stuttgart 1997, S. 169–187; T. Ziegler, Die geistigen und socialen Strömungen des Neunzehnten Jahrhunderts, Berlin 1899, S. 523 ff.

Veränderungen? Worin sah man das Neue des 20. Jahrhunderts? Nahm man 1900 überhaupt als epochale Zäsur wahr? Wie überführte man Zukunftsentwürfe in Ordnungskonzepte? Wie definierte man die Bedingungen, unter denen das Erwartete oder Befürchtete gestaltet oder verändert werden konnte? Welche Institutionen, Akteure und Interessen wurden als maßgeblich lokalisiert? Wie situierte man die eigene Gesellschaft und ihre Zukunftspotentiale im Verhältnis zu anderen Nationalgesellschaften in Europa, aber auch außerhalb Europas? Stellte man sich eine gleichgerichtete Entwicklung der Weltgesellschaft vor, oder antizipierte man Konflikte und Divergenzen? Gab es möglicherweise eine gesamteuropäische Perspektive, die sich gegenüber außereuropäischen Gesellschaften und Kulturen abgrenzte?

Solche Fragen dienen dazu, die gewünschte Vielfalt der geographischen und sozialen Standpunkte zu strukturieren und zu synthetisieren. Einen Syntheseversuch legt bereits der innere, sachliche Zusammenhang der verschiedenen Themen und Diskurse nahe. Ob Theologen über den „neuen Menschen" reflektierten und die Zukunft der Religionen im 20. Jahrhundert abtasteten, ob Feministinnen eine neue Ethik forderten und das Zeitalter des Feminismus heraufdämmern sahen, ob eine selbsternannte künstlerische Avantgarde den neuen Menschen jenseits aller aufklärerischen Harmonieideale konstruierte und abbildete – jedesmal kreisen die Debatten um anthropologische Konzepte und ganzheitliche Weltsichten. Zugleich knüpften sie an jene Zukunftsszenarien an, die Ingenieure oder Sozialdemokraten entwarfen, wenn sie die Technik als dominante Gestaltungskraft rühmten und von ihr bisweilen sogar die Befriedung aller politischen, sozialen und kulturellen Konflikte erwarteten. Das wiederum verwies auf die intensiven zeitgenössischen Debatten über Krieg und Frieden, über die innen- und außenpolitischen Bedingungen einer internationalen Friedensordnung und deren Widerstände.

All diese Debatten fanden europaweit statt, entfalteten sich parallel zueinander, nahmen oftmals eng aufeinander Bezug. Zuweilen besaßen sie sogar einen gemeinsamen Fokus, wenn es beispielsweise um die Wahrnehmung der US-amerikanischen Gesellschaft ging. Die Frage, ob die USA Europa das Bild der eigenen Zukunft zeigten, wurde um 1900 heiß diskutiert, mit aufschlußreichen innereuropäischen Variationen. Aber auch der Blick in den Fernen Osten förderte zahlreiche verbundene Perspektiven zutage, wenngleich vor allem China seit der Mitte der 1890er Jahre auch Projektionsfläche und Austragungsort innereuropäischer Rivalitäten war.

Die verschiedenen Blicke, ihre Sender und Empfänger fügen sich zu dem faszinierenden Panorama einer europazentrierten Weltgesellschaft zusammen, die bereits um 1900 denk- und wahrnehmbar war. Weltumspannend waren die Neugierde und das Interesse am jeweils Anderen, wie groß die kulturelle und räumliche Entfernung auch sein mochte. Das ausgeprägte Bedürfnis nach Selbstvergleichen und Wettbewerb brachte eine Kommunikation und Reflexion hervor, deren Regsamkeit und Beweglichkeit historisch kein Vorbild kannten. Mit Fug und Recht hätte man bereits damals von „Globalisierung" reden können, auch wenn darin die allfälligen Ungleichzeitigkeiten, Entwicklungsunterschiede und ungleichen Machtverhältnisse nicht aufgehoben waren (und sind).

Zugleich erscheinen die Überlegungen, Prognosen und Bilanzen, die an der Schwelle zum 20. Jahrhundert angestellt und veröffentlicht wurden, als ein Vorgriff auf jene „zweite", nämlich reflexive Moderne, die gemeinhin als prägend für das ausgehende 20. Jahrhundert angesehen wird. Auf dem Hintergrund struktureller Entwicklungen, die die europäischen Gesellschaften im Verlauf des 19. Jahrhunderts sowohl ökonomisch als auch politisch und sozial völlig umgestaltet hatten, wurden Auseinandersetzungen geführt, die in ihrer Vielschichtigkeit und Ambivalenz manches von dem vorwegnehmen, was seit den 1970er Jahren diskutiert wird. Das hing nicht zuletzt damit zusammen, daß in den 1880er Jahren ein nochmals beschleunigter Modernisierungsprozeß eingesetzt hatte, der kulturell-ästhetische Vorstellungen ebenso revolutionierte wie die technische Infrastruktur und den Bereich medialer Kommunikation. Manche Historiker neigen deshalb dazu, den Begriff der Jahrhundertwende als Epochenwende auszudehnen auf die Jahrzehnte zwischen 1880 und 1930, andere plädieren eher für einen Zeitschnitt um 1900.[5]

Wenn die Autoren dieses Bandes sich entschieden haben, die Jahrhundertwende relativ eng zu definieren und auf die Zeit um 1900 zuzuspitzen, ließen sie sich von der Beobachtung leiten, daß eine solche Konzentration zeitgenössischen Vorgaben folgt. Die Menschen selber verfielen der Magie der Zahl und nutzten sie dazu, ein fulminantes Feuerwerk von Bilanzen, Reflexionen und Zukunftserwartungen zu entfachen. 1900 markierte damit nicht so sehr eine reale sozial-, wirtschafts- oder politikgeschichtliche Zäsur als vielmehr eine gigantische Verdichtung von Wahrnehmungen, Deutungen und Ideen. Wie in einem Brennspiegel zurrten die Tendenzen der Epoche hier zusammen, verklammerten sich, kommunizierten miteinander, zogen sich an und grenzten sich voneinander ab.

Historikern bieten diese Verdichtung und die in ihr angelegten Synthesen eine einmalige Möglichkeit, Erfahrungen und Erwartungen, die in einer Gesellschaft kursieren und von sprachmächtigen Kommunikationsgemeinschaften lebendig erhalten werden, aufeinander zu beziehen. Zukunft ist in dieser Perspektive immer eine Extrapolation der Vergangenheit bzw. ihrer

---

5 Vgl. etwa das großangelegte Projekt des Funkkollegs „Jahrhundertwende", das die „Entstehung der modernen Gesellschaft" zwischen 1880 und 1930 auf verschiedenen Ebenen (Wissenschaft, Technik, Kunst, Gesellschaft, Ökonomie, Politik, Gesellschaft) analysiert (Studienbegleitbriefe 0–12, Weinheim 1988; A. Nitschke u. a. (Hg.), Jahrhundertwende. Der Aufbruch in die Moderne 1880–1930, 2 Bde., Reinbek 1990); P. Nolte, 1900: Das Ende des 19. und der Beginn des 20. Jahrhunderts in sozialgeschichtlicher Perspektive, in: GWU 47. 1996, S. 281–300.

Deutung. Die Entwürfe für das Neue Jahrhundert sind in der Regel Fortschreibungen dessen, was man aus der Geschichte übernehmen möchte. Sie ergeben sich aus Zeitdiagnosen, die wiederum eng an die Wahrnehmung vergangener Entwicklungspotentiale und -optionen geknüpft sind. Daß die Geschichte dann doch anders verläuft, daß sie Kontingenzen kennt, die den Erwartungshorizont der Zeitgenossen sprengen, zeigt der Rückblick am Ende des 20. Jahrhunderts.

Die Idee zu diesem Buch geht auf eine Tagung zurück, die 1997 in der Werner-Reimers-Stiftung in Bad Homburg stattfand. Veranstalter war der Arbeitskreis für moderne Sozialgeschichte, der damit eine Tagungssequenz zum Thema „Sozialgeschichte Europas im 20. Jahrhundert" einleitete. Die meisten Beiträge wurden hier diskutiert, andere später eingeworben. Nicht mehr druckfertig wurde das Referat, das Sidney Pollard damals über „Politisches System und Krisenmanagement" am Beispiel Großbritanniens gehalten hat. Dem Andenken dieses ebenso liebenswürdigen wie kenntnisreichen Historikers, Lehrers und Kollegen sei dieser Band gewidmet.

Im Bann des 19. Jahrhunderts

Die deutsche Arbeiterbewegung und ihre Zukunftsvorstellungen zu Gesellschaftspolitik und „sozialer Frage"

von Thomas Welskopp

Im „Vorwärts" kündeten Annoncen für „Rum, Arac und Punsch" das Fest der Jahrhundertwende an. Man warb für „lebende böhmische Eiskarpfen", für „Glühwein-Extrakt" und „humoristische Neujahrskarten". Ein Berliner Drechslermeister namens Günzel bot „Neujahrs-Cigarrenspitzen" feil, das Dutzend ab 40 Pfennige, darunter auch „sozialistische" mit Porträts von Lassalle und Marx. Erstaunlich viele kommerzielle Anzeigen für große Silvesterbälle, etwa im Metropol-Theater, illustrierten, daß das sozialdemokratische Milieu der Reichshauptstadt mittlerweile eine Massenkaufkraft repräsentierte, die so groß war, daß sich selbst der „Klassenfeind" über ideologische Milieuvorbehalte hinwegsetzte, um sie für sich zu erschließen.[1] Eine besondere Aufbruchseuphorie an der Schwelle zum 20. Jahrhundert läßt sich aus den Festankündigungen und -protokollen im Umfeld der deutschen Sozialdemokratie jedoch nicht herauslesen. Vielmehr kommentierte man – belustigt und despektierlich – den Jahrhundertwendentaumel der anderen: die rauhen Silvesterrituale *Unter den Linden* und in der *Friedrichstraße*, wo pubertierende Jugendliche honorigen Bürgern den Zylinder vom Kopf stießen, und die von selbstzufriedenem Pathos triefende militärisch-sakrale Festzeremonie des Kaisers vor dem Berliner *Zeughaus*.[2] Man vergaß auch nicht, penibel zu vermerken, daß „wir die Wende des Jahrhunderts feiern sollen, obgleich noch ein Jahr fehlt, ehe das Jahrhundert abgelaufen ist". Obwohl man sich letztlich der Jubiläumsbewegung nicht entzog, glaubte die Sozialdemokratie, sich einen solchen Hinweis schuldig zu sein. Schließlich bewies man sich damit erneut als eine dem offiziellen Establishment überlegene Partei der – eben auch mathematisch – exakten Wissenschaft: „In der That scheint es auch nicht, als ob die offiziellen Träger der bestehenden Welt ein besonderes Grauen vor der Jahrhundertwende empfänden; im Gegentheil haben sie in ihrer Freude am Jubel lauter Feste den Zeiger der Zeit um ein Jahr vorgerückt, sie feiern das neue Jahrhundert noch ehe es da ist".[3] Mit intellektuellen Distanzierungsgesten dieser Art versuchte die parteioffizielle Propaganda der deutschen Sozialdemokratie, die Euphorie und Hysterie des

---

1 Vgl. etwa: Vorwärts, Beilage zu Nr. 302, 28.12.1899.
2 Vorwärts, Beilage zu Nr. 1, 3.1.1900.
3 F. Mehring, Die Wende des Jahrhunderts, in: Neue Zeit 18. 1899/1900, Nr. 13, S. 385–388; 385; Die Kultur der Massen, in: Vorwärts, Nr. 305, 31.12.1899.

Jahrhunderttaumels zu dämpfen, die Bedeutung der Zäsur herunterzuspielen und an ihre Stelle eine nüchterne Bestandsaufnahme und einen optimistischen, doch unterkühlten Ausblick in die Zukunft zu setzen. Das Parteivolk indessen scheint sich – nach dem, was wir wissen – den klassenunspezifischen Vergnügungen ausgelassenen Feierns durchaus ergeben zu haben.

I. Die deutsche Sozialdemokratie und das Jahrhundert der Produktivkräfte.

Die Jahrhundertschwelle ließ sich für die deutsche Sozialdemokratie nur schwer ideologisch instrumentalisieren, wollte man sich dabei nicht auf das Niveau des oberflächlichen Taumels begeben, wie er in der bürgerlichen Öffentlichkeit inszeniert wurde. Da man sich souverän im Besitz des Wissens um die langfristige geschichtliche Entwicklungslogik wähnte, hob sich das Datum des 1. Januar 1900 nicht qualitativ über die Bedeutung anderer Jahreswenden hinaus. Für die Sozialdemokratie bedeutete *jede* Zeitschwelle zwischen zwei Jahren eine Etappe auf dem Weg in die neue Gesellschaft; sie benötigte das Ende des Säkulums nicht als bloß formale, äußerliche Zäsur auf dem langen Marsch in die „Neue Zeit". So mußte der Jahrhundertzauber für sie als artifiziell und aufgesetzt erscheinen. Die exaltierten Fin de siècle-Aufgeregtheiten der Zeitgenossen waren in diesem Sinne nur dekadente Spielereien und abergläubische Beschwörungsgesten, die gesellschaftspolitische Desorientierung und Niedergang verrieten. Die Wende zum 20. Jahrhundert markierte für die Sozialdemokraten keine Epochengrenze; sie fungierte lediglich als Symbol für den Fortschritt in der kontinuierlichen Entwicklung auf den Zusammenbruch der kapitalistischen Ordnung und die Errichtung des sozialistischen „Volksstaats" hin. Für die Sozialdemokratie, hieß es in der Silvesternummer des „Vorwärts",

„hat die Jahrhundertwende nur die Bedeutung, daß sie, nicht klagend und nicht prahlend, nicht betend und nicht fluchend, nicht in abergläubischer Furcht und nicht in verzweifeltem Trotze, aber in fröhlicher Zuversicht ihren Befreiungskampf im Dienste der Menschheit am ersten Tage des neuen Jahrhunderts fortsetzen wird, wie sie ihn am letzten Tage des alten Jahrhunderts beschlossen hat."[4]

Die symbolische Schwelle zum 20. Jahrhundert bestätigte somit nur zeichenartig eine ohnehin verbreitete Siegesgewißheit, die allerorten beschworen wurde: „Es wird ein Jahrhundert der Erfüllung sein, wie das neunzehnte Jahrhundert ein Jahrhundert der Hoffnung war".[5]

Bereits zum Jahreswechsel 1897/1898 hatte „Der wahre Jacob" auf seiner Titelseite eine allegorische Darstellung gebracht, die die Gegenwartsdiagnosen und Zukunftsvorstellungen der deutschen Sozialdemokratie *in nuce* symbolisch verdichtete: Die historische Entwicklung verkörperte eine riesi-

---

4 Die Kultur der Massen, in: Vorwärts, Nr. 305, 31.12.1899.
5 Mehring, Die Wende des Jahrhunderts, S. 385.

ge Lokomotive modernster Bauart, die, girlandengeschmückt und besetzt mit zwei fröhlichen mützenschwingenden Musterproletariern, mit Volldampf auf eine Weiche zuraste, deren eine Abzweigung auf ein lorbeerbekränztes Säulenportal zuführte, in das die Worte „Die neue Zeit" eingraviert waren. Im gleißenden Sonnenlicht hinter dieser Pforte harrte die klassenbewußte Arbeiterschaft unter wehenden Fahnen, um die Lokomotive des Fortschritts willkommen zu heißen. Eine kräftige Frauengestalt im Gewand der Französischen Revolution und mit phrygischer Mütze – die allegorische Personifizierung der Sozialdemokratie – stand am Schalthebel des Stellwerks im Vordergrund, im Begriff, die Weiche herumzuwerfen und die in voller Fahrt befindliche Lokomotive auf den Kurs „in die neue Zeit" zu bringen.[6] Die Sozialdemokratie präsentierte sich damit als eine Partei der ungebremsten industriellen Entwicklung, als eine Partei der entfesselten Produktivkräfte, deren ungetrübter Fortschrittsoptimismus von der Vorstellung genährt wurde, man müsse zu geeigneter Zeit quasi nur einen Schalter umlegen, um den Schwung der kapitalistischen Eigendynamik dazu zu nutzen, die ökonomische Expansion auf sozialistischen Kurs und über die Systemschwelle zum „freien Volksstaat" der Zukunft zu bringen.

Die sozioökonomischen Zeitdiagnosen und Zukunftsvorstellungen der deutschen Sozialdemokratie prägte eine radikal „prometheische" Weltsicht. In ihrer Industrie-, Technik- und Wissenschaftsgläubigkeit übertraf sie spielend sogar die technizistische Effizienz- und Machbarkeitsideologie der Ingenieurverbände.[7] Das wurde dadurch möglich, daß man in einer ideologischen Ausblendungsoperation die „Produktivkräfte" von den „Produktionsverhältnissen" trennte, d. h. „Industrialismus" und „Kapitalismus" voneinander schied. Natürlich kritisierte man das kapitalistische System asymmetrischer Eigentumsverhältnisse: Es hemme die freie Entfaltung industrieller und wissenschaftlicher Potentiale, und es habe verhindert, daß die Arbeiterschaft adäquat vom konjunkturellen Aufschwung seit Mitte der 1890er Jahre profitieren konnte.[8] Aber die Kapitalismuskritik war seit den 1870er Jahren spürbar in den Hintergrund des Diskurses getreten und in wenigen abgedroschenen Beschwörungsformeln erstarrt. Statt dessen sang man nunmehr vor allem das Loblied der industriellen Expansion, der technischen Entwicklung und des wissenschaftlichen Fortschritts. Durch die Trennungsoperation der „Produktivkräfte" von den „Produktionsverhältnissen" wurden erstere quasi ideologisch neutralisiert und theoretisch aus dem kapitalistischen Verwertungssystem ausgekoppelt. Der „Industrialismus" der deutschen Sozialdemokratie erschien als systemneutraler naturgesetzlicher Prozeß, auf dessen Errungenschaften man stolz war und auf die man

---

6 Der wahre Jacob, Nr. 299, 4.1.1898.
7 V. Drehsen u. W. Sparn (Hg.), Vom Weltbildwandel zur Weltanschauungsanalyse. Krisenwahrnehmung und Krisenbewältigung um 1900, Berlin 1996.
8 Zur Lage der Arbeiter, in: Vorwärts, Nr. 304, 30.12.1899.

Anspruch erhob, weil es schließlich die Arbeiter seien und nicht die Unternehmer, die seine materiellen Träger darstellten: „Das moderne Proletariat ist der Träger der modernen Produktionsweise, der das neunzehnte Jahrhundert alle seine ungezählten Wunder verdankt".[9]

Man reklamierte also unter Berufung auf die Formel, die Arbeit sei die Schafferin aller Werte, die industrielle Expansion und den technischen Fortschritt für sich. Damit reduzierte man den Kapitalismus auf ein sekundäres Steuerungs- und Verteilungsproblem. Dies gestattete eine uneingeschränkte Bejahung der wirtschaftlichen Entwicklung und nährte einen grenzenlosen Fortschrittsoptimismus. Die Seiten der „Neuen Zeit" waren gefüllt mit naturwissenschaftlichen Betrachtungen und modernistisch formulierten Nachrichten von Expeditionen und Entdeckungen. Selbst die langgliedrigen Fingeräffchen Madagaskars fanden in der sozialdemokratischen Parteipresse Erwähnung. Die Berichte von der Pariser Weltausstellung des Jahres 1900 waren sprachlich von der Ästhetik freitragender Stahlbrückenkonstruktionen geprägt. Der Berliner Apotheker Heinrich Vogel übertrug in seinen „Ausblicken in das neue Jahrhundert" den auch in der Sozialdemokratie grassierenden naturwissenschaftlichen Darwinismus auf die Staatenwelt und prognostizierte den Großmächten der Zeit eine Einbuße an Macht in dem Maße, wie sich ihre Kohlereserven erschöpften. Das Zeitalter des Erdöls hatte noch nicht begonnen, und Kolonialpolitik wie Auslandsinvestitionen als Mittel zur Kompensation schrumpfender Ressourcen tauchten in Vogels Ausführungen erst am Rande auf.[10]

Indem man die ökonomische Expansion und den technischen Fortschritt von ihren kapitalistischen Systemkontexten abkoppelte und sie als Produkte der Arbeit für das Proletariat und seine Bewegung reklamierte, konnte man sich mit den positiven Charakteristika des industriellen Zeitalters uneingeschränkt identifizieren und umgekehrt Probleme und krisenhafte Tendenzen einseitig dem kapitalistischen System zuweisen – als Folgen einer ungerechten politischen Überformung eigentlich durch und durch guter, zukunftsweisender Produktionspotentiale. So hob der Bericht von der Pariser Weltausstellung die Anwesenheit des sozialistischen Ministers Millerand hervor, dem in seiner Eröffnungsrede „die ehrenvolle Aufgabe zufiel, das Riesenwerk, in dem sich die schönsten Blüthen der Schaffenskraft aller zivilisirten Nationen zu einem herrlichen Bouquet verbinden, den Repräsentanten der zivilisirten Welt feierlich zu übergeben". In den richtigen – sozialistischen – Händen seien Industrie, Technik und Wissenschaft Werkzeuge des „Völkerfriedens" und der „Völkersolidarität", Grundprinzipien, die die Pariser Ausstellung in ihrer ganzen Anlage zum Ausdruck bringe:

---

9 Mehring, Die Wende des Jahrhunderts, S. 387.
10 H. Vogel, Ausblicke in das neue Jahrhundert, in: Neue Zeit 18. 1899/1900, Nr. 14, S. 444–446.

„Mit deutlicher Anschaulichkeit sprachen sie uns schon in der Werdeperiode an, als bei Errichtung der Riesenkonstruktionen, Dynamos, Rollbrücken und Hebeapparate, welche deutschem Fleiß entstammten, allen anderen Nationen zu erfolgreichem und glanzvollem Auftreten energische Hilfe leisteten; sie kommen mit reizvoller Harmonie in der tausendfältigen Ornamentirung, Dekoration und Ausstattung der die Gewerbe- und Kunstprodukte aller Nationen beherbergenden Paläste und Hallen zur Geltung, wo ohne jedwede engherzige Exklusivität oder feindselige Konkurrenz mit vollen Händen gegenseitig aus den Kunstschätzen aller Völker geschöpft wurde; sie treten uns endlich mit phantasievoller und zugleich rührender Symbolik aus der *Straße der Völker* entgegen, wo ohne jede Rücksicht auf politische Allianzen oder Dissonanzen alle Großmächte dicht nebeneinander ihre Lager aufgeschlagen und durch die abwechslungsvolle Architektonik ihrer Stilarten gegenseitig zur Hebung ihres ästhetischen und künstlerischen Werthes beitragen. Die Weltausstellung bringt uns noch freilich nicht den Weltfrieden, aber sie räth und lehrt ihn auf jedem Schritte."[11]

So werde es die Zukunft notwendig mit sich bringen, daß der „Industrialismus" und seine Träger, die Arbeiter der Kulturnationen, die Fesseln des Kapitalismus zerrissen und zu ihrer wahren Entfaltung gelangten. Dann könne man auch die beobachteten linearen Trends der wirtschaftlichen Expansion, des Wachstums der Großindustrie und des technisch-wissenschaftlichen Fortschritts auf ständig gesteigertem Niveau extrapolieren. Das Kapital und die Unternehmer als Hemmschuhe dieses Potentials seien überflüssig und verzichtbar. Durch ihr anachronistisches Festhalten an der Macht drohten diese parasitären Drohnenexistenzen und ihre müßiggängerische Dekadenz lediglich, eine gesunde Fortentwicklung zu bremsen:

„Überall dieselbe Erscheinung. Dort, wo tüchtige Arbeit, ein Zusammenwirken von tausend anonymen Kräften, einer moralisch gesunden und sozial emporstrebenden Arbeiterklasse den Ausschlag giebt, sehen wir Gelingen und Fortschritt, dort dagegen, wo das erschöpfte Gehirn einer degenerirten, dem Verfall entgegeneilenden gesellschaftlichen Klasse selbständig auftritt, nur Banalität, Mittelmäßigkeit, Niedergang."[12]

Das anbrechende 20. Jahrhundert war für die deutsche Sozialdemokratie gekennzeichnet durch eine lineare bzw. nach Möglichkeit beschleunigte Fortsetzung trendartiger Entwicklungsstränge, die ihre Wurzeln im Industrialisierungsprozeß des späten 19. Jahrhunderts hatten. Daher stellte für sie die Jahrhundertschwelle weniger eine Zäsur dar als eine Bestätigung von Kontinuitäten, die naturnotwendig auf den Umschlag in die sozialistische Gesellschaft in ferner – aber stetig näherrückender – Zeit zuliefen. Eigentlich steckte in diesem „prometheischen" Weltbild eine paradoxe Deutungsoperation: Die enorme wirtschaftliche Expansion in der Phase der Zeitenwende,

---

11 F. Nossig, Pariser Weltausstellung 1900, in: Neue Zeit 18. 1899/1900, Nr. 31, S. 117–122; 117 f.
12 Ebd., S. 121.

das Wachstum der Großunternehmen, die aufsehenerregenden technischen Innovationsschübe und die rastlose Entdeckungs- und Entwicklungswut der Wissenschaften wiesen den Kapitalismus als vitale, aufwärtsstrebende Produktionsweise aus, die kraftstrotzend und zukunftsträchtig schien. Auf spezifische Weise versuchten die sozialdemokratischen Diagnostiker und Prognostiker diese Kraftquelle anzuzapfen, um ihre Energie auf die eigene Bewegung umzulenken und den Systemfeind dennoch als dem Untergang geweiht zu porträtieren: Indem man die linearen Wachstumstrends der produktiven Sphäre aber aus ihren Systembindungen herauslöste und die Notwendigkeit der Verbindung zwischen – expandierendem – „Industrialismus" und – krisenhaftem – Kapitalismus bestritt, konnte man eine in die Zukunft gerichtete Expansionsgeschichte der „Produktivkräfte" schreiben und *trotzdem* den Niedergang des Kapitalismus beschwören. Im Grunde weigerte man sich unter Berufung auf das Arbeitswertgesetz, die linearen Trends des Wachstums und des Fortschritts als Produkte des kapitalistischen Systems anzuerkennen. Vielmehr reklamierte man diese als *eigene* Leistung, als systemisch neutrale Leistung einer Arbeiterschaft, deren Kreativitäts- und Produktivitätspotentiale noch gar nicht hinreichend freigesetzt seien, solange der Ausbeutungsmechanismus des Kapitalismus sie in seinen Fesseln gefangenhielte. Auf dieser Basis dann war es möglich, die ökonomischen und technischen Entwicklungsschübe der Zeit nicht als Stärkephänomene des Kapitalismus, sondern als Symptome *eigener* Stärke und näherrückender Umwälzungen zu werten – und uneingeschränkt zu begrüßen. Das war um so plausibler möglich, als man den unübersehbaren eigenen organisatorischen Erfolg: das rapide Wachstum der organisierten Arbeiterbewegung und ihre fortschreitende institutionelle Perfektionierung, als einen weiteren linearen Trend parallel neben die ökonomischen und technischen Tendenzen stellte, ihn gleichfalls in die Zukunft extrapolierte, und damit das Zukunftsbild einer gleichgerichteten, unaufhaltsamen Bewegung auf den Sozialismus zu in einer fast naturgesetzlichen Rhetorik beschwor:

„Überreich war dies Jahrhundert an Fortschritten auf allen Gebieten menschlicher Thätigkeit, an Fortschritten, die selbst die kühnsten Geister nicht einmal ahnten, als es zuerst aus der Zeiten Schoße heraufgraute, aber sie alle überragt, wie die Krone des Baumes seinen Stamm und seine Wurzeln, der proletarische Emanzipationskampf, als die nicht mehr mythische, sondern thatsächliche und wahrhaftige Erlösung des Menschengeschlechts. Die Feuertaufe dieses Kampfes, sein rasches und unwiderstehliches Vordringen, wenn auch noch nicht zum Siege selbst, so doch zur unerschütterlichen Gewißheit des Sieges, giebt dem neunzehnten Jahrhundert seine historische Weihe, die es hoch emporhebt über alle seine Vorläufer, giebt ihm seine weltgeschichtliche Stellung als Markstein, von wo aus erst die wirkliche Geschichte der Menschheit beginnt."

Schulter an Schulter mit den expandierenden Großunternehmen, der vorwärtseilenden Technik und der sich entfaltenden Wissenschaft marschierte in diesem Bild das klassenbewußte Proletariat unter der energischen Führung seiner organisierten Bewegung einer verheißungsvollen Zukunft entgegen. Die Zukunftsdiagnose diente damit in erster Linie der Selbstvergewisserung angesichts der Unsicherheit, wann und wie die linearen Wachstumstrends der Gegenwart dialektisch in das neue System des Sozialismus umschlagen würden:

„Es ist mächtig vorwärts gegangen, und es wird je länger, je mächtiger vorwärts gehen. Vielleicht nicht immer in ununterbrochenem, vielleicht auch nicht in so schnellem Siegeslauf, das schon das zwanzigste Jahrhundert die Schlacht um den Birkenbaum sehen wird. Kein noch so zuversichtlicher Prophet kann darüber zuverlässige Auskunft geben. Aber mit freudigem Muthe und stolzer Zuversicht überschreitet das klassenbewußte Proletariat die Schwelle des zwanzigsten Jahrhunderts. Wer zu seiner Fahne schwört, hat ein Ideal, wie es keine Vorzeit größer gekannt hat und besitzt eine Bürgschaft des Sieges, wie sie der genialste Eroberer noch nie besessen hat."[13]

II. Der sozialdemokratische „Deutungskonzern" als legitime Reflexionsinstanz der gesamten Arbeiterbewegung? Die Grundstrukturen dieses sozialdemokratischen Deutungskosmos waren in den 1870er Jahren entstanden, und seine Tradierung und inhaltliche Auffüllung waren mehr und mehr in das Monopol einer umfangreichen hauptamtlichen Parteielite übergegangen, deren Massierung in den Metropolen Deutschlands Züge eines sich von der Parteibasis hermetisch abschließenden totalen Milieus, eines „Parteimilieus"[14] mit eigenen lebensweltlichen Handlungskontexten, hervorgebracht hatte.[15] Reichstagsabgeordnete, Parteisekretäre und Literaten, Parteiredakteure, Verleger, Druckereibesitzer und Kolporteure beherrschten dieses Milieu. 1904 beschäftigte die zur Massenpartei expandierte SPD 16 hauptamtliche Bezirkssekretäre, 329 Redakteure und Expedienten sowie 1.476 Arbeiter in den parteieigenen oder parteinahen Druckereibetrieben und Verlagen. Gemessen an einer Parteimitgliedschaft von (1905/1906) 384.327 Personen bedeutete dies, daß rechnerisch auf nur 200 Parteimitglieder ein besoldeter Parteifunktionär entfiel.[16] Die deutsche Sozialdemokratie war um die Jahr-

---

13 Mehring, Die Wende des Jahrhunderts, S. 385 f., 387 f.
14 Vgl. dazu ausführlich: T. Welskopp, Das rote Banner der Brüderlichkeit. Die frühe deutsche Sozialdemokratie vom Vormärz bis zum Erlaß des Sozialistengesetzes, Habilitationsschrift FU Berlin 1998, bes. Kap. II.9.
15 Vgl. etwa die farbigen Beschreibungen der sozialen Welt dieses Parteimilieus in: A. Laschitza, Im Lebensrausch, trotz alledem. Rosa Luxemburg. Eine Biographie, Berlin 1996: bei Kautskys zum Kaffee, mit Bruno Schoenlank ins Theater, dann wieder die Kautskys zu Besuch in Luxemburgs Friedenauer Wohnung, was ihr lästig fiel, weil Kautsky immer lange blieb, besonders wenn er getrunken hatte. Sie könne kaum einmal in Ruhe spazierengehen, klagte Rosa Luxemburg in Briefen, immer lauere Frau Kautsky hinter der Gardine, um sie zu längerem Plauschen abzupassen.
16 Zahlen nach: R. Michels, Zur Soziologie des Parteiwesens in der modernen Demokratie.

hundertwende zu einem mächtigen „Deutungskonzern" herangewachsen. Die in diesem Deutungskonzern formulierten Zeitdiagnosen und Zukunftserwartungen verwiesen im Grunde zumindest ebenso auf den inneren und äußeren Zustand der Partei, wie sie Schlußfolgerungen aus der Beobachtung der Gesellschaft darstellten.

Hier, in diesem dichten Milieu professioneller Gesellschaftsbeobachter und politischer Prognostiker, wurden das sozialdemokratische Selbstbild, die sozialdemokratischen Zeitdiagnosen und die sozialdemokratischen Zukunftsvorstellungen möglichst verbindlich verwaltet, wobei es auf ein sensibles Austarieren zwischen der Legitimierung flexibler Tagespolitik und dem Einpassen widersprüchlicher politischer Erfahrungen in das Gerüst der orthodoxen Grundutopie ankam. Dabei spielten tagtägliche Legitimationsbedürfnisse und Verwertungsabsichten eine ebenso entscheidende Rolle wie Strömungskonkurrenzen innerhalb dieses Milieus, die immer auch Konkurrenzen um Führungspositionen und Definitionsmacht waren. Das hatten der Konflikt um die „Jungen" Anfang der 1890er Jahre und die „Zukunftsstaats"-Debatten auf den Parteitagen von 1891 und 1893 deutlich gezeigt.[17] Um die Jahrhundertwende herum nun war der *Revisionismusstreit* zwischen Eduard Bernstein, Karl Kautsky, Franz Mehring und den jungen Radikalen um Rosa Luxemburg heftig im Gange. Die oben zitierten Zeitdiagnosen und Zukunftsvorstellungen im „Vorwärts" und in der „Neuen Zeit" repräsentierten dabei die „zentristische" Position des „weiter so". Sie isolierten Beobachtungen und Erscheinungen der Gegenwart, um sich selbst, den innerparteilichen Gegnern und dem Parteivolk zu suggerieren, daß man sich auf dem einzig richtigen, siegverheißenden Wege befand. Der legitimatorische „Gebrauchswert" dieser Aussagen war dabei größer als ihre gesellschaftsdiagnostische Validität. Jenseits des Forums der Parteiorgane – und vor allem der lediglich in parteiintellektuellen Zirkeln rezipierten, theoretisch ausgerichteten „Neuen Zeit" – scheint der Bedarf an Klärung der Zukunftsaussichten für das neue Jahrhundert an der Basis überraschend wenig ausgeprägt gewesen zu sein. Zwar beraumten einige Gliederungen der Partei und verschiedene Gewerkschaften noch für den Silvestertag 1899 Versammlungen ein. So hielt etwa „Herr Dr. Bruno Wille" vor dem Berliner *Maurerverein* „einen Vortrag über: ,An der Schwelle des Jahrhunderts'". Offensichtlich stieß er dabei jedoch auf wenig mehr als höfliche Zuhörbereitschaft. Lakonisch hieß es: „Eine Diskussion über den lehrreichen, mit großem Beifall aufgenommenen Vortrag fand nicht statt". Auch über das Referat des Genossen Kotzle in Friedrichsfelde, „der in interessanter Weise einen Rückblick der bedeut-

---

Untersuchungen über die oligarchischen Tendenzen des Gruppenlebens, Stuttgart 1989⁴, S. 266 f.; Parteimitgliedschaft nach: D. Fricke, Handbuch zur Geschichte der deutschen Arbeiterbewegung 1869 bis 1917, Berlin 1987, Bd. 1, S. 308.

17 Vgl. D.H. Müller, Idealismus und Revolution. Zur Opposition der Jungen gegen den Sozialdemokratischen Parteivorstand 1890 bis 1894, Berlin 1975, bes. S. 47 ff.

samen Ereignisse des vorigen Jahrhunderts bot", ging man unterkühlt zur Tagesordnung über und wählte Delegierte zur Kreiskonferenz.[18]

Diese lapidaren Bemerkungen sind das deutlichste überlieferte Zeugnis dafür, wie groß das hierarchische Gefälle zwischen einer zunehmend pragmatisch-unideologischen Parteibasis und einer Parteispitze, die gewissermaßen stellvertretend und allgemeinverbindlich ideologische Grundsatzpositionen zu formulieren beanspruchte, mittlerweile geworden war. In der Tat war die deutsche Sozialdemokratie von der agilen Volksbewegung der 1860er und 1870er Jahre, die sich auf Engagement, „Selbstdenken" und Partizipation gründete, zu einem arbeitsteiligen „Deutungskonzern" mutiert, dessen Spitze die Politikformulierung und -bewertung in engen Zirkeln monopolisiert hatte und darüber entschied, welche gesellschaftspolitischen Deutungsforen der proletarischen Gegenöffentlichkeit überhaupt zur Verfügung standen. Diese Deutungselite bestand aus den Veteranen der ersten sozialdemokratischen Parteigeneration, den Bebels, Liebknechts und Auers, die die Grundutopie der Bewegung Anfang der 1870er Jahre noch aus ihren unmittelbaren Erfahrungen abgeleitet hatte. Sie bestand ferner aus den Parteiintellektuellen der zweiten Generation, den Kautskys und Mehrings, die eine lange Karriere in den Gremien und Redaktionen des Parteimilieus absolviert hatten. Beide Gruppen sorgten für das charakteristische abstrakt-hochideologische Grundmuster des sozialdemokratischen Diskurses ebenso wie für seinen basis- und praxisfernen Charakter. Dieses Milieu erwies sich gegenüber veränderten Rahmenbedingungen sozialdemokratischer Politik und gegenüber divergierenden Erfahrungen und Bedürfnissen anderer Strömungen in der Arbeiterbewegung und späterer Funktionärsgenerationen als extrem resistent. Überaus beschäftigt mit ideologischen Kontroversen innerhalb der eigenen Reihen, die die Spaltungsgefahr früh heraufbeschworen, mußten ihm solche Abweichungen und Differenzierungen als bedrohliches Renegatentum erscheinen und Ausgrenzungsreflexe auslösen. Die Sozialdemokratie stand in der Folge nur für einen engen Ausschnitt des Spektrums, das die Arbeiterbewegung in Deutschland repräsentierte. Ihre Deutungselite aber verkörperte eine nochmalige Reduzierung der Ideologieproduktion auf einen eng umrissenen Kreis von Chefprognostikern.

Wenn daher die deutsche Sozialdemokratie um 1900 als gesellschaftliche Deutungsinstanz nahezu als „debattenunfähig" erscheint, so ist dies ein Befund, der aus dem ungleichen Zugang zu publizistischen Interpretations- und Kommunikationsressourcen abgeleitet werden muß. Er erklärt sich zugleich aus der Abwendung gerade vieler Dissidenten innerhalb der Bewegung von einem ideologischen Diskurs, dessen Lautstärke und Klangfarbe von denen bestimmt wurden, die an den Mikrofonen und Verstärkern saßen. Das letztlich machte das Angebot der Sozialdemokratie an gesellschaftspolitischen

---

18 Vorwärts, Beilage zu Nr. 2, 4.1.1900.

Zukunftsvorstellungen und an Lösungen der „sozialen Frage" so autistisch, steril und rückwärtsgewandt. Selbst die unübersehbaren neuen Tätigkeitsfelder und Politikbereiche der Arbeiterbewegung fanden keinen Eingang mehr in den Diskurs um die Rolle der Sozialdemokratie und die Gestalt des zukünftigen Staates im heraufziehenden 20. Jahrhundert. Die übermächtige Existenz eines „Deutungskonzerns", der anachronistische Weltbilder einfach fortschrieb und gegen jeden Erfahrungswandel immer aufs neue reproduzierte, lähmte die Fähigkeit der Arbeiterbewegung zu einer offenen Bestandsaufnahme und innovativen Zukunftsdiskussion insgesamt.

Dabei waren im Prozeß der organisatorisch-institutionellen Ausdifferenzierung der deutschen Arbeiterbewegung durchaus neue Führungseliten und Debattenforen entstanden, aus denen sich recht eigenständige Reflexionsinstanzen mit zunehmendem Einfluß auf die Politikformulierung auch der Partei hätten entwickeln können. In der Regel aber wurden solche Strömungen zugunsten einer immer imaginärer werdenden „Geschlossenheit" der Sozialdemokratie mundtot gemacht, sobald sie sich offen im Parteidiskurs zu artikulieren versuchten. Das berühmte „Gegensteuern", mit dem August Bebel jeder Tendenz zur Herausforderung der ideologischen und organisationspolitischen Orthodoxie zu begegnen suchte, symbolisierte eine beständige Einhegung des innerparteilichen Meinungsspektrums und die Unterdrückung aufblühender Pluralität zugunsten zentralistischer Ideologieverwaltung. Das verhinderte auch die Aufnahme neuer Erfahrungsbestände und Politikthemen in den Metadiskurs der Partei, was letztlich das für die deutsche Sozialdemokratie so typische Auseinanderfallen der abstrakt-ideologischen und der pragmatisch-reformistischen Ebene permanent reproduzierte.[19]

Eine solche Hierarchisierung und Immunisierung des Diskurses betraf in erster Linie die Gewerkschaften. In den Jahren nach 1900 sollte die sozialistische Gewerkschaftsbewegung gegenüber der Parteimitgliedschaft überproportional expandieren. Um 1900 waren etwa in Stuttgart rd. 70 Prozent der Parteimitglieder zugleich auch Gewerkschafter, während umgekehrt nur 30 Prozent der Gewerkschaftsmitglieder auch ein Parteibuch besaßen. In Leipzig kamen 1898 vier Gewerkschaftsmitglieder auf einen Parteigenossen.[20] Das bedeutete einerseits, daß sich das innerparteiliche Gewicht in der deutschen Sozialdemokratie nahezu unwiderstehlich zugunsten ihres gewerkschaftlichen Flügels verschob, ohne daß dies in der ideologischen Debatte der Partei einen erkennbaren Niederschlag fand. Denn auch der Revisionismus hatte dem Bedarf nach einer Reflexion über die Perspektiven des *gewerkschaftlichen* Reformismus kaum stringente Angebote zu machen. Schließlich ging es weniger um Revisionismus contra Verbalradikalismus als um eine Systematisierung des gewerkschaftlichen Pragmatismus. Ande-

---

19 Vgl. D. Groh, Negative Integration und revolutionärer Attentismus. Die deutsche Sozialdemokratie am Vorabend des Ersten Weltkrieges, Frankfurt 1973, S. 76.
20 Ebd., S. 71, Anm. 108.

rerseits deuteten die Zahlen auf eine schleichende Entpolitisierung der Gewerkschaftsbewegung hin, die diese Anfang des neuen Jahrhunderts zu forcieren versuchte, um ihre Rekrutierungsbasis in politisch indifferenten Arbeiterkreisen weiter auszubauen. Aus beiden Entwicklungen leitete sich der Vorstoß zur „Neutralisierung" der Gewerkschaften ab, der im Grunde genommen das Profil der Gewerkschaftsbewegung als politisch flexiblem Interessenverband geschärft hätte. Damit wären die Gewerkschaften auch gegenüber anderen Parteien, gegenüber dem Reichstag und der Reichsleitung potentiell verhandlungs- und eventuell bündnisfähig geworden; sie hätten sich aber auch gegenüber der sozialdemokratischen Partei als durchaus partikulare Lobbyorganisation verselbständigt. Durch ihr „Gegensteuern" drängte die Parteiführung diese Bewegung jedoch an den Rand des Diskurses; sie erneuerte ihr Konzept der „Arbeitsteilung" zwischen Partei und Gewerkschaften und bekräftigte damit den ungebrochenen Führungsanspruch der politischen Organisation, der die Gewerkschaften folgenreich im sozialdemokratischen Milieu einkapselte.[21]

Eine zweite Funktionärsgruppe mit zunehmendem Gewicht in der deutschen Arbeiterbewegung blieb ebenfalls vom *Mainstream* des sozialdemokratischen Zukunftsdiskurses ausgeschlossen, obwohl gerade sie am ehesten den Finger am Puls der Basis und mit den veränderten Herausforderungen der gewerkschaftlich-sozialpolitischen Praxis umzugehen gelernt hatte. Dabei handelte es sich um das hochspezialisierte Fachpersonal der seit 1894 in rasch wachsender Zahl ins Leben gerufenen Arbeitersekretariate, der gewerkschaftlichen Rechtsberatungsstellen für die Arbeiterbevölkerung in Sachen Sozialpolitik, Arbeits- und Mietrecht. Um 1902 existierten schon 29 Arbeitersekretariate in Deutschland mit z. T. bereits zwei oder drei Sekretären und Büroarbeitern. 1907 arbeiteten in 76 Arbeiterbüros 115 Sekretäre und „Hilfskräfte", während 29 Arbeitersekretariate nebenamtlich geführt wurden. Bis 1914 schnellte die Zahl dieser Institutionen auf 130 im gesamten Deutschen Reich empor.[22] In weit überwiegender Mehrheit der Fälle aus Arbeiter- und Angestelltenberufen aufgestiegen und zumeist autodidaktisch in Arbeitsrecht und sozialpolitischen Verfahren geschult, bildete diese Karrieregruppe eine neue hauptberufliche Funktionärselite, die vielfach in multiplen Ämtern und Mandatsstellungen agierte. In der Regel bekleideten Arbeitersekretäre Doppelfunktionen in Gewerkschaft und Partei; sie stießen in die Kontrollgremien der sozialpolitischen Einrichtungen wie etwa der Krankenkassen vor und erwarben häufig kommunalpolitische Mandate oder gar Reichstagskandidaturen. Nicht zuletzt auf die Expansion der Arbeitersekretariate ist zurückzuführen, daß der Anteil der hauptberuflich für Gewerkschaft und Partei tätigen „Arbeiterbeamten" an den sozialdemokratischen

---
21 Vgl. ebd., S. 72 f.
22 Vgl. K. Tenfelde, Arbeitersekretäre. Karrieren in der deutschen Arbeiterbewegung vor 1914, Heidelberg 1996², S. 26 ff.

Reichstagskandidaten von 53 Prozent im Jahre 1898 auf 85 Prozent im Jahre 1912 anstieg. Bei der Reichstagswahl von 1912 war fast jeder zehnte sozialdemokratische Kandidat Arbeitersekretär.[23]

Angestoßen von dieser Gruppe entwickelte sich im Umfeld des Zentralorgans der Freien Gewerkschaften, dem „Correspondenzblatt", ein eigenständiger arbeitsrechtlicher und sozialpolitischer Diskurs, der, wie parallele Entwicklungen im Umkreis des Vereins für Socialpolitik und in der christlichen Arbeiterbewegung zeigen, höchst modern und zukunftsfähig war, aber an der Hermetik des sozialdemokratischen Großmilieus litt. Der Arbeitersekretär Arthur Stadthagen verfaßte 1895 das erste sozialdemokratische Buch über „Arbeiterrecht", das bis 1904 in vier Auflagen erschien, und avancierte zum sozialpolitischen Experten in der SPD-Reichstagsfraktion. Eine Bündelung und formale Koordination dieser Fachelite gelang jedoch nur ansatzweise. Eine regelmäßige Konferenz der Arbeitersekretäre im Anschluß an die Gewerkschaftskongresse errang keine für die Bewegung verbindliche Definitionsmacht in sozialpolitischen Fragen. Ein eigenes Fachblatt kam nicht zustande. Das Zentralarbeitersekretariat, 1902 in Berlin gegründet, schuf hier keine Kompensation. Das bedeutete letztlich, daß die zukunftsträchtigen arbeitsrechtlichen und sozialpolitischen Initiativen, die von der Gruppe der Arbeitersekretäre ausgingen, vom verbalradikalen Kurs der Parteiführung ausgeschlossen und nicht selten von ihm konterkariert wurden. Die deutsche Sozialdemokratie entwickelte vor den Jahren der Weimarer Republik, die so manchen ehemaligen Arbeitersekretär in höchste staatspolitische Ämter bringen sollten, kein auch nur einigermaßen kohärentes sozialpolitisches Konzept. Die Führung scheute die reformistische Konsequenz eines Wandels zur Sozialstaatspartei. Noch blieben sozialstaatliche Ansätze Projekte gegnerischer Kräfte in eigentlich *anti*sozialdemokratischer Stoßrichtung. Und auch eine Systematisierung der sozialdemokratischen Parlamentsstrategie, die sich unter der Führung von Bebel und Liebknecht in ad hoc-Taktiken erschöpft hatte, blieb aus exakt diesen Gründen aus. Das gesellschaftspolitische Zukunftsbild, für das die Sozialdemokratie im öffentlichen Diskurs um 1900 stand, reproduzierte trotz allen gesellschaftlichen Wandlungsprozessen, die, wie etwa die deutlichen Reallohnzuwächse, überaus spürbar waren, auf eine höchst abstrakte Weise eine chiliastische Utopie, die sich vom konkreten Erfahrungshorizont nicht nur der Basis, sondern wichtiger Gruppen des Funktionärskaders immer weiter entfernte.

Im Grunde sorgte gerade der organisationspolitische Erfolg der sozialistischen Arbeiterbewegung in Deutschland für zentrifugale Ausdifferenzierungsprozesse, die eine zentralistische Ideologieproduktion nur mehr mit großen Kosten unter den Teppich kehren konnte, ohne wirkliche Integration noch zu leisten. Nicht nur Gewerkschafter und Arbeitersekretäre suchten im

---

23 Ebd., S. 45, 50 f.

Metadiskurs der Partei vergeblich nach Klärungsansätzen für pragmatische Prinzipienfragen bzw. nach Austauschmöglichkeiten über ganz konkrete Politikprobleme, die sich der Schablone der Grundsatzideologie nicht fügten. Sozialdemokratische Kommunal- und Landespolitiker, die etwa vor allem in Bayern, Baden und Württemberg an der Reformierung des dortigen Wahlrechts mitwirkten, standen ebenso vor spezialisierten Herausforderungen wie die sozialdemokratischen Mitglieder der Gewerbegerichte und die Delegierten in den Selbstverwaltungseinrichtungen der Sozialversicherung.[24] Ihnen bot der sozialdemokratische Diskurs ebenfalls kein Forum, in dem sie sich als eigenständige Reflexionsinstanz hätten profilieren oder auf die Grundsatzpositionen der Partei hätten einwirken können. Das galt zumindest vorübergehend auch für die gewerkschaftsnahen Vertreter eines „radikalen Reformismus", die seit den 1890er Jahren den Einsatz des politischen Massenstreiks vor allem zur Erkämpfung demokratischer Wahlrechte in Preußen und Sachsen propagierten und auf antikonservative Bündnispolitik mit liberalen Parteien in den Parlamenten setzten. Letztlich wurde diese Strömung durch den linken Radikalismus der Intellektuellengruppe um Rosa Luxemburg und Karl Liebknecht instrumentalisiert und gemeinsam mit dieser durch die Parteiführung marginalisiert, bis sich die Massenstreikfrage nach der Verabschiedung des Reichsvereinsgesetzes 1909 in die Taktik der großen Massendemonstrationen auf der Straße transformierte.[25]

Auch der Enthusiasmus, mit dem sozialdemokratische Berichte von der Pariser Weltausstellung die Anwesenheit des sozialistischen Ministers Millerand begrüßten, darf nicht darüber hinwegtäuschen, daß die deutsche Sozialdemokratie gerade in den Jahren um 1900 die Weichen, die einen durchaus erwarteten Kurs in Richtung volksparteiliche Öffnung und Systemintegration mit der Perspektive der Regierungsbeteiligung vorgegeben hätten, energisch umzustellen versuchte. Gerade der Erfolg bei den Reichstagswahlen von 1903, bei denen die SPD ein knappes Drittel der abgegebenen Stimmen und ein Viertel der Reichstagsmandate errungen hatte, löste einen dezidierten Rückzug ins Großmilieu der Klassenpartei aus, der durch verbalradikale Rhetorik und die explizite Absage an volksparteiliche Tendenzen auf dem Dresdner Parteitag vom September 1903 für Öffentlichkeit und Regierung sichtbar vollzogen wurde. Erst danach stärkten der antisozialdemokratische Schwenk der Bülow-Regierung und die Gründung des Reichsverbandes gegen die Sozialdemokratie die Grenzen des Milieus auch von außen entscheidend.[26] Ein deutliches Indiz für die hochideologische Wagenburgmentalität der Parteiführung war die Heftigkeit, mit der man auf die

---

24 Vgl. G.A. Ritter, Probleme des deutsch-englischen Vergleichs, in: J. Kocka (Hg.), Arbeiter und Bürger im 19. Jahrhundert. Varianten ihres Verhältnisses im europäischen Vergleich, München 1986, S. 319–324; 322.
25 Vgl. Groh, Negative Integration, S. 78 f.
26 Vgl. ebd., S. 75 ff.

Analysen des Sozialwissenschaftlers Robert Blank reagierte, der 1905 nachwies, daß die sozialdemokratische Wählerschaft weit heterogener war als angenommen, ihren proletarischen Charakter zugunsten der Öffnung gegenüber neuen Sozialgruppen wie vor allem der Angestelltenschaft deutlich verloren hatte – und die SPD demzufolge *de facto* Volkspartei *war*.[27] Statt dessen beharrte die Parteiführung unnachgiebig auf einer sozialen Homogenität der SPD, die sie, wie neuere Analysen zeigen, in Wirklichkeit nie besessen hatte.[28] Die Folge dieser illusionären Intransigenz war freilich vor allem, daß von der Partei keine Signale gegenüber den neuen sozialen Gruppierungen ausgesandt wurden, die diese von ihrer Aufgeschlossenheit gegenüber spezifischen Interessen und Problemlagen hätten überzeugen können. Auch die Angestellten und kleinen Geschäftsleute, die mit der Sozialdemokratie sympathisierten, hatten in der SPD weder ein Sprachrohr noch einen Sachwalter. Der ihrer Ausbreitung unterliegende soziale Wandel in der deutschen Gesellschaft fand in der sozialdemokratischen Programmatik schlichtweg nicht statt oder wurde verschämt verschwiegen.

Die zunehmende Breite und Dichte des sozialdemokratischen Parteimilieus mit seiner wachsenden Anzahl von „Beamten-" und Funktionärsstellen, Redakteurspositionen und publizistischen Erwerbsmöglichkeiten schuf schließlich Karriereschleusen, in die junge radikale Intellektuelle einströmten, denen der persönliche Hintergrund sowohl der ersten als auch der zweiten Führungsgeneration fehlte. Auch der Modellcharakter und die Führungsstellung der deutschen Sozialdemokratie unter den Arbeiterbewegungen Europas trugen dazu bei, verfolgte Intellektuelle aus einer Reihe von Ländern wie ein Magnet nach Deutschland zu ziehen, wohin sie heimatliche Problemlagen und ideologische Dispositionen importierten. Die Integration ins Parteimilieu und das Fehlen traditionaler Bindungen und Sozialisationserfahrungen erhöhte zudem ihre Manövrierfähigkeit gegenüber neuartigen Politikfeldern und neuen sozialen Bewegungen. Unbefangen hielt man Kontakt zu anarchistischen Gruppierungen, zur pazifistischen und zur Frauenbewegung sowie zu radikaldemokratischen bürgerlichen Kreisen. Auch ein bislang nicht aufgetretener Radikalismus entstand aus der Fusion osteuropäischer Erfahrungen der Verfolgung und Konspiration mit Überlegungen, den politischen Massenstreik zu einer Offensivwaffe des Systemumsturzes auszubauen. Rosa Luxemburg stand für diesen Typus des Intellektuellen und für ideologische Positionen dieser Art. Anders als den oben angesprochenen Gruppen gelang es Vertretern solcher Strömungen durchaus, Zugang zu den publizistischen Debattenforen der SPD zu erzwingen, vor allem in den Jahren zwischen der gescheiterten russischen Revolution von 1905 und dem

---

27 Vgl. R. Blank, Die soziale Zusammensetzung der sozialdemokratischen Wählerschaft Deutschlands, in: AfSS 2. 1905, S. 507–550. Zur innerparteilichen Diskussion vgl. Groh; Negative Integration, S. 76, Anm. 121.
28 Vgl. Welskopp, Banner der Brüderlichkeit, Teil II.

Ausbruch des Ersten Weltkriegs. Aber die festgefahrene Frontstellung innerhalb der sozialdemokratischen Parteiführung reproduzierte in der Konsequenz dualistische Programmdebatten, die alle Konfliktlagen fundamentalistisch aufluden und die Ausgangspositionen um so schärfer konturierten. Wie die „zentristischen" Zukunftsprognosen im Umfeld der SPD um 1900 schlagend bewiesen, ging es auch innerhalb der intellektuellen Debattenzirkel der Partei nicht mehr um ein offenes Ausdiskutieren von gegensätzlichen Positionen, sondern lediglich noch um die Verteidigung einer traditionellen Hegemonie: Der letzte Parteitag, hieß es in der Silvesternummer des „Vorwärts" 1899, habe bewiesen, „daß die scharfe Selbstkritik, welche die Partei übt, der taktischen Einheit keinerlei Abbruch thut, daß sie im Gegenteil die beste Bürgschaft wie der Reinheit des Princips so der Wehrhaftigkeit und Kampfstärke der Partei ist".[29] Hinter dem Bild der Einheit und Geschlossenheit, das man damit der Öffentlichkeit suggerierte, zeigten sich bereits deutliche Tendenzen der Spaltung, die im Krieg dann nur mehr einen Auslöser brauchte.

III. Ein Kind des 19. Jahrhunderts, das nicht erwachsen werden kann: Die sozialdemokratische Grundutopie als Perspektive auf das 20. Jahrhundert.
Den Kern des hegemonialen sozialdemokratischen Deutungskosmos bildete die Legitimation sozialdemokratischer Tagespolitik im Parteimilieu aus einer attentistischen revolutionären Utopie. Dieser Kern prägte auch die Zeitdiagnosen und Zukunftsvorstellungen der SPD um 1900 zutiefst. Diese Deutungskonstruktion war Mitte der 1870er Jahre entstanden und wurde in einer Reihe programmatischer Statements August Bebels, Wilhelm Brackes und Johann Mosts entwickelt, an deren vorläufigem Schlußpunkt die 1879 in Zürich erschienene Erstausgabe von Bebels „Die Frau und der Sozialismus" stand.[30] Diese programmatische Debatte vollzog die Wende vom damals gerade an der Partei*basis* noch uneingeschränkt herrschenden „Assoziationssozialismus" zum utopischen „Staatssozialismus" der späteren Zeit. Mit „utopischem Staatssozialismus" sind freilich nicht die tendenziell konservativen reformerischen Vorstellungen gemeint, die von einem „sozialen Kaisertum" eine grundlegende Verbesserung der Verhältnisse erhofft hatten und die in der Sozialdemokratie seit den 1870er Jahren eine stets heftig bekämpfte Randerscheinung geblieben waren. Vielmehr handelte es sich um das Projekt einer revolutionären Umwälzung der Gesellschaft, die eine *politische* Machtergreifung durch die Arbeiterbewegung zur notwendigen Voraussetzung hatte und von einem derart installierten „Volksstaat" die Durch-

---

29 Vorwärts, 1. Beilage zu Nr. 305, 31.12.1899.
30 A. Bebel, Die Frau und der Sozialismus, 1. Auflage Zürich 1879. Neu abgedruckt in: A. Bebel, Ausgewählte Reden und Schriften, Bd. 10: Die Frau und der Sozialismus, Bearb. A. Beske u. E. Müller, München 1996 (10/1: Die Frau und der Sozialismus, 1. Auflage; 10/2: Die Frau und der Sozialismus, 50. Auflage).

setzung des Sozialismus auf gesetzlichem Wege erwartete. Anders als in der Marxschen Revolutionstheorie setzte der „utopische Staatssozialismus" auf einen krisenhaft eskalierenden „großen Kladderadatsch" in Wirtschaft, Gesellschaft und Staat und auf die Fortexistenz, ja Expansion eines staatlichen Apparates, dem die kybernetische Steuerung von Produktion, Distribution und Politik obliegen sollte.[31]

Im handwerklich geprägten „Assoziationssozialismus", den auch Bebel Anfang der 1870er Jahre noch vertrat, war der selbständige kleine handwerkliche Produzent der ideale Träger der gesellschaftlichen Produktion. Der Kapitalismus, erfahren als ungerechte Privilegienordnung, die sich in vielerlei Hinsicht über die Sphäre der Distribution vermittelte, erschien hier als künstlicher Unterdrücker und Zerstörer einer eigentlich funktionierenden handwerklichen Produktionsweise. Er galt als instabil, nicht lebensfähig, als Zersetzer der gesellschaftlichen Ordnung und Heraufbeschwörer des Chaos. Der Kapitalismus des „Assoziationssozialismus" war ebenso morbide wie der reaktionäre dynastische Obrigkeitsstaat; er würde mit der jederzeit erwarteten politischen Revolution fallen. Genossenschaftliche Assoziationen würden an seine Stelle treten und die sozialistische Produktionsweise errichten. Im Bild des „assoziirten Selbstunternehmers"[32] projizierte man das Idealbild des kleinen Produzenten, der freiwillig und selbstbestimmt mit anderen Produzenten kooperierte, in die sozialistische Zukunft. In der sozialistischen Gesellschaft würde es nur an die eigene Arbeit gebundenes Eigentum geben, der „Staat" erschien als demokratisch verwalteter „Gesamtverein" dezentral selbstorganisierter Produzentenassoziationen. Die gesellschaftlichen Grundlagen des Sozialismus waren damit in der zeitgenössischen Gegenwart bereits gegeben, die Revolution eine Sache der nächsten Zukunft, alle Tätigkeiten der Bewegung und alle organisatorischen Ansätze mußten auf dieses Ziel zulaufen und die institutionellen Grundstrukturen der zukünftigen Gesellschaft bereits modellhaft enthalten. Das waren Vorstellungen, die unmittelbar an die Erwartung einer nahe bevorstehenden politischen Revolution gekoppelt waren und jede politische Aktivität dem Begründungsdruck aussetzten, ob sie der Revolution förderlich war oder nicht und ob sie organisationspolitisch die gesellschaftliche Ordnung des Sozialismus vorbereite oder als bloßes „Palliativ" zu verwerfen sei.[33]

Mit der Schließung der nationalen Frage nach der großpreußisch-kleindeutschen Reichseinigung von 1871 entfiel die vorrevolutionäre Situation. Die deutsche Sozialdemokratie begann, sich in ihrem Großmilieu einzurichten, in dem sie sich nach der zunehmenden Ausgrenzung durch alle anderen Parteien wiederfand. Man entwickelte eine sozialdemokratische Tagespoli-

---

31 Vgl. Welskopp, Banner der Brüderlichkeit, Teil V.
32 Protokolle der sozialdemokratischen Arbeiterpartei, Bd. 1: Eisenach 1869 – Coburg 1874, Bonn-Bad Godesberg 1976, Protokoll Eisenach 1869, S. 29 f.
33 Vgl. Welskopp, Banner der Brüderlichkeit, Teil V, Kap. 2, 3 und 4.

tik in den Parlamenten, verlegte sich auf Wachstum durch Wahlkampfagitation und auf organisatorische Festigung durch Ausbau der Gewerkschaften und Genossenschaften. In dieser Phase kam es der Gruppe um Bebel darauf an, politische Flexibilität und Handlungsfreiheit zu gewinnen, ohne den revolutionären Anspruch aufzugeben. Nicht jede Aktion und jede Äußerung sollten auf ihr Verhältnis zur Revolution befragt werden müssen. Die Gewerkschafts- und Genossenschaftsfrage sollte ihren prinzipiellen und dadurch hemmenden Charakter verlieren. Und vor allem wollte man sich auf Parteipolitik konzentrieren und die organisationspolitischen Ausgründungsaktivitäten arbeitsteilig den spezialisierten Institutionen: d. h. vorrangig den Gewerkschaften, überlassen. Dabei geriet die Partei im Trennungsprozeß von den südwestdeutschen bürgerlichen Demokraten unter zunehmenden Legitimationsdruck, denn bei fortgesetzter Übereinstimmung in politischen Fragen der radikalen Demokratie akzentuierten diese nun die ökonomisch-gesellschaftspolitischen Differenzen. Aus dieser Zwangslage heraus begründeten Bebel und andere den Sozialismus neu: als in ihren Grundzügen erst ansatzweise zu erkennende Ordnung einer fernen Zukunft, die durch eine Revolution entstehen würde, deren Grundlagen der Kapitalismus selber zu schaffen im Begriff sei und die sich eher vollziehen als daß sie gemacht werde. Institutioneller Träger des Sozialismus würde nunmehr die Großindustrie sein und nicht der handwerkliche Produzent in seinen „Assoziationen", die sozialistische Produktion würde durch einen demokratischen Staat zentral gesteuert werden, etwa im Stile der Reichspost oder der Eisenbahnen. Durch diesen Schritt in die Utopie sicherte sich die Sozialdemokratie Freiheit in tagespolitischen und taktischen Fragen, ohne sich als „prinzipienlos" oder opportunistisch zu exponieren. Man gewann unbegrenzt Zeit, da die Utopisierung die eigenen Endziele in eine unbestimmte Zukunft verlegte. Daher stießen auch Versuche der Zeitbestimmung, etwa durch Bebel in der „Zukunftsstaats"-Debatte, in der er sich auf einen Zeitraum von zwanzig Jahren bis zur Revolution festgelegt hatte, auf heftigen Widerstand.[34]

Zugleich aber eröffnete sich ein unbegrenzter Deutungsraum für die Ausgestaltung der Utopie. Ohne den Plausibilitätsdruck, der in der Konfrontation von Gesellschaftsprognosen mit der erfahrbaren Realität entstand, konnten die sozialdemokratischen Zukunftsentwürfe konkreter werden, zumal man sie nicht aus eigener Praxis ableiten mußte, sondern sie aus der Fortschreibung beobachteter Trends gewann. Mit der selektiven Marxrezeption, die den „Klassenkampf" an die Stelle der Revolution setzte, konnte die deutsche Sozialdemokratie nun ihre Doppelpolitik des Ausbaus des eigenen Wählerpotentials und der organisatorischen Expansion betreiben und *trotzdem* jede ihrer Aktivitäten als zumindest potentiell langfristig revolutionär,

---

[34] Vgl. K. Kautsky, Der Parteitag von Hannover, in: Neue Zeit 18. 1899/1900, Nr. 4, S. 100–105; 104.

als Element des „Klassenkampfes", legitimieren. Man konnte sich organisatorisch konsolidieren und reformerische Ansätze entwickeln und *zugleich* auf das revolutionäre Endziel der Bewegung verweisen. Die deutsche Sozialdemokratie verwandelte sich aus einer Bewegung mit revolutionärer Praxis in eine Partei der eher passiven gesellschaftlichen Beobachtung. Dabei blieb es lediglich notwendig, die Perspektive der *Hoffnung* auf die Revolution aufrechtzuerhalten. Die SPD richtete sich in der Lebenslüge ein, weiterhin eine revolutionäre Partei zu sein, obwohl es uneingestandenermaßen klar war, daß sie keine Revolution machen würde.[35]

Auf diese Weise war der „Assoziationssozialismus" der 1860er und frühen 1870er Jahre zum „Staatssozialismus" mutiert, der um die Jahrhundertwende in der Partei dominierte. Diese staatssozialistischen Vorstellungen gingen davon aus, daß der Kapitalismus selber: durch Expansion, Konzentration, technische Entwicklung und die Verdrängung des handwerklich-gewerblichen Mittelstandes, auf die sozialistische Umgestaltung zutreibe. Diese könne dann durch den Staat ohne große Probleme auf gesetzlichem Wege ingangsetzt werden, wenn das „arbeitende Volk" sich die Staatsmacht erkämpft habe. Begründet wurde somit ein revolutionärer Attentismus, der wiederum eine Konzentration auf pragmatische politische Tagesaktivitäten schlüssig begründete. Die Revolution würde das Werk des Kapitalismus selber sein und sich auf dem Wege staatlichen Zusammenbruchs, einer jederzeit möglichen, nicht aber von der Sozialdemokratie *auszulösenden* Volksrevolte oder der politischen Eroberung der Staatsmacht unter der Führung der Sozialdemokratie vollziehen. Im Rahmen dieses utopischen Konzeptes war jede sozialdemokratische Aktivität gleich legitimiert: Agitation, Reformbestrebungen, organisatorische Gründungs- und Ausbautätigkeit, Milieufestigung, Bündnispolitik und Abgrenzung nach außen. Der in Aussicht gestellte „Kladderadatsch" in ferner, utopischer Zukunft, rechtfertigte alle auch noch so pragmatischen Maßregeln und Positionsbestimmungen gleichermaßen als „Klassenkampf". Durch die Dezentrierung der Revolutionskonzeption reduzierte sich das revolutionäre Potential der Bewegung auf einen rebellischen Abgrenzungsgestus, der im Grunde nur noch eine interne Integrationsfunktion im eigenen Milieu erfüllte, aber keine politische Bedeutung mehr besaß. Um 1900 sollte sich dann zeigen, daß Systemfeindschaft und das Festhalten am „Klassenkampf" längst zu einer Tradition stilisiert worden waren, die der integrierenden Identitätsstiftung der Bewegung diente, ohne auf ihre aktuelle Plausibilität und ihre isolierende Außenwirkung unter veränderten Handlungsbedingungen zu achten:

„Von dem höheren Standpunkte der Jahrhundertwende erscheint die Utopie der Versöhnung, die das deutsche Proletariat angeblich mit dem Kapitalismus schließen will, in ihrer ganzen Lächerlichkeit. Als ob es auch nur in der Macht der Socialde-

---

35 Vgl. Welskopp, Banner der Brüderlichkeit, Teil V, Kap. 5 und 6.

mokratie läge – selbst wenn sie wollte, wie sie natürlich nicht will –, ihren großen Werdeprozeß rückgängig zu machen, ein Meer von Blut und Schweiß und Thränen aus der Geschichte des Jahrhunderts zu wischen, die ragenden Denkmäler ihrer Leiden und Thaten mit frevelnder Hand niederzureißen! Wie kann ein Fluß, der mit unwiderstehlicher Gewalt in die See strömt, sich wieder in seine Quelle verkriechen!"[36]

An dieser Stelle setzten die Zeitdiagnosen und Zukunftsvorstellungen der deutschen Sozialdemokratie um 1900 ebenso an wie der Revisionismusstreit. Die zentristische Position, wie sie vor allem Bebel und Kautsky vertraten, blieb darauf ausgerichtet, die Brücke zwischen pragmatischer Parteipraxis und einem immer weiter immunisierten radikalen Endziel zu erhalten. Das diente *zum einen* der Milieuintegration, die durch eine scharfe Abschottung gegenüber allen anderen Parteien, durch eine Ablehnung aller Bündnisse und Kompromisse gewährleistet wurde, welche das eindeutige und unverwechselbare Profil der Bewegung gefährden konnten. Das nämlich warf Kautsky Bernstein vor:

„Seit 1891 waren die Grenzgräben unserer Partei hie und da vernachlässigt worden und hatten sich verflacht. Eine Reihe von Äußerungen waren gefallen, die der Ansicht Raum gaben, als bestehe in unserer Partei eine Richtung, die absichtlich darauf hinausgehe, die Grenzgräben unkenntlich zu machen."[37]

Zum anderen wollten die Zentristen den Kanon der sozialdemokratischen Grundprinzipien nicht aufgeben, wie er in der im Grunde überkonkreten Utopie des sozialistischen „Volksstaates" enthalten, durch die Utopisierung aber von politischer Tagespragmatik wirksam abgeschottet war. Unabhängig von seinem Inhalt erfüllte dieser Kanon also die Funktionen der ideologischen Integration einer praktisch sich stark ausdifferenzierenden politischen Bewegung und der Dramatisierung der prinzipiellen Systemfeindschaft einer sich unübersehbar normalisierenden Partei. Nahezu gewaltsam reduzierte man die programmatischen Auseinandersetzungen innerhalb der Partei und die sich unnachsichtig aufdrängenden politischen Herausforderungen der Zeit auf taktische Opportunitätsfragen innerhalb einer um so fester vorgegebenen, unbeirrt beizubehaltenen Globalstrategie:

„Die Ziele der deutschen Sozialdemokratie sind die alten geblieben und ebenso ihre Wege; sie kann nie darauf verzichten, die bürgerliche in die sozialistische Gesellschaft umzuwälzen, und sie kann nie die in hundert Schlachten siegreich erprobte Stellung einer selbstständigen und unabhängigen Partei preisgeben; nur wie sie, um ihre Ziele auf ihren Wegen am schnellsten zu erreichen, in die inneren und sehr

---

36 F. Mehring, Rückblicke aufs 19. Jahrhundert, Teil III, in: Vorwärts, 2. Beilage zu Nr. 305, 31.12.1899.
37 Kautsky, Der Parteitag von Hannover, S. 100.

verwickelten Kämpfe ihrer Gegner einzugreifen hat, mag in ihren Reihen ein Gegenstand des Streits sein, der eben deshalb aber im letzten Grunde nur ein neues Zeichen ihrer überlegenen Kraft ist."[38]

Der Besitz der Utopie an sich rechtfertigte den stilisierten Habitus des Besonderen, Erhabenen, das man vorgab zu verkörpern, der höheren Mission, die zu erfüllen man im Begriff sei:

„Wer prophezeit, muß stets darauf gefaßt sein, daß seine Erwartungen nicht in Erfüllung gehen. Trotzdem würden wir es bedauern, wenn man in unserer Partei aufhören würde, Erwartungen für die fernere Zukunft zu hegen und zum Ausdruck zu bringen. Es hieße das nichts Anderes, als daß man ganz in der Gegenwart aufgeht, daß man sich nicht mehr große Ziele setzt und damit der Begeisterung verlustig geht, die nur ein großes Ziel einflüstern kann."[39]

Dagegen setzte Bernstein nicht etwa die Abkehr vom Sozialismus, wohl aber die Aufgabe der konkreten Utopie des „Volksstaates" zugunsten einer Reformulierung der sozialistischen Endziele in eine Reihe abstrakter ethischer Prinzipien, die Zeitpunkt und Weg des Erreichens offenließen, dafür aber die konkrete Tagespolitik neu begründungspflichtig machten:

„Nehmen wir das Prinzip des Klassenkampfes. Für die Einen konstatirt es lediglich den Gegensatz der Interessen und Bestrebungen der modernen Arbeiter und derer der besitzenden Klassen, und verlangt vom Sozialisten nur, daß er sich in diesem Kampfe auf die Seite der Arbeiter stellt. Für Andere aber schließt das Prinzip bereits auch spezielle Ansichten über die Formen und den Entwicklungsgang dieses Kampfes ein. Und doch haben sich im Laufe der Zeit in den Anschauungen der sozialistischen Parteien die größten Veränderungen in dieser Hinsicht vollzogen. Desgleichen mit anderen Grundbegriffen. Vergegenwärtigt man sich dies, so wird man auch erkennen, daß das wahrhaft konstante Element der Bewegung in ziemlich abstrakten Prinzipien besteht. Die materiellen Grundlagen der Bewegung, die ökonomische und politische Lage der Klassen, sowie die Formen, die unmittelbaren Ziele und die geschichtlichen Möglichkeiten ihrer Kämpfe – alles das ist immer neuen Veränderungen unterworfen. Nur die abstrakten oder abgeleiteten Prinzipien können unverändert bleiben. Ihre im speziellen Sinne des Wortes idealistische Grundlage ist das konstante Element der Bewegung. Freilich erhalten die abstrakten Prinzipien nur durch ihre Anwendungen einen greifbaren Inhalt, und wechseln die letzteren. Aber dieser Umstand, der Viele veranlaßt hat, ihnen jeden Werth zu bestreiten, stößt das vorhin Gesagte nicht um."[40]

Bernstein nahm dem sozialdemokratischen Programm damit lediglich seinen chiliastischen Charakter. Die Brisanz seiner Position lag darin, daß sie

---

38 Mehring, Rückblicke aufs 19. Jahrhundert, Teil III.
39 Kautsky, Der Parteitag von Hannover, S. 105.
40 E. Bernstein, Meine Stellung zur Resolution Bebels. Eine Abwehr wider K. Kautsky, in: Neue Zeit 18. 1899/1900, Nr. 31, S. 99–110; 101 f.

die gesamte Deutungstradition der Sozialdemokratie seit den späten 1870er Jahren in Frage stellte, aus der die Partei und vor allem ihre Führung ihr Selbstverständnis bezog. Sie gefährdete die eigene pragmatische Praxis, die man unter Verweis auf das ideologische Schutzschild der Utopie unproblematisiert betreiben konnte. Und sie legte offen, wie zentral die Generation um Bebel in ihrem Selbstverständnis von einem Zukunftsmodell abhing, das in den 1860er Jahren gemachte Erfahrungen und formulierte Erwartungen auch unter den veränderten Bedingungen der Jahrhundertwende noch konservierte – wenn auch um den Preis seiner fortschreitenden Abkopplung von der Realität. Das erklärt die Massivität der Reaktion auf Bernsteins Vorstoß: Unter allen Umständen versuchte die Partei eine Deutungstradition zu retten, die ihre Position in Vergangenheit, Gegenwart und Zukunft unproblematisch und unabhängig von ihrer Tagespolitik verortete. Daher besaß für Kautsky die Ablehnung des Revisionismus auf dem Hannoveraner Parteitag von 1900 in erster Linie den Wert der Selbstvergewisserung durch Denkabschluß:

„[W]enn aus so intensiven und langandauernden Diskussionen die Überzeugung neu gekräftigt hervorgeht, daß wir auf dem richtigen Wege sind und daß wir keinen Grund haben, unsere Anschauungen zu ändern, so ist das freilich vom Standpunkt der Theorie ein geringer Gewinn, dagegen vom Standpunkt der politischen Praxis eine unschätzbare Errungenschaft ... *Die Partei hat wieder festen Boden unter den Füßen* – das wurde in Hannover einstimmig anerkannt."[41]

Die Struktur der Gegenwartsdiagnosen und Zukunftsvorstellungen in der deutschen Sozialdemokratie war also davon geprägt, daß man darauf angewiesen blieb, die Lücke zwischen politischer Tagespragmatik und einer chiliastischen Endzielkonzeption auszufüllen, zu der mit der Ausnahme organisatorischen Wachstums kein aktiver, direkter Weg hinführte und deren Realisierung in ferner, unbestimmbarer Zukunft lag. Diese Lücke schloß man mit den linearen Trenderwartungen in bezug auf die Entwicklung des Kapitalismus. Seine Wachstumsraten, seine technische Dynamik und seine wissenschaftliche Leistungsfähigkeit wurden nun als Indizien für die Bestätigung der These in Dienst genommen, die Geschichte laufe auf den Sozialismus zu, die eigenen utopischen Prognosen würden sich so erfüllen wie die aktuellen Trenderwartungen, und man befinde sich demzufolge in allem, was man tat und dachte, auf dem richtigen Wege. Das war die Instrumentalisierung gesellschaftlicher Beobachtung zum Zweck der Selbstvergewisserung in einer Situation, in der man durch die attentistische Wende das Gesetz des Handelns aus der Hand gegeben hatte. Interessant dabei bleibt, daß sich im Laufe der Jahrzehnte aus dem instrumentellen Interesse am Entwicklungsgang des Kapitalismus, das dessen Produktivkraftentfaltung zwar als Prozeß der Bereit-

---

41 Kautsky, Der Parteitag von Hannover, S. 101.

stellung der materiellen Grundlagen für den Sozialismus positiv beurteilte, dies aber immer mit Untergangserwartungen verband und für die Begründung des Ausbleibens der Revolution usurpierte, eine uneingeschränkte Identifikation mit seinen Inhalten entwickelte, eine dezidierte Technik- und Fortschrittseuphorie, wie sie oben skizziert worden ist. Das läßt sich etwa daran ablesen, daß die Passagen in Bebels „Die Frau und der Sozialismus", welche das ökonomische Wachstum der Industrie und ihre technische Dynamik statistisch anschaulich machten, mit jeder Auflage an Umfang zunahmen: Mit den wirtschaftlichen und technischen Erfolgszahlen des Kapitalismus versuchte Bebel nachzuweisen, daß man sich in der Tat auf dem richtigen Weg mit striktem Kurs auf den Sozialismus befand.[42] Wieder zog man Selbstvergewisserungs- und Legitimationsvorteile aus einer paradoxen Deutungsoperation: Selbst das Ausbleiben der Revolution konnte positiv bewertet werden, da das Wachstum der Industrie den Boden für den Sozialismus dann eben gründlicher bereite als im Falle eines sofortigen Kollaps. Umgekehrt galt jede periodische Krise des Systems als Beweis seiner Instabilität und als Ankündigung seines finalen Zusammenbruchs.

Dabei stieß diese Auslegung um die Jahrhundertwende durchaus auf einige neuere Entwicklungstendenzen, die sich in diese eingeschliffene Deutungsstruktur nicht ohne weiteres einpassen ließen. Die Zukunftsdebatte am Fin de siècle hatte also in weiten Teilen primär die Funktion, diese neuartigen Entwicklungen mit dem Grundkorpus des Deutungsrasters kompatibel zu machen. Solche neueren Erscheinungen waren etwa das deutliche Wachstum der Reallöhne im konjunkturellen Boom der späten 1890er Jahre, die forcierte Kolonialpolitik mit ihren Kriegen auf der ganzen Welt, die energisch vorangetriebene Flottenrüstung, der sich virusartig ausbreitende allgemeine Militarismus und die Entstehung und Verbreitung der Kartelle und Trusts in den Großindustrien der wirtschaftlichen Führungsmächte. Wie sich zeigte, gelang die Integration dieser Entwicklungstendenzen in das sozialdemokratische Weltbild erneut nur durch ideologische Halbierungen, die es erlaubten, die Linearität der sozialdemokratischen Entwicklungsannahmen und die Parallelität von – positiv bewerteter – Produktivkraftentwicklung und eigenem Organisationswachstum zu erhalten.

So konstatierte man trotz des wirtschaftlichen Aufschwungs eine Zunahme der politischen Klassenspannungen, d. h. der Klassengegensatz konnte nur durch seine Politisierung als ein sich stetig verschärfender plausibel gemacht werden:

„In der Entwicklung des Kapitalismus liegt es, daß die socialen und wirtschaftlichen Gegensätze sich immer mehr zuspitzen. Die Verschärfung der Gegensätze hat zur doppelten Folge: einerseits, daß der Widerstand gegen den Kapitalismus wächst,

---

42 Vgl. L. Hölscher, Weltgericht oder Revolution. Protestantische und sozialistische Zukunftsvorstellungen im deutschen Kaiserreich, Stuttgart 1989, S. 311 ff., 316 f.

andemtheils, daß der Kapitalismus zu immer brutaleren Mitteln greift, um den Widerstand zu überwinden. So bedingen die Fortschritte der sozialistischen Bewegung entsprechende Fortschritte der Reaktion; und dies wird so lange dauern, bis der Sozialismus stark genug ist, die Nester der Reaktion auszuheben und die Bastillen des Kapitalismus zu schleifen."

Im Bündnis mit dem reaktionären Obrigkeitsstaat, den er zu seinem Agenten gemacht habe, erschien der Kapitalismus in dieser Lesart also als politischer Unterdrücker: „Der Kapitalismus hat aufgehört, normal regierungsfähig zu sein – er kann nur noch mit Hilfe der Diktatur und des Terrorismus seine Herrschaft behaupten".[43] Die Gesellschaftsordnung des Kaiserreichs erschien als eine aus Marxscher Optik klassische bonapartistische Konfiguration: „Der ökonomische Bankrott des Junkertums schreitet von Jahr zu Jahr vor, aber um so krampfhafter hält es seine ererbten politischen Waffen fest; die Bourgeoisie wird von Tag zu Tage fetter, aber auch von Tag zu Tage feiger; das Proletariat steht in fest geschlossener Schlachtordnung und macht kein Hehl daraus, daß es auf jeden Schelmen anderthalbe zu setzen entschlossen ist".[44] Des Kaisers Säkularrede habe klar gezeigt, daß das Deutsche Reich durch Militarisierung, Flottenrüstung und weltpolitische Hybris in politischer Hinsicht auf ein lähmendes, kulturell verrohtes Krisenszenario zusteuere, in dem die Sozialdemokratie quasi als einziger Kulturträger übrigbleibe: „Deutschland soll eine Sammlung von Kasernen, Kähnen und Kirchen werden, neben denen die Kultur keine Existenzberechtigung mehr hat".[45]

Im Zusammenhang mit Flottenrüstung, Weltpolitik und Militarismus sprach man zwar von der damit verbundenen zunehmenden Kriegsgefahr. Aber man tat dies um 1900 noch ohne große Eindringlichkeit. Vielmehr bemühte man sich trotz der unverkennbaren wachstumsfördernden Effekte dieser Militarisierung und ökonomischen Internationalisierung, die man durchaus erkannte, diese nicht als Symptom eines erstarkenden Kapitalismus zu deuten, sondern als Niedergangsphänomen. Die lineare Deutungsstruktur der Sozialdemokratie ließ nichts anderes zu, als diese ökonomischen Entwicklungstrends als letzte Konvulsionen, als ein jeweils letztes Aufbäumen eines naturnotwendig todgeweihten Systems umzuinterpretieren. Für den „Vorwärts" war die „Kolonial- und Weltpolitik" die „letzte Chimäre des niedergehenden Kapitalismus".[46] Franz Mehring lieferte eine eigene Version dieser sozialdemokratischen Selbstvergewisserungs- und Selbstbeschwichtigungsrhetorik:

---

43 Deutschland an der Jahreswende, in: Vorwärts, Beilage zu Nr. 305, 31.12.1899.
44 Mehring, Rückblicke aufs 19. Jahrhundert, Teil III.
45 Wilhelms II. Säcularrede, in: Vorwärts, Nr. 1, 3.1.1900.
46 Deutschland an der Jahreswende, in: Vorwärts, Beilage zu Nr. 305, 31.12.1899.

„Und wie in Deutschland, so leuchten an der Wende des Jahrhunderts überall in der modernen Welt dem proletarischen Klassenkampfe glückliche Sterne. Es ist wahr: gewaltiger und mächtiger als je scheint sich der Koloß des Kapitalismus zu erheben; erobernd dringt er in die letzten Flächen des Erdballs vor, die ihm bisher noch verschlossen waren, der erste Weltherrscher, der diesen Namen verdient. Aber wer sich dadurch blenden läßt, der übersieht die eben so einfache wie einleuchtende Thatsache, daß die fieberhafte Entwicklung des Kapitalismus nur die Entwicklung seiner inneren Widersprüche ist, an denen er um so schwerer dahin siechen muß, je weiter er sein Szepter über die bewohnte Erde streckt. Eben jetzt treten einige dieser Widersprüche in blutiger Ironie auf den Begriff der bürgerlichen Kultur hervor, und wer sie nicht hört und sieht, hat keine Ohren zu hören und keine Augen zu sehen."

Die imperialistische Kombination ökonomischer Ressourcen und militärischer Macht erschien Mehring nicht als eine innovative Markteroberungsstrategie, die die ungebrochene Vitalität des Kapitalismus bezeugte, sondern als eine Degenerationserscheinung der kapitalistischen Zivilisation, aus der man seinen bevorstehenden Zusammenbruch ableiten könne: Kolonial- und Weltpolitik stünden für den Rückfall des Kapitalismus in eine primitive Kultur des Raubes:

„Einst ein wirksamster Hebel der kapitalistischen Accumulation soll er [der Seeraub] heute unter dem wohltönenden Namen der Kolonial- und Weltpolitik das kapitalistische Werk krönen, ein verwünscht gescheiter Gedanke, der nur gar so herzlich dumm ist, und nirgends dümmer als in Deutschland. Diese Rückkehr in seine Kindheitsträume, über die er in seinem kräftigen Mannesalter so weit hinaus war, ist vielleicht das schlagendste Symptom dafür, daß der Kapitalismus in sein Greisenalter getreten ist. Auch dieser Koloß hat thönerne Füße, und der Stein ist längst im Rollen, der sie zertrümmern wird. Sein immer stärker heraufschwellendes Echo leitet das 20. Jahrhundert sinnfälliger und wahrhaftiger ein, als der offizielle Glocken- und Posaunenklang, der in dieser Sylvesternacht von den Kirchen- und Schloßtürmen erschallen soll."[47]

Ähnlich verfuhr man bei der Beurteilung des „Organisierten Kapitalismus" mit seiner Konzentration auf Kartelle, große Aktiengesellschaften, Kapitalexport und – vor allem in den USA – auf die Institution des Trusts. Karl Liebknecht und Rosa Luxemburg erkannten durchaus, daß mit diesen Erscheinungen der Kapitalismus in eine qualitativ neues Stadium seiner Entwicklung eingetreten war. Die Herrschaft des Großkapitals würde sich festigen; die Konkurrenz zwischen Unternehmen verlagere sich auf die höhere Stufe des Wettbewerbs zwischen kapitalistisch organisierten Nationalstaaten. Doch auch hier erfolgte die Umdeutung ökonomischer Expansion und Stärke in ein Niedergangsphänomen: Durch Organisation versuche der Kapitalismus in einem letzten, extremen Bemühen, schwindende Verwertungs-

---

47 F. Mehring, Rückblicke aufs 19. Jahrhundert, in: Vorwärts, 2. Beilage zu Nr. 305, 31.12.1899.

bedingungen zu restituieren. Letztlich treibe er seine Konzentration auf die Spitze, deren Überschreiten den Sozialismus erst möglich mache, aber auch ihre notwendige Konsequenz sei. Das gelte auch für die Verschärfung der Klassengegensätze, die zur politischen Revolution führen könne, indem sie für klare Verhältnisse sorge: Die Klassengegensätze zwischen Kapital und Arbeit würden auf die Spitze getrieben, „indem sie der Arbeiterschaft die Übermacht des organisierten Kapitals entgegenstellen und so den Gegensatz zwischen Kapital und Arbeit in die schärfste Form potenzieren".[48] In der sozialdemokratischen Deutungsstrategie waren letztlich auch kapitalistische Wachstumsphänomene in Niedergangserscheinungen umdeutbar geworden, indem man sie weniger als periodische systemimmanente Krisenerscheinungen, sondern als nicht mehr überbietbare Endpunkte einer linearen Entwicklung interpretierte, jenseits derer es notwendig zu Systemkrise und Zusammenbruch kommen müsse. Nichtlineare Erscheinungen verarbeitete man also im Rahmen der marxistischen Krisentheorie erneut in chiliastische Prognosemuster, die den erwarteten Systemzusammenbruch wieder näher an die Gegenwart heranrückten.

Aus der oben vorgenommenen Analyse der institutionellen Struktur, die die Reflexionsinstanz Sozialdemokratie im 19. Jahrhundert angenommen hatte, wird erklärlich, welche Themen und Entwicklungen aus den sozialdemokratischen Zeitdiagnosen und Zukunftsdeutungen völlig herausfielen. Die unerbittlich beschworene Systemgegnerschaft versperrte den Blick auf alle ökonomisch-sozialpolitischen Tendenzen unterhalb der Schwelle des Umsturzes: Arbeitsrecht, Tarifpolitik, Arbeitszeit und soziale Absicherung spielten keinerlei systematische Rolle in den Prognosen für das 20. Jahrhundert. Ebenso fiel der Sozialstaat völlig durch das Raster; eine sozialdemokratische Übernahme und Ausgestaltung sozialstaatlicher Einrichtungen stand noch nicht zur Debatte; hier überließ man die Meinungsführerschaft weiterhin bürgerlichen Kreisen wie dem Verein für Socialpolitik, mit denen man in der Weimarer Republik dann plötzlich kooperieren mußte. Die Weimarer Jahre brachten einen immensen Aufschwung an sozialdemokratischen Beiträgen zu dieser Debatte, deren Beginn freilich versäumt und die im Grunde verspätet nachgeholt wurde. In der Frage der Geschlechterverhältnisse wußte man nichts zu sagen, was über die immer neuen Auflagen von Bebels *Longseller* hinausging, obwohl der Sozialstaat in den 1920er Jahren sich zunächst hauptsächlich den Frauen zuwandte, in einer dann stark patronisierenden, reglementierenden Form. Ähnliches galt für die Kommunalpolitik, obwohl die Sozialdemokratie auf kommunaler Ebene große Fortschritte machte und die klassische Einheit des „utopischen Staatssozialismus" die Kommune war. Städtebauliche Reformkonzepte kamen eher aus dem bürgerlichen Lager und fusionierten erst in den 1920er Jahren mit dann nach-

---

48 Zit. in: Laschitza, Im Lebensrausch, S. 125.

geschobenen SPD-Konzepten. Auch rechtsstaatliche und demokratietheoretische Erwägungen aus sozialdemokratischer Sicht suchte man vergebens. Es gab im Zentrum der Partei weder ein klares Bekenntnis zur parlamentarischen Regierungsform noch wurde über Alternativen nachgedacht. Damit fehlte aber ein ordnungspolitisches Koordinatensystem, in dem sich im Falle eines Systemwechsels institutionelle Neuschöpfungen leichter hätten verorten lassen. Die Entstehungsphase der Weimarer Republik setzte die Sozialdemokratie letztlich Herausforderungen aus, die sie im Grunde unvorbereitet trafen, und ein guter Teil ihres Legitimationsverlustes ist dem Lavieren zuzuschreiben, mit dem sie in den Anfangsjahren der Republik sowohl eigene Anhänger als auch mögliche Bündnispartner verprellte. Trotzdem waren es erst die schmerzhaften Lernprozesse der Kriegs- und Nachkriegsjahre, die die deutsche Sozialdemokratie – zum Preis ihrer Spaltung und Schwächung – überhaupt für das 20. Jahrhundert politikfahig machten.

Dabei ist festzuhalten, daß die deutsche Sozialdemokratie in ihren Parlamentariern, Arbeitersekretären, Kassenkontrolleuren und Kommunalpolitikern durchaus entsprechende Kompetenz akkumuliert hatte. Daß Kenntnisse, Konzepte und Fertigkeiten zumindest im Hintergrund zur Verfügung standen, erklärt die Schnelligkeit, mit der die Lernprozesse der 1920er Jahre schließlich abliefen. Aber erst jetzt gelangten die Experten in diesen Politikfeldern gewissermaßen in die „erste Reihe" der Partei. Um die Jahrhundertwende waren ihre Stimmen noch ungehört geblieben, und ihre Erfahrung hatte den Weg in den sozialdemokratischen Grundsatzdiskurs noch nicht gefunden.

IV. Spiegel der eigenen Führungsstellung: Referenzgesellschaften. Die Reflexionsinstanz Sozialdemokratie, die beanspruchte, nicht nur für die ganze deutsche Arbeiterbewegung zu sprechen, sondern für das Weltproletariat, bezog sich um 1900 nicht mehr auf Vorbilder in anderen Gesellschaften des Westens; selbstbewußt bis zur Hybris sah man sich selbst als modellhaftes Vorbild für die anderen. Während man in den 1860er Jahren noch auf England geschaut hatte, wenn es um den Stand der industriellen Entwicklung oder die organisatorische Stärke der Gewerkschaften ging, so hatte sich die deutsche Industrie an der Schwelle zum neuen Jahrhundert angeschickt, zusammen mit den USA das alternde britische Empire zu überflügeln, und die Sozialdemokratie verstand sich als Lokomotive für die stärkste Gewerkschaftsbewegung der Welt. Während man in den 1860er Jahren die USA und die Schweiz noch als politische Vorbilder betrachtet hatte – als Manifestationen der demokratischen Republik, die man im „freien Volksstaat" anstrebte –, so hatten sich diese Gesellschaften bis 1900 in den Augen der Sozialdemokratie derart profan „normalisiert", daß sie zu einer positiven Referenz nicht mehr taugten. Gleiches galt für das in den 1860er und 1870er Jahren so vorbildhaft revolutionäre Frankreich. Vor allem aber die eigene Organisationsleistung prädestinierte die deutsche Arbeiterbewegung in der sozialdemokratischen Selbstsicht zu einer Führungsstellung, gegenüber der die Entwicklungen in den westlichen Nachbarstaaten nur als defizitär erscheinen konnten. Wenn man eigene Defizite in internationaler Perspektive auch von vornherein ausschloß, konstatierte man solche durchaus mit Blick auf die spezifische deutsche Gesellschaftsordnung, die man durch die Verbindung von kapitalistischer Wirtschaft und autoritärem Obrigkeitsstaat gegenüber den Referenzgesellschaften nachteilig geprägt sah. Die Fortexistenz und anachronistische Machtstellung des preußischen Landadels sowie der Opportunismus des Bürgertums bildeten eine deutsche Besonderheit, die die volle Herausbildung der bürgerlichen Klassengesellschaft bis dato behindert habe. Die Verantwortung für dieses strukturelle Defizit trugen andere Gruppen: eben die Junker – aus Machtinteressen – und die Bourgeoisie – aus Feigheit. Letztlich diente diese Schuldzuweisung den sozialdemokratischen Prognostikern dazu, eigene Verantwortlichkeiten für das Klima in der politischen Landschaft Deutschlands von sich zu weisen – so etwa für den demonstrativen Verzicht auf jede Bündnispolitik und das Verharren im Milieu der Klassenpartei, das seinerseits zur Erstarrung der politischen Fronten im Kaiserreich beitrug:

„Wie lange es aber noch ins 20. Jahrhundert hinein gehen wird, das ist eine nicht zu beantwortende Frage, weil die richtige Antwort auf sie an eine nicht zu berechnende Voraussetzung geknüpft ist. Den geringsten Grund, über den Zickzackkurs zu klagen, hat diejenige Gesellschaftsklasse, die am meisten über ihn jammert, nämlich die Bourgeoisie, denn sie verschuldet ihn in erster Reihe. Sie könnte gemeinsam mit dem Proletariat, dessen Bundesgenossenschaft, wie sie sehr wohl weiß, ihr für diesen Fall sicher ist, mit dem Junkertum gründlich aufräumen und die politische Gewalt auf die Höhe der bürgerlichen Kultur erheben, worauf in den westeuropäischen Kulturvölkern regiert wird. Die Kräfte oder richtiger die nötigen Machtmittel dazu fehlen ihr nicht, aber der Mut, der Mut! Der Mut sowohl, den junkerlichen Stier an den Hörnern zu packen, als auch – und noch viel mehr – der Mut, ein Bündnis mit dem Proletariat einzugehen, fehlt vollständig. Dieser traurige Mangel an Courage, der die deutsche Bourgeoisie in so kläglicher Weise vor ihrem europäischen, doch auch nicht allzu trutziglichen Geschwister auszeichnet, verschuldet in erster Reihe die quälenden Agonien des Zickzackkurses, und es ist eine seltsame Verkennung der Sachlage, für ein Zeichen moralisch-politischer Gesundung zu halten, was gerade die schlimmste Form moralisch-politischer Erkrankung ist. Haben sich die großen Vorkämpfer des deutschen Proletariats den historischen Entwicklungsprozeß in Deutschland ungleich kürzer vorgestellt, als er sich thatsächlich vollzieht, so wurzelte ihr Irrtum doch nicht darin, daß sie Moral und Politik der deutschen Bürgerklasse *unter-*, sondern vielmehr darin, daß sie diese Qualitäten, mindestens in dem historisch entscheidendsten Punkte, *über*schätzt haben."[49]

---

49 Mehring, Rückblicke aufs 19. Jahrhundert, Teil III.

Der sozialdemokratische Blick über die Grenzen des Deutschen Reichs hinaus bezog seine spezifische Optik aus der Annahme, die Entwicklung des Kapitalismus, der Industrie und der Arbeiterbewegung würde in allen Kulturnationen prinzipiell den gleichen Verlauf nehmen. Diese grundsätzliche Konvergenzannahme wurde nur zeitlich qualifiziert, d. h. in einen Interpretationsrahmen gekleidet, der zwischen Pionierländern und Nachzüglern unterschied. Als Kriterien der Einordnung einer Gesellschaft in die Rangfolge der Nationen galten dabei zugleich und unabhängig voneinander der Stand der industriellen Entwicklung und die organisatorische Lage der jeweiligen Arbeiterbewegung. Eine industrielle Führungsstellung – wie sie etwa England noch einnahm – konnte auf einen gesellschaftlichen Entwicklungsvorsprung hindeuten, der einen baldigen Übergang zum Sozialismus verhieß, ohne daß dieser sich automatisch aus dem industriellen Vorteil ableitete. Umgekehrt konnte sich – etwa aus der Opposition gegen einen besonders reaktionären oder autoritären Staat – eine starke Arbeiterbewegung auch in wirtschaftlich rückständigen Gesellschaften formieren, bis hin zu einer spontanen Volksrevolte, die eine sozialistische Revolution voluntaristisch vorwegnahm. Letztlich gemäß diesem Kriterienkatalog verortete die deutsche Sozialdemokratie Deutschland an der Spitze der Moderne: Das Deutsche Reich spielte eine gewichtige Rolle in der Phalanx der ökonomischen Großmächte *und* besaß die umfangreichste, bestorganisierte und erfolgreichste Arbeiterbewegung aller Industriestaaten Europas und Nordamerikas.

Aus der Perspektive dieses Interpretationsmusters setzte man die größten Hoffnungen nicht auf England, sondern auf den ökonomischen Nachzügler Frankreich. Die Ernennung des Sozialisten Millerand zum Minister und der Durchbruch des französischen Sozialismus zur Massenbewegung schienen alle industriellen Rückständigkeiten wettzumachen:

„Die *socialistische Partei* darf mit ungemischter Zufriedenheit auf das verflossene Jahr zurückblicken. Sie geht aus der Landeskrise wie aus der durch diese mit bedingten inneren Parteikrise gestärkt hervor, und zwar auf Kosten der anderen Parteien, die sämtlich in diesem oder jenem Grade durch die Dreyfus-Krise geschädigt wurden. Ihre Beteiligung am Kampfe war von entscheidender Bedeutung sowohl für die Verteidigung der republikanischen Freiheiten, der Vorbedingung des endgültigen Sieges des Socialismus, wie auch für ihr eigenes weiteres Wachsthum. Der Satz, der theoretisch freilich eine Binsenweisheit, daß eine Kampfpartei nur im und durch den Kampf wächst, ging der als *Massen*bewegung relativ jungen socialistischen Partei Frankreichs zuerst in Fleisch und Blut über. Und es war wirklich die socialistische *Masse*, die im letzten Jahre die praktische Erziehungsschule eines großen geschichtlichen Kampfes durchgemacht hat. Die socialistischen Truppen haben daher nicht nur zugenommen, sondern auch an innerer Tüchtigkeit gewonnen."[50]

---

50 Frankreich im Jahre 1899, in: *Vorwärts*, Nr. 2, 4.1.1900.

Diese doppelte Deutungskonstruktion prägte auch das Bild, das sich die deutsche Sozialdemokratie von Rußland machte. Hier war die ökonomische Rückständigkeit gegenüber den westlichen Gesellschaften fraglos extrem; um so interessierter beobachtete man das Einsetzen revolutionärer Gärungen vor allem auf dem polnischen Territorium. Die revolutionären Tendenzen wertete man als Konsequenz des besonders reaktionären Charakters politischer Herrschaft, wie er sich im brutalen Unterdrückungsregime des Zaren manifestierte. Im Grunde gelang es der Sozialdemokratie damit, ein ungeschminkt abwertendes Bild des „rückständigen Ostens" zu skizzieren, das unverkennbare ethnizistische und rassistische Züge trug. Den unterschwelligen Ethnizismus und Rassismus der eigenen Anschauungen tarnte man dadurch, daß man seine abwertenden Beurteilungen auf das politische System Rußlands projizierte und die revolutionären Bestrebungen im Lande zumindest moralisch und propagandistisch unterstützte. Die deutsche Sozialdemokratie bewegte sich mit ihren darwinistisch-abfälligen Vorstellungen vom „dumpfen Osten" durchaus im nationalistischen *Mainstream* der Zeit; allenfalls ihre politische Akzentuierung und Revolutionsrhetorik verliehen diesen Anschauungen eine spezifisch sozialdemokratische Qualität.[51]

In den Jahren vor und nach 1905 sollte sich über die Beschäftigung mit dem russischen Despotismus ein wichtiger zweiter Diskurs legen, der nach dem Krieg dann die Spaltung der Partei zementierte. Die russischen und polnischen Revolutionsbestrebungen, von exilierten Intellektuellen in die Parteidiskussion gebracht, boten nämlich Anlaß zu einer Wiederaufnahme der Grundsatzdebatte über Strategie und Taktik des Umsturzes. Es war dieser Diskurs, in dem ein neuer linker Radikalismus Konturen annahm, der den politischen Massenstreik als offensive Waffe der Revolution propagierte, konspirative und kaderartige Organisationsvorstellungen entwickelte und auf außerparlamentarische Formen der Systemüberwindung setzte. Die Haltung gegenüber den revolutionären Tendenzen in Rußland informierte somit eine innerparteiliche Strategiediskussion, die den Diskurs über Demokratie und Diktatur, über die Struktur der Partei und die „Diktatur des Proletariats" ansatzweise neu entfachte und zentrale Frontstellungen vorwegnahm, die das Verhältnis zwischen Sozialdemokratie und Kommunismus über weite Strecken des 20. Jahrhunderts prägen sollten. Im Diskurs über die Lehren aus Rußland schieden sich die Flügel in der Partei in uneingeschränkte Revolutionsbefürworter und Revolutionsskeptiker, in ein linkes Lager, das der revolutionären Überwindung der Klassengesellschaft gegenüber der demokratischen Regierungsform unbedingte Priorität einräumte, und einen nach wie vor mehrheitlichen *Mainstream*, der Demokratie und Rechtsstaat als Grundbedingung für eine Veränderung der Klassenverhältnisse verteidigte. Der schrille verbalradikale Fundamentalismus der Programmbeiträge zur

---

51 Des Zaren Jahrhundertsgruß, in: Vorwärts, Nr. 305, 31.12.1899.

Jahrhundertwende verdeckte somit, daß die sich ankündigende Spaltung der Partei das demokratisch-rechtsstaatliche Profil ihres Mehrheitsflügels längst zu schärfen begonnen hatte. Was in der Tradition der SPD seit 1848 immer zusammengehört hatte, nämlich (politische) Revolution *und* Demokratie, trennte sich nun zusehends und irreversibel.

Unverhohlene Enttäuschung spiegelten dagegen Stellungnahmen zur Gegenwart und Zukunft der Vereinigten Staaten von Amerika. Lange Zeit hatten die USA wenn auch nicht auf sozialem Terrain, so doch im Bereich des Politischen, als Vorbild gedient: als – neben der Schweiz – weltweit einzige stabile Realisierung des republikanischen Freistaats. Nunmehr konstatierte man nahezu fassungslos, daß die Amerikaner mit ihrem Krieg gegen Spanien, ihren Eroberungsfeldzügen um Kuba, Panama, Hawaii und die Philippinen sowie ihrer forcierten Flottenrüstung an führender Stelle in den Kreis der imperialistischen Nationen eingetreten waren. Die amerikanische Republik, kommentierte man empört, führe sich auf wie die autoritären Militärstaaten Europas; der amerikanische Kapitalismus habe demzufolge die Idee der Republik verraten und beschädigt:

„Noch vor dreißig Jahren feierte ein edler bürgerlicher Denker, feierte Johann Jacoby, das ‚freie Amerika', das im Gegensatz zu der Blut- und Eisenpolitik Europas das Ideal des Friedens verwirkliche, und am Ende des Jahrhunderts beginnt das ‚freie Amerika' einen kapitalistischen Raubzug, dessen sich kein europäischer Militärstaat hätte zu schämen brauchen, während diesem Kriege wieder auf dem Fuße folgt ein noch ärgerer kapitalistischer Raubkrieg desjenigen bürgerlichen Staates, der noch am ehesten ein bürgerlicher Kulturstaat genannt werden durfte."[52]

Diese aktuelle politische Enttäuschung verband sich mit der seit langem gemachten irritierenden Erfahrung, daß in den industriell so fortgeschrittenen USA die dortige sozialistische Arbeiterbewegung kaum Boden gut machen und in die dominante, parteipolitisch nicht einheitlich gebundene amerikanische Gewerkschaftsbewegung so gut wie gar nicht eindringen konnte. Die Berichte von der sozialistischen Bewegung in einem der freiheitlichsten Staaten der Welt durchzog ein resignativer Beigeschmack. Die Analyse der Ursachen für diese Misere freilich trug unverhohlene ethnizistische, rassistische und sogar antisemitische Züge:

„Die Geschichte des Sozialismus in Amerika ist eine Geschichte von Krisen ohne Perioden des Aufschwungs... Die Umstände sind es, die den amerikanischen Sozialismus zum Schmerzenskind der internationalen Arbeiterbewegung machen. Die Maschinenpolitik, wie wir sie in der Übersicht über das Jahr 1898 kurz zeichneten; das Gähren und Wogen der eingewanderten Bevölkerung der Großstädte; ihr Mangel an Bürgersinn; die Verschiedenartigkeit der Rassen – kurz das ethische und geistige Werden, in dem die Union sich noch befindet, ist einem gesunden Wachs-

---

52 Mehring, Rückblicke aufs 19. Jahrhundert, in: Vorwärts, 2. Beilage zu Nr. 305, 31.12.1899.

thum der sozialistischen Bewegung nichts weniger als günstig. Auch diejenigen, welche als Sozialisten aus Europa hierherkommen, bewahren selten ihre Kraft. Das Wesen der Einwanderer erfährt unter dem Einfluß der anglo-sächsischen Kultur eine gewisse Ablenkung. Es müssen überhaupt schon Mitglieder einer starken, herrschenden Rasse sein, die auch im Ausland ihr besseres Wesen bewahren. Gewöhnlich verlieren Einwanderer ihre guten Eigenschaften und nehmen dafür vorerst die schlechten ihrer neuen Umwelt an. Bei Juden geht dieser Prozeß viel rascher vor sich als bei deutschen. Aber auch bei letzteren ist dies, von Ausnahmen abgesehen, die Regel."[53]

Die populärdarwinistische Auffassung, die dieser Darstellung unterlag, belegte eindrücklich, daß rascher gesellschaftlicher Wandel eine sozialistische Bewegung auch überfordern konnte; daß diese mithin in ihren Expansions- und Konsolidierungspotentialen fundamental von einer ruhigen, kontinuierlichen Entwicklung abhing, wie sie sich die deutsche Sozialdemokratie in Beurteilung ihrer eigenen Lage zurechtinterpretiert hatte. Die SPD hatte sich von einer revolutionären Bewegung in eine passiv beobachtende Partei verwandelt, die gesellschaftliche Entwicklung in die Kategorien einer naturgesetzlichen Evolution kleidete. Nicht zuletzt auch die rassistischen, kulturnationalistischen Untertöne dieser Evolutionsrhetorik verraten, wie weit die deutsche Sozialdemokratie um die Jahrhundertwende im gesellschaftlichen und kulturellen System des Wilhelminischen Deutschland angekommen war. Sie deutete ihre erfolgreiche kontinuierliche Organisationspolitik als eine kulturelle Leistung in eigenem Recht, gegenüber der die Arbeiterbewegungen aller anderen Länder unverkennbare Defizite in ihrer Reife aufwiesen. Und daraus leitete man den unumwundenen Anspruch auf die eigene politisch-kulturelle Führungsstellung in der Welt ab, womit man im Grunde im Vergleich der Arbeiterbewegungen der Moderne kulturnationalistische Überlegenheitsvorstellungen verankerte: „[D]er Deutsche ist sich mit Recht bewußt, auf einer Höhe sozialistischer Kultur zu stehen, die der Amerikaner erst erklimmen muß".[54]

V. Schluß. Die Zeitdiagnosen und Zukunftsvorstellungen der deutschen Sozialdemokratie an der Schwelle zum 20. Jahrhundert beherrschte der Primat der Selbstvergewisserung. Man stellte sich in langfristige Kontinuitäten, um den organisatorischen Wachstumskurs der Partei als den einzig möglichen und richtigen Weg in den Sozialismus zu rechtfertigen. Man legitimierte damit eine zunehmend pragmatische Politik des Status quo als immer noch potentiell revolutionär, indem man das chiliastische Endziel in eine ferne Zukunft verlegte und die Verwirklichung der Utopie von den anonymen

---

53 M. Beer, Die Vereinigten Staaten im Jahre 1899, in: Neue Zeit 18. 1899/1900, Nr. 16, S. 488–492; 488.
54 Ebd., S. 489.

Kräften einer industriellen Entwicklung abhängig machte, die man nicht kontrollierte, deren Logik zu kennen man aber vorgab. Der Sinn dieser Deutungsoperation bestand in ihrer integrierenden Funktion für das Selbstverständnis der Partei: Das Festhalten an der Utopie hielt die disparaten Fraktionen und Tendenzen in der Partei auf einer Ebene zusammen, auf der dieser integrierende ideologische Mechanismus nicht an einer widersprüchlichen Realität gemessen werden mußte. Die Zeitdeutungen der SPD um 1900 waren darauf ausgerichtet, eine Identität zu bestärken, die sich mittlerweile hauptsächlich aus Organisationsintegrität, Wahlkampffixierung und Kontinuität speiste. Sie sind Dokumente eines zunehmenden Strukturkonservativismus, dessen Konsequenzen konturenscharfe Schatten auf die gesellschaftspolitischen Vorstellungen der Partei warfen. Dieser Konservativismus sollte die SPD vor 1914 in totalem politischen Immobilismus erstarren lassen. Nach der steil aufsteigenden Serie aufsehenerregender Wahlerfolge gab es bei den „Hottentottenwahlen" von 1907 das erste Mal seit langem einen deutlichen Einbruch. Die Angst vor weiteren Niederlagen begünstigte in der Folgezeit das blinde Festhalten am Althergebrachten: am Nebeneinander von Revolutionsrhetorik und Praktizismus, von Verbalradikalität und parlamentarischer ad hoc-Taktik und von Organisationsfixierung und Milieueinigelung. Politische Innovationskraft wurde nicht prämiert. Aber der nachlassende Optimismus, der erlahmende Schwung, der in solchen Rückzugsgefechten aufschien, ließ den Nimbus der deutschen Sozialdemokratie spürbar verblassen. Konsequenterweise verlor sie, die so lange Zeit das erklärte Modell der europäischen Arbeiterbewegungen gewesen war, vor dem Krieg ihre führende Stellung in der Sozialistischen Internationalen.[55] Es war ausgerechnet der Verbalradikalismus der Revolutionsrhetorik, der zum augenfälligsten Ausdruck dieses Strukturkonservativismus avancierte. Das hatte Wilhelm Liebknecht, der das Ende des Jahres 1900 nicht mehr erleben sollte, bereits während der „Zukunftsstaatsdebatte" um 1893 in wünschenswerter Klarheit ausgedrückt:

„Wir haben die Revolution nicht abgeschworen, wir werden sie nicht abschwören. Wir haben unter dem Sozialistengesetz, als jedem von uns das Damoklesschwert der Ausweisung und der schlimmsten Expatriierung über dem Kopf hing, wir haben hier hohen Hauptes bekannt: *Wir sind eine revolutionäre Partei*. Wir sagen dasselbe heute und *werden es alle Zeit sagen*. Wir haben uns nicht geändert und ändern uns nicht."[56]

---

55 Vgl. Groh, Negative Integration, S. 77.
56 Zit. in: Redner der Revolution, Bd. 5: Wilhelm Liebknecht (1826–1900), Berlin 1925. Liebknecht starb am 7. August 1900. 120.000–150.000 Sozialdemokraten nahmen an seinem Begräbnis in Berlin teil.

„Dem Ziele der Menschheit entgegen"

Die Verheißungen der Technik an der Wende zum 20. Jahrhundert

von Hartmut Berghoff

„Langsam und mühevoll war der Anstieg, beispiellos rasch und gross der Erfolg. Siegreich ist die Technik auf allen Gebieten vorgedrungen, alle Lebens- und Schaffensverhältnisse, Menschen- und Völkerdasein hat sie tief eingreifend umgestaltet. Die Technik wird auch dem kommenden Jahrhundert das Gepräge geben." Mit diesen Worten begrüßte der Rektor der Königlich Technischen Hochschule Berlin, Alois Riedler, am 9. Januar 1900 das neue Säkulum.

Die Prognose eines von der Technik bestimmten 20. Jahrhunderts begründete er mit einem Rückblick auf den Beginn des 19. Jahrhunderts. Ein „düsteres Bild politisch-nationalen Lebens ... ein zerrissenes Reich, politische und wirthschaftliche Machtlosigkeit, überall Stillstand, ja Niedergang gegenüber der Fridericianischen Zeit! ... Als England sein Weltreich gründete, blieben die Deutschen das Volk der Träumer ... So bekundet der Anfang und der grösste Teil des Jahrhunderts, dass hohe Geisteskultur keineswegs nationale Wohlfahrt bedingt, dass ganz andere mächtige Faktoren hinzukommen müssen." Mit jenen war die „erwachende deutsche Technik" gemeint. Vor allem sei die Eisenbahn „ein Pionier der neuen Zeit" gewesen, „der erbarmungslos über die Kleinstaaterei und den engen Gesichtskreis hinwegbraust und eine neue Weltauffassung erzwingt".[1]

Dieser Argumentation zufolge ist Technik nicht bloß ein nützliches Rationalisierungsmittel, sondern der Motor der Geschichte schlechthin. Alle aus preußisch-deutscher Sicht zentralen Fortschritte des 19. Jahrhunderts seien primär der „deutschen Technik" geschuldet. Damit wandte sich Riedler gegen die vorherrschenden geisteswissenschaftlichen Paradigmen, die den historischen Fortschritt auf das Walten „großer Männer" oder wirkungsmächtiger Ideen zurückführten.

Angesichts einer massiven bildungsbürgerlichen Abwehrfront sahen sich die Anhänger eines technokratischen Weltbildes zum Aufbau emphatischer Gegenpositionen veranlaßt und gingen mit ihren Antipoden keineswegs zimperlich um. So geißelte Riedler den „bisherige[n] Bildungsdünkel" sowie den „Klassenhochmuth und Absonderungsgeist" der Universitäten gegenüber den Technischen Hochschulen. Erstere erzögen zur „oberflächlichen Verstandesübung" und realitätsfremden Arroganz. „Die geistige Nah-

---

[1] A. Riedler, Rede zur Feier der Jahrhundertwende am 9. Januar 1900, Berlin 1900, S. 6 u. 3–5.

rung, die unseren ‚Gebildeten' am besten entspricht", ist die Neigung, „an den Grenzen menschlicher Erkenntniss spazieren zu gehen."[2]

Gleichwohl waren sich die Protagonisten einer technikzentrierten Weltsicht, denen es immer auch um handfeste standespolitische Interessen ging, der legitimatorischen Funktion einer historisch unterfütterten Argumentation bewußt und adaptierten damit letztlich genau jenen Denkstil, den sie den Geisteswissenschaftlern vorwarfen. Erst die Stilisierung zum historisch gesalbten „Kulturfaktor" verlieh der Technik Respektabilität und ließ damit auch die Technikerschaft als ebenbürtige Mitglieder der bürgerlichen Gesellschaft erscheinen.

In geradezu frappierender Anlehnung an die Tradition des deutschen Idealismus beschworen die Ingenieure den „Weltgeist", der den technischen Fortschritt zum Hauptmotor der Geschichte auserkoren habe. Man sei im 19. Jahrhundert „dem Ziele der Menschheit" „bedeutungsvolle Schritte" entgegengegangen, der „Beherrschung der Natur" und der „Herstellung des Reiches der Gerechtigkeit. Der Erfolg der Vergangenheit bürgt für den Erfolg der Zukunft",[3] griff die „Frankfurter Zeitung" diese Argumentation an der Jahrhundertwende auf. Zuweilen wurde auch das Bibelwort „Macht Euch die Erde untertan" bemüht, um eine regelrechte Techniktheologie zu entfalten.

Die Technikidealisierung war ein Reflex auf die Skepsis bzw. Ignoranz der Bildungseliten. Die vielgelesene, 1897 erschienene „Weltgeschichte in Umrissen" Yorck von Wartenburgs erwähnte in den Prognosen für das 20. Jahrhundert die Technik mit keinem einzigen Wort. Das von den politischen und kulturellen Eliten präferierte Monumentalwerk Heinrich von Treitschkes streift die Technik nur am Rande. Ein Außenseiter wie Karl Lamprecht dagegen, der Technologie und Ökonomie in den Vordergrund rückte, provozierte die geschlossene Ablehnung der deutschen Historiker, die ihm einen materialistischen Determinismus vorwarfen.[4]

Die neuhumanistisch geprägten Universitäten und Gymnasien kultivierten ein starkes antiutilitaristisches Vorurteil. Ein entsprechend geringes Prestige besaßen die höheren technischen Lehranstalten und ihre Absolventen. Im Offizierkorps, das sich der höchsten Wertschätzung der wilhelminischen Gesellschaft erfreute, gab es nur wenige technische Speziallaufbahnen, de-

---

2   A. Riedler, Über die geschichtliche und zukünftige Bedeutung der Technik, Berlin 1900, S. 14, u. ders., Unsere Hochschulen und die Anforderungen des zwanzigsten Jahrhunderts, Berlin 1898, S. 20.
3   Frankfurter Zeitung, 31.12.1899.
4   Allgemein U. Troitzsch, Die historische Funktion der Technik aus der Sicht der Geschichtswissenschaft, in: Technikgeschichte 43/2. 1976, S. 92–101. Zum Lamprecht-Streit L. Schorn-Schütte, Karl Lamprecht, Kulturgeschichtsschreibung zwischen Wissenschaft und Politik, Göttingen 1984; R. Chickering, Karl Lamprecht. A German Academic Life (1856–1915), Atlantic Highlands, New Jersey 1993, u. S. Haas, Historische Kulturforschung in Deutschland 1880–1930, Münster 1994, S. 70–84 u. 112–125.

ren Absolventen den Truppenoffizieren gegenüber weder laufbahnrechtlich noch sozial gleichgestellt waren. Die herablassende Attitüde des Bildungsbürgertums brachte niemand treffender auf den Punkt als Thomas Mann, der im „Zauberberg" den Arzt auf Hans Castorps Berufsangabe „Ingenieur" mit schlagartig auftretender Reserviertheit entgegnen ließ: „Das ist wacker."[5]

Die berufsständische Aufstiegsstrategie der Ingenieure zielte zum einen auf die Brechung des Juristenmonopols im Staatsdienst ab.[6] Zum anderen orientierten sie sich an den freien Berufen bzw. der Unternehmerschaft.[7] Trotz dieser disparaten Perspektiven blieben Erfolge keineswegs aus. Das 1899 gegen den Widerstand der Universitäten mit Unterstützung Wilhelms II. durchgesetzte Promotionsrecht der Technischen Hochschulen stellte einen symbolträchtigen Etappensieg auf dem Weg zur akademischen Gleichberechtigung dar. „Endlich ... ist aus königlichem Munde die ... Vollwerthigkeit der technischen Wissenschaften bestätigt ... worden ... Das Promotionsrecht ist uns ein Palladium ... Für uns ist dies der bedeutsamste Beginn des neuen Jahrhunderts",[8] jubelte Riedler im Januar 1900.

Dem sozialen Aufstieg der Techniker und der kulturellen Approbation ihrer Tätigkeit standen gleichwohl noch viele Hürden entgegen. Zivilisationskritiker warnten vor den Folgen neuer Technologien, vor Materialismus und Entfremdung, Umweltzerstörung und Unfällen. Andererseits fanden Science-Fiction-Romane, Gewerbeausstellungen sowie populärwissenschaftliche Technikzeitschriften ihr Massenpublikum. In der Trivialliteratur überwog eine positive Wertung der Technikfolgen.[9] Auch wurde aller intellektuellen Skepsis zum Trotz keine leistungsfähige Innovation jemals aufgrund kultureller Ressentiments dauerhaft blockiert. Insofern ist es „aussichtslos, das Zeitklima um die Jahrhundertwende einseitig auf Technikeuphorie oder auf Technikfurcht festlegen zu wollen".[10]

---

5 T. Mann, Der Zauberberg, Frankfurt 1974 (1924), S. 33.
6 Riedler, Hochschulen, S. 69, polemisierte etwa dagegen, daß „an der Schwelle des 20. Jahrhunderts" von den „Behörden" das „schwierige akademische Studium des Ingenieurs als minderwertig angesehen wird, während das juristische mehrere Jahre zu bummeln gestattet und dann, ... den Universitätsprofessoren zum Hohne, mit dem Einpauker doch rasch zum Ziele gelangt."
7 Vgl. H.-L. Dienel, Herrschaft über die Natur? Naturvorstellungen deutscher Ingenieure 1871–1914, Stuttgart 1992, S. 17–36; ders., Zweckoptimismus und -pessimismus der Ingenieure um 1900, in: ders. (Hg.), Der Optimismus der Ingenieure. Triumph der Technik in der Krise der Moderne um 1900, Stuttgart 1998, S. 9–24; K. H. Jarausch, The Unfree Professions. German Lawyers, Teachers, and Engineers, 1900–1950, New York 1990, S. 17–23, u. P. Lundgreen, Das Bild des Ingenieurs im 19. Jahrhundert, in: M. Salewski u. I. Stölken-Fitschen (Hg.), Moderne Zeiten. Technik und Zeitgeist im 19. und 20. Jahrhundert, Stuttgart 1994, S. 17–24.
8 Riedler, Jahrhundertwende, S. 11.
9 W. König, Ideology and Practice of Technology in History, in: History and Technology 2. 1985, S. 1–15.
10 J. Radkau, Das Zeitalter der Nervosität. Deutschland zwischen Bismarck und Hitler,

Die seit ca. 1890 aufkommende Technikbegeisterung eines Teils der wilhelminischen Öffentlichkeit speiste sich vor allem aus der Faszination, die eine Vielzahl bahnbrechender Erfindungen ausübte. Ihre Gemeinsamkeit bestand darin, daß sie für jedermann wahrnehmbar und in rascher Abfolge Wirtschaft, Wissenschaft und Alltag umgestalteten und den Horizont des Machbaren ständig erweiterten. Zu nennen sind u. a. die Entdeckung von elektrischen Wellen und Röntgenstrahlen, die Anfänge von Atomphysik und Genetik, drahtlose Telegraphie und Telefon, neue Massenmedien wie Kinofilm, Photographie und Grammophon sowie der Beginn von Datenverarbeitungs-, Automobil- und Flugtechnik. Monumentale Kanalprojekte durchschnitten Kontinente und verkürzten die Schiffahrtsrouten. Die Alpentunnel – mit Spitzhacken begonnen und Bohrmaschinen vollendet – ließen Nord- und Südeuropa näher zusammenrücken. Die Eisenbahn hatte innerhalb von 50 Jahren ein flächendeckendes Netz über ganz Europa gespannt. Auf den Fernstrecken vervielfachte sich ihr Tempo. Geschwindigkeitswettbewerbe für Autos und Dampfschiffe machten die Beschleunigung zur Leitkategorie schlechthin. Ein Superlativ jagte den nächsten. Die rapide voranschreitende Industrialisierung revolutionierte die Arbeitswelt. Anwendung und Konsum von Technik wurden erstmals zur massenhaften Alltagserfahrung, die zugleich faszinierte und erschreckte.

Die wilhelminische Ära konfrontierte die Menschen pausenlos mit Neuem und provozierte unterschiedlichste Reaktionen. Diese Unruhe und Widersprüche bilden den historischen Kontext der Debatte über die Zukunftschancen der Technik, an der sich sehr verschiedene Diskutanten beteiligten. In diesem Aufsatz geht es um die Sichtweise der Technikproduzenten, d. h. es kommen vor allem Ingenieure, aber auch Unternehmer und Wissenschaftler zu Wort. Daß es sich bei ihnen um soziale Gruppen handelte, die aufgrund ihres Expertenwissens auf dem Weg nach oben waren, sich aber zugleich mannigfaltigen Widerständen und Vorurteilen gegenübersahen, reflektiert nicht nur die Zerrissenheit des Kaiserreiches als „Gebilde zwischen

---

München 1998, S. 200, überschätzt das Ausmaß der Technikakzeptanz insgesamt und attestiert selbst dem Hochadel Technikeuphorie. Grundlage dieser Einschätzung ist eine Notiz im Tagebuch der Gräfin Spitzemberg. Zu einem entgegengesetzten Urteil kommt H. Berghoff, Adel und Industriekapitalismus im Deutschen Kaiserreich. Abstoßungskräfte und Annäherungstendenzen, in: H. Reif (Hg.), Adel und Bürgertum, Berlin 1999. Offiziersstellen in technikintensiven Waffengattungen galten dem Adel als minderwertig und blieben eine Domäne bürgerlicher Aufsteiger. Überhaupt zeichneten sich die adligen Spitzen des Militärs durch eine anhaltende Technikignoranz aus. Vgl. dazu H. Walle, Technikrezeption der militärischen Führung in Deutschland im 19. und 20. Jahrhundert, in: Salewski u. Stölken-Fitschen (Hg.), S. 93–118. Eine noch ausgeprägtere Überschätzung der Technikakzeptanz findet sich bei W. König, Massenproduktion und Technikkonsum. Entwicklungslinien und Triebkräfte der Technik zwischen 1880 und 1914, in: ders. u. W. Weber, Netzwerke – Stahl und Strom, 1840–1914, Berlin 1990, S. 536–52, der von einem unangefochtenen gesellschaftlichen „Grundkonsens" ausgeht.

den Zeiten",[11] sondern bestimmte auch die inhaltliche Struktur des hochgradig interessengeleiteten Diskurses. Der allen Technikproduzenten gemeinsame Wunsch nach mehr sozialer Anerkennung überdeckte die Unterschiede, die sich aus ihren verschiedenen Berufsfeldern – man denke nur an den Unterschied zwischen beamteten, freiberuflichen und angestellten Ingenieuren – ergaben, und sorgte für eine relative Einheitlichkeit der Prognosen.

Im folgenden werden die Zukunftserwartungen der Technikproduzenten dargestellt und die von ihnen verwandten Argumentationsmuster im Detail nachgezeichnet. Zeitlich konzentrieren sich die Ausführungen auf die Jahre um 1900, greifen aber gelegentlich bis in die späten 1880er Jahre zurück und bis 1914 vor. Nach der Analyse der fünf zentralen Verheißungen der Technik wird der Umgang mit pessimistischen Einwänden betrachtet. In einem weiteren Kapitel ist die beginnende Abkehr vom hoffnungsfrohen Zukunftsbild der Techniker zu thematisieren, bevor sich ein knapper Ausblick auf die Gegenwart anschließt.

I. Die Verheißungen der Technik aus Sicht ihrer Produzenten.
I.1 Auf dem Weg zur Technokratie. Von der Macht der Technik zur Technik der Macht. Die Ingenieure beklagten regelmäßig, angesichts ihrer geschichtsmächtigen Kompetenzen bei der Verteilung von Macht und Prestige zu kurz gekommen zu sein.[12] Regelmäßig mokierten sie sich über das technische Unwissen der politischen und administrativen Eliten des Kaiserreichs. Ihren Anspruch auf Teilhabe an der politischen Herrschaft und den Pfründen des Staatsdienstes begründeten die Ingenieure damit, daß sie neben Spitzentechnologien auch das „Räderwerk der Macht" zu bedienen wüßten. Sie würden die „Ventile zur Verhütung von Explosionen ... bei der Staatsmaschine" kennen. „Der echte Ingenieur wird vielleicht mehr als sonst ein Volksvertreter die Staatsleistungen ... an dem Idealbild einer komplizierten Maschine ermessen und tiefer die Kluft empfinden, die zwischen zugeführter Energie und dem Nutzeffekt klafft".[13] Denselben Topos bemühte auch Riedler: „Ist doch jedes Werk der Technik ... eine strenge Organisation, im kleinen, was die Staatsorganisation im grossen ist: die Leitung ... der Kräfte zum vorherbestimmten Ziel ... Einer der grössten Fortschritte wäre es, wenn technische Bildung in ihrem edelsten Sinne Eingang in das Staatsleben fände".[14]

---

11 H.-P. Ullmann, Das Deutsche Kaiserreich 1871–1918, Frankfurt 1995, S. 7.
12 1904 saß nach eigener Zählung nicht ein einziger Ingenieur im Reichstag, 1909 waren es drei. Vgl. G. Biedenkapp, Der Ingenieur und die Politik, in: Der Ingenieur. Seine kulturelle, gesellschaftliche und soziale Bedeutung, Stuttgart 1910, S. 30–36, S. 30, u. W. König, Die Ingenieure und der VDI als Großverein in der wilhelminischen Gesellschaft, in: K.-H. Ludwig (Hg.), Technik, Ingenieure und Gesellschaft. Geschichte des Vereins Deutscher Ingenieure 1856–1981, Düsseldorf 1981, S. 270.
13 Biedenkapp, S. 30.
14 Riedler, Bedeutung, S. 14. Ein konkretes Beispiel: N. Gilson, Die Vision der Einheit als Strategie der Krisenbewältigung. Georg Klingenbergs Konzeption für die Energieversorgung in Deutschland zu Beginn des 20. Jahrhunderts, in: Dienel, Optimismus, S. 57–76.

Ingenieure reklamierten eine überlegene, universell einsetzbare Planungs- und Lenkungskompetenz, die sich allein auf Sachlichkeit und Zweckmäßigkeit gründe. Als ideologieresistente Fachleute wollten sie die allgemeine Wohlfahrt optimieren. Als Repräsentanten reiner Vernunft versprachen sie, politische „Reibungsverluste" zu minimieren und den „Wirkungsgrad" von Herrschaft zu maximieren. Sie seien zum Regieren quasi geboren oder doch zumindest für Regierungen aufgrund ihrer Sachkompetenz unersetzlich. Die Illusion, Gralshüter wertfreier Effizienz zu sein und damit eine genuin politische bzw. ethische Dimension ihres Handelns leugnen zu können, wurde für das Selbstverständnis deutscher Ingenieure prägend. Am deutlichsten dürfte Albert Speer diesen Typus des vermeintlich unpolitischen, ideologiefreien Experten repräsentiert haben.[15]

Schließlich verwiesen Ingenieure darauf, daß erst die Technik dem Staat die nötigen Mittel zu seiner Machtentfaltung an die Hand gebe. Durch die „modernen Verkehrsmittel" sei der Staat „allgegenwärtig geworden; er kann sofort eingreifen, vorauseilend einwirken und in Tagen zur Durchführung bringen, was früher ... Jahre dauerte".[16] Wenn man sie nur ließe, würden die Ingenieure dem Staat noch weitere Instrumente zur Perfektionierung seiner Herrschaft verschaffen. Bis zur Infrastruktur des Orwellschen Überwachungsstaates war es nur ein Gedankensprung.

Nach dem Ersten Weltkrieg gewann die Technokratiebewegung erheblich an Gewicht.[17] Sie deutete die Niederlage als Konsequenz der mangelhaften Einbeziehung technischen Sachverstandes in die Politik. So schrieb der MAN-Generaldirektor Anton von Rippel 1918: „Es muß in Deutschland dahin kommen, daß mit der gleichen Selbstverständlichkeit, mit der heute Militärs und Juristen maßgebend sind, der Ingenieur als Führer des Volkes gilt."[18] Technokratische Zukunftsentwürfe ließen sich mit sehr unterschiedlichen Inhalten füllen, die von zentralistischen bis zu dezentralen, von demokratischen bis zu autokratischen, von kommunistischen bis zu genossenschaftlichen Modellen reichten. Wie immer sie im einzelnen aussahen, die Ingenieure besetzten die Schlüsselpositionen.

Auf dem Feld der Außenpolitik wiederholte sich die Argumentation, denn hier konnte man auf das Paradebeispiel technikproduzierter Machtmittel, auf die Militärtechnik, verweisen. Ihre Relevanz ließ sich im Zeitalter des Flottenwettrüstens schlechterdings nicht bestreiten. Die Produzenten be-

---

15 Vgl. G. Hortleder, Das Gesellschaftsbild des Ingenieurs. Zum politischen Verhalten der Technischen Intelligenz in Deutschland, Frankfurt 1970, S. 121–38; Jarausch, S. 180 u. 197, u. A. v. Plato, Helden des Fortschritts? Zum Selbstbild von Technikern und Ingenieuren im Nationalsozialismus und in der Nachkriegszeit, in: W. Füßl u. S. Ittner (Hg.), Biographie und Technikgeschichte, Opladen 1998, S. 127–165.
16 Riedler, Bedeutung, S. 13.
17 Vgl. S. Willeke, Die Technokratiebewegung in Deutschland zwischen den Weltkriegen, in: Technikgeschichte 62. 1995, S. 221–246.
18 Zit. n. Hortleder, S. 94 f.

haupteten, in der Gegenwart und erst recht in der Zukunft den Schlüssel zu überlegener Militärmacht in der Hand zu halten. Georg Siemens prophezeite etwa, daß „die Kämpfe des nächsten Jahrhunderts ... weniger mit Säbel und Gewehr als mit industriellen und kommerziellen Waffen ausgefochten werden: und die Führung wird seltener bei Diplomaten und Generalität, dafür um so häufiger bei der grossen Kapitalassoziation liegen. Dorthin werden die Nationen ihre besten Männer zu stellen haben, wenn sie erfolgreich fechten wollen."[19] Unverhohlen schimmerte der Anspruch auf soziale und politische Aufwertung durch. Wer das Schicksal der Nation entscheidet, verdient Wertschätzung und Unterstützung. Noch einen Schritt weiter ging ein Autor, der voraussah, daß die Technik „die Hegemonie in allen Lebensbetätigungen" erobern werde. Die „Tage sind nicht mehr fern, da Ingenieure fast ausschließlich den Wehrstand bilden werden, in dem die Kriegsführung ein Spezialzweig der Technik wird ... Wir bahnen unseren ... Enkeln die größeren besseren Zeiten an, die Zukunft, welche dem Ingenieur gehört".[20] Hier ging es nicht mehr um Partizipation an der Macht, sondern bereits um einen Führungsanspruch.

I.2 Weltmachtstatus zwischen „ewigem Frieden" und „totalem Krieg". Die außenpolitischen Versprechungen der Techniker waren nicht gerade bescheiden, was ebenso an professionellen Minderwertigkeitsgefühlen lag wie an der eindrucksvollen technologischen Dynamik der Zeit. Die Diskutanten sahen sehr präzise voraus, daß – so der Rektor der TH Karlsruhe – das „Schicksal der Völker in Zukunft" von der Hochtechnologie entschieden und ohne sie eine „militärische Machtentfaltung im Sinne der modernen Kriegskunst" ausgeschlossen sein werde. Keine Nation könne sich „ohne ernste Gefährdung ihrer Existenz" dem Rüstungswettlauf entziehen. In künftigen Kriegen müßten die Nationen zudem ihre gesamte wirtschaftliche Potenz in die Waagschale werfen.[21]

Das von den Technikern benannte Ziel deutscher Außenpolitik, der „goldene Friedenssonnenschein", entsprach demjenigen des Wilhelminismus. Mit „geballter Faust an eisengepanzertem Arme" betrete das Reich „des Jahrhunderts offene Tür", um dem „frevlem Übermut" der Rivalen entgegenzutreten. Die Technik verleihe Deutschland die Mittel dazu, daß „ein eiserner Zaun von Waffen unsere heiligen Grenzen umgürte und in fernen Meeren unsere Schiffe ihre Flaggen zeigen."[22] Das koloniale Expansions-

---

19 G. Siemens, in: Das Goldene Buch des Deutschen Volkes an der Jahrhundertwende. Das Wirtschaftsleben, Leipzig 1900, S. 47.
20 L. Brinkmann, Der Ingenieur, Frankfurt 1908, S. 83 u. 82.
21 Rektor Engler, in: Technische Hochschule Karlsruhe, Bericht über die Feier der Einweihung der Neubauten und der Aula am 17., 18. und 19. Mai 1899, Karlsruhe 1899, S. 6.
22 K. Keller, in: Technische Hochschule Karlsruhe, Bericht über die Feier der Jahrhundert-Wende und die Verleihung des Promotionsrechtes am 10. Januar 1900, Karlsruhe 1900, S. 12.

streben spielte eine zentrale Rolle. Die Ingenieure wiesen wiederholt auf die Chance hin, überseeische Erwerbungen mit Hilfe modernster Technik effektiv auszubeuten. Schnelle Schiffe würden den Abtransport von Rohstoffen erleichtern, Unterseekabel als „Nerven- und Muskelstränge" des „Weltreiches"[23] den politischen und ökonomischen Ertrag optimieren. Vorschläge, sich in Europa auf Kosten der Nachbarn auszudehnen, tauchten dagegen im Technikdiskurs so gut wie nicht auf. Die konkreten Grenzen deutscher Weltmacht blieben im Dunklen. Zuweilen verbanden sich technische Träume auch mit rassistisch durchtränkter Hybris. Riedler sah an der Jahrhundertwende „die romanischen Völker im Niedergang, die germanische Kultur im Begriff, die Welt zu erobern".[24]

Wohl auch aus Anlaß der Aufbringung des deutschen Dampfers „Bundesrath" durch die Royal Navy am 2. Januar 1900 versprach die Technik umgehend, „Mittel zu schaffen, welche die englische Vorherrschaft zur See ... ausgleichen würden". „Aufgespeicherte Kraft" solle „die Schiffe auf Monate hinaus zur Fahrt ausrüsten und sie damit von Kohlenstationen unabhängig machen."[25] Ein zweites, ebenfalls um 1900 diskutiertes Waffensystem der Zukunft wurde schon in der ersten Jahrhunderthälfte blutige Wirklichkeit. Der Ingenieur Wilhelm Berdrow mutmaßte, „daß ein tragfähiges, zuverlässiges und dem Willen seines Lenkers unbedingt gehorchendes Luftschiff ... den Krieg der Zukunft grenzenlos verändern würde. Die Begriffe Aufklärung, Blockade, Belagerung ... müßten theils ... gestrichen werden." Der technisierte Krieg werde „das schrankenlose Element der Luft zu Hülfe nehmen."[26]

Bereits im Ersten Weltkrieg, den Lloyd George den „Krieg der Ingenieure" nannte, spielten Flugzeuge und der erstmals 1899 gebaute Zeppelin eine wichtige Rolle als Aufklärer. Sie versuchten, wenn auch noch mit geringem Erfolg, den Krieg weit hinter die feindlichen Linien zu tragen. Im Zweiten Weltkrieg wurde die Luftwaffe zur perfektionierten Tötungsmaschinerie. Ein einziger Soldat konnte mühelos durch das Lösen eines Hebels tausende Opfer, die er gar nicht mehr als individuelle Menschen wahrnahm, umbringen und sich sofort vom Ort der Tat entfernen. Die Möglichkeit der anonymen Massentötung per Knopfdruck wurde zum Signum der Militärtechnik des 20. Jahrhunderts. An seinem Ende sind unbemannte Waffensysteme mit

---

23 Prof. Roessler, Die elektrische Energie, Danzig 1914, S. 13.
24 Riedler, Jahrhundertwende, S. 22 f.
25 P. Zweifel, Pläne und Hoffnungen für das neue Jahrhundert, in: Deutsche Revue 25/1. 1900, S. 108–20, S. 115. Diese Vision erfüllte sich mit nuklearen Schiffsantrieben in den 1950er Jahren.
26 W. Berdrow, Die Technik an der Jahrhundertwende, in: Die Gegenwart 1/1900, S. 8–13, S. 9. Im Gegensatz zu seinen zumeist viel euphorischeren Kollegen schwangen bei Berdrow Zweifel an der baldigen Realisierung des Luftkrieges mit. Literarische Utopisten wie H.G. Wells und Mark Twain besaßen um 1900 schon ein sehr genaues Bild vom Grauen künftiger Luftkriege. Vgl. Salewski, Technik, S. 80 f.

hoher Präzision interkontinental einsetzbar und z. T. mit Kameras ausgestattet, die präzise Bilder in Millionen Wohnzimmer übertragen. Die räumliche Entgrenzung des Krieges, der 1914 in die Luft und die Meerestiefen vordrang, hat mit dem Ausgreifen in das Weltall eine gleichsam galaktische Schallmauer durchbrochen.

Die schon um 1900 greifbar nahen Schrecken der Kriegstechnik waren Maschinengewehre, Tanks, U-Boote, Dynamit, Giftgas und Starkstromdrähte. Sie wurden nicht nur zunächst von den Militärs verkannt,[27] sondern riefen auch großes Entsetzen hervor, das zu diversen Friedensinitiativen führte. Die Haager Konferenzen von 1899 und 1907, die Gründung der Weltfriedensunion und der Interparlamentarischen Union entsprangen auch dem Erschrecken über die Potenzierung der Tötungskapazitäten.[28]

Dieser Zusammenhang führt uns zur zweiten Vision der Techniker, nämlich zu ihrer Illusion, die „eigentlichen Pazifisten" zu sein. Die Angst vor dem Krieg werde dank ihrer Kreativität so groß, daß eine effektive Abschreckung garantiert sei. Der Krieg der Zukunft sei angeblich zu gefährlich, um ihn zu führen. Riedlers Eindruck nach waren „die Kriege um so seltener geworden, mit je vollkommeneren Mitteln sie geführt werden: Die Furcht vor diesen Mitteln erzwingt schon jetzt Friedensliebe... Die Völker werden sich wohl nie eines Stammes fühlen, aber es ist anzunehmen, dass wenigstens bei den Kulturvölkern die grossen gemeinsamen... Interessen sich einst als stärker erweisen als feindliche Stimmungen. Diese Interessengemeinschaft kann durch den Einfluss der vervollkommneten Kulturmittel [d. i. die Technik, H. B.] ... so gewaltig werden, dass die ... Kette von Kämpfen zerreisst".[29]

Auch Alfred Nobel, der das Dynamit entdeckt hatte und in großen Mengen produzierte, glaubte an die friedensstiftende Wirkung von High-Tech-Waffen. Da er den Krieg als „das größte Verbrechen" verabscheute, engagierte er sich gegen Ende seines Lebens für die Friedensbewegung und stiftete schließlich den Friedensnobelpreis. Gegenüber Bertha von Suttner, mit der Nobel vertraut war und die er finanziell unterstützte, äußerte er: „Meine Fabriken werden vielleicht dem Krieg noch früher ein Ende machen als Ihre Kongresse." Nobel wollte durch die Perfektionierung des Terrors den Krieg mit seinen eigenen Waffen besiegen und durch eine verrechtlichte Konfliktaustragung analog zum „Duelle ... zwischen Individuen" oder durch neutrale Schiedsgerichte ersetzen. „Ich möchte einen Stoff oder eine Maschine

---

27 Einen exzellenten Überblick bietet H.-J. Braun, Konstruktion, Destruktion und der Ausbau technischer Systeme zwischen 1914 und 1945, in: ders. u. W. Kaiser, Energiewirtschaft. Automatisierung. Information. Seit 1914, Berlin 1992, S. 172–206.
28 J. Dülffer, Regeln gegen den Krieg? Die Haager Friedenskonferenzen von 1899 und 1907 in der internationalen Politik, Frankfurt 1978, insb. S. 19–38.
29 Riedler, Bedeutung, S. 5. Er hielt es aber weiterhin für möglich, daß „wenige Kriege mit tiefgreifenden Kulturveränderungen sich vollziehen" könnten. Ebd.

schaffen können, von so fürchterlicher, massenhaft verheerender Wirkung, daß Kriege dadurch überhaupt unmöglich würden." Einem Waffenproduzenten unterbreitete er den atemberaubenden Gedanken: „Krieg muß für die Zivilbevölkerung ... ebenso todbringend gemacht werden wie für die Truppen an der Front. Lassen Sie das Damoklesschwert über jedermanns Kopf hängen, ... und Sie werden ein Wunder erblicken – alle Kriege werden mit einem Mal aufhören, wenn die Waffe Bakteriologie heißt."[30]

Technik galt ihren Produzenten einerseits als friedensstiftendes Allgemeingut der Menschheit, andererseits aber auch als Eigentum konkurrierender Nationen. Dieser Widerspruch wurde als solcher nicht wahrgenommen. Für Dessauer legte die Technik „Zeugnis ab von deutschem Ernste und deutscher Kraft".[31] Riedler beschwor die grenzüberschreitende Wirkung der Verkehrstechnik. Das „Nationalbewusstsein" habe das „Ortsbewusstsein" überwunden. Die Eisenbahnschienen seien die „blank geschmiedet[en]" „Trauringe" des Kaiserreichs gewesen. „Die modernen technischen Kulturmittel haben ... das grösste Verdienst, dass die Völker einander überhaupt kennen lernen", was zum Denken im „Weltmassstab" führe. Jedoch dürfe daraus kein „unfruchtbares Weltbürgerthum" entstehen.[32] Die Nation, und damit das Trennende, blieb der Fixstern am Wertehimmel der wilhelminischen Technikerschaft.

Diese Ambivalenz kam am deutlichsten bei den großen Industrieausstellungen zum Ausdruck. Sie standen im Zeichen von Konkurrenz und Kooperation der teilnehmenden Länder und versprachen Frieden und nationale Suprematie. Die Internationale Elektrotechnische Ausstellung von 1891 feierte sich als ein „neues mächtiges Beispiel von der Einheitlichkeit des Menschengeistes, der alle politischen und sozialen Schranken durchbricht, um den Grundsatz der friedlichen Arbeit und des stetigen ... Fortschritts zu verkünden. Wohl hat sich die Kriegswissenschaft vervollkommnet und die Millionenheere stehen sich wie Riesenmaschinen vernichtungsbereit gegenüber", aber die Technik zeige den Menschen, „daß und wie sie ... Brüder sein sollen".[33] Die Tatsache, daß Deutschland an der Pariser Weltausstellung

---

30 Zit. n. K. Fant, Alfred Nobel. Idealist zwischen Wissenschaft und Wirtschaft, Basel 1995, S. 350 u. 360 f. Auch der Sozialdemokrat Franz Mehring schloß große Kriege für das 20. Jahrhundert aus. Silvester 1899 schrieb er: „ Das Ideal des ewigen Friedens ... hat sich verwirklicht in einer waffenstarrenden ... Welt, die nur deswegen nicht in einem ewigen Kriege liegt, weil sie selbst nicht mehr die Wirkung ihrer Mordwerkzeuge zu übersehen vermag." Vorwärts 31.12.1899, zit. n. M. Salewski, „Neujahr 1900". Die Säkularwende in zeitgenössischer Sicht, in: AfK 53. 1971, S. 360.
31 F. Dessauer, Organisation technischer Arbeit. Betrachtungen anläßlich des 25jährigen Bestehens der Allgemeinen Elektrizitätsgesellschaft, in: Das Hochland 5. 1908, S. 288–305, S. 289.
32 Riedler, Jahrhundertwende, S. 6.
33 Frankfurter Zeitung 15.5.1891, zit. n. J. Steen (Hg.), „Eine neue Zeit". Die Internationale Elektrotechnische Ausstellung 1891, Frankfurt 1991, S. 20. Für die Kleine Presse 17.5.1891, zit. n. ebd., S. 383, war die Ausstellung ein „Fest friedlicher Arbeit" und

des Jahres 1900 teilnahm, nachdem es zu derjenigen des Jahres 1889 nicht eingeladen worden war, ließ sich als endgültige Überwindung der Erbfeindschaft preisen: „Heute, wo der Haß der Völker unter dem heilbringenden Hauch der Wissenschaft ... dahinschwindet," wirkten „viele miteinander verknüpfte Interessen" darauf hin, „zwei kriegsgerüstete Völker durch die Bande des Friedens einander nahe zu bringen".[34]

Der Gedanke, daß komplexe technische Systeme einen Zwang zur internationalen Kooperation enthielten, war an sich nicht realitätsfremd. So gab es in der zweiten Hälfte des 19. Jahrhunderts eine supranationale, sich institutionalisierende Bewegung zur Vereinheitlichung von Raum und Zeit sowie zur technischen und rechtlichen Koordinierung. Patent- und handelsrechtliche Fragen, die Notwendigkeit von Normen und Fahrplänen sowie von Verkehrs- und Schiedsregeln zwangen zur Verständigung. Bis 1910 wurden in Europa jeweils zehn internationale Abkommen über Telegraphie und Eisenbahn unterzeichnet.[35] Der technisch bedingte Koordinationsbedarf würde, so glaubten Fortschrittsoptimisten, zur Durchsetzung einer Weltsprache führen. Der Nürnberger Bleistiftfabrikant Lothar von Faber entwickelte früh Pläne für eine politische Integration Europas. Er hoffte, daß „die Völker der 5 europäischen Grossmächte sich zu einem Modus vereinigen, durch welchen ... ein gesicherter Rechtszustand ... ermöglicht wird. Ein europäisches oder internationales Parlament" würde eine „sichere Garantie bieten für all' das Weise, Vernünftige und Wohlthätige".[36]

Die 1900 beschworene Vision der Technik als „reines Friedenswerk",[37] als Nationalismus und Krieg überwindende historische Kraft, hat sich im 20. Jahrhundert nicht erfüllt. Die als vermeintliche Friedensstifter geborenen Technologien entpuppten sich „im Erwachsenenalter" als Massenmörder. Das Flugzeug trat wie die Eisenbahn als völkerverbindendes Transportmittel an, potenzierte tatsächlich aber das Destruktionspotential des Krieges. Die Atomtechnik hielt sich lange zugute, durch ihre Schrecken die Großmächte nach 1945 vor einer direkten militärischen Konfrontation bewahrt zu haben. Zwar ist das nicht zu bestreiten, darf aber aufgrund der unzähligen Stellvertreterkriege nicht mit Frieden verwechselt werden. Zu Beginn des 21. Jahrhunderts bringt niemand mehr den Optimismus auf, in der Atombombe ei-

---

„bürgerlicher Tüchtigkeit ... Nicht eine von engherziger nationaler Beschränktheit oder gar von unseligem Haß der Völker gegeneinander getragene Feier – nein ... ein freundliches Austauschen unter den Nationen."

34 F. Loliée, Auf den Bauplätzen der deutschen Ausstellung in Paris, in: Deutsche Revue 25/2. 1900, S. 113–118, S. 113.
35 Vgl. S. Pollard, Peaceful Conquest. The Industrialization of Europe, 1760–1970, Oxford 1981, S. 271. Demnächst M.H. Geyer u. J. Paulmann, Hg., The Mechanisms of Internationalism, Oxford 2000.
36 Stadtarchiv Nürnberg, Denkschrift Lothar Fabers, Die Zukunft Nürnbergs, Nürnberg 1879, S. 18.
37 Riedler, Bedeutung, S. 11.

nen Friedensgaranten zu sehen, da ihre unkontrollierte Proliferation die Abschreckungskalküle auf eine neue, instabilere Basis stellt.

I.3 „Die Welt wird schöner mit jedem Tag". Technik als Allheilmittel zur Lösung der sozialen Frage. Im Herbst 1899 begründete Kaiser Wilhelm II. die Verleihung des Promotionsrechtes an die Technischen Hochschulen auch damit, daß ihnen die Aufgabe zukomme, die soziale Frage zu lösen. Die Ingenieure, die sich selbst als unparteiische Problemlöser par excellence definierten, griffen die Bemerkung des Kaisers sofort auf und stilisierten sie zu „ihrem sozialpolitischen Auftrag", ohne ihn inhaltlich füllen zu können. Ihre konkreten sozialpolitischen Konzepte bewegten sich in einem breiten Spektrum, das von vorsichtigen Reformen bis zu Vorstellungen eines dritten Weges und vereinzelt auch bis zu systemsprengenden Radikalentwürfen reichte.

Die meisten Ingenieure favorisierten pragmatische Vorschläge wie den Ausbau von Arbeitsschutz und Sozialversicherung. Diese wenig originellen, der bürgerlichen Sozialreformdebatte entnommenen Vorschläge sollten eine Doppelfunktion erfüllen, nämlich „die Lage der Arbeiter zu bessern" und „zugleich mit positiven Waffen den Gegner bekämpfen, der mit rotem Wimpel im Mast ... segelt".[38] Besondere Akzente vermochten die Techniker auf dem Gebiet der bürgerlichen Sozialreform nicht zu setzen. Ausnahmen wie die ungewöhnlich arbeiterfreundliche Carl-Zeiss-Stiftung Ernst Carl Abbes bestätigten die Regel. In den einschlägigen Reformvereinigungen spielten Techniker keine exponierte Rolle.

Dem Selbstverständnis der Ingenieure als „neutrale Vermittler" zwischen Kapital und Arbeit entsprach es, die „Fata morgana sozialistischer Hirngespinste" verbal zu bekämpfen und primär darauf zu hoffen, daß der soziale Fortschritt dem technischen quasi automatisch folge. Moderne Fabriken, so ihr Argument, seien per se „Musteranstalten" mit besseren Arbeitsbedingungen, als sie die Heimarbeiterstube böte. „Die Technik schafft Arbeit und menschenwürdiges Dasein für Millionen, die ohne Mitarbeit der Technik auf tieferer Kulturstufe ... bleiben müssten."[39]

Radikale Lösungen schlugen nur wenige Ingenieure vor. Rudolf Diesel etwa stand der Industriegesellschaft kritisch gegenüber und gründete deshalb keine eigene Fabrik zur Verwertung seines Motors. Vielmehr sah er sich aufgrund seines technischen Wissens zum Baumeister einer besseren Welt

---

38 W.v. Oechelhäuser, zit. n. König, Ingenieure, S. 253. Zu Wilhelms Ausspruch vgl. ebd., S. 252; Riedler, Jahrhundertwende, S. 7 f., u. W.v. Oechelhäuser, Die soziale Aufgabe des Ingenieurberufes und die Berechtigungsfrage der höheren Schulen, in: Zs. des VDI 44. 1900, S. 1288–93.
39 Riedler, Bedeutung, S. 9. Vgl. auch R. v. Bruch, Bürgerliche Sozialreform im deutschen Kaiserreich, in: ders. (Hg.), „Weder Kommunismus noch Kapitalismus". Bürgerliche Sozialreform in Deutschland vom Vormärz bis zur Ära Adenauer, München 1985, S. 61–179.

berufen, um den „Ausbruch des sozialen Vulkans" zu verhindern.[40] In seinem Hauptwerk „Solidarismus" ging es ihm analog zu seinem Antriebsaggregat darum, sozioökonomische Energieverluste zu minimieren, d. h. den Klassenhaß endgültig zu besiegen. Dieselmotor und Gesellschaftsreform waren zwei Seiten einer Münze, die wissenschaftlich-technische Rationalität hieß. Für Diesel glich „die Erde einem durch die modernen Errungenschaften ungemein schön ausgestatteten Wohnhause", in dem sich aber „Parteien und Klassen" um „die Räume streiten". Seine Aufgabe sah er in der Vorlage einer „richtige[n] Benutzungsordnung".[41]

Die Grundeinheiten der von Diesel konstruierten neuen Gesellschaft sollten selbstverwaltete Genossenschaftsbetriebe sein. Sie beteiligten die Arbeiter am Gewinn und sorgten für sämtliche Lebensbedürfnisse durch kostenlose Großküchen, Wohnungen, Schwimmbäder, Kindergärten, Schulen, Lehrlingswerkstätten, Krankenhäuser, Bibliotheken „guter Bücher" und „Ferienkolonien". Es galten die ihrer religiösen Fundierung entkleideten „Gebote des Christentums", nämlich „Wahrhaftigkeit, Gerechtigkeit und Brüderlichkeit" sowie „Friedfertigkeit, Barmherzigkeit und Liebe". Diesels Begrifflichkeit wirkte schon auf die Zeitgenossen, insbesondere auf die Arbeiterbewegung, naiv und herablassend, wenn nicht gar lächerlich: „Kommt ihr nicht von selbst auf den Gedanken, ein solches Unternehmen einen ... Bienenstock und dessen Mitglieder Bienen zu nennen?" Weitere Kennzeichen der „Bienenstöcke" waren die Freiwilligkeit des Eintrittes, die bedarfsgerechte Verteilung der Güter zu günstigen „Bienenpreisen", sinkende Tages- und Lebensarbeitszeiten, regelmäßiger Urlaub, prinzipielle Gleichberechtigung der Geschlechter, Berufstätigkeit der Frauen in Bereichen, „die euren Kräften, eurer Natur" entsprechen, „Wegschaffung zahlloser unnützer Arbeiten", „die völlige Befreiung von materiellen Sorgen", Muße und Stipendien für die Weiterbildung sowie höchste Effizienz aller Abläufe durch den Wegfall von Entfremdung und Ausbeutung. Als Folgen prophezeite Diesel die „Beseitigung der zügellosen, anarchischen Produktion" und der „periodischen Krisen" der Volkswirtschaften sowie das Ende von Streiks und Kriegen. Neben allseitiger „Barmherzigkeit" propagierte der Ingenieur eine streng leistungsbezogene Entlohnung sowie „Selbstzucht und Disziplin". „Bienenkarten" dienten der Identifikation. Über jedes Mitglied war eine „Bienenakte" anzulegen. Der „Bienenstock" glich einem totalitären, tayloristischen Regime auf freiwilliger Basis unter Oberaufsicht einer wohlwollenden „Leitung", die „mit eiserner Folgerichtigkeit" vorgeht. Ohne es

---

40 E. Diesel, Jahrhundertwende. Gesehen im Schicksal meines Vaters, Stuttgart 1949, S. 181. Vgl. auch ebd., S. 183. Eine neuere Biographie: D.E. Thomas, Diesel. Technology and Society in Industrial Germany, Tuscaloosa/Ala. 1987.
41 R. Diesel, Solidarismus. Natürliche wirtschaftliche Erlösung des Menschen, München 1903, S. 25.

explizit zu sagen, wies Diesel diese Aufgabe seinem eigenen Berufszweig zu.[42]

Wie ernst es ihm mit der „Erlösung des Menschen" durch eine „intelligente Organisation" war, zeigt die Tatsache, daß er für die „Bienenstöcke" zahlreiche Musterverträge und detaillierte Finanzierungsmodelle ausarbeitete und seine Ideen weltweit propagierte. Die Resonanz war niederschmetternd. Insbesondere die Arbeiter, die angeblich „danach lechzen", „Bienenstöcke zu errichten" und „Bienen zu werden",[43] wollten sich nicht zu Diesels Konditionen „erlösen" lassen. Nicht einmal die Genossenschaftsbewegung und schon gar nicht Gewerkschaften und Arbeiterparteien freundeten sich mit dem technokratischen Gesellschaftsmodell an, das sich aus einer Vielzahl von Quellen speiste. Diesel hatte die literarischen Sozialutopien seiner Zeit ebenso rezipiert wie die katholische Soziallehre, die Ideen der französischen „Solidarité"-Bewegung und des russischen Anarchisten Kropotkin, mit dem er korrespondierte. Ferner stand er den Hauptvertretern des „Monismus" nahe, dem Zoologen Ernst Haeckel und dem Chemiker Wilhelm Ostwald, die eine Säkularreligion auf naturwissenschaftlicher Grundlage verkündeten.[44]

Reformistische und utopistische Ingenieure trennten Welten. Gemeinsam war ihnen die Überzeugung, daß der technische Fortschritt die Verteilungsspielräume schaffe, mit denen sich die soziale Frage „sachgerecht" lösen lasse. Als erstes trauten sie sich zu, den Hunger endgültig zu besiegen. Werner Siemens glaubte, Chemie und Elektrotechnik würden „die Zahl der zu Ernährenden von der ... Ertragsfähigkeit des Bodens unabhängig" machen.[45] Die Chemie, hieß es 1894 auf dem Bankett französischer Chemiefabrikanten, beseitige bis zum Jahr 2000 die Landwirtschaft. „Was die Pflanzen bisher taten, werde die Industrie tun, und vollkommener als die Natur. Es werde die Zeit kommen, wo jedermann eine Dose mit Chemikalien in der Tasche trage, aus der er sein Nahrungsbedürfnis ... befriedige, unbekümmert um Tages- und Jahreszeit, um Regen und Trockenheit, um Fröste, Hagel und verheerende Insekten."[46] Der Rektor der TH Karlsruhe hielt es 1899 „nur noch für eine Frage der Zeit, dass die Technik auch die Frage der künstlichen Bereitung von Nahrungsmitteln lösen ... wird".[47]

---

42 Ebd., S. 16 f., 65, 4, 50, 59, 46, 48, 115, 43 u. 4.
43 Ebd., S. 43, 55 u. 25.
44 Vgl. Thomas, S. 50–67, u. Diesel, Jahrhundertwende, S. 249–255. Zum „Monismus" J. Hermand, Grüne Utopien in Deutschland. Zur Geschichte des ökologischen Bewußtseins, Frankfurt 1991, S. 70–75.
45 W. Siemens, Das naturwissenschaftliche Zeitalter, in: Tageblatt der 59. Versammlung Deutscher Naturforscher und Aerzte zu Berlin vom 18.–24. September 1886, Berlin 1886, S. 92–96, S. 94.
46 A. Bebel, Die Frau und der Sozialismus, Berlin 1946, S. 435, der die Ausführungen in indirekter Rede wiedergibt. Bebel berichtet ebenfalls von Vorstellungen zeitgenössischer Wissenschaftler, aus „Steinen" bzw. „Holzfasern" Lebensmittel herzustellen. Vgl. ebd., S. 436.
47 Rektor Engler, in: TH Karlsruhe, Bericht über die Feier, S. 6. Vgl. auch Zweifel, Pläne, S. 116.

Nach der Sicherung der Ernährung versprachen die Techniker den Menschen einen höheren Lebensstandard bei sinkender Arbeitszeit. Am Ende standen Visionen einer sozial ausgewogenen, umweltfreundlichen Massenkonsumgesellschaft. Für Riedler war die „gewaltige Arbeit der Naturkräfte und der Werkzeuge ... vergleichbar mit einer ungeheuren Einwanderung unsichtbarer Sklaven, die willenlos dem Menschen gehorchen", was „der ganzen Menschheit, nicht bloss wenigen Bevorzugten zu gute"[48] komme. Der aufkommende Massentourismus wurde als Paradebeispiel für die Demokratisierung von Luxus angeführt. „Früher war das Reisen ein Vorrecht der Reichen." Heute dagegen seien die „Naturschönheiten, die Heilquellen, die Orte der Kunst und des erhöhten Lebensgenusses einem ungleich grösseren Teil der Menschheit zugänglich".[49] Die Technik sei nicht Zerstörerin der Natur, sondern versöhne den Menschen mit ihr.

Nach den bahnbrechenden Erfindungen des 19. Jahrhunderts schien im 20. alles möglich zu sein. Der unbändige Fortschrittsglaube erzeugte maß- und grenzenlose Projektionen. Für den späteren VDI–Vorsitzenden und Berliner TH-Professor Adolph Slaby besaß die Technik die Mission, das verlorene Paradies in mühevoller Kleinarbeit wieder aufzubauen. Riedlers Vision vom zukünftigen Alltag sah wie folgt aus: „Der moderne Mensch" schlafe „in einem Bett, wie es vor Jahrhunderten kein König hatte, lebt in einer Wohnung, die in allen Theilen der Maschinenarbeit entsprungen ist, ein riesiger technischer Apparat ist zu nachtschlafender Zeit thätig, um den Tisch zu decken".[50] Auch die Sozialdemokratie, die solche Visionen begierig und völlig unkritisch aufnahm, sah eine Konsumgesellschaft mit grenzenlosem Komfort für alle voraus. Die SPD-Presse prophezeite 1914 sogar eine Zukunft, in der alle Arbeiter eigene Autos, Schiffe und Flugzeuge besäßen. Literaten wie Heinrich Eduard Jacob beschwören wiederholt die Aufhebung der Grenzen von Zeit und Raum: „Mit Freunden, die in Paris oder Rom Vorlesungen hören, verknüpft uns das Telephon ... Im Münchner Hauptbahnhof harrt der Blitzzug, der auf den Brenner rauscht ... Und bald wird vielleicht der elektrische Fernseher erfunden sein, dieser Traum der Liebe, durch den man ... aus dem Berliner November die Bläue des Ligurenmeeres sehen kann oder die Geliebte in einer fernen Stadt!"[51]

Das irdische Paradies hatte aber auch seine Schattenseiten, zumindest für unangepaßte Minderheiten. Wiederholt fand die sozialdarwinistische Sichtweise ihren Niederschlag, daß die „Existenzberechtigung" künftig nur noch

---

48 Riedler, Bedeutung, S. 6.
49 C. Matschoß, Geschichte der Dampfmaschine. Ihre kulturelle Bedeutung, technische Entwicklung und ihre großen Männer, Berlin 1901, S. 23.
50 Riedler, Hochschulen, S. 54. Vgl. A. Slaby, Glückliche Stunden. Entdeckungsfahrten in den elektrischen Ozean, Berlin 1908, S. 348, für den die „Kraft der Erfindung" ein „göttliches Geschenk" für „den Verlust paradiesischen Glückes" war.
51 Zit. n. F. Herre, Jahrhundertwende 1900. Untergangstimmung und Fortschrittsglauben, Stuttgart 1998, S. 8 f. Zur SPD vgl. König, Ideology, S. 11.

jenem „Individuum" zustehe, das sie „sich durch Arbeit und Leistung zu erwerben und zu erhalten weiss".[52] Wer „nicht arbeitet und nicht nützt – Kinder, Greise, Kranke und Krüppel ausgenommen – der ist Ungeziefer oder Raubtier".[53] Selbst Diesel riet seinen Genossenschaftlern, „dafür zu sorgen, daß keine untüchtigen, unfleißigen,. unnützen Bienen aufgenommen werden". Der „Bienenstock" müsse eine „Auswahl" der „Besten und Leistungsfähigen" sein.[54]

An den Technikdiskurs lagerte sich neben der Vision einer hypermodernen Leistungs- und Konsumgesellschaft auch die technokratische Neuauflage des frühliberalen Konzepts einer allgemeinen Mittelstandsgesellschaft an. Siemens stellte die angesichts der Entwicklung seines eigenen Unternehmens bemerkenswerte Prognose auf, daß nicht „eine Menge grosser Fabriken in den Händen reicher Kapitalisten ... das Endziel" sei, „sondern die Rückkehr der Einzelarbeit oder, wo es die Natur der Dinge verlangt, der Betrieb gemeinsamer Arbeitsstätten durch Arbeiterassociationen".[55]

Die allseits beklagte Vermassung und Proletarisierung erschienen als Übergangsphänomene. Die Zukunft gehöre dem kleinen, unabhängigen Gewerbetreibenden bzw. der selbstverwalteten Kooperative. Die Technik der Zukunft stifte Individualisierungspotentiale und soziale Harmonie. Ganz in der Tradition liberalen Fortschrittglaubens spielte die Volksbildung eine zentrale Rolle. Daher wurde die technikdeterminierte Sozialreform an eine umfassende Bildungsoffensive gekoppelt. Des „neuen Jahrhunderts Morgenröte" bringe „Licht für die Hunderttausende, die des vergangenen Jahrhundertes ... Mitte noch in stumpfem Unwissen ... gesehen" hätten. „In Volkshochschulkursen soll, durch jeden, der es vermag, Wissen" erworben und somit die Bedingungen für einen sozialen Massenaufstieg geschaffen werden.[56]

I.4 Technik als Motor des kulturellen Fortschritts. Bereits 1886 plädierte Siemens dafür, sich „nicht irre machen [zu] lassen in unserem Glauben, dass unsere Forschungs- und Erfindungsthätigkeit die Menschheit höheren Kulturstufen zuführt, sie veredelt und idealen Bestrebungen zugänglicher macht, dass das hereinbrechende naturwissenschaftliche Zeitalter ihre Lebensnoth ... mindern, ihren Lebensgenuss erhöhen, sie besser, glücklicher und ... zufriedener machen wird". Das „Licht der Wahrheit" führe den Menschen „auf eine höhere Stufe des Daseins".[57] Sprachlich nüchterner, aber

---

52 G. Henckel-Donnersmarck, in: Das Goldene Buch. Wirtschaftsleben, S. 27.
53 M. Roesler, in: ebd., S. 11.
54 Diesel, Solidarismus, S. 27.
55 W. Siemens, S. 95.
56 K. Keller, in: Technische Hochschule Karlsruhe, Bericht über die Feier der Jahrhundert-Wende und die Verleihung des Promotionsrechtes am 10. Januar 1900, Karlsruhe 1900, S. 12.
57 W. Siemens, S. 95 f.

vom selben Fortschrittsoptimismus durchdrungen urteilte der Pressenfabrikant Fritz Müller: „Wenn auch mit den Maschinen ... ein goldenes Zeitalter noch nicht geschaffen ist: Der Anfang ist gemacht ... Vieles ist in den letzten 30 bis 40 Jahren besser geworden, und die Besserung schreitet langsam, aber sicher vorwärts ... Die Erfinder sind die Hilfsarbeiter der Weltregierung."[58]

Die Techniker entwickelten in ihrem Diskurs eine regelrechte Metaphysik der Technik. Ganz in der Tradition des deutschen Idealismus definierten sie sich als engste Verbündete des (technischen) Weltgeistes, der einem irdischen Optimum zustrebe. In der Technik liege „etwas menschlich Großes, etwas Ideales, ... das eine auf den Grund aller Kultur hinabreichende Idee in der Geschichte verwirklicht".[59] Wer sich mit ihr befasse, dem werde Demut beigebracht und eine ganzheitliche Weltsicht vermittelt.

Die „Kulturarbeit" der Technik bestand in ihrer volkspädagogischen Wirkung, im „Herausheben der Massen". „Sie gibt uns Licht, entnimmt uns den schweren Hammer, ... läßt uns über die Wege schweben, die wir mit müdem Fuße gewandert sind ... Sie allein gibt uns die Möglichkeit, gute und hohe Gedanken in die Herzen all jener zu flößen, die sonst im Staube der täglichen Arbeit ersticken ... Denn die Technik macht den menschlichen Geist frei, indem sie ihm die niederen Sorgen des Daseins abnimmt und ihm die Möglichkeit bietet, zu höheren Problemen hinauf zu steigen."[60]

Energisch wandten sich die Ingenieure gegen den bildungsbürgerlichen Vorwurf, „ein die Seele leer und kalt lassender Materialismus" sei die Folge technischer Studien.[61] „Denn unsere Lebensaufgabe gehört zu den Höchsten", konstatierte der Stuttgarter Ingenieur und Literat Max von Eyth. „Nicht der Materie zu dienen, sondern sie zu beherrschen",[62] sei die Mission der Techniker. Sie erzeugten „auch hohe ideale und sittliche Lebenswerte"[63] und seien von ihrer Kulturmission besessene Idealisten, „vollere, inhaltsreichere Menschen, ... die gern Opfer bringen".[64] Eyth besang die „Berufstragik" der im Kampf mit der Natur verstorbenen Techniker. „Auch unsre

---

58 Zit. n. O. Borst, Der Weg in die Welt. Geschichte der Pressenfabrik Fritz Müller Esslingen am Neckar, München 1964, S. 228.
59 E. Zschimmer, Philosophie der Technik. Einführung in die technische Ideenwelt, Stuttgart 1913, S. 31. Die Chemie sei in Deutschland „zu dem Baume ausgewachsen, der in idealem und realem Sinne goldene Früchte getragen hat und weiter verheißt." F.B. Ahrens, Die Chemie im Dienste der Menschheit, in: Deutsche Revue 25/2. 1900, S. 346–354, S. 347.
60 Dessauer, S. 289 f.
61 W.v. Oechelhäuser, Technische Arbeit einst und jetzt, Berlin 1906, S. 50. Ähnlich auch Riedler, Bedeutung, S. 11: „Technische Bildung lehrt Einsicht in eine höhere Weltordnung, sie lehrt aber auch die Grenzen menschlicher Einsicht erkennen; sie wird deshalb auch nie zu ödem Materialismus verführen."
62 Eyth, Poesie und Technik (Vortrag gehalten 1904), Stuttgart 1963, S. 13.
63 Oechelhäuser, Arbeit, S. 49 f.
64 H. Föttinger, Technik und Weltanschauung, Danzig 1916, S. 21.

Schlachten haben ihre Toten; es kann nicht anders sein."⁶⁵ Neben ihrem Heroismus betonten die Ingenieure ihre Seelenverwandtschaft mit dem Künstler. Als kreative Schöpfer technischer „Meisterwerke" stellten sie sich in eine Reihe mit Bildhauern, Malern und Schriftstellern. In ihrer Selbstwahrnehmung waren sie geniale Bändiger der Natur, die ihr ruhmreiches und schönes Titanenwerk im neuen Jahrhundert zum Nutzen der gesamten Menschheit vollenden würden.

Das 1903 gegründete „Museum von Meisterwerken der Naturwissenschaft und der Technik" in München diente dem Zweck, durch die Musealisierung der Technik ihre gesellschaftliche Wertschätzung zu sichern. Der Begriff „Meisterwerke" unterstrich die Orientierung am Geniekult der Hochkultur, der auch die Technikgeschichtsschreibung der Zeit bestimmte. So begann Conrad Matschoß seine „Geschichte der Dampfmaschine" nicht zufällig mit einem Kapitel über deren „kulturelle Bedeutung". Das „wahre Heldengedicht unserer Zeit" gelte „Werkzeug und Mensch". „Unsere Geschichtsschreiber haben zu viel von Kriegen und Helden, von Königen und Kaisern, von hoher Staatspolitik zu berichten."⁶⁶ Tatsächlich griff der Technikdiskurs der Ingenieure aber genau diese Leitkategorien auf und füllte sie mit ihren eigenen Inhalten, d. h. mit heldenhaften Erfindern sowie zahllosen Hinweisen auf die Bedeutung der Technik für Krieg und Politik. Riedler berief sich wiederholt auf den technikbegeisterten Wilhelm II.

Die häufigen Rückgriffe auf idealistische Denkfiguren und religiöse Metaphern, auf die Sprache von Heldenepik und Geniekult sowie auf Zitate literarischer Klassiker zeigen, wie sehr die Ingenieure den Traditionen verhaftet waren, die sie bekämpften. Matschoß etwa erging sich nach Elogen auf den unvergänglichen Ruhm der Dampfmaschine in universalhistorischen Betrachtungen: „Als der Mensch noch auf einer rohen Kulturstufe stand, da hob er betend seine Hände auf zu der geheimnisvollen Macht des Feuers. – Die Zeiten haben sich geändert – aber auch der Mensch des zwanzigsten Jahrhunderts wird ein Gefühl staunender Bewunderung nicht unterdrücken können, wenn er sieht, was das Feuer ... nach und nach geworden ist." Am Schluß seines Eingangskapitels stand der Vers Schillers: „Wohltätig ist des Feuers Macht/ wenn sie der Mensch bezähmt, bewacht/ und was er bildet, was er schafft,/ das dankt er dieser Himmelskraft."⁶⁷

Eine der kulturellen Zielperspektiven war die allgemeine Ästhetisierung der Welt. In der Würdigung technisch geschaffener Schönheit gingen die Techniker selbstverständlich der Allgemeinheit voraus. „Selbst die ‚gebildete' Welt beginnt zu ahnen, daß in einer schönen ... Maschine ... Geist,

---

65 M. Eyth, Die Brücke über die Ennobucht (Berufstragik), zit. n. H. Segeberg, Literarische Technik-Bilder. Studien zum Verhältnis von Technik- und Literaturgeschichte im 19. und frühen 20. Jahrhundert, Tübingen 1987, S. 153.
66 Matschoß, S. 1.
67 Ebd., S. 25.

vielleicht mehr Geist steckt als in der schönsten Phrase, die Cicero jemals gedrechselt hat." Die Verbreitung der neuen Ästhetik zeige sich bereits an der Jahrhundertwende „in dem wachsenden Sinn für die Schönheit moderner Schlachtschiffe, die noch vor zwei Jahrzehnten für greuliche Ungetüme angesehen wurden".[68]

Die Ästhetisierung ging Hand in Hand mit der ethischen Vervollkommnung des Menschen. Ein Teil der Projektionen versprach sich vom Übergang zur synthetischen Nahrung einen entscheidenden Anstoß. August Bebel referierte die unter Chemikern verbreitete Ansicht, daß sie das Hungerproblem lösen und „Fruchtfelder, Weinberge und Viehwirtschaft ... verschwinden" lassen würden. Der Mensch gewinne dann „an Milde und Moral ..., weil er nicht mehr vom Mord und von der Zerstörung lebender Wesen lebe ... Dann werde auch die Kunst ... zu voller Entfaltung gelangen. Die Erde werde nicht mehr ... entstellt durch die geometrischen Figuren, die jetzt der Ackerbau ziehe, sondern ... ein Garten, in dem man nach Belieben Gras und Blumen ... wachsen" ließe.[69]

Die Technik könne auch die von der Industrialisierung gestörte Ordnung der Geschlechter wiederherstellen. Sie befreie „fleißige Frauenhände vom monotonen Dienst" in der Fabrik für die „edelsten Pflichten der Hausverwaltung und Kindererziehung". Der Mann dagegen erschien als heldenhafter Bezwinger der Natur, der den „Menschen zum Menschen" führe.[70] Technik als Ausdruck des „Männerstolzes",[71] das war unbestritten, gehörte zur maskulinen Sphäre. Zuweilen schwelgten Ingenieure in technizistisch aufgeladenen Männerphantasien, in denen sich idealistische und romantische Wunschbilder vermengten: „Wir modernen Techniker fühlen ... bei unserer rußigen Arbeit die Kraft nicht minder als den großen Geist der Kulturgeschichte im Busen. Hüttenrauch und Hämmerklang, chemische Gerüche und Radgebraus sind für uns Lieblingsdüfte und anheimelnde Klänge. Wir wollen ganze Kerle sein in dieser das männliche Geschlecht nicht mehr zu Schäferspielen und Weiberromantik, sondern im Spiel mit Dampf und Feuer zu Kampf und Sieg einladenden Welt."[72]

Der als potentiell grenzenlos wahrgenommene kulturelle Fortschritt besaß vermeintlich zwei technisch bedingte Ursachen. Zum einen glaubte man, die Verkürzung der Arbeitszeit führe automatisch zur entsprechenden Ver-

---

68 Eyth, Poesie und Technik, S. 9.
69 Bebel, S. 436, der eine Rede auf einer Veranstaltung französischer Chemieindustrieller in indirekter Rede wiedergibt. Zu Bebel L. Hölscher, Weltgericht oder Revolution. Protestantische und sozialistische Zukunftsvorstellungen im deutschen Kaiserreich, Stuttgart 1989, S. 307–18.
70 M. M. v. Weber, Die Entlastung der Kulturarbeit durch den Dienst der physikalischen Kräfte, in: ders., Aus der Welt der Arbeit, Berlin 1907, S. 451–473, S. 463 u. 467.
71 Dessauer, S. 289.
72 Zschimmer, S. 60 f. Eine ernüchternde Bilanz zieht D. van Laak, Weiße Elefanten. Anspruch und Scheitern technischer Großprojekte im 20. Jahrhundert, Stuttgart 1999.

längerung der für Bildungszwecke aufgewandten Lebenszeit. Der Verweis auf die antiken Hochkulturen und die „eisernen" Sklaven der Moderne, die das Kulturschaffen ermöglichten, gehörte zu den gängigsten Topoi.[73] Zum anderen erwartete man nachhaltige Verbesserung der Techniken der Wissensspeicherung und -weitergabe. So prognostizierte Werner Siemens treffsicher, daß die kommunikative Verdichtung die Popularisierung von Bildungsgütern und die Erhöhung ihrer Umschlagsgeschwindigkeit ermöglichen werde. Das „Licht der Wissenschaft" entmachte die „Kinder der alten Finsterniss". „Aberglaube und ... Vorurtheil ... verlieren ... die ihnen eigene Kraft ... Und so sehen wir, wie ... jeder neue wissenschaftliche Gedanke sogleich die ganze civilisirte Welt durchzuckt." Bessere Druckmaschinen würden Bücher künftig auch für Ärmere erschwinglich machen und soziale Bildungsschranken niederreißen. Die „immer vollkommener und leichter herzustellenden mechanischen Reproduktionen künstlerischer Schöpfung werden diesen auch den Eingang in die Hütte verschaffen und die das Leben verschönernde und die Gesittung hebende Kunst der ganzen Menschheit anstatt wie bisher nur den bevorzugten Klassen derselben zugänglich machen".[74]

Selbst die heute greifbar nahen digitalen Visionen extremer Datenkomprimierung und weltweiter Vernetzung wurden antizipiert. Wie „der Fortschritt ... die Bibliothek der Zukunft in einen in der Westentasche zu tragenden kleinen Band verwandelnd, das Bücherwissen allgegenwärtig machen wird, so wird bald, vielleicht sehr bald, das Menschenwort, der Menschenwille, das Menschenohr in allen Räumen so allgegenwärtig sein, wie sie es jetzt in dem Zimmer sind, wo sich eine Familie traulich versammelt".[75] Nicht nur der technisch bedingte Massenkonsum, sondern auch der von ihm begleitete kulturelle Fortschritt führten geradewegs in das diesseitige Paradies, das um 1900 überwiegend im Zeichen der Elektrotechnik stand.

I.5 Unterwegs ins „elektrische Zeitalter". „Schiebt ab das alte Jahrhundert mit Dampf", postulierten die „Lustigen Blätter" zu Neujahr 1900, „wir brauchen ein neues Fluidum: Heil Dir, elektrisches Säkulum".[76] Tatsächlich nahmen viele Ingenieure die Jahrhundertwende als Zäsur zweier technologischer Zeitalter wahr. Dasjenige der Dampfkraft werde vom „elektrischen" abgelöst. Vieles sprach für diese Sichtweise, denn die Elektroindustrie ent-

---

73 „So bahnt" die Technik „die Zeit an, da ein glückliches Geschlecht, frei von der Last leiblicher Arbeit, Sammlung und Kraft gewinnt, um hohe Güter geistiger Erkenntnis zu erwerben." K. Strecker, in: Goldene Buch, Wirtschaftsleben, S. 40.
74 W. Siemens, S. 93 f.
75 Weber, Entlastung, S. 469, traute die Miniaturisierungsleistung „der Photographie und Mikroskopie im Verein" zu.
76 Zit. n. Salewski, Technik, S. 79.

wickelte sich – für jedermann unübersehbar – mit einer ungeheuren Dynamik. Auf der als „Jahrhundertausstellung" eröffneten Pariser Weltausstellung des Jahres 1900 war der „Elektrizitätspalast" die Hauptattraktion und erzeugte an seiner Decke mit 5.000 Glühlampen die Illusion eines zweiten Sternenhimmels.[77]

Daß die Elektrizität den Städten ein neues Antlitz verlieh, war bereits um 1900 eine reale Gegenwartserfahrung. Die Nacht wurde zum Tag. Illuminierte Schaufenster lockten mit schillernden Versprechungen. Straßenbahnen schufen neue Strukturen räumlicher Mobilität und ermöglichten eine Entballung der Wohnquartiere. Die Standortwahl der Fabriken löste sich von natürlichen Faktoren wie Flußläufen und Kohlevorkommen.

Die Internationale Elektrotechnische Ausstellung in Frankfurt inszenierte 1891 auf 77.000 qm „Elektropolis", die elektrisierte und elektrisierende Stadt der Zukunft. Sie war eine Arena der „blitzschnellen Kommunikation", „allgegenwärtigen Illumination" und zugleich „auch magische Traumwelt". Die Ausstellung entführte den Besucher in bislang unzugängliche Räume, in „die Tiefe des Meeres mit dem Taucher, der per Telefonkabel mit der Wasseroberfläche verbunden war", sowie rasend schnell in die höchsten Gebäude mit Hilfe neuartiger Aufzüge. „Elektrisch übermittelt konnte man Opernübertragungen aus ... Berlin lauschen."[78] Wasserfälle wurden in farbiges Licht getaucht und ein Leuchtturm aufgebaut, dessen Scheinwerfer noch im Umkreis von 60 Kilometern zu erkennen war. Kommentare bestaunten die „Fülle von märchenhaften Dingen und Erscheinungen".[79]

Im Technikdiskurs der Jahrhundertwende übte die Elektrizität aufgrund ihrer als schier unbegrenzt erscheinenden Leistungs- und Entwicklungsfähigkeit eine konkurrenzlose Faszination aus und wurde daher zum Ausgangspunkt unterschiedlichster Fortschrittsutopien. Mit ihrer Hilfe ließ sich sogar die Technik- und Industriekritik aufnehmen und neutralisieren. Man traute ihr zu, „einen Theil der Sünde, welche das Zeitalter des Dampfes an der Menschheit verschuldet hat, im Zeitalter der Electricität wieder gut zu machen".[80] Die saubere, geruchslose und leise Energie verursache keine neuen ökologischen Schäden und beseitige die alten. „Wo einst eine Unzahl von Fabriken die Luft ... verpestete, wo Kohlenstaub alles schwärzte, und der Lärm und das Getöse ... ganze Gegenden um ihre Ruhe brachten, er-

---

77 Vgl. Salewski, Neujahr, S. 376.
78 H. Böhme, Vom „Geist der Unruhe" – „Elektrizität" und „Neuer Kurs". Bemerkungen zur politischen und kultur-technischen Bedeutung der Einführung einer neuen Technologie anlässlich der „Internationalen Elektrotechnischen Ausstellung" in Frankfurt am Main 1891, in: V. Benad-Wagenhoff (Hg.), Industrialisierung – Begriffe und Prozesse. Stuttgart 1994, S. 143–61, S. 152 f.; Steen, S. 28–37.
79 Kleine Presse, 11.11.1891, zit. n. Steen, S. 389.
80 Zit. n. Böhme, S. 143. Allgemein zu den Elektroutopien J. Hermand, Orte. Irgendwo. Formen utopischen Denkens, Königstein 1981, S. 28 ff.; G. Spelsberg, Rauchplage. 100 Jahre saurer Regen, Aachen 1984, S. 183–203.

streckt sich jetzt ein wohlgepflegter Park, wo nur der Chor der Vögel die feierliche Stille unterbricht, und statt der früheren Fabrikwässer ein klarer Bach sich zwischen gigantischen Bäumen schlängelt."[81] Die Tatsache, daß nur bei der Verwendung, nicht aber bei der Erzeugung von elektrischer Energie Umweltbelastungen ausbleiben, ging in der allgemeinen Euphorie regelmäßig unter.

Der Elektrizität traute man um 1900 fast alles zu. Die Medizin sah in ihr ein universell einsetzbares Therapeutikum. Per Reizstrom wurden Muskeln entspannt, Schmerzen gestillt sowie Durchblutung und Verdauung gefördert. Stromstöße sollten Nerven- und Muskelschäden bzw. Spasmen und Lähmungserscheinungen heilen. Psychologen malträtierten ihre Patienten mit Elektroschocks, um ihnen Neurosen, Hysterie und Neurasthenie aus dem Leib zu treiben. Agronomen leiteten Strom durch Äcker und spannten Drähte über Felder, um das Wachstum der Pflanzen zu beschleunigen.[82] Die elektrische Energie sollte ferner gesellschaftliche Fehlentwicklungen korrigieren. Die Dampfkraft als eine weitgehend stationäre Energie wurde gleichgesetzt mit dem technisch determinierten Zwang zu Zentralisierung und Vermassung. Die hochgradig transportable Elektrizität dagegen weckte Hoffnungen auf eine Trendwende. Sie versprach eine Dezentralisierung der Produktion mit der Aussicht auf Individualisierung und Entstädterung. Der Dampf war die Energiequelle der Monopolisten, die Elektrizität die des Kleinproduzenten. Der Elektromotor wurde zum vermeintlichen Retter des Handwerks stilisiert.[83] „Die Elektrizität ist die vielseitigste Kraft..., die ins Unendliche geteilt werden kann. Es bricht die Zeit an, wo die Maschine nicht mehr der unumschränkte Herrscher ist, der von einem einzigen Punkte aus Alle zum Gehorsam zwingt; die Elektrizität wird jedem Einzelnen das Quantum Kraft liefern, das er für seine Zwecke braucht, und dadurch befreit sie ihn aus der drückenden Knechtschaft des Großbetriebes und der Schablone." Sie eröffne „die großartigsten Ausblicke in die Zukunft der Menschheit".[84]

Die Elektrizität als potentiell allen zugängliche, demokratisierende Kraft ließ das verblaßte frühliberale „Zukunftsbild einer klassenlosen Bürgergesellschaft ‚mittlerer' Existenzen"[85] neu aufleben. Jeder könne an ihr partizipieren und sich eine eigenständige Existenz aufbauen oder sichern. Die Elektrizität werde zur Basistechnologie der bürgerlichen Mittelstandsgesellschaft des 20. Jahrhunderts, welche die Klassengesellschaft der Gegenwart

---

81 M. Atlas, Die Befreiung, zit. n. Spelsberg, S. 185.
82 Vgl. Steen, S. 653–62; Radkau, S. 235 ff., u. König, Massenproduktion, S. 543 f.
83 Dieses Prädikat teilte er mit dem bereits um 1860 entwickelten Gasmotor. Vgl. U. Wengenroth, Die Diskussion der gesellschaftlichen Bedeutung des Elektromotors um die Jahrhundertwende, in: Energie in der Geschichte, Düsseldorf 1984, S. 305–11.
84 Frankfurter Zeitung, 16.5.1891, zit. n. Steen, S. 383.
85 L. Gall, Liberalismus und „bürgerliche Gesellschaft", in: ders. (Hg.), Liberalismus, Köln 1976, S. 162–86, S. 176.

ablöse. Frühliberalen Gesellschaftsmodellen kam die Elektrizität auch auf eine zweite Weise entgegen, schuf sie doch scheinbar die Voraussetzung für eine freie, vernunftgeleitete Kommunikation autonomer Bürger unabhängig von physischen Entfernungen. Ihr Vernetzungspotential ermögliche Vergesellschaftung, ihr Individualisierungspotential Freiheit und ihre kommunikative Leistung kulturellen Fortschritt. Auch die Arbeiterbewegung setzte ganz auf die Erhöhung der Produktivkräfte qua Elektrizität. August Bebel entwarf in frappierender Übereinstimmung mit der Frankfurter Ausstellung sein Traumbild einer sozialistischen „Elektropolis", in der „elektrische Geräte" Dienstboten und Hausfrauen ersetzten. „Die elektrische Tür öffnet sich auf einen leisen Druck mit dem Finger und schließt sich selbsttätig. Elektrische Einrichtungen schaffen Briefe und Zeitungen in alle Etagen der Häuser; elektrische Aufzüge ersparen das Treppensteigen."[86] Lenins einprägsame Formel lautete, der Kommunismus sei „Rätemacht plus Elektrifizierung des ganzen Landes".[87]

Während Einigkeit über die fortschrittsstiftende und menschheitsbeglückende Kraft der Elektrizität bestand, lagen die mit ihr verbundenen politischen und sozialen Erwartungen weit auseinander. Führte sie für das bürgerliche Lager als dezentralisierende Basistechnologie direkt in eine liberalkapitalistische Mittelstandsgesellschaft, ebnete sie der Linken durch ihr gewaltiges Zentralisierungspotential den Weg zum Sozialismus. Daß sich die Elektrizität zur Projektionsfläche für unterschiedlichste, durchweg optimistische Zukunftsentwürfe eignete, lag vor allem an ihren faszinierenden Eigenschaften. Sie ist immateriell, geruchs- und geräuschlos, universell einsetzbar, leicht transformierbar und potentiell omnipräsent. Da nur wenige Menschen ihre Funktionsweise verstanden, umgab die unsichtbare Energie eine magische Aura, die von den Massenmedien noch verstärkt wurde. In der Werbung kam die Elektrizität mit Vorliebe in Gestalt antiker Gottheiten oder Titanen daher, die das Licht des Himmels auf die Erde brachten. Engelsputten, die Glühlampen wie Kruzifixe in die Luft hielten, telefonierten emsig miteinander. Triumphierende „Lichtgestalten" trotzten den „Mächten der Finsternis".

Prometheus, der in der antiken Sage den Göttern das Feuer raubte und es den Menschen zusammen mit dem Erfindergeist brachte, wurde im 19. Jahrhundert lange mit der Dampfkraft assoziiert, dann aber gleichsam „umgepolt". Auf dem Plakat der Frankfurter Ausstellung verlieh ihm die Berührung mit der Elektrizität solche Kräfte, daß er seine Ketten zu sprengen vermochte. Die Botschaft lautete: Elektrische Energie überwindet mechanische Kraft. Sie befreit von Abhängigkeiten und erfüllt jahrhundertealte Ver-

---

86 Bebel, S. 510–14. Vgl. auch Hölscher.
87 Die Elektrizität sollte den Rückstand der russischen Wirtschaft mit einem Kraftakt aufholen und zugleich eine Bildungsoffensive ermöglichen. Als Überblick H. Haumann, Beginn der Planwirtschaft. Elektrifizierung, Wirtschaftsplanung und gesellschaftliche Entwicklung Sowjetrußlands 1917–1921, Düsseldorf 1971.

heißungen. Auch gegenüber der christlichen Mythologie erwies sich die Elektrizität als „anschlußfähig". Nicht zufällig wurde etwa die Frankfurter Ausstellung zu Pfingsten eröffnet, dem Fest der Ausgießung des Heiligen Geistes.[88]

Die Elektroutopien und ihre massenmediale Popularisierung widerlegen Max Webers Vorstellung, daß Rationalisierung und Säkularisierung, Technisierung und Bürokratisierung zur „Entzauberung" der Welt führten. Er übersah, daß die industrielle Moderne alte Mythen umzuformen und neue zu schaffen verstand. Weder das irdische Paradies des Massenkonsums noch die umfassende Heilsverheißung der Elektrizität erwiesen sich im 20. Jahrhundert als rationale, geschweige denn realistische Modelle. Gleichwohl zogen sie die Menschen in ihren Bann.

II. Gegen „Nörgler" und „Problempoeten". Zum Umgang mit der Technikkritik. Der Technikdiskurs verkündete nicht nur kühne Erwartungen, sondern setzte sich auch mit zivilisationskritischen Einwänden auseinander. Kulturpessimisten argumentierten, daß der ökologische und soziale Preis des Fortschrittes zu hoch sei. Die Ingenieure erwiderten, daß die Harmonie von Mensch und Natur nach einer kurzen Übergangszeit wiederhergestellt werde. „Es ist zwar ein hartes, aber leider auch unabänderliches Gesetz, dass alle Uebergänge zu ... besseren Zuständen, mit Leiden verknüpft sind." Momentane Härten seien „gewiss ein humanes Beginnen".[89] Künftige Innovationen würden die von den alten Technologien angerichteten Schäden beseitigen. Probleme lägen nicht in der Technik selbst, sondern im menschlichen Versagen. Aller „Fortschritt der Naturbeherrschung" sei „nur ein Segen, wenn der Mensch sich selbst beherrscht. Daran fehlt es noch."[90] Erziehungsarbeit, nicht aber eine andere Technik, tue daher not.

Gegen die Forderung, das Tempo der Entwicklung zu bremsen oder diese sogar umzukehren, bemühten die Ingenieure das bis heute zentrale Argument des unvermeidbaren Sachzwanges und beschworen die Irreversibilität des Fortschrittes. „Das Rad der Zeit läßt sich nicht aufhalten, und wer ihm in die Speichen greift, wird zermalmt."[91] Es handele sich um autonome, nach eigenen Gesetzen ablaufende Prozesse, die dem Menschen gar keine Wahl ließen. Alternativen seien nicht einmal mehr vorstellbar, geschweige denn umsetzbar. Jegliche Opposition berge unabsehbare Gefahren für den nationalen Wohlstand.[92]

---

88 Vgl. Böhme, S. 156.
89 Siemens, S. 94. Die Zitate in der Überschrift Dessauer, S. 296, u. Eyth, Poesie und Technik, S. 12. Eyth sprach auch von „Weltjammerdichter[n]".
90 E. Arnold, Forschen, Erfinden, Gestalten (Festrede TH Karlsruhe), Karlsruhe 1906, S. 26.
91 Zit. n. Borst, S. 228.
92 Zur Begriffsgeschichte W. Steinmetz, Anbetung und Dämonisierung des „Sachzwanges". Zur Archäologie einer deutschen Redefigur, in: M. Jeismann (Hg.), Obsessionen. Beherrschende Gedanken im wissenschaftlichen Zeitalter, Frankfurt 1995, S. 293–333.

Untermauert wurde die Denkfigur des Sachzwanges mit dem bis heute benutzten rhetorischen Schachzug, die Skeptiker des Fortschritts der Lächerlichkeit preiszugeben. Als extremes Alternativszenario malten die Technikoptimisten den Rückfall in die Steinzeit an die Wand. Ohne moderne Technik würde, so der Ingenieur Max Maria von Weber, jeder dritte Europäer „im Tretrad gehen, Lasten tragen oder Kurbeln drehen".[93] Für Riedler folgte aus der „Prämisse von der Verderblichkeit der Maschinenarbeit" der Schluß: „Los von ihr, ... in die Wildniss."[94] Fast mitleidig bemerkte Berdrow: „Es nutzt nichts, sich dieser Entwicklung entgegenzustemmen." Über die Widerstände „querköpfiger" Kritiker gehe die Technik „lächelnd zur Tagesordnung über".[95]

Ferner mußte der Technikdiskurs auf den Vorwurf reagieren, die Industrialisierung entfremde die Arbeiter und entwerte ihre Fähigkeiten. Oechelhaeuser wies die Vorstellung, „die moderne Technik" verwandle den „Menschen zum Sklaven der Maschine", energisch zurück. „Ist etwa die Arbeit des Kutschers entgeistigt ... gegenüber dem Führer ... einer Lokomotive oder gar des Automobils?" Die Technik erniedrige nicht die Werktätigen, sondern ermögliche deren sozialen Aufstieg. „Die Vervollkommnung der Maschine nimmt dem Arbeiter immer mehr alle körperlich schwere, mechanische und sich in geisttötender Weise wiederholende Arbeit ab, hebt in vielen neuen Arbeitskategorien sein geistiges Niveau und fördert sein Wohlbehagen in der Werkstatt und seine Genußfähigkeit außerhalb derselben."[96] Rationalisierungsbedingte Arbeitslosigkeit galt bestenfalls als Übergangsphänomen, das durch das kontinuierliche Einrücken in höherqualifizierte Stellen kompensiert werde. Zudem fehlte selten der Hinweis auf die bereits um 1900 notwendige Beschäftigung ausländischer Arbeitskräfte.

Kammerer konzedierte zwar, daß Maschinenarbeit den Menschen vorübergehend zu unwürdiger „Handlangerarbeit" zwingen könne. Langfristig werde er aber nicht mehr „Diener" der Technik, „sondern ihr Herr" sein. „Nur in der Kindheit der Maschine sind Pfleger und Wärter aller Art notwendig; die vollentwickelte Maschine bedarf solcher Nachhilfe nicht mehr." Auch Kammerer setzte ganz auf die „starke erzieherische Kraft" der Technik. „Nicht mehr die Muskeln, sondern Gehirn und Nerven arbeiten jetzt." Ferner sah er einen automatischen Zusammenhang zwischen Technisierung und Emanzipation der Arbeiter. „Blinder Gehorsam ... waere bei der industriellen Arbeit völlig unbrauchbar, denn diese verlangt eigenes Denken von jedem Glied der Organisation."[97] Die Ingenieure behaupteten, auf der Seite

---

93 Weber, Entlastung, S. 462.
94 Riedler, Hochschulen, S. 60 u. 63.
95 Berdrow, S. 10.
96 Oechelhäuser, Arbeit, S. 24.
97 Kammerer, Mensch und Maschine, in: Die Neue Rundschau 3. 1910, S. 1025–37, S. 1026 f., 1033 u. 1037.

der Arbeiter zu stehen, denn die von ihnen konstruierten Maschinen ermöglichten „Befreiungsarbeit". Das Mißtrauen der Werktätigen sowie das geringe Ansehen der Ingenieure beruhten auf der ungerechtfertigten Verwechslung der „Befreier" mit „Sklavenaufseher[n]".[98]

Schließlich mußte sich der Diskurs dem Thema Energieknappheit stellen, das um 1900 sehr intensiv diskutiert wurde. Der zweite Hauptsatz der Thermodynamik, d. h. die zwangsläufige Zunahme von Entropie, war bereits bekannt. Die Furcht vor dem Mangel an Energie begleitete den ungeheuren Anstieg ihres Verbrauchs. Die Sorge um die Erschöpfung natürlicher Rohstoffe wurde von Riedler mit blanker Arroganz abgebügelt: „Ab und zu kommt ein wirthschaftlicher Parsival auf, der von der Maschinenarbeit nichts wissen will, weil er meint, die Herrlichkeit dauere doch nicht lange; demnächst werde die Kohle erschöpft sein, dann höre ja alles von selbst auf. Nun reicht aber der bisher nachgewiesene Kohlenvorrath Deutschlands bei steigendem Verbrauch noch etwa 600 Jahre, die bisher nachgewiesenen Kohlenlager der Erde viele Jahrtausende. ... weiter ist zu beachten, dass die Technik gegenwärtig noch sehr verschwenderisch haust, aber im Zwange der Noth auch die ... Energie des bewegten Wassers oder der Luft, der Ebbe und Flut, der Sonnenwärme u.s.w., auszunutzen lernen wird ... Dabei handelt es sich um Kräfte von so gewaltiger Grösse, dass es vermessen erscheint, den winzigen Bedarf der Menschheit damit in Vergleich zu ziehen. Es wird daher nur ein Gebot der Klugheit sein, die Kulturmittel [der Technik, H.B.] ... der Allgemeinheit dienstbar zu machen, statt Klagen gegen die Technik zu erheben, die jeder Berechtigung entbehren."[99]

Neben der maßlosen Überschätzung der globalen Rohstoffreserven tauchte also bereits das bis heute geläufige Argument auf, daß eine Erhöhung der Wirkungsgrade und die extensive Nutzung regenerativer Energien das Knappheitsproblem lösen würden. Für die Behauptung letztlich unbegrenzter Ressourcen spielten die Kolonien eine besondere Rolle. Der Präsident der 1887 gegründeten Physikalisch-Technischen Reichsanstalt, Friedrich Kohlrausch, vertraute dem unermeßlichen Potential der Solarenergie und verband diesen Gedanken mit dem vorsichtigen Appell zur kolonialen Expansion: Einen „Reichtum an Energie, der allen Bedarf weit übersteigt, bieten die Teile der Erdoberfläche dar, denen die Sonnenwärme ... so regelmäßig zufließt, daß mit ihr auch ein regelmäßiger technischer Betrieb durchgeführt werden kann. Vielleicht würde es keine übertriebene Vorsicht sein, wenn eine Nation sich schon jetzt einen Anteil an solchen Gegenden sicherte. Sehr große Flächen sind nicht einmal nötig; einige Quadratmeilen in Nordafrika ... würden für den Bedarf eines Landes, wie das Deutsche Reich,

---

98 Riedler, Hochschulen, S. 52.
99 Ebd., S. 61.

genügen. Durch Konzentration der Sonnenwärme läßt sich eine hohe Temperatur erzeugen und hiermit alles übrige".[100] August Bebel, der ebenfalls davon ausging, daß die Elektrizität „in der Natur im Überfluß vorhanden ist", verwies auf einen Physiker: „Nicht allzufern ist der Tag, da die Ausnutzung der Sonnenstrahlen unser Leben revolutionieren wird ... Und alle großen Städte werden umringt sein von gewaltigen Apparaten, regelrechten Sonnenstrahlenfallen, in denen die Sonnenwärme aufgefangen und die gewonnene Energie in mächtigen Reservoirs aufgestaut wird ... Es ist die Kraft der Sonne, die ... alle Arbeit in der Welt verrichtet."[101] Von Weber ging noch einen Schritt weiter und vertraute den „kosmischen Kräften" des Weltalls, die „nur darauf zu warten scheinen, zum Dienste des Fortschrittes herangezogen zu werden". Tatsächlich erwarteten zahlreiche Ingenieure, im 20. Jahrhundert durch die Nutzung von Blitzen Zugang zum unendlichen Energiereservoir des Alls zu bekommen. Nur „hypochondrische Rechner" ließen sich von den begrenzten Kohlevorkommen beeindrucken.[102]

III. Anfänge von Ernüchterung und Skepsis. Im Diskurs der Techniker blieb der Fortschrittsoptimismus bis 1914 dominant, wenngleich durchaus schon Warnungen und Vorbehalte an ihm nagten. Spektakuläre Unglücke wie der symbolträchtige Untergang der Titanic [1912] spielten eine wichtige Rolle als Katalysatoren des Massenbewußtseins. Ferner untergrub die zunehmend breit rezipierte Evolutionstheorie Darwins die Heilsgewißheit der Menschheit. Sie erschien nicht mehr als Krone der Schöpfung, sondern als eine Spezies unter anderen, die einer unbestimmten Zukunft – einschließlich der Möglichkeit des Aussterbens – entgegenging. Das allgemeine Krisenbewußtsein der spätwilhelminischen Gesellschaft wurde zum Nährboden zivilisationskritischer und lebensreformerischer Bewegungen und hinterließ auch im Technikdiskurs seine Spuren. Wenn er diese Probleme anerkannte und sie nicht sofort als unvermeidbare Übergangserscheinung abschob, wurden sie als Folge eines falschen Umganges mit der Technik gebrandmarkt. Selbst ein ausgesprochener Fortschrittsoptimist wie Riedler konzedierte „viele schädigende Missbräuche der technischen Kulturmittel". Es wachse durch „Übertreibungen in der Anwendung" eine „überreizte Generation" heran. „Es ist alltäglich zu beobachten, wie Telegraph, Telephon, Eisenbahn und Post zu übertriebener, weit über das natürliche Leistungsvermögen hinaus gesteigerter Arbeit, zum Zusammenraffen immer neuer Erwerbsmittel ausgenutzt wer-

---

100 F. Kohlrausch, Die Energie oder Arbeit und die Anwendung des elektrischen Stromes, Leipzig 1900, S. 75.
101 Zit. n. Bebel, S. 428 f.
102 Weber, Entlastung, S. 470. 1900 veröffentlichte Nicola Tesla, ein Wechselstromingenieur, einen sensationellen Aufsatz, der die endgültige Lösung des Energieproblems durch atmosphärische Kräfte versprach. Vgl. Radkau, S. 238 u. 495.

den. Dabei hat die gewaltige Zeit- und Raumverkürzung dahin geführt, dass kein Geschlecht je weniger Zeit hatte als das moderne, nervöse, das Erholung in weiten Reisen sucht und dabei, den Telegraphen hinter sich her, die Alltagshetze fortsetzt. Selbst die eisenbahn- und radfahrenden Müssiggänger haben es schon entsetzlich eilig!" Noch existiere ein „Raubbau schlimmster Art" an den „Naturschätzen", da auch überflüssiger „Luxus" produziert werde. Neben dem ökologischen sah er auch einen ökonomischen Mißbrauch der Technik, nämlich ihren rein profitorientierten Einsatz zu Lasten von Arbeitern und Kleingewerbe. „Daran sind aber nicht die technischen Kulturmittel an sich schuld, sondern ihr planloser, nicht dem allgemeinen Besten dienender Gebrauch." Die Ursachen lägen in „falschen wirthschaftlichen Einrichtungen", nicht in der heilsbringenden Technik.[103] Die Rettung vor solchen Auswüchsen lag in der Disziplinierung der Menschen und der Entwicklung noch besserer Technologien.

Die Grenzenlosigkeit des Fortschrittes bestritt dagegen nur eine Minderheit. Sie schrieb die Innovationsdynamik ihrer Gegenwart nicht wie die meisten Ingenieure einfach in die Zukunft fort, sondern interpretierte sie als Indiz für das nahende Ende der naturwissenschaftlich-technischen Revolution. „Das 19. Jahrhundert hat die Welt mit einer Hochfluth technischer ... Umwälzungen überschüttet, welche zu überbieten nicht leicht sein wird ... so wird das 20. Jahrhundert wohl noch ebenso unter dem ‚Zeichen des Dampfes' stehen, wie das abgelaufene."[104] Die Innovationen des neuen Säkulums würden von den bereits gemachten Erfindungen profitieren und im wesentlichen auf diesen aufbauen. Quantensprünge über den bis 1900 erarbeiteten Wissenstand hinaus seien nicht zu erwarten.

Die vereinzelt geäußerte Vorstellung einer Konsolidierung des Erreichten vertrat auch der folgende Ingenieur: „Wir haben das vor dreihundert Jahren zaghaft begonnene Werk der Befreiung des Menschendaseins aus den Banden übermächtiger Gewalten zum stolzen Abschluss gebracht. Wir haben den Raum und die Zeit bezwungen." Die Aufgabe der Zukunft sei nicht mehr weiterer technischer Fortschritt, sondern die Aussöhnung des Menschen mit der Technik. Die Ingenieure hätten zwar „die dräuenden Kräfte der Natur in willige Diener verwandelt", aber zugleich eine „tiefgehende Störung im Gleichgewichte der Menschenseele" verursacht. „Während das Volk neuzeitlich lebt ..., denkt und empfindet es zum grössten Teile noch mittelalterlich." Es schlage nun die Stunde technisch gebildeter „Volkserzieher".[105]

Die nachlassende Euphorie spiegelt sich auch im Generationenwechsel wider. Vergleicht man die Äußerungen von Emil und Walther Rathenau, Rudolf und Eugen Diesel sowie Werner und Wilhelm von Siemens, läßt sich eine fortschreitende Erosion der naiven Fortschrittsgläubigkeit der Väter

103 Riedler, Hochschule, S. 59.
104 Berdrow, S. 8.
105 H. Zimmermann, in: Goldene Buch, Das Staatswesen, S. 41.

nachweisen. Eugen Diesel konnte den Optimismus seines Vaters nicht teilen. Über die Aufforderung, statt Esperanto die Weltsprache Ido zu lernen, mokierte er sich regelrecht, weil nun „sogar die Kunstsprachen miteinander konkurrieren". Ein Industriepraktikum löste in ihm „Seelenkämpfe" aus: „Wozu macht man eigentlich Erfindungen und huldigt dem Fortschritt?" Die erstmals konkret beobachtete „Ineinanderknetung von Mensch und Maschine" entsetzte den literarisch interessierten, zur Melancholie neigenden Sohn des Erfinders. Als er versuchte, die Arbeiter für den „Solidarismus" seines Vaters zu begeistern, schlugen ihm blanke Ablehnung und Unverständnis entgegen.[106]

Die letzten Lebensjahre Rudolf Diesels scheinen den einsetzenden Verlust der technischen Heilsgewißheit zu symbolisieren. In der Nacht der Jahrhundertwende hatte er selbstbewußt folgende Pläne gemacht: „Persönlich reich sein, ... einen der Söhne zum Nachfolger erziehen; Einfluß in der Öffentlichkeit gewinnen, die Motoren weiter entwickeln, neue Erfindungen machen, die soziale Frage lösen." Die Realität sah anders aus. Glücklose Investitionen ruinierten ihn. Sein Sohn erklärte ihm nach langen Konflikten „stammelnd und unter Tränen", daß er nicht Ingenieur werden könne. Neue Erfindungen blieben Diesel versagt. Im VDI traf er auf Mißgunst und Feindschaft. Die für ihn überraschend geringe Resonanz seiner Sozialutopien verbitterte ihn. 1913 nahm er sich das Leben.[107]

Walter Rathenau bedrückte im Gegensatz zu seinem Vater das Ausgeliefertsein der Menschheit gegenüber der übermächtigen Technik. „Der Mensch, ... Maschinenführer und Maschine zugleich, hat unter wachsender Spannung und Erhitzung sein Energiequantum an das Schwungrad des Weltbetriebes abgegeben ... und schon stampft der eiserne Fuß ... seinen Zyklopentakt." Der mechanisierten Welt „graut ... vor ihr selbst; ihre innersten Regungen klagen sie an und ringen nach Befreiung aus den Ketten unablässiger Zweckgedanken".[108] Den Verlust von Steuerbarkeit angesichts des unerträglichen Tempos der technischen Entwicklung beklagte auch der Ingenieur und Chemiker Heinrich Caro mit einem Goethe-Zitat: „Wie von unsichtbaren Geistern gepeitscht, gehen die Sonnenpfade der Zeit mit unseres Schicksales leichten Wagen durch ... Wohin es geht, wer weiß es? Erinnert er sich doch kaum, woher er kam."[109]

Schließlich kamen einigen Ingenieuren Zweifel an ihrer idealistischen Selbstdefinition. Kammerer sah die „Entwertung des Ingenieurstandes" vor-

---

106 So schockierte es Diesel, daß die Arbeiter auf soziale Gemeinschaftseinrichtungen „pfiffen" und „es viel lieber sehen, wenn man ihnen das viele Geld ... bar auszahlte ... Also auch hier immer das alte Lied vom Geld?" Diesel, Jahrhundertwende, S. 239, 254 u. 241 ff.
107 Ebd., S. 179 u. 264. Vgl. auch Dienel, Herrschaft, S. 105 f.
108 W. Rathenau, Zur Kritik der Zeit, Berlin 1912, S. 88 u. 127.
109 Zit. n. Dienel, Herrschaft, S. 105.

aus, wenn sich die Techniker „nicht mehr als die geistigen Führer ... fühlen könnten, sondern nur noch als bezahlte Angestellte".[110] Das hehre Ideal vom „genialen Schöpfer" wurde von der weniger glanzvollen Wirklichkeit der entstehenden Großforschung abgelöst. Die einsame Heldengestalt mutierte zum gesichtslosen Mitglied eines arbeitsteilig organisierten Großkollektivs. Die „Feldherren werden verschwinden und nur anonyme Generalstäbe bleiben", klagte eine Studie über den Ingenieur. „Der ungeahnte Aufschwung der Technik, den die Kraft der Ingenieure bewirkt hatte, übte eine schwere Reaktion auf sie selbst aus. Das allzu eifrig Geförderte wurde mächtiger als der Schöpfer. Ingenieure schaffen nun nicht mehr die Technik, sondern diese nimmt die Ingenieure in ihren harten Dienst, schier ohne Rücksicht auf ihr privates Wohl und Wehe."[111]

Trotz dieser Befürchtungen blieben die Optimisten in der Überzahl. Typischer als die angeführten Vorbehalte waren auch am Vorabend des Ersten Weltkrieges Äußerungen wie diejenige Zschimmers, aus denen ein noch völlig ungetrübter Fortschrittsglaube sprach: „Allen Pessimisten zum Trotz behaupte ich: Unser technisches Zeitalter wird in einer genialen Periode gipfeln, herrlicher und großzügiger, kühner und tiefgründiger, als jemals eine auf der Erde dagewesen ist."[112]

Resümee und Ausblick. An der Wende zum 21. Jahrhundert wirken solche Aussagen naiv. Die naturwissenschaftliche Grundlagenforschung hat in den vergangenen 100 Jahren ihr ursprünglich lineares Fortschrittsmodell selbst demontiert, da sie wiederholt – etwa durch Relativitäts- und Chaostheorie oder durch Quantenmechanik und das Konzept der Antimaterie – Grundpfeiler ihrer Wissenssysteme zerstörte. Überspitzt ausgedrückt produziert die moderne Wissenschaft permanent ihren eigenen Trümmerhaufen. Der rasche Erkenntnisfortschritt enthüllt das ganze Ausmaß menschlichen Unwissens. Was sich um 1900 noch als geordnetes, solides System darbot, auf dessen Grundlage weitreichende Prognosen gewagt werden konnten, hat sich 100 Jahre später zu einer unübersichtlichen und unkalkulierbaren Komplexität verflüssigt, die sich nicht mehr zum Fundament umfassender Gesellschaftentwürfe eignet. Daher sind selbst die Vertreter der neuen Leitsektoren, der Informations- und Biotechnologien, verglichen mit den Elektrovisionären des Kaiserreiches relativ bescheiden geworden.[113] Das mag damit zusammenhängen, daß die Geschlossenheit des Technikdiskurses des Kaiserreichs längst passé ist und auch nicht mehr solidarisch um Sozialprestige

---

110 Kammerer, S. 1035.
111 Das „Prinzip der Arbeitsteilung machte aus dem harmonischen Geistesleben ... ein trockenes, fast lebensfeindliches Spezialistentum." Brinkmann, S. 76 u. 43 f.
112 Zschimmer, S. 157.
113 Vgl. etwa M. Kaku, Zukunftsvisionen. Wie Wissenschaft und Technik des 21. Jahrhunderts unser Leben revolutionieren, München 1998.

gerungen werden muß. Am Ende des 20. Jahrhunderts ist eine um ein Mehrfaches größere, hochgradig differenzierte Forschungslandschaft entstanden, die angesichts ihrer Fragmentierung und des allgemeinen Klimas postmoderner Unübersichtlichkeit kaum gemeinsame Visionen generiert.

Schließlich ist nach dem „Zeitalter der Extreme" (Hobsbawm) das Wissen um die Polyvalenz der Technik Allgemeingut. Nach Hiroshima und Tschernobyl werden technische Verheißungen nicht mehr oder nur noch unter Vorbehalten akzeptiert. In ökologischen Parteien und Kommissionen zur Technikfolgenabschätzung institutionalisiert sich die Skepsis. Der kostspielige Ausstieg aus der nuklearen Elektrizitätsgewinnung führt jedermann die Konsequenzen übertriebener Technikverheißungen vor Augen. Das Janusgesicht der Technik ist schlechterdings nicht mehr zu übersehen. Die Biologie entwickelt Impf- und Kampfstoffe. Die Gentechnik arbeitet an neuartigen Therapien bislang unheilbarer Krankheiten und zugleich an Waffen, die ihre Opfer nach Rassenmerkmalen selektieren. Das Internet birgt Chancen demokratischer Partizipation und Gefahren totalitärer Überwachung.

Die Wende zum 21. Jahrhundert steht daher weniger im Zeichen utopischer Verheißungen als vielmehr im Bann der Angst vor dem technologischen Super-GAU und der Selbstauslöschung der Menschheit. Das „millenium bug", ein Programmierfehler der Datumsanzeige von Millionen Computern, könnte – so die Befürchtung – zum Zusammenbruch der Weltwirtschaft und zur versehentlichen Aktivierung atomarer Waffensysteme führen. Zumindest exorbitante Kosten für die Reparatur dieses vergleichsweise banalen Fehlers sind gewiß. Die Zerstörung der natürlichen Lebensgrundlagen ist ein omnipräsentes Thema. Welch ein Perspektivwechsel, verglichen mit den vollmundigen Versprechungen zu Beginn des 20. Jahrhunderts!

Gerade deshalb lassen sich zumindest fünf Lehren aus den vergangenen Visionen für den Umgang mit der Technik im 21. Jahrhundert ziehen. *Erstens* tendieren Technikproduzenten im eigenen Interesse zur Überschätzung neuer Techniken und zur Unterschätzung der Gefahren und Kosten. Der antimoderne Protest neigt ebenso maßlos zum diametralen Gegenteil und beschwört apokalyptische Schreckensbilder herauf. Die Geschichte der Atomtechnik belegt das auf anschauliche Weise. Die Debatte um die Nutzung der Gentechnik enthält ebenfalls beides, megalomane Omnipotenzphantasien und hysterische Verteufelung.

Zweitens kann die historische Betrachtung zu einem gesunden Mißtrauen gegenüber dem aufgeregten Zeitgeist führen. Die meisten Ängste, Hoffnungen und Argumente sind nicht neu. Das Wissen um ihre Vorgeschichte, die lange eine Geschichte mangelnden Augenmaßes war, könnte zu mehr Sachlichkeit verhelfen.

Drittens ließ sich die grundsätzliche Interessengebundenheit des Technikdiskurses aufzeigen. Die alte Denkfigur von der Technik als Sachzwang ist vor allem das Schlüsselargument derjenigen, die am meisten von ihr profitieren. Wer das leugnet und eine vermeintlich übermächtige Eigenlogik der technischen Entwicklung ins Feld führt, scheut den Kraftakt, eine gesellschaftliche Verständigung herbeizuführen, und verdient das Mißtrauen seiner Umwelt.

Viertens erwies sich die unmittelbare Ableitung sozialer und politischer Gesamtentwürfe aus technischen Sachzwängen als folgenschwerer Irrtum, denn die Geschichte technokratischer Konzepte ist im wesentlich die Geschichte ihres Mißbrauchs. Nichts hat im 20. Jahrhundert Diktatoren mehr fasziniert als die Vorstellung einer vollständig steuerbaren Gesellschaft.

Fünftens wurde die Technik um 1900 häufig als autonomer Akteur betrachtet, der die Geschichte lenkt und den Menschen jede Verantwortung abnimmt. Dieses Argument ist bis heute ebenso aktuell wie falsch. Es sind nicht die Techniken selbst, die über ihre Anwendung entscheiden, sondern vielmehr soziokulturelle und politische Kraftekonstellationen. Das historische Subjekt bleibt der Mensch. Er ist nicht einer vorgegebenen Logik hilflos ausgeliefert, sondern besitzt reale Gestaltungsspielräume im Umgang mit der Technik. Die Erfahrung des 20. Jahrhunderts hat gezeigt, welche ungeheuren Chancen und Gefahren diese Verantwortung mit sich bringt.

Zukunftsmodell Amerika?

Das europäische Bürgertum und die amerikanische Herausforderung um 1900

von Alexander Schmidt-Gernig

I. Einleitung. Das 19. Jahrhundert ist das Jahrhundert der großen Fortschrittserwartungen und Utopien gewesen, die sich gerade in seinem letzten Drittel stark verdichteten. Wie kaum eine andere Jahrhundertwende war deshalb die Zeit um 1900 in Europa erfüllt von literarisch-politischen Utopien, wissenschaftlich-technischen Prognosen, aber auch religiösen Endzeit- und Heilserwartungen oder Gewißheiten zukünftiger Revolutionen und damit verbundener fundamentaler Neuordnungen der gesellschaftlichen Verhältnisse.[1] Daß die Diagnosen der Gegenwart so stark mit der Artikulation vielfältiger Zukunftsängste wie auch weitreichender Zukunftshoffnungen verbunden wurden, hatte vor allem mit den tiefgreifenden gesellschaftlichen Umwälzungsprozessen im Gefolge der Hochindustrialisierung zu tun. Es war also keineswegs nur die „magische Ziffer" der Jahrhundertwende, die solche Hoffnungen und Ängste verstärkt zur Artikulation brachte, sondern es waren ganz konkrete, alltägliche Umbruchs- und höchst ambivalente Modernisierungserfahrungen, die die verstärkte Orientierung an „der Zukunft" geradezu unausweichlich machten. Der kalendarische Beginn eines neuen Jahrhunderts wirkte vor diesem Hintergrund daher nur als Katalysator eines ohnehin umfassenden Orientierungsbedürfnisses.

Wie (be-)drängend die Umbrüche gerade in Deutschland empfunden wurden, wird überdies verständlich, wenn man sich vor Augen hält, daß hier der Umwälzungsprozeß in verhältnismäßig kurzer Zeit besonders tiefgreifend verlief und sich die Gesellschaft innerhalb weniger Jahrzehnte von einer primär agrarisch-handwerklichen in eine hochindustrialisierte und damit immer stärker klassenspezifisch strukturierte Gesellschaft verwandelte. „Erfahrungsräume" im Sinne traditioneller Seinsgewißheiten und -orientierungen wurden angesichts des beschleunigten Wandels immer mehr entwertet und durch „Erwartungshorizonte" im Sinne offener Entscheidungs- und

---

1 Vgl. dazu den Überblick bei L. Hölscher, Weltgericht oder Revolution. Protestantische und sozialistische Zukunftsvorstellungen im deutschen Kaiserreich, Stuttgart 1989, hier bes. S. 440 ff. Vgl. für Europa und die USA insgesamt auch G. Minois, Histoire de l'avenir. Des Prophètes à la prognose, Paris 1996, S. 490–530, sowie I.F. Clarke, From Space to Time. Factor One: The Next Great War; Factor Two: Configurations of Coming Societies; Factor Three: Science and Fiction; Factor Four: The Assessment of Coming Things, in: Futures 23. 1991, S. 415–25, 534–43, S. 637–44 und 860–67, und zur Entwicklung der literarisch-politischen Utopie im 19. Jahrhundert W. Biesterfeld, Die literarische Utopie, Stuttgart 1982[2]; R. Saage, Politische Utopien der Neuzeit, Darmstadt 1991, S. 151–263.

Handlungsspielräume ersetzt[2] – ein Prozeß, der in Europa schon mit der politisch-ökonomischen „Doppelrevolution" am Ende des 18. Jahrhunderts eingesetzt hatte, um 1900 aber durch die forcierte „zweite Industrialisierung"[3] an zusätzlicher Intensität gewann. Die Erfahrung dieser revolutionären Umwälzungen in Wirtschaft und Gesellschaft im letzten Drittel des 19. Jahrhunderts eröffnete die janusköpfige Perspektive einer „Machbarkeit" der Zukunft einerseits, der Kontingenz der damit verbundenen Folgen menschlichen Handelns andererseits. Zwar wurde in den von der Modernisierung weniger direkt betroffenen Schichten „Zukunft" weiterhin primär im eher traditionellen Sinne als „Verheißung" oder „von außen" kommende Gefahr bzw. Erlösung gedeutet. Aber vor allem die bürgerlichen Trägerschichten der Modernisierung konnten (und wollten) sich um die Jahrhundertwende kaum mehr der Erkenntnis verschließen, daß „die Zukunft" im 20. Jahrhundert wesentlich von (eigenen) Entscheidungen abhängen würde, „Zukunft" mithin in der modernen Gesellschaft zunehmend als mehr oder weniger plan- bzw. kalkulierbares „Risiko" verstanden werden mußte.[4] „Fortschritt" wurde vor diesem Hintergrund durchaus in Analogie zur Naturentwicklung zumeist als die gewissermaßen evolutionäre Entfaltung von gesellschaftlichen Potentialen durch immer größere Arbeitsteilung und technisch-wissenschaftliche Spezialisierung begriffen und gab darum auch allen Anlaß zu Selbstbewußtsein und Zukunftsoptimismus. Ambivalent erschien dieser Fortschritt jedoch auf der anderen Seite zugleich in seiner Erzeugung von Risiken und Dynamiken, die es zu steuern und zu lenken galt, sollte er nicht aus dem Ruder laufen und sich in Form von Revolution oder Naturkatastrophe gegen seine Initiatoren und Träger wenden.

Die Zuversicht in diese Fortschrittschancen durch mehr Wissen und Planung, die von so einflußreichen Vordenkern eines (wenn auch unterschiedlich begründeten) teleologischen Evolutionismus wie Hegel, Comte, Saint-Simon, Spencer oder Durkheim[5] im 19. Jahrhundert „vorgedacht" und im

---

2 Siehe dazu die klassische Terminologie von R. Koselleck, Vergangene Zukunft. Zur Semantik geschichtlicher Zeiten, Frankfurt 1984³, S. 349–75, bzw. generell zum Bruch zwischen Vergangenheit und Zukunft in modernen Gesellschaften S. Neckel, Entzauberung der Zukunft. Zur Geschichte und Theorie sozialer Zeitperspektiven, in: R. Zoll (Hg.), Zerstörung und Wiederaneignung von Zeit, Frankfurt 1988, S. 464–86, hier bes. 473–78. Vgl. zur weiteren Entwicklung insbesondere nach 1945 auch A. Schmidt-Gernig, Die gesellschaftliche Konstruktion der Zukunft. Westeuropäische Zukunftsforschung und Gesellschaftsplanung zwischen 1950 und 1980, in: WeltTrends. Zs. für internationale Politik und vergleichende Studien 18. 1998, S. 63–84.
3 Vgl. zur wirtschaftlichen Entwicklung in Deutschland um 1900 H.-U. Wehler, Deutsche Gesellschaftsgeschichte, Bd. 3: Von der „Deutschen Doppelrevolution" bis zum Beginn des Ersten Weltkriegs 1849–1914, München 1995, S. 595–619.
4 Vgl. dazu generell N. Luhmann, Beobachtungen der Moderne, Opladen 1992, S. 129–48.
5 Siehe dazu bzw. zum Begriff des Fortschritts und seiner semantischen bzw. theoretischen Entwicklung den konzisen Überblick von P. Sztompka, The Sociology of Social Change, Oxford 1994, S. 24–33 und 99–112.

europäischen (und amerikanischen) Bürgertum um die Jahrhundertwende weite Verbreitung gefunden hatte, wurde nicht zuletzt durch die Idee genährt, daß der Fortschritt sich selbst dauernd neu erzeuge und bestätige, indem er für jedes neue Problem und potentielle Risiko aufgrund der gesteigerten Dynamik wissenschaftlicher Erkenntnisse und praktischer Steuerungsinformationen zugleich eine Lösung bereithielt. Daß solche Lösungen zum Erfolg führen würden, stand angesichts der verbreiteten „holistischen" Denkmuster eines universellen und irreversiblen Fortschritts im Prinzip außer Zweifel; allerdings blieb es fraglich, ob die „Rahmenbedingungen" zur Ermöglichung dieses Fortschritts nicht doch durch Umstürze oder Revolutionen so in Frage gestellt werden könnten, daß ein Ende oder zumindest ein Einbruch des zivilisatorischen Entwicklungsprozesses als denkbar erschien.

Dem europäischen Bürgertum um 1900 allerdings einen ungebrochenen Fortschrittsoptimismus zu unterstellen, wäre schon deshalb falsch, weil die Dynamik des Fortschritts sowohl im Rahmen der eher abstrakt-philosophischen Denkmodelle als auch in der Semantik des breiteren öffentlichen Diskurses durchaus widersprüchlich interpretiert und bewertet wurde.[6] Gerade in Deutschland wurden um die Jahrhundertwende angesichts der beschleunigten Modernisierung viele Stimmen laut, die vor allem die Schattenseiten des Wandels betonten und die gesellschaftlichen Reaktionen auf die Industrialisierung primär als Verlust „starker" Bindungen und Seinsgewißheiten zugunsten gesellschaftlicher Atomisierung und Entfremdung kritisierten. Der Fortschritt, so die verbreitete Denkfigur, erkaufte gewissermaßen seine Leistungen im Bereich von Technik, Wirtschaft und Wissenschaft mit dem Verlust an „Kultur", wobei Kultur im Grunde die Integration der Gesellschaft durch gemeinsam geteilte Normen, Werte, Deutungs- und Handlungsmuster meinte. Es war insofern auch kein Wunder, daß gerade in Deutschland angesichts der dramatischen Umbrüche die Bewahrung von „Kultur" zur spezifisch nationalen Aufgabe und damit im Vergleich zu anderen Nationen zu einem „Sonderweg"[7] stilisiert werden konnte, was im übrigen vielleicht gerade deswegen scheinbar gelang, weil der Begriff der „Kultur" unter dem Eindruck der Modernisierungsschübe selber zunehmend zu einer universalen, semantisch ungeheuer schillernden und vieldeutig aufladbaren

---

6 Koselleck weist darauf hin, daß „Fortschritt" im Laufe des 19. Jahrhunderts als Schlagwort, Religionsersatz und geschichtsphilosophischer Leitbegriff so stark aufgeladen und ideologisiert wurde, daß er um 1900 zur zentralen Kategorie im Streit der Ideologien avancierte. Vgl. R. Koselleck, Fortschritt, in: GGr, Bd. 2, Stuttgart 1992³, S. 351–423, hier besonders 407–23.
7 Vgl. dazu Wehler, S. 461–64. Vgl. zum Wandel von der positiv konnotierten Bedeutung zum Negativbild nach 1945 und zu den Pro- und Contra-Argumenten eines deutschen Sonderwegs in der Forschung der letzten Jahre ebd., S. 465–86, bzw. auch den Überblick bei H. Grebing u. a., Der „deutsche Sonderweg" in Europa 1806–1945. Eine Kritik, Stuttgart 1986.

Integrationsmetapher geworden war.[8] Aufschlußreich ist in diesem Zusammenhang, daß gerade gesellschaftskritische und keineswegs generell modernisierungsfeindlich eingestellte deutsche Intellektuelle[9] wie die zum Weber-Kreis in Heidelberg gehörenden Soziologen und Sozialphilosophen Max und Alfred Weber, Werner Sombart, Georg Simmel, Georg Lukacs, Karl Jaspers die Zeit der Jahrhundertwende primär als Kulturverfall der bürgerlichen Lebensform interpretierten – ein Denkansatz, den der Soziologe Ferdinand Tönnies bereits Ende der 1880er Jahre in die nachgerade berühmt gewordene Formel vom Verlust der „Gemeinschaft" in der „Gesellschaft" gekleidet hatte. Im Gegensatz gerade zu den amerikanischen Denkern der „New School for Social Research" im Rahmen des „Progressivism", die am bürgerlichen Fortschrittsparadigma pragmatisch festhielten, wurde hier eine Art „negative Dialektik" der modernen Gesellschaft projektiert. Sie interpretierte die durch Differenzierung und Spezialisierung verursachte zunehmende Spaltung von Individuum und „Welt" kulturell eher als „Tragödie" oder „Entfremdung" und entwarf zu diesen entfremdenden Modernisierungstendenzen gewissermaßen ganzheitliche „Gegenwelten" wie „Liebe", „Kunst" oder „Religion", während die Amerikaner diese Bereiche nicht als Gegenwelten, sondern als Mittel zur Verbesserung der modernen Gesellschaft innerhalb der geltenden Modernisierungsleitbilder begriffen.[10]

Gerade die Tatsache, daß „Kultur" also keineswegs nur nach innen im Hinblick auf eine klassenübergreifende Synthese beschworen wurde, sondern auch „nach außen" im Vergleich zu den Modernisierungsprozessen anderer konkurrierender Nationen bzw. Gesellschaften zur identifikatorischen Selbstvergewisserung dienen sollte und konnte, zeigt, wie sehr der öffentliche Diskurs über die Zukunft nicht nur auf die eigene Gesellschaft

---

8 Vgl. dazu und zu den verschiedenen sich um 1900 besonders in Deutschland entwickelnden „Kulturwissenschaften" und semantischen Komposita wie „Kulturstaat" etc. den Überblick bei R. vom Bruch u. a. (Hg.), Kultur und Kulturwissenschaften um 1900. Krise der Moderne und Glaube an die Wissenschaft, Wiesbaden 1989, besonders ders., Einleitung: Kulturbegriff, Kulturkritik und Kulturwissenschaften um 1900, in: ebd., S. 9–25.

9 Vgl. zur umstrittenen und vielfach angefeindeten Rolle der „Intellektuellen" im Kaiserreich allgemein den Band von G. Hübinger u. W.J. Mommsen, Intellektuelle im Deutschen Kaiserreich, Frankfurt 1993. Darin besonders zur vielfach „apolitischen" Auflagung des Kulturbegriffs als eines universalen, vielfach inflationär gebrauchten Leitbilds im späten Kaiserreich G. Hübinger, Die Intellektuellen im wilhelminischen Deutschland. Zum Forschungsstand, S. 198–210.

10 Vgl. dazu ausführlich F. Jaeger, Bürgerlichkeit. Deutsche und amerikanische Philosophien einer Lebensform zu Beginn des 20. Jahrhunderts, in: K. Tenfelde u. H.-U. Wehler (Hg.), Wege zur Geschichte des Bürgertums, Göttingen 1994, S. 171–206. Vgl. ferner D.J.K. Peukert, Max Webers Diagnose der Moderne, Göttingen 1989, und generell zum Kulturpessimismus der Intellektuellen um 1900 den Beitrag von F.-W. Graf in diesem Band. Zur Entwicklung in Europa und den USA A. Herman, The Idea of Decline in Western History, New York 1997, hier besonders zur Dialektik von Fortschritt und Niedergang im 19. Jahrhundert S. 13–45 und 76–109.

fokussiert war, sondern sich in bedeutsamer Weise auch auf konkurrierende „Referenzgesellschaften" bezog. Vor allem die amerikanische Gesellschaft wurde bereits vor dem Ersten Weltkrieg zu einer zentralen Referenzgesellschaft für das Bürgertum der hochindustrialisierten bzw. sich rapide industrialisierenden europäischen Staaten. Das mag auf den ersten Blick überraschen, weil Amerika vor 1914 für die meisten Europäer noch ein relativ ferner Kontinent war, der eher mythisch gedeutet als konkret erfahren und überdies von den europäischen Eliten gerade deswegen mit dem Stigma der „Kultur- und Geschichtslosigkeit" belegt wurde. Doch sieht man genauer hin, erwies sich dieser Aspekt der vergleichsweisen „Geschichtslosigkeit" wie auch der relativen Ferne vom europäischen „Konzert der Mächte" als entscheidender Vorzug für virtuelle und konkrete „Reisen in die Moderne",[11] denn anders als im innereuropäischen Vergleich trübte noch kein machtpolitisches Feindbild den ökonomischen, technischen und sozialen Modellcharakter der spätestens seit 1890 zur industriellen Weltmacht aufsteigenden amerikanischen Gesellschaft. Überdies konnten nur die USA aufgrund ihrer Größe als Projektionsfläche für einen *gesamteuropäischen* Vergleich fungieren. So sehr also England und Deutschland für einander „Referenzgesellschaften" vor allem in technisch-militärischer und ökonomischer Hinsicht bildeten oder Frankreich (immer noch) als kulturelle Bezugsgesellschaft im kontinentalen Vergleich gelten konnte, so deutlich war doch, daß nur die Vereinigten Staaten für einen Vergleich mit Europa insgesamt in Frage kamen. Zudem schien Amerika – anders als die andere entscheidende außereuropäische Bezugsgröße Rußland – durch seine europäischen Wurzeln wie auch durch seine ungeheure Entwicklungsdynamik „den Fortschritt" in Reinkultur zu verkörpern. Nirgendwo sonst bot sich darum den Europäern ein solches „Experimentierfeld der Moderne", das die Zukunft gleichsam in der Gegenwart erfahrbar machte und darum die Aufmerksamkeit der europäischen Eliten mit wachsender Intensität auf sich zog. Selbst ein so kritischer Beobachter wie der sozialistische Schriftsteller Arthur Holitscher konnte nach einer intensiven Erkundung der amerikanischen Gesellschaft kurz vor Ausbruch des Weltkriegs am Schluß seines „Bestsellers" mit dem bezeichnenden Titel „Amerika heute und morgen" ausrufen:

„Etwas Unerhörtes ist in Amerika laut geworden, mit etwas Ungeheurem muß sich der Erdball vertraut machen. Zwischen den Grenzen zweier Meere wächst eine Menschenmasse auf, die Eine Sprache spricht, Einem Gebot gehorcht, Einer Not widerstrebt. ... Was der zersplitterte, von Wahn und Verbrechen jahrtausendelang zerwühlte Weltteil Europa seinen Völkern angetan hat, das wird jetzt in Amerika gutgemacht, durch das homogene Vorwärtsschreiten einer geeinten Menschenmasse. Unter ihrem Schritte wankt schon die Erde. Keine Entwicklung geht einen ge-

---

11 Vgl. generell A. Schmidt(-Gernig), Reisen in die Moderne. Der Amerika-Diskurs des deutschen Bürgertums vor dem Ersten Weltkrieg im europäischen Vergleich, Berlin 1997.

raden Weg, und viele Irrtümer werden noch begangen werden, dort drüben, und überwunden werden. Aber wer das Drängen der neuen Welt in seine eigenen Pulse hinüberschlagen gefühlt hat, der weiß tief innen: Amerika ist das Schicksal und die Erfüllung des Menschengeschlechts."[12]

Wie im folgenden gezeigt werden soll, wurde das europäische Bürgertum in Amerika vor allem mit der gleichsam radikalisierten Verwirklichung seiner eigenen Fortschrittsutopie einer im Prinzip demokratisch legitimierten Marktgesellschaft gleicher Lebenschancen, in der soziale Statuszuweisung primär nach Maßgabe individueller Leistung erfolgen sollte, konfrontiert. Am deutlichsten kristallisierte sich diese Herausforderung im Hinblick auf die Ende des 19. Jahrhunderts dominante soziale Frage und die damit zusammenhängenden Wirtschaftsstrukturen und Mentalitäten heraus, die deshalb nach einer kurzen Skizze der Entwicklung des Amerikabildes und der Besonderheiten der europäischen Amerika-Wahrnehmung im 19. und frühen 20. Jahrhundert im Zentrum der Betrachtung stehen sollen. Vorgestellt werden vor allem die Wahrnehmungs- und Deutungsmuster des Diskurses, wobei aus Platzgründen nicht auf die „Richtigkeit" dieser Beobachtungen und Beurteilungen aus heutiger Sicht eingegangen werden kann.[13] Vor diesem Hintergrund läßt sich dann abschließend skizzieren, wie die Chancen und Grenzen einer „Amerikanisierung" Europas um 1900 für das kommende 20. Jahrhundert beurteilt und welche Folgerungen daraus für die Konzeption der eigenen nationalen bzw. europäischen Modernisierung gezogen wurden. Insgesamt, das sei hier vorweggenommen, stimmten die Beobachtungen und Beurteilungen der Deutschen, Franzosen und Briten, auf die sich der Blick hier stellvertretend für einen breiteren europäischen Diskurs konzentrieren muß, in einem erstaunlichen Maß überein, so daß der Schwerpunkt eher auf den Gemeinsamkeiten als auf den Unterschieden liegt.

II. Die USA als das „Land der Zukunft" – Die „Erfahrung" Amerikas und die Entwicklung der europäischen Amerika-Wahrnehmung im 19. und frühen 20. Jahrhundert. Der europäische Blick auf Amerika um die Jahrhundertwende war ein fast ausschließlich bürgerlicher und männlicher Blick. Es waren in erster Linie Bürger, die nach Amerika aufbrachen, um in temporaler Umkehr der traditionellen vergangenheitsorientierten Bildungsreise eine Erkundung der Moderne und des Fortschritts zu versuchen. Die Reise nach Amerika unterschied sich insofern von der europäischen Bildungsreise nach Italien oder Griechenland und auch von der „Vergnügungsreise" in die Schweiz oder an die europäischen Küsten darin, daß sie nicht vor der Moderne „flüchtete", sondern geradewegs ins Herz des industriellen Fort-

---

12 A. Holitscher, Amerika heute und morgen. Reiseerlebnisse, Berlin 1913[6], S. 428 f.
13 Siehe dazu ausführlich Schmidt(-Gernig), Reisen, S. 113–21, 144–53, 206–16, 231–41, 256–66 und 279–87.

schritts zielte. Der Verfasser des ersten, 1893 pünktlich zur Chicagoer Weltausstellung und dann erneut 1904 anläßlich der Weltausstellung in St. Louis aufgelegten USA-Baedekers, der Brite James F. Muirhead, beschrieb diese fundamentale Umkehr der Perspektive in seinem Amerika-Standardwerk „The Land of Contrasts" prägnant:

„Derjenige, der sich für die Auswirkungen der Zivilisation unter völlig neuen Bedingungen interessiert; derjenige, der unter diesen Bedingungen in der Lage ist, seine Geisteshaltung schnell und leicht zu verändern; derjenige, der gelernt hat, die modernen Bequemlichkeiten eines neuen Landes zumindest zeitweise gern gegen den Verlust der alten einzutauschen ... derjenige, der das Wachstum des allgemeinen Wohlstandes auf Kosten gesellschaftlicher Privilegien zu schätzen vermag; derjenige, der sich an vielversprechenden Experimenten in Politik, Gesellschaft und Bildung erfreut, mit einem Wort derjenige, der nicht im Althergebrachten erstarrt, sondern bereit ist, Neuerungen in ihrem Wert oder Unwert zu akzeptieren – derjenige wird, wenn ich nicht völlig fehlgehe, in den Vereinigten Staaten Erfahrungen machen, die ihm die Schweizer Alpen oder italienische Seen, gotische Kathedralen und palladianische Paläste, historische Stadtviertel und altehrwürdige Grabdenkmäler, Gemälde von Raphael und Statuen von Phidias bei weitem ersetzen werden."[14]

Es waren genau die Repräsentanten dieser „vielversprechenden Experimente in Politik, Gesellschaft und Bildung", die nach Amerika reisten, um hier den Fortschritt in nuce erleben zu können, also in erster Linie Journalisten, Schriftsteller, Publizisten, Wissenschaftler, Politiker, Unternehmer, Kaufleute, Techniker und Ingenieure (aber auch Geistliche) – mit einem Wort: „das Bürgertum", eine insbesondere in Deutschland durchaus heterogene Schicht mit markanten Trennlinien im Hinblick auf Einkommen und Lebensstile, andererseits aber durch „Besitz" und „Bildung" als „Berufsklasse" mit spezifischen Werthaltungen und Bildungsprofilen doch so einheitlich, daß auch Adlige bzw. „Aufsteiger" mit entsprechenden bürgerlichen Berufen dazu gerechnet werden müssen.[15] Die Debatten über zentrale Aspekte der amerikanischen Gesellschaft wie soziale Ungleichheit und Mobilität, Wirtschaftsstrukturen und Mentalitäten, Familie und Geschlechterrollen, das Bildungssystem, den Städtebau, den Sozialstaat formen sich vor diesem Hintergrund zu einem spezifisch bürgerlich-männlichen Diskurs, der bür-

---

14 J.F. Muirhead, The Land of Contrasts, Leipzig 1900, S. 12 f. (Übersetzung wie alle folgenden, soweit nicht anders angegeben, vom Verfasser).
15 Siehe zur Definition und Entwicklung des europäischen Bürgertums im 19. Jahrhundert den Überblick von J. Kocka, Bürgertum und bürgerliche Gesellschaft im 19. Jahrhundert. Europäische Entwicklung und deutsche Eigenarten, in: ders. (Hg.), Bürgertum im 19. Jahrhundert. Deutschland im internationalen Vergleich, Bd. 1, München 1988, S. 11–76. Vgl. zum Sozialprofil der Amerikareisenden genauer Schmidt(-Gernig), Reisen, S. 38–51, und für Frankreich die detaillierte Überblicksstudie von J. Portes, Une fascination réticente. Les Etats-Unis dans l'opinion française 1870–1914, Nancy 1990, hier besonders S. 21 f.

gerliches Selbstverständnis im Sinne schichtenspezifisch geteilter Werte, Normen, Denkmuster und Verhaltensweisen um 1900 im europäischen Vergleich spiegelt.

Daß die Reisen nach Amerika Reisen ins Zentrum der bürgerlichen Moderne waren, wird zusätzlich deutlich, wenn man sich den geographischen und sozialen Wahrnehmungsradius der Reisenden vor Augen hält. Mit der Eisenbahn wurde fast ausschließlich das Verkehrsmittel benutzt, das wie kein anderes die industrielle Moderne verkörperte und überdies vor allem die industriellen Zentren und Großstädte der USA miteinander verband, so daß entlegenere Orte kaum erreichbar waren. Freilich folgten viele Reisende auch dem klassischen Muster der „Naturreise", wobei vor allem die teils gerade erst eingerichteten Nationalparks wie der Yellowstone Park in Wyoming, der Yosemite Park in Kalifornien oder die Niagara-Fälle an der kanadischen Grenze besucht wurden. Vergleicht man aber die Reisewege systematisch, zeigt sich, daß die typische „Grand Tour" durch die USA um die Jahrhundertwende primär zu den Zentren der Moderne wie den um 1900 geradezu eruptiv anwachsenden Millionenstädten New York und Chicago, aber auch zu den mittelgroßen (ebenfalls rapide expandierenden) Industrie- und Handelsstädten wie Boston, Philadelphia, Baltimore, Pittsburgh, Detroit oder San Francisco bzw. in das politische Zentrum Washington führte. Daß vor allem die Ostküste und der Mittlere Westen studiert wurden, hatte auch mit der besseren Erreichbarkeit und nicht zuletzt mit den Weltausstellungen in Chicago und St. Louis zu tun, die als „Inkarnationen" des Fortschritts das Interesse der Europäer in besonderer Weise auf sich zogen und damit zugleich einen signifikanten Anstieg der europäischen Amerika-Literatur vor dem Ersten Weltkrieg bewirkten. „Unterentwickelte" Gebiete wie die Südstaaten oder große Teile des Westens wurden dagegen stark vernachlässigt oder nur in endlosen Eisenbahnfahrten passiert. Sie ließen daher kaum bleibende Eindrücke zurück, sondern führten allenfalls zu Enttäuschung über den Verlust der „Wildwest-Romantik", der damit gleichsam die Kehrseite der Fortschrittserfahrung spiegelt.[16]

Diese Fokussierung der amerikanischen „Modernisierungsinseln" hatte allerdings auch damit zu tun, daß die meisten Reisenden keineswegs nur zum Vergnügen reisten, sondern zumeist (auch) in irgendeiner Form beruflich unterwegs waren, sei es zu Kongressen oder Vorträgen, sei es im Auftrag europäischer Forschungsinstitute oder Verlage oder im Rahmen technischer oder geschäftlicher Fortbildungen und Kontaktaufnahmen. Auch hierin zeigt sich der spezifisch bürgerliche Zuschnitt der Erfahrung und Wahrnehmung Amerikas um 1900 im Gegensatz zum Massentourismus unserer Tage, aber auch im Kontrast zur Auswanderung unterbürgerlicher Schichten. Gerade

---

16 Vgl. zur Sozialgeschichte der Amerikareise ausführlicher Schmidt(-Gernig), Reisen, S. 68–81.

weil es sich nicht zuletzt wegen der erheblichen Kosten zumeist um mehr oder minder professionell orientierte Reisen handelte, wurde eine Berichterstattung über das Gesehene und Erlebte nicht nur im beruflichen Kontext erwartet, sondern auch fast als Pflicht zur Veröffentlichung aufgefaßt – ein Umstand, den der englische Schriftsteller Gilbert K. Chesterton noch Anfang der 1920er Jahre treffend beschrieb:

„Von jedem, der selbst nur für kurze Zeit nach Amerika geht, wird erwartet, daß er darüber ein Buch verfaßt – und natürlich tut dies auch fast jeder. Jemand, der dagegen seine Ferien in Trouville oder Dieppe verbringt, wird danach kaum mit der Frage konfrontiert werden: ‚Wann wird Ihr neues Buch über Frankreich herauskommen?' Jemand, der sich zum Wintersport in die Schweiz begibt, wird nicht sofort durch die Bemerkung festgenagelt: ‚Ich nehme an, Ihr Buch über die helvetische Republik wird dieses Frühjahr noch erscheinen?'"[17]

Diese „Pflicht" zur Veröffentlichung der eigenen Erfahrungen und Erlebnisse war ein starker Motor für die wachsende Informationsdichte, die sich in den europäischen Medien in bezug auf die USA um die Jahrhundertwende beobachten läßt. Sie unterschied sich deutlich von der weitverbreiteten Unkenntnis amerikanischer Verhältnisse gerade unter den europäischen Eliten im 19. Jahrhundert, kann allerdings auch nicht am massenmedialen Amerika-Boom seit den 1920er Jahren gemessen werden. Das heißt nicht, daß die Beobachtungen und Beurteilungen im Vergleich zur ersten Jahrhunderthälfte insgesamt „besser" geworden wären; viele durchschnittliche Berichte schrieben von den bekannteren einfach ab oder wiederholten nur Stereotypen. Und auch die Informationsmedien beschränkten sich vor dem Ersten Weltkrieg noch fast ausschließlich auf Reiseberichte, Zeitungsartikel, Zeitschriftenbeiträge und landeskundliche Studien, weil audiovisuelle Medien erst in den Kinderschuhen steckten.[18] Die positive Kehrseite der wachsenden Flut an Amerikaberichten war aber, daß sie die traditionellen Konventionen der literarischen Gattung „Reisebericht" immer mehr aufsprengte, so daß aufgrund dieser Pluralisierung zugleich der Anspruch stieg, „authentischer" bzw. kritischer über die fremde Gesellschaft zu berichten und das Publikum nicht mit alten Phrasen und Gemeinplätzen zu langweilen. Insofern erhielt die Betonung persönlicher Erlebnisse und Erfahrungen einen neuen Stellenwert, rückte der Anspruch, „Neues" und selbst Erlebtes mit „Objektivität" zu verbinden, immer mehr in den Mittelpunkt der schriftstellerischen Bewältigung des Beobachteten. Gegen die herrschende Meinung „anzuschreiben", erschien deshalb als durchaus legitim, wenn nicht sogar geboten, woll-

---

17 G.K. Chesterton, What I Saw in America, London 1922/ND New York 1968, S. 295.
18 Vgl. zur Repräsentation Amerikas in den unterschiedlichen Druckmedien die Beiträge in P. Mesenhöller (Hg.), Mundus Novus. Amerika oder die Entdeckung des Bekannten. Das Bild der Neuen Welt im Spiegel der Druckmedien vom 16. bis zum frühen 20. Jahrhundert, Dortmund 1992.

te man auf dem Markt der Meinungen Erfolg haben. Deshalb muß der Begriff der „Repräsentativität" der Quellen vor dem Hintergrund einer um 1900 enorm expandierenden massenmedialen Öffentlichkeit nicht quantitativ, sondern qualitativ gefaßt werden: Entscheidend war nicht, daß man die „herrschende Meinung" spiegelte, sondern Erfolg konnte letztlich nur haben, wer diese zwar nicht fundamental in Frage stellte, aber doch soweit kritisch kommentierte oder im Licht „neuer Tatsachen" präsentierte, daß Neugier und Interesse geweckt wurden.[19]

Trotz dieser im Kern kritischen Ausrichtung sollte allerdings eine Grenze der europäischen Amerika-Berichte nicht übersehen werden, die neben Faktoren wie Fortschritts- und Objektivitätsorientierung sowie „Professionalität" den spezifisch bürgerlichen Charakter der Amerikareise und des Amerikaberichts der Jahrhundertwende erweist, nämlich die Fixierung auf Beobachtungen der weißen *middle und upper classes*, die am ehesten der eigenen sozialen Stellung und Herkunft entsprachen. Indem die weißen Unterschichten oder die ethnischen Minoritäten in Amerika kaum oder nur am Rande wahrgenommen wurden, reproduzierte sich die europäische Klassengesellschaft in ihren Erfahrungs- und Diskursmodi immer wieder neu, auch wenn, wie noch zu zeigen sein wird, gerade diese Klassengesellschaft im Medium des Amerika-Berichts zum Gegenstand der Kritik wurde. Die besondere Pointe besteht in diesem Zusammenhang nun allerdings darin, daß sich der Schwerpunkt der europäischen Aufmerksamkeit immer mehr von der ursprünglich politischen zur wirtschaftlich-gesellschaftlichen Herausforderung durch die USA verschob. Hatte nicht nur für Tocqueville in der ersten Jahrhunderthälfte vor allem die amerikanische Demokratie als politische (und auch gesellschaftliche) Verfassung und Praxis im Mittelpunkt der Beobachtungen gestanden, trat der politische Aspekt mit der Hochindustrialisierung in fast allen Berichten zumindest in den Hintergrund. Die Verschiebung dieser Faszination lag zum einen darin begründet, daß sich die Verhältnisse in den USA im 19. Jahrhundert so tiefgreifend gewandelt hatten, daß die ehemaligen Kolonien durch die um 1900 weitgehend abgeschlossene Eroberung des riesigen Kontinents und die verstärkt nach dem Bürgerkrieg einsetzende Hochindustrialisierung, die die USA um 1900 neben England und Deutschland in das Spitzentrio der Industriemächte aufrücken ließ, kaum mehr „wiederzuerkennen" waren. In diesem Kontext entstand die europäische Debatte um eine „amerikanische Gefahr" durch die neue Wirt-

---

19 Beispiele für solche zumindest teilweise gegen den Mainstream anschreibenden, jedoch vielfach aufgelegten Berichte waren im deutschen Fall z. B. H. Münsterberg, Die Amerikaner, 2 Bde., Berlin 1904; W. von Polenz, Das Land der Zukunft, Berlin 1903; L.M. Goldberger, Das Land der unbegrenzten Möglichkeiten, Berlin 1903; L. Fulda, Amerikanische Eindrücke, Stuttgart 1904; W. Sombart, Warum gibt es in den Vereinigten Staaten keinen Sozialismus? Stuttgart 1906, oder auch der schon zitierte Bericht von A. Holitscher; manche der Titel wie die von Goldberger, Polenz oder Sombart wurden zu „Topoi" bzw. geflügelten Worten der Amerika-Debatte.

schaftsmacht USA,[20] die sich angesichts der enormen Dimensionen und Ressourcen sowie der Millionen von neuen Arbeitskräften für die europäischen Konkurrenten um 1900 abzeichnete. Die USA verkörperten nun zunehmend eine Konkurrenz in ökonomischer, technisch-wissenschaftlicher und vor allem auch gesellschaftlicher Hinsicht, denn die zweifellos selektiv wahrgenommenen *success stories* vieler Amerikaner und eingewanderter Europäer erzeugten die Vorstellung einer ungeheuer dynamisierten Gesellschaft, deren Zukunftspotential gerade in einer außerordentlichen, wesentlich industriell bedingten Flexibilisierung der gesellschaftlichen Strukturen begründet zu sein schien.[21]

Daß diese Herausforderung so massiv wahrgenommen wurde, hatte auch und gerade mit der engen, sozusagen genetischen Verknüpfung beider Kontinente zu tun. Sie erzeugte eine Ambivalenz von Zugehörigkeit und Fremdheit, die das europäisch-amerikanische Wechselverhältnis im deutlichen Unterschied zu anderen kulturellen Wechselverhältnissen prägte. Konnte man daher wie im Fall des Orients oder Asiens auf klare dichotomische Deutungsmuster von „eigen" und „fremd" im Sinne vielfältiger „Orientalismen"[22] zurückgreifen, suchte und fand man in Amerika immer auch das Eigene im Fremden. Auch wenn die Berichte und Studien zumeist stärker auf die Unterschiede abhoben und der europäisch-amerikanische Vergleich damit stark durch generalisierende Oppositionsschemata geprägt wurde, spielte die Spezifik der europäischen Einwanderung zumindest implizit eine wichtige Rolle.

20 Siehe dazu neben verstreuten Beiträgen in den einzelnen Studien und Berichten z. B. explizit H. von Knebel-Doberitz, Besteht für Deutschland eine amerikanische Gefahr? Berlin 1904; M. Prager, Die amerikanische Gefahr, Berlin 1902.
21 Aufschlußreich ist in diesem Zusammenhang, daß der Begriff „Amerikanisierung" erstmals in den 1830er Jahren genau in diesem industriell-technologischen Kontext bezeichnenderweise im industriellen Führungsland Großbritannien auftauchte und dann seit den 1850er Jahren mit der beginnenden Hochindustrialisierung auch auf dem europäischen Kontinent mit Bezug auf technisch-industrielle Innovationen gebraucht wurde. Das erstaunt insofern nicht, als spätestens seit den 1870er Jahren zahlreiche neue und grundlegende (amerikanische) Erfindungen wie das Telefon, der Aufzug, die Handkamera, der Phonograph, die Nähmaschine oder die mechanische Schreibmaschine auch auf dem europäischen Markt erschienen und deshalb unmittelbar mit den USA assoziiert wurden – ein Eindruck, der durch die Standardisierung und massenhafte Serienproduktion von ursprünglich europäischen Erfindungen wie z. B. dem Automobil noch verstärkt und besonders in den 20er und 30er Jahren geradezu mythisch aufgeladen wurde. Vgl. dazu T.P. Hughes, Die Erfindung Amerikas. Der technologische Aufstieg der USA seit 1870, München 1991, hier bes. S. 62–190, sowie die für die europäische Rezeption der USA im 20. Jahrhundert informative Studie von R. Pells, Not Like Us. How Europeans have Loved, Hated, and Transformed American Culture since World War II, New York 1997, S. 7–12.
22 Vgl. dazu vor allem E.W. Said, Orientalismus, Frankfurt 1981. Zur intensiven Debatte über die Denkfigur des Orientalismus vgl. J. Lütt u. a., Die Orientalismusdebatte im Vergleich: Kritik, Verlauf, Schwerpunkte im indischen und arabischen Kontext, in: H. Kaelble u. J. Schriewer (Hg.), Gesellschaften im Vergleich, Frankfurt 1998, S. 511–68.

Daß trotz der engen Verbindung zwischen den beiden Kontinenten vor allem Gegensätze den Vergleich prägten, hatte aber auch noch mit einem anderen Faktor zu tun, nämlich mit der ungeheuer wirksamen und einflußreichen amerikanischen Selbstbeschreibung als *melting pot* der Rassen und Völker. Auch wenn dieser Gedanke des Schmelztiegels angesichts der historischen ethnischen Trennlinien in den USA aus heutiger Sicht eher als ein Mythos erscheint, ist es doch charakteristisch, daß er trotz aller fremdenfeindlichen Bewegungen und trotz der realen Assimilationsprobleme und ethnischen Segregationen insbesondere der um 1900 verstärkt zuwandernden Ost- und Südeuropäer zu einer so zentralen Denk- und Identifikationsfigur der amerikanischen Selbstwahrnehmung werden konnte.[23] Für ein auf nationale und zunehmend auch ethnische Homogenität ausgerichtetes Denken vieler europäischer Intellektueller nach 1890 mußte die ökonomische und damit auch „zivilisatorische" Stärke der amerikanischen Gesellschaft deshalb nicht nur irritierend und fremd, sondern in besonderem Maße herausfordernd wirken. Die Konfrontation mit den USA, die zu diesem Zeitpunkt nicht zuletzt wegen der hohen Zahl an Auswanderern fast immer gemeint waren, wenn im europäischen Diskurs von „Amerika" die Rede war, stellte somit eine fundamentale Herausforderung für die nationalen Identitäten der Europäer dar und sprengte zugleich immer wieder den rein nationalen Denk- und Vergleichsrahmen. Die konkrete Erfahrung der USA setzte bei den Europäern im Grunde schon seit der Entdeckung Amerikas, aber besonders seit dem letzten Drittel des 19. Jahrhunderts globalere Denkweisen in Gang und provozierte trotz aller Stereotypen wie kaum eine andere Vergleichsgesellschaft das Nachdenken einerseits über Alternativen der eigenen Entwicklung, andererseits aber auch über *europäische* kulturelle Gemeinsamkeiten, die durch den herausfordernden Charakter der USA als Zukunfts- bzw. Alternativmodell zusätzliche Brisanz erhielten.

Vor diesem Hintergrund müssen die Gründe für die generelle Verschiebung des europäischen Amerikabildes weg von der politischen hin zur ökonomisch-sozialen Dimension neben den Umbrüchen in den USA vor allem auch in der europäischen Situation gesucht werden. Die rapiden wirtschaftlichen Modernisierungsschübe der Jahrhundertwende machten die USA zur idealen Projektionsfläche europäischer Modernisierungshoffnungen und Modernisierungsängste. Das Beispiel der USA-Rezeption verweist damit auf den allgemeinen Befund, daß die Bedeutung solcher Deutungsmuster des „Fremden" für das gesellschaftliche Selbstverständnis der beobachten-

---

23 Vgl. zu Realität und Wahrnehmung der Einwanderung den Überblick bei R.A. Burchell, Die Einwanderung nach Amerika im 19. und 20. Jahrhundert, in: W.P. Adams u. a. (Hg.), Die Vereinigten Staaten von Amerika, Frankfurt 1977, S. 184–234. In der Phase der weitgehend unregulierten Immigration wanderten zwischen 1800 und 1917 rund 38 Millionen Menschen zumeist aus Europa in die USA ein, wobei die Rückwanderer noch nicht einmal mitgerechnet sind.

den Gesellschaft mit dem Grad der Modernisierung eher zu- als abnimmt, zumindest wenn es sich dabei um eine „Referenzgesellschaft" im skizzierten Sinne handelt. Das gilt nicht zuletzt deshalb, weil sich moderne Gesellschaften durch wachsende Verflechtungen und Konkurrenzlagen als Akteure in einem intensiven Wettbewerb um Ressourcen und Machtpositionen befinden und sich auch als solche verstehen. Vor diesem Hintergrund wird die Wahrnehmung des anderen zunehmend bedeutsam für die eigene gesellschaftliche Identitätsbildung, zumal die inneren Gegensätze der sich modernisierenden Gesellschaften einen „Deutungs-Druck" erzeugen, der seinerseits die Suche nach Lösungsmöglichkeiten und damit den Vergleich mit anderen Gesellschaften antreibt. Dies gilt insbesondere für Westeuropa zur Zeit der Jahrhundertwende und ganz besonders für Deutschland. Gerade hier schienen die Gegensätze zwischen „Gemeinschaft" und „Gesellschaft" in kurzer Zeit tiefgreifend aufzubrechen und wurden deshalb stark thematisiert. Gerade weil sich besonders die deutsche Gesellschaft immer mehr polarisierte und in Klassen bzw. soziomoralische Milieus zerfiel, die auch ein forcierter Nationalismus und ein in wesentlichen Zügen autoritärer Obrigkeitsstaat letztlich immer weniger zu überbrücken vermochten, wirkten gesellschaftliche Alternativmodelle sozialer Integration attraktiv.[24]

Im Kern versammelten die Debatten der Jahrhundertwende bereits alle Themen und Argumentationsmuster, die für die Amerikawahrnehmung und damit auch für die Beurteilung gesellschaftlicher Modernisierung im 20. Jahrhundert in (West-)Europa charakteristisch wurden, auch wenn sich der Diskurs nach 1918 quantitativ erweiterte und durch das direkte Eingreifen der USA in den Krieg deutlich an Brisanz und Schärfe gewann.[25] Die Jahrhundertwende kann im Hinblick auf den europäischen Amerika-Diskurs insofern weniger als eine Zäsur als eine quantitative wie qualitative *Kumulationsphase* spezifischer Modernisierungsprojektionen gelten, die weniger durch politische Ereignisse und Umbrüche wie die Kriege als vielmehr durch grundlegende Erfahrungen des rapiden wirtschaftlichen und gesellschaftlichen Wandels im Zeitalter der Hochindustrialisierung geprägt wurden.

24 Vgl. C. Berg u. U. Herrmann, Industriegesellschaft und Kulturkrise. Ambivalenzen der Epoche des Zweiten Deutschen Kaiserreichs 1870–1918, in: dies. (Hg.), Handbuch der deutschen Bildungsgeschichte, Bd. 4: 1870–1918. Von der Reichsgründung bis zum Ersten Weltkrieg, München 1991, S. 22. Zum „Janusgesicht von Moderne und Tradition" am Vorabend des Ersten Weltkriegs vgl. auch Wehler, S. 1250–98.
25 Siehe zur Entwicklung des deutschen Amerikabildes im 20. Jahrhundert u. a. P. Gassert, Amerika im Dritten Reich. Ideologie, Propaganda und Volksmeinung 1933–1945, Stuttgart 1997, hier bes. S. 34–86; D. Diner, Trauma Amerika: Deutscher Antiamerikanismus. Die Geschichte eines Ressentiments, Frankfurt 1992; A. Lüdtke u. a. (Hg.), Amerikanisierung. Traum und Alptraum im Deutschland des 20. Jahrhunderts, Stuttgart 1996. Vgl. zu Frankreich bzw. Europa insgesamt auch für die Zeit nach 1945 D. Lacorne u. a. (Hg.), The Rise and Fall of Anti-Americanism. A Century of French Perception, New York 1990; J.-P. Mathy, Extrême Occident. French Intellectuals and America, Chicago 1993, sowie allgemein Pells, S. 156–87 u. 236–63.

III. Die Modernität der amerikanischen Gesellschaft – Ein Modell zur Lösung der „sozialen Frage"? Die vielleicht faszinierendste und grundlegendste gesellschaftliche Beobachtung, die die Europäer in den Eisenbahnen und Hotels, in den Fabriken und Betrieben, in den Familien und Kirchen, in den Schulen und Universitäten machten, war das offenkundige Fehlen der europäischen Klassengesellschaft in den USA:

„Nein, die Klasse existiert in Amerika gewiß nicht in der Form, wie in Europa drüben. Der Unterschied zwischen dem einen arbeitenden und dem anderen arbeitenden Mann ist sicher ein wesentlich geringerer als in Europa, wo zu allen Verbarrikadierungen der Menschen gegeneinander auch noch die Klassifizierung der Arbeit kommt, die die Klassen regelt, zerstückelt, in kleine Unterabteilungen numeriert und wertet."[26]

Die allgegenwärtige und peinigende Erfahrung der europäischen „Klassenkämpfe" schien in den USA aufgelöst in den Konflikt reiner Interessengegensätze; so meinte der liberale Politiker und Publizist Theodor Barth stellvertretend für viele andere:

„Der amerikanische Arbeiter fühlt sich durchweg nicht als Proletarier, nicht als Angehöriger einer Klasse, die durch die ökonomische Struktur unserer modernen kapitalistischen Welt auf der Stufe der Lohnarbeiter festgehalten wird. ... Er betrachtet seine Arbeitskraft als eine Ware, die er möglichst teuer an den Mann zu bringen sucht. ... Indem er versucht, den Einfluß der gewerkschaftlichen Organisation auf Gesetzgebung und Verwaltung zu steigern, handelt er nicht anders als der kapitalistische Industrielle, der die Erhaltung und Steigerung von Schutzzöllen anstrebt, um das in der geschützten Industrie angelegte Kapital ergiebiger zu machen. In all diesen Bestrebungen der Lohnarbeiter zur besseren Verwertung ihrer Arbeitskraft tritt aber nirgends ein besonderer Klassencharakter hervor."[27]

Der entscheidende Grund für die Möglichkeit einer Auflösung der fundamentalen Klassen- in modifizierbare Interessengegensätze schien für die meisten europäischen Beobachter in einem unterschiedlichen „social spirit" zu liegen, in einer von Europa fundamental verschiedenen Mentalität grundsätzlicher *Chancengleichheit,* die dem traditionellen Standesdenken euro-

---

26 Holitscher, S. 103.
27 T. Barth, Amerikanische Eindrücke, Berlin 1907, S. 42. Vgl. dazu auch die Beobachtung des deutschen Schriftstellers Ludwig Fulda: „... welche Tatsache ginge schwerer in ein europäisches Gehirn, als daß die Heimat des fortgeschrittensten Kapitalismus zwar erbitterten Interessenkämpfen zum Schauplatz dient, aber keinem Klassenkampf, ja nicht einmal einem Klassengegensatz? Noch mehr, daß man Klassen in unserem Sinn, das heißt hermetisch abgeschlossene Kasten, aus denen kein Ausgang, zu denen kein Übergang freisteht, gar nicht kennt? Im Gegenteil, das Selbstbewußtsein, das auch den Armen als Glied des amerikanischen Gemeinwesens erfüllt, wird vom Staat wie von der Gesellschaft systematisch geschont, gepflegt und geachtet." (Fulda, S. 285. Vgl. auch ebd., S. 268 f. u. 285 ff).

päischer Gesellschaften zutiefst widersprach. So vermerkte der Journalist Adam Röder in seinen ansonsten extrem kritischen „Reisebildern" 1906 dezidiert:

„Das einzig Menschlich-Angenehme, was mir in den Staaten auffiel, war die Tatsache, daß man in der Behandlung von Mensch zu Mensch nicht dem lächerlichen antihumanen und unchristlichen Kastengeist fröhnt wie bei uns. Nicht als ob in der Union die Stände beseitigt werden – ich habe im Gegenteil nachgewiesen, daß die Ständebildung ebenso scharf ist wie hier, ja, daß die rein wirtschaftlichen ‚Klüfte' eher größer sind denn im alten Europa. Aber die Stellung von Mensch zu Mensch ist drüben doch eine ungleich liberale; Aufgeblasenheit, Hochmut, Nichtachtung, Überhebung sind viel weniger an der Tagesordnung denn bei uns. Auch der Hochgestellte glaubt sich nichts zu vergeben, wenn er mit seinem letzten Hausknecht auf dem Fuße der allgemein menschlichen Achtung und Wertschätzung verkehrt. Wie oft wird bei uns auf diesem Gebiete gesündigt. Und zwar in allen Ständen, nicht etwa nur bei Junkern und Ostelbiern!"[28]

Daß dieser Vergleich nicht nur auf das im Kern politisch autoritär strukturierte wilhelminische Kaiserreich zutraf, sondern auch von Franzosen und Briten als allgemeiner europäisch-amerikanischer Gegensatz registriert wurde, wird beispielhaft an einer Äußerung des französischen Historikers und Ökonomen Vicomte Georges d'Avenel von 1908 deutlich:

„In Frankreich sind alle Bürger vor dem Gesetz gleich, aber sie sind es eben nur vor dem Gesetz. Sie sind es nicht im direkten gesellschaftlichen Umgang untereinander. Es existieren in unserer Republik immer noch vielfältige Klassenunterschiede, und diese Klassenunterschiede werden nur durch die Vorstellungen selbst derjenigen, die sie abschaffen wollen, aufrechterhalten. ... Man glaubt bei uns an solche Unterschiede. ... In Amerika glaubt man daran weder an der gesellschaftlichen Spitze noch in den Unterschichten. Jeder ist fest davon überzeugt, Gleicher unter Gleichen zu sein; das ist ein großes Glück und eine enorme Stärke für die Nation."[29]

---

28 A. Röder, Reisebilder aus Amerika, Berlin 1906, S. 129. Dementsprechend forderte der Autor auch dazu auf, die Klassenschranken in Deutschland abzubauen.
29 Vicomte G. d'Avenel, Aux Etats–Unis. Les champs – les affaires – les idées, Paris 1908, S. 201 f. Zugleich vermerkte der Autor auch die feineren Unterschiede der Sozialmilieus innerhalb der europäischen Gesellschaften, als er schrieb: „Kein Amerikaner hat das Gefühl, daß es zwischen den einzelnen unüberbrückbare Gräben geben könnte und daß ein gestern reich gewordener Bergarbeiter nicht einem vor dreißig Jahren zu Vermögen gekommenen Bodenspekulanten gleichgestellt wäre. ... In Europa dagegen sind die Rituale des Umgangs und der Lebensformen komplizierter, hier ist der Umgangston stark durch bestimmte Gesellschaftsmilieus unterschieden, und jeder ist in ein solches Milieu eingebunden, das mehr oder weniger seine politischen Ansichten bestimmt." Vgl. ebd., S. 204. Vgl. ferner auch die umfassende und sehr ausgewogene Gesellschaftsstudie von M. Dugard, La société américaine, Paris 1896, bes. S. 18 ff. Vgl. zur französischen Sicht auch allgemein Portes, S. 271–76 und 292 ff.

Und ganz ähnlich äußerte sich auch der „Begründer" der modernen Sciencefiction, der englische Schriftsteller Herbert George Wells, in seinem bezeichnenderweise „The Future in America" betitelten Reisebericht von 1906, der in der deutschen Fassung von 1911 auch von vielen deutschen Lesern rezipiert wurde:

„Das amerikanische Gemeinwesen, das muß sehr betont werden, entspricht durchaus nicht einem europäischen in seiner Gesamtheit, sondern nur seinen mittleren Massen, also der Klasse der Handeltreibenden und Industriebeflissenen etwa vom Magnaten bis zum Kommis und gelernten Arbeiter. Es ist der Kern des europäischen Organismus, dem aber das sinnende Haupt und die versklavten unteren Extremitäten fehlen.... Amerika ist ganz wesentlich eine zu einem Gemeinwesen ausgewachsene Mittelstandsklasse..."[30]

Entscheidend war dabei, daß zumindest die aufmerksameren Beobachter bei ihrem Vergleich den fehlenden Klassencharakter in den USA vor allem auf Mentalitäten, Identitäten und Umgangsformen bezogen, zugleich aber – wie das bei Röder schon anklang – durchaus die realen Klassengegensätze der krassen und steigenden Vermögens- und Einkommensunterschiede in den USA registrierten. Der Nationalökonom Werner Sombart war mit seiner Beobachtung nicht allein, als er ausrief:

„Soviel ist außer Zweifel, daß die absoluten Gegensätze zwischen Arm und Reich nirgends auf der Erde auch nur annähernd so große sind wie in den Vereinigten Staaten. Vor allem weil ‚die Reichen' drüben so sehr viel ‚reicher' sind als bei uns."[31]

Die Feststellung starker materieller Unterschiede trat vor allem deshalb hinter der Einschätzung einer im Vergleich zu Europa geringer ausgeprägten Klassengesellschaft zurück, weil die Chance sozialen Aufstiegs in den USA als sehr viel realistischer erschien. So bemerkte der Schriftsteller Wilhelm von Polenz in seinem bereits erwähnten Amerika-„Bestseller" „Das Land der Zukunft" kurz nach der Jahrhundertwende:

„Die Möglichkeit sich vorwärts zu bringen ist es auch, die dem Arbeiterstande von Amerika das besondere Gepräge aufgedrückt hat. Leute, die aus ihrer Mitte Präsi-

---

30 H.G. Wells, Die Zukunft in Amerika, Stockholm 1911, S. 64. Vgl. zur britischen Einschätzung der amerikanischen Gleichheit allgemein auch R. Rapson, Britons View America. Travel Commentary, 1860–1935, London 1971, S. 55–62.
31 Sombart, S. 15. Und ein anderer Beobachter brachte diesen Befund folgendermaßen auf den Punkt: „Die Kreise dieser leitenden Geldmenschen sind für jeden gewöhnlichen Sterblichen unbedingt verschlossen; man lebt darin ganz ‚unter sich', etwa so wie in manchen Gegenden heute noch der Adel. Das Geld reißt im ‚freiesten Lande der Erde' eine Kluft zwischen den Menschen, wie sie jahrhundertelange Arbeit bevorrechteter Kasten in Europa kaum fertig gebracht hat" (A. Kleinschmidt, Bilder aus Amerika, Weinheim 1894, S. 115).

denten, Erfinder, Multimillionäre, Bankdirektoren haben hervorgehen sehn (sic), kennen keine Grenzen für ihre Hoffnungen und Forderungen. ... Die Leute verlassen nicht bloß ihre Stellung häufig, sie wechseln auch gern ihren Beruf und ziehn in dem großen Lande von einem Staate zum anderen. Die Versuchung, es mit etwas Neuem anzufangen, die Neuerungssucht und Abenteuerlust bilden die Schattenseite der Ungebundenheit. Daß es der Arbeiterklasse an Abschluß nach oben fehlt, daß ein Aufsteigen möglich und häufig ist, kommt aber auch im guten zum Ausdruck. Hoffnung macht selbstbewußt. Der Arbeiter fühlt sich drüben nicht als Sklave der Arbeit. Seine Stellung zum Arbeitgeber ist eine freiere; Unternehmer und Arbeiter stehen sich als gleichberechtigte Kontrahenten gegenüber. Ihr Klassenbewußtsein ist minder vergiftet als bei uns."[32]

Gerade in dieser Hinsicht wurde in deutschen Berichten immer wieder eine relativ scharfe Kritik an den deutschen bzw. europäischen Verhältnissen der Klassengesellschaft geübt. Selbst ein hoher deutscher Beamter bemerkte 1904:

„Der Stolz auf die Leistungen wird bei den sogenannten alten Völkern gar zu leicht zum ‚haut goût' ihrer ‚ruhmreichen' Geschichte und Kultur. Der Amerikaner kennt nur den Stolz auf große Ziele der Zukunft, wofür jeder einzelne sein Alles einzusetzen hat, ohne Unterschied des Alters, der Lebenslage und der Bildung. Weiterstreben ist seine einzige Losung. Nach großen Erfolgen sieht er sich lächelnd nach neuen größeren Aufgaben um. Statt Dünkel auf überstandene Prüfungen, beseelt ihn nur das Streben, das Erlernte nutzbar zu machen. Das gerade fehlt unseren ‚höheren Ständen' am meisten."

Außerdem verschwinde in der deutschen Gesellschaft

„das Gefühl der nationalen Zusammengehörigkeit ... fast vollständig hinter dem gedankenlosesten Rang- und Würdestreit zwischen Juristen und Kaufleuten, Technikern usw. ... Vom Standpunkt des echten Patrioten, der die Kräfte der Nation nur einheitlich zusammengefaßt als wirksam erkennt, kann es kaum eine unzweckmäßigere Entwicklung als die unsrige, in den letzten 30–40 Jahren geben. Die Amerikaner haben daher in ihrem Drange nach rationeller Zweckmäßigkeit von Anfang an ganz andere Wege eingeschlagen."[33]

Aber auch in Frankreich existierte trotz des industriellen Wandels ein Gefühl gesellschaftlicher Erstarrung, so daß die französische Klassengesellschaft anders als die amerikanische aufgrund vielfältiger ständischer Überhänge kaum für die Freisetzung der notwendigen Fortschrittsenergien gerüstet zu sein schien:

32 Vgl. Polenz, S. 88.
33 C.M. von Unruh, Amerika noch nicht am Ziele! Transgermanische Reisestudien, Frankfurt 1904, S. 35.

„In unserem alten, kulturgeschichtlich so überreichen Europa sind die Lebensläufe der Individuen so fest abgesteckt und vermessen wie die Ländergrenzen. Überall, selbst in der Industrie und im Handel, sind die Tätigkeits- und Produktionsfelder schon so eingehegt und festgelegt wie die Gänge und Schienen in einem Bergwerk. Eine Generation folgt hier ohne große Veränderung der anderen. ... Im Gegensatz dazu arbeitet der Amerikaner in einer Mine, die ihm jeden Tag reicher und tiefer erscheint und deren Grenzen er in Jahrhunderten kaum zu ermessen vermag. Er ist trunken vor Kühnheit und Enthusiasmus, und sein Stolz und Patriotismus speisen sich immer wieder aus der Überzeugung, daß seine Goldader die reichste von allen sei; das möchte er beweisen, hier gräbt er immer weiter, ... und die Arbeit des Abbaus wird sein eigentliches Lebensziel, wird für ihn zu einer Sache, die er immer mehr um ihrer selbst willen tut."[34]

Hier war die fortschrittsorientierte Zukunftsdynamik Amerikas im Bild industrieller Arbeit metaphorisch umschrieben und in deutlichen Kontrast zu den europäischen Verhältnissen gesetzt, wo der Fortschritt in vielfältiger Weise behindert und gleichsam historisch geworden war – ein Umstand, den H. G. Wells mit Metaphern des Städtebaus zum Ausdruck brachte:

„Was ich bisher in New York gesehen habe, hat den Eindruck aufs höchste gesteigert, daß der Fortschritt in diesem Lande, ich meine den materiellen, etwas Unvermeidliches, Unmenschliches, eine wilde, blindwaltende Energie des unaufhaltsamen Wachstums darstellt. ... Sie [die „Wolkenkratzer", A.S.-G.] machen den Eindruck von etwas riesenhaft Unvollendetem; jeder dieser Kolosse scheint auf irgendeinen nötigen Abschluß zu warten und, wenn man die wolligen Rauchschwaden betrachtet, die er ausstößt, gewissermaßen noch im Stadium der Eruption zu stehen. Man denkt unwillkürlich an die mächtige blauende Peterskuppel in ihrer vollendeten Herrlichkeit ...; an die dunkle Anmut der Paulskathedrale ...: Hier haben wir Kraftleistungen vor uns, die ihren Zweck erfüllt haben; selbst das lichtstrahlende Paris zu Füßen des jäh aufschießenden Schafts des Eiffelturms macht noch den Eindruck von Abgeschlossenheit und klarer Abgrenzung. Was aber New York geleistet hat, sieht aus wie ein drohendes Versprechen, wie ein Wachstum, das unter stetig zunehmendem Druck und in der Gier eines tumultuarischen Gestaltungsdrangs seinen Fortgang nimmt."[35]

Drückte sich der radikal zukunftsorientierte Fortschritt in den USA für die Europäer sehr direkt in der unmittelbaren Anschauung der explosionsartigen Expansion der Millionenstädte aus, kam er andererseits auch und vor allem bei der Erkundung amerikanischer Unternehmen und Arbeitsformen besonders eindringlich zu Bewußtsein. Generell schien dabei schon die grundsätzliche Einstellung zu „Arbeit" die Gesellschaften beider Kontinente zu unterscheiden und die USA als Zukunftsgesellschaft auszuweisen, wie der deutsche Maschinenbau-Unternehmer Philipp Harjes 1905 bemerkte:

---

34 A. Chevrillon, Etudes anglaises, Paris 1901, S. 66 f.
35 Wells, S. 33. Vgl. auch ebd., S. 34–57.

„Das Größte aber, was die Neue Welt vor der Alten voraus hat, ja das einzig wirklich Große, das ist der im ganzen Staats-, Gesellschafts- und Privatleben geltende und durchgeführte Grundsatz: *daß Arbeit adelt!* Und zwar nicht bloß die Arbeit mit Pinsel oder Feder, mit Kopf und Geist, sondern ebenso die harte Arbeit mit Spaten und Haue, mit Pflug und Sense, an der Maschine wie in der Werkstatt, Arbeit, die die Muskeln spannt und die Hände hart und rauh macht! – Und bei uns? – Bei uns gibt es nicht nur einzelne beschränkte Individuen, welche sich für zu gut für die Arbeit halten, sondern es gibt, Gott sei's geklagt, ganze Kreise, welche seit Jahrhunderten an der Idee kranken, daß Arbeit an und für sich etwas Unadliges sei, etwas, das Pflicht für den Plebejer, aber entehrend für den Vornehmen wäre ... Ich stehe nicht an zu behaupten, daß der Standpunkt der Amerikaner der Arbeit gegenüber ihre höchste Errungenschaft ist."[36]

Doch nicht nur aus konservativer oder liberaler, sondern auch aus dezidiert sozialistischer Perspektive wurde der besondere Stellenwert der Arbeit in Amerika im kritischen Vergleich zu Deutschland bzw. Europa insgesamt beobachtet. So notierte der Gewerkschaftsführer Carl Legien auf seiner „Agitationsreise" 1913:

„Die Arbeit, gleichviel welcher Art sie sei, wird nicht mißachtet und der Kellner oder Gepäckträger, der Straßenbahnschaffner oder Eisenbahnbedienstete, er fühlt sich als freier Bürger, und wer versuchen wollte sie bei ihren Dienstleistungen anzuschnauzen oder von oben herab zu behandeln, wie es in Deutschland von Leuten beliebt wird, die mit der Pflege ihrer Finger die Arbeitstätigkeit erschöpft haben und gesellschaftlich nutzbringende Arbeit kaum dem Namen nach kennen, würden sehr schlecht fahren.... Daraus zu schließen, daß nun in den Vereinigten Staaten völlige Gleichheit herrsche und die Klassenunterschiede sich nicht bemerkbar machten, wäre verfehlt."[37]

Eine in den USA stark auf Pragmatismus und Flexibilität ausgerichtete Arbeitsmentalität, bei der es weniger auf Theorie und geregelte Leistungsnachweise als auf praktisches Können und rasche Auffassungsgabe ankam, erleichterte zugleich den Berufswechsel in einem für deutsche Verhältnisse erstaunlichen Ausmaß. Der zeitweise in Harvard lehrende Wundt-Schüler und Professor der Philosophie und (Völker-) Psychologie Hugo Münsterberg machte dies in seiner umfassenden Amerika-Analyse folgendermaßen plausibel:

„So wie jede Arbeit, die nicht Preisgabe des freien Willens erheischt, für jeden passend ist, so ist nun auch der einzelne mit der besonderen Form der Arbeit weniger identifiziert als etwa in Deutschland. Wechsel des Berufs erfolgt in den Staaten sehr viel häufiger.... Der Glaube an die soziale Gleichwertigkeit drückt die Bedeutung

---

36 P. Harjes, Eine Reise nach dem Land, wo die Arbeit adelt. Objektive Erinnerungen aus den Vereinigten Staaten Nordamerikas, Gotha 1905, S. 189 f.
37 C. Legien, Aus Amerikas Arbeiterbewegung, Berlin 1914, S. 33.

eines Berufswechsels auf das geringste Maß herunter; es fragt sich, ob die vielgerühmte Versatilität und Anstelligkeit des Amerikaners nicht gerade hierin ihr Haupthilfsmittel findet; er ist sich deutlicher als irgendein Europäer bewußt, daß der Wechsel der Umstände an seiner Persönlichkeit nichts ändert, es also keiner wirklich neuen inneren Anpassung bedarf, die stets schwierig ist, sondern nur äußerlichen technischen Umlernens. Am überraschendsten zeigt sich das, wenn der Wechsel der Umstände durch einen plötzlichen Herabsturz erfolgt ist; die Sicherheit und die Ruhe, mit der der Amerikaner solche Wandlung hinnimmt, wäre geradezu unmöglich, wenn nicht der Geist der Selbstbehauptung ihn sein Leben lang gelehrt hätte, daß die äußeren Umstände nicht den eigentlichen Menschen darstellen."[38]

Doch nicht nur in der „Mikroperspektive" der Arbeitsformen und Mentalitäten, sondern auch im Hinblick auf die gesamte Wirtschaftsorganisation erschien die amerikanische Gesellschaft als moderner und weniger traditionsbelastet. Trotz der Vorstellung prinzipieller Ähnlichkeit der industriellen Entwicklung in Europa und Amerika nahmen die europäischen Beobachter daher eher die Unterschiede als die Gemeinsamkeiten der Industrialisierungswege wahr:

„Entsprechend der Größe des amerikanischen Wirthschafts– und Absatzgebietes ist eine centralisierte, industrielle Massenproduktion wie mit einem Zauberschlage lebensfähig geworden, die bald auf dem Weltmarkte eine ungeahnte Machtfülle zeigen wird und deren Wirkungen der amerikanischen Getreidekonkurrenz gewiß nicht nachstehen werden. Die amerikanische Industrie ist nicht in derselben Weise geschaffen worden, wie die heutige europäische. Während diese sich aus der Manufaktur des 17. und 18. Jahrhunderts herausgebildet hat, wurde jene ohne einen Entwicklungsprozeß durchzumachen mit einem Male neben dem bestehenden Handwerk durch den Unternehmungsgeist der Yankees, der sich nach der Niederwerfung der Sklavenhalter ungehindert entfalten konnte, mit Benutzung der europäischen Erfahrungen geschaffen."[39]

Vor allem das bereits erreichte Ausmaß maschineller Produktion sowie der damit verbundene Grad der Arbeitsteilung und Spezialisierung faszinierten die europäischen Besucher:

„Was mir ganz besonders in den großen Fabriken aufgefallen ist, das sind die zahlreichen, uns gänzlich unbekannten, oft geradezu genialen Maschinen, überall nach dem Grundsatz ‚Time is money' ausgedacht, immer dessen eingedenk, daß es darauf ankommt, möglichst viele Operationen auf einen Druck herzustellen. ... Dies System ist so vervollkommnet worden, daß eine geradezu fabelhafte Masse Ware an einem Arbeitstage fertiggestellt werden kann, und auf diese Weise ist es auch nur

---

38 Münsterberg, Bd. 2, S. 249. Vgl. auch ebd., S. 250 u. Bd. 1, S. 373.
39 So der Nationalökonom A.S. v. Waltershausen, Der moderne Sozialismus in den Vereinigten Staaten von Amerika, Berlin 1890, S. 9.

möglich, bei den hohen Löhnen erfolgreich und dauernd auf dem Markte mit Europa zu konkurrieren."[40]

Allerdings dominierte angesichts dieser Konkurrenz noch keineswegs die Zukunftsangst, dem amerikanischen Wirtschaftssystem auf lange Sicht unterliegen zu müssen, denn im selben Atemzug bemerkte der gleiche deutsche Unternehmer stellvertretend für viele europäische Beobachter:

„Um nun die richtige Stellung zu finden, die wir bezüglich der ungeheuren Fortschritte der amerikanischen Maschinenindustrie einzunehmen haben, ist folgendes wohl zu beachten: ‚Unsere' Stärke und ‚unsere' Erfolge beruhen auf ganz anderen Grundlagen und werden durch ganz andere Umstände bedingt als die der Union. ... Charakteristisch für das deutsche kaufende Publikum ist die Abweichung der Geschmacksrichtungen in den verschiedenen Gegenden unseres Vaterlandes. ... In Amerika liegt die Sache ganz anders: In New York, in San Francisco, in Chicago und in St. Louis findet man dieselben Formen der Haus– und Tafelgeräte. Infolge dieser Gleichförmigkeit des Geschmacks und der prozentual größeren Kauffähigkeit des Publikums ist es drüben angezeigt und durchgängig lohnend, hauptsächlich Massenartikel zu fabrizieren und die zu Massenartikeln geeigneten Maschinen überall an die Stelle der veralteten treten zu lassen. ... Eine Gefährdung für unsere deutsche Industrie durch die amerikanische ist, solange wir uns selbst treu bleiben und die Augen offenhalten nicht zu fürchten, weil eben unsere Stärke auf ganz anderen Gebieten liegt und, dem Nationalcharakter und den Verhältnissen nach, immer liegen wird."[41]

Die Schattenseiten dieser industriellen Produktionsweise – die Monotonie und zugleich Gefährlichkeit der ebenso hochgradig arbeitsteiligen wie unfallträchtigen Serienproduktion, zusammengefaßt im verbreiteten Topos der „Mechanisierung des Menschen" – wurden außer in den Berichten der dezidiert linken Autoren wie Holitscher oder Legien kaum eingehender reflektiert. Sie schienen entweder durch gesteigerte Technisierung überwindbar oder aber durch den vergleichsweise hohen, nach europäischen Maßstäben „kleinbürgerlichen" Lebensstandard der amerikanischen Arbeiter kompensiert. Das bestätigte sich für die europäischen Besucher auch dadurch, daß Streiks und Arbeitskämpfe bei aller Härte der Auseinandersetzungen im Gegensatz zu Europa kaum einen ideologisch-fundamentalen Charakter zu tragen schienen, sich also nicht *gegen* die bestehende Gesellschaftsordnung richteten, sondern als Austragung von Interessengegensätzen innerhalb der Gesellschaft funktionierten. Dieser Aspekt einer graduellen „Verbürgerlichung" der Unterschichten in den USA durch einen erhöhten Lebensstandard und ein Bewußtsein allgemeiner Chancengleichheit im Gegensatz zur mentalen (und politisch überformten) Klassenverhärtung in Europa empfahl

---

40 Harjes, S. 75. Vgl. auch ebd., S. 230 ff.
41 Ebd., S. 237 ff. Vgl. zur französischen Einschätzung auch Portes, S. 127–32 und 315–40.

die amerikanische Gesellschaft in den Augen vieler Beobachter als potentielles Vorbild von „Gemeinschaft" in der „Gesellschaft". Besonders deutlich trat dieses mehr oder weniger unterschwellige Modell einer zumeist nicht genauer artikulierten, sondern eher diffus gewünschten „Gemeinschaft" dann zutage, wenn die Beobachter auf den schon bei Harjes angedeuteten „Nationalcharakter" der Amerikaner eingingen, dessen Analyse in fast allen Studien im Sinne einer breit grundierten Völkerpsychologie einen zentralen Platz einnahm. Er mußte nicht nur dann als Erklärung für beobachtete Phänomene herhalten, wenn deren Komplexität zu groß wurde und nach griffiger Reduktion verlangte, sondern diente grundsätzlich als Erklärungsansatz für die unterschiedlichsten Erscheinungen.

Die Beobachtungen und Einschätzungen der amerikanischen „Volksseele" verweisen erneut darauf, daß die amerikanische Gesellschaft bereits um 1900 immer weniger als politisches, sondern primär als wirtschaftlich-soziales Modell diskutiert wurde, denn nicht mehr Freiheitsstreben und Demokratie, sondern Materialismus, Pragmatismus und Utilitarismus schienen nun die wichtigsten Stützpfeiler des amerikanischen Gemeinwesens zu bilden. Diese Verschiebung von „idealistischen" hin zu „materialistischen" Grundelementen amerikanischer Mentalität verdichtete sich in negativen Deutungsmustern wie der allgegenwärtigen „Dollarjagd", der Dominanz rein quantitativer bzw. pekuniärer Urteile und Wertschätzungen, einem hektisch-aktiven Profitstreben, einem in erster Linie utilitaristisch begründeten Pragmatismus als dominanter Leitlinie allen Handelns und einer daraus resultierenden kulturellen Monotonie ohne Sinn für natürliche oder künstlerische Schönheit und allgemeine ästhetische Prinzipien oder (besonders in den deutschen Berichten) in einer Kritik am uneingeschränkten Raubbau an der Natur:

„Das Praktische ist unleugbar die starke Seite des Amerikaners; darüber hat er bis zu einem gewissen Grade das Ideelle vernachlässigt. Die Maschine, die er zu so hoher Vollendung gebracht hat, rächt sich nunmehr an ihm, indem sie ihn mechanisiert. Er ist geneigt, in erster Linie nach Zweck und Nutzen einer Sache zu fragen. Größe und hoher Preis, den er auch jedermann gern erfahren läßt, imponieren ihm. Darüber übersieht er leicht das, was nicht gewogen oder gemessen werden kann, die innere Schönheit und Harmonie von Menschen und Dingen. Für das Transcendentale hat er noch keine Organe entwickelt, und der tiefste Sinn der Kunst ist ihm bisher unerschlossen geblieben."[42]

Andererseits war es gerade diese mentale Trias aus Materialismus, Utilitarismus und Pragmatismus, die die Fortschritts- und Zukunftsorientierung im Sinne von Optimismus, Initiative und Unternehmungsgeist anleitete und zu-

---

42 Polenz, S. 77. Vgl. auch ebd., S. 115 ff. Vgl. zur allgemeinen britischen Einschätzung des amerikanischen „Volkscharakters" Rapson, S. 41–54.

gleich eine die heterogenen (ethnischen) Gruppen integrierende Klammer erzeugte, die sich dem gleichen Autor sogar in den Physiognomien darstellte:

„Wer in Amerika die Physiognomien studiert an Orten, wo viele Menschen zusammenkommen, auf der Straße, in der Lesehalle, bei Volksversammlungen, den wird bei den echten Yankees die Energie, die aus allen Zügen leuchtet, das rüstige Vorwärtsstreben in knappen Bewegungen, die glückliche Zuversicht des Gelingens als gemeinsames Rassezeichen überraschen. Unsere Leute, besonders die auf dem Lande oder in den Industriebezirken, tragen viel eher einen verdrossenen Zug geheimer Verbitterung zur Schau, als schritten sie unter einer unsichtbaren Last einher, verrichteten Sisyphusarbeit, von deren Vergeblichkeit sie innerlich überzeugt erscheinen. Die Amerikaner marschieren wie junge Soldaten kühn in die Zukunft hinein, die ihnen kraft ihres Siegenwollens gehören muß."[43]

Insgesamt schien die amerikanische Gesellschaft sehr viel stärker „verbürgerlicht" zu sein, was nicht zuletzt auf die allgemeine Geltung von genuin bürgerlichen Werten wie Energie, Leistungswillen, Zielstrebigkeit, rationeller Zeiteinteilung etc. zurückzuführen war. Hugo Münsterberg leitete diesen Umstand aus unterschiedlichen historischen Erfahrungen der Gesellschaften ab, indem er wie fast alle anderen Beobachter auf die primär kapitalistische Prägung der USA im Gegensatz zu den präkapitalistischen „Überhängen" der europäischen Gesellschaften hinwies und damit zugleich indirekt andeutete, warum so viele Europäer mit der fast ausschließlich wirtschaftlich-kapitalistischen Prägung der amerikanischen Mentalität solche Schwierigkeiten hatten:

„Dem kontinentalen Europäer gilt der wirtschaftliche Beruf als ein durchaus ehrbarer, aber nicht als ein edler. Wirtschaftliche Tätigkeit erscheint ihm als ein Mittel, sich und die Seinen zu erhalten, und seine einzige Aufgabe scheint es zu sein, wirtschaftliche Bedürfnisse, die nun einmal existieren, zu befriedigen. Der Kaufmann fühlt sich dort nicht als freier Schöpfer, wie der Künstler und Gelehrte. Er ist kein Erfinder und kein Eroberer und kein Erzeuger, und die geistige Energie, die er aufwendet, scheint dadurch in den Dienst eines niedrigen Zweckes gestellt. ... Der amerikanische Kaufmann schafft um des Geldes willen nicht anders, als wie der echte Maler um des Geldes willen malt. ... So wie ein Knabe vielleicht schon früh Verse macht oder Skizzen zeichnet, so strebt in Amerika schon der jüngste Bauernbursche oder Stadtjunge, in diesem nationalen Wirtschaftsgetriebe irgendwo und irgendwie mitzuhelfen. ... So kommt es denn, daß gerade die begabtesten Jungen, die sozial tüchtigsten Kräfte, sich dem Wirtschaftsleben zuwenden, und die Söhne der besten Häuser nach dem Universitätsbesuch mit Begeisterung ins Kontor eintreten. ... Der Mittelpunkt dieses ganzen Getriebes liegt also nicht in der Habsucht, überhaupt nicht in dem Gedanken ans Geld, sondern durchaus in dem Geist der Selbstbetätigung."[44]

43 Ebd., S. 66 f.
44 Münsterberg, Bd. 1, S. 367–371.

Immer wieder war es dieser „Geist der Selbstbetätigung", der Selbständigkeit oder auch der Selbstverantwortung und Selbstdisziplin, der die Europäer in den USA frappierte und faszinierte, zumal er sich in den verschiedensten Formen und keineswegs nur in einer Fixierung auf wirtschaftliche Karrieren niederschlug. So fand man diesen „Geist" in einem immer wieder beobachteten „Gemeinsinn" und einer grundsätzlichen Offenheit, Hilfsbereitschaft, Gastfreundschaft und Toleranz, aber auch in einer spezifisch „praktisch" und sozial orientierten Kirchlichkeit, die in den hierarchischen Großkirchen Europas verlorengegangen zu sein schien. Aber auch die Familienformen und Erziehungsmuster schienen von diesem Geist zutiefst geprägt zu sein, sichtbar etwa an einer stärkeren Durchsetzung der Liebesheirat, einer besonderen Hochschätzung, Achtung und Emanzipation der Frau, einer auffallenden frühen Selbständigkeit des Nachwuchses aufgrund „demokratischer" Grundregeln in der familiaren wie auch schulischen Erziehung sowie eines allgemein verbreiteten „Bildungseifers", den man in den USA angesichts enormer Bildungsausgaben und einer überall sichtbaren Expansion der Bildungsinstitutionen mit überaus positiver Resonanz zur Kenntnis nahm. Angesichts dieser hier notwendig sehr kursorisch zusammengefaßten Befunde wird im Kontrast zu vielen primär negativen Stereotypen der Belletristik deutlich, wie faszinierend die amerikanische Moderne auf viele Europäer wirkte.

Diesem positiven Bild standen trotz aller Faszination auch *massive Schattenseiten* gegenüber. So monierten insbesondere deutsche Beobachter immer wieder die verbreitete Korruption öffentlicher Institutionen aufgrund „schwacher" staatlicher Strukturen und beklagten damit vor allem auch das Fehlen eines starken loyalen Berufsbeamtentums:

„Wie in Amerika ‚regiert' wird, davon hat der Deutsche gar keine Ahnung. Wir sind in Deutschland gewöhnt, die Regierung als eine Institution zu betrachten, die Autorität, Ehrlichkeit und Unbestechlichkeit besitzt. Gewiß haben unsere Beamten recht vielfach einen großen Dünkel und neigen zu schematischer Behandlung bürgerlicher Interessen. Aber wir wissen, daß sie treu sind und ehrlich und daß Unbestechlichkeit der Grundzug ihres Beamtencharakters ist. Mit diesen Vorstellungen muß man ganz aufräumen, wenn man amerikanische ‚Regierungsverhältnisse' betrachtet. ... Die Politik ist in den Vereinigten Staaten durchaus Geschäft. Wer die Macht hat, nutzt sie aus, um sich und seinen Freunden die Taschen zu füllen."[45]

---

45 Röder, S. 28 f. Die eminente Bedeutung des Staatsbeamtentums in Europa im Gegensatz zu den USA hoben auch „sachlichere" Autoren immer wieder hervor, so z. B. Max Weber in seinem Vortrag auf dem wissenschaftlichen Kongreß zur Weltausstellung in St. Louis 1904: „In alten Kulturländern begrenzter wirtschaftlicher Expansionsmöglichkeiten spielen der Gelderwerb und seine Vertreter eine erheblich geringere Rolle als in einem Lande, das noch neu ist. Die Schicht der Staatsbeamten ist und muß in Europa sehr viel wichtiger sein als in den Vereinigten Staaten. Die sehr viel kompliziertere soziale Organisation macht in Europa ein Heer fachgeschulter Beamter mit lebenslänglicher Anstellung unentbehrlich, das in den Vereinigten Staaten auch dann zahlenmäßig geringer sein wird, wenn

Eine solche Sichtweise faßte keineswegs nur den typisch „autoritären" Blick eines Wilhelminers zusammen, sondern gab einem verbreiteten europäischen Gefühl Ausdruck. Allerdings spielte die Hochschätzung des starken Staates besonders in der deutschen Debatte eine prominente Rolle und verband sich hier häufig mit einer generellen Kritik an der Demokratie als Regierungsform, die in den französischen und britischen Berichten zumeist fehlt.[46] Doch selbst da, wo die Kritik an der Demokratie keineswegs fundamental ausfiel, wurde die amerikanische Regierungspraxis kritisch kommentiert, so z. B. in einer auch für viele französische Berichte typischen Weise von dem Nationalökonomen August Sartorius von Waltershausen, der 1890 feststellte:

„Wenn irgendwo der Marx'sche Satz, daß der heutige Staat nur ein Ausfluß der Bourgeoisie zur Verwaltung der eigenen Angelegenheiten sei, eine Bedeutung gehabt hat, so ist dies in den Vereinigten Staaten in der zweiten Hälfte des 19. Jahrhunderts gewesen. Diese Beugung des Gesamtinteresses unter gesellschaftliche Mächte oder diese Staatsschwäche kann indessen aus der demokratischen Staatsform nicht alleine erklärt werden, denn wir finden dergleichen in diesem Maße nicht annähernd weder in Frankreich noch in der Schweiz. Vielmehr ist bisher in den Vereinigten Staaten der stärkste Impuls zu der Bildung einer starken Staatsgewalt lange nicht in der Weise wie in Europa zur Geltung gekommen: die Notwendigkeit des Schutzes anderen Staaten gegenüber. ... Die Staatsmacht ist infolge dessen auch gegen die inneren socialen Kräfte schwach. Sie ist bisher unfähig gewesen, eine ernstliche Socialpolitik überhaupt nur zu wollen. Dem entspricht, daß das amerikanische Volk, welches wohl Nationalgefühl besitzt ... kein Staatsgefühl wie der Deutsche, der Österreicher oder der Franzose hat. Der Amerikaner fühlt, daß sein Staatswesen unfähig ist sich seiner Wünsche anzunehmen. Er verlangt daher auch nicht viel von ihm und war bisher stolz darauf, nicht zu sehr auf dasselbe rechnen zu brauchen."[47]

Diese Schwäche staatlicher Strukturen im Gegensatz zu europäischen Verhältnissen hatte ihr Pendant in der Kritik an der generellen materialistisch-utilitaristischen Grundeinstellung im gesellschaftlichen Leben. Hieran knüpfte das Deutungsmuster von der kulturellen „Monotonie" und der allgemeinen Kunst- und Kulturlosigkeit der amerikanischen Gesellschaft nahtlos an. Dieses Deutungsmuster bot den Europäern (und insbesondere den Franzosen, die auf diesem Gebiet die meiste Kritik übten) zugleich immer wieder die Gelegenheit, eigene vermeintliche Überlegenheiten kultureller Vielfalt und Tradition als „Kompensation" für das Eingeständnis mancher technischer Rückständigkeiten in den Vordergrund zu stellen, wobei zugleich die kulturelle Abhängigkeit der USA von Europa unter völliger Miß-

---

die Beamtenreformbewegung alle ihre Ziele erreicht haben wird." (M. Weber, Kapitalismus und Agrarverfassung, in: Zeitschrift für die gesamte Staatswissenschaft 108. 1952, S. 437).
46 Vgl. zur britischen Sicht Rapson, S. 126–43, und zur französischen Portes, S. 151–70.
47 Waltershausen, S. 410 f.

achtung genuin amerikanischer Entwicklungen hervorgehoben wurde. Typisch für das kulturelle Selbstbewußtsein der Europäer im Vergleich zur amerikanischen Gesellschaft war eine Äußerung von Wilhelm von Polenz, die zugleich deutlich macht, daß diese kulturelle Besonderheit in vielen Fällen auf ganz Europa und nicht nur auf die eigene Nation bezogen wurde:

„Das amerikanische Leben hat wohl Aufregungen, es ist intensiv und hochgespannt, aber es fehlt ihm der Feuchtigkeitsgehalt fruchtbarer Anregungen, es ist arm an allem, was zum Gemüt spricht. ... Für ein Land, in dem immerfort so viel Sensationelles passiert, ist die Monotonie des eigentlichen Daseins erstaunlich. Diese Monotonie treibt die Yankees in Scharen nach Europa, nach dem kleinen, altmodischen, von ihnen wegen seiner Unfreiheit bemitleideten Europa. Dieses Europa hat etwas, was ihnen alles Geld drüben nicht schaffen kann: das undefinierbare Bukett ausgereifter Kultur, den romantischen Reiz des Altertümlichen und vor allem die Mannigfaltigkeit des Lebens. Welcher Überfluß von Originalität in einem Lande wie Norwegen, das halb soviel Einwohner zählt wie New York mit Nebenstädten! Welch Gegensätze in dem beengten Deutschland, das wesentlich kleiner ist als der Staat Texas."[48]

Zu dem Deutungsmuster von der kultureller Monotonie gesellte sich nicht selten auch als Begründungszusammenhang das immer wieder evozierte Schreckbild einer „Herrschaft der Frau", bei der die traditionelle männliche Dominanz in allen Lebensbereichen in Frage gestellt schien. Vielen Europäern ging die oft durchaus positiv beurteilte „Freiheit" amerikanischer Frauen im Berufs- wie Eheleben letztlich entschieden zu weit. Selbst die wenigen Frauen, die durch die USA reisten und von den verhältnismäßig weitreichenden Freiheiten der Amerikanerinnen im Ehe- wie Berufsleben überaus angetan waren, nahmen im Hinblick auf die Möglichkeit und Wünschbarkeit einer diesbezüglichen „Amerikanisierung" der europäischen Verhältnisse eine widersprüchliche Haltung ein. So kam Marie-Thérèse Blanc, die unter Pseudonym zahlreiche Amerika-Bücher veröffentlichte, 1898 im Hinblick auf eine Übertragung auf französische bzw. europäische Verhältnisse zu dem eher ambivalenten Schluß:

„Sehr wahrscheinlich wird sich letztlich der amerikanische Familientyp durchsetzen: das Gesetz des Fortschritts, die stärker anerkannten Rechte der Frau, der Zwang vieler, die im ausgelaugten Europa keine Beschäftigung mehr finden können, in alle Welt auszuwandern, der zunehmende Einfluß fremder Sitten – all das kündigt diese Entwicklung an. ... Es vollzieht sich eine langsame, aber sichere Revolution. ... Dennoch hoffe ich, daß wir einige über lange Jahrhunderte erworbene Erbteile der Vergangenheit wie die Achtung des Alters, den Respekt vor elterlichen Ratschlägen und jene tiefe Bindung zur Mutter, die schon fast religiöse Züge trägt, bewahren werden."[49]

48 Polenz, S. 79. Vgl. ebd., S. 76–81.
49 T. Bentzon (eigentl. M.-T. Blanc), Choses et gens d'Amérique, Paris 1898, S. 332 ff. Vgl. auch Dugard, S. 198–204.

Immer wieder wurden in den europäischen Berichten die negativen Folgen dieser emanzipatorischen Form der Geschlechterbeziehungen hervorgehoben, so vor allem der Verlust an „Romantik" zugunsten einer Form von „Kameraderie", die damit einhergehende „Entheiligung" der Ehe durch die leichte und zahlreich genutzte Möglichkeit der Ehescheidung und der Verlust der Attraktivität der Ehe generell. Damit verband sich das zumeist eher antizipierte als wirklich beobachtete Schreckbild einer gesellschaftsweiten Tendenz zu immer weniger Eheschließungen und zu einem entsprechenden Rückgang der Kinderzahlen sowie zu einer Eheform, in der sich die Abhängigkeitsverhältnisse umkehren, der Ehemann also zum Abhängigen oder gar „Sklaven" seiner an ihren „natürlichen Pflichten" immer weniger interessierten Frau wurde. In dieses Negativ-Bild der Umkehrung vermeintlich natürlicher Hierarchien in der amerikanischen Gesellschaft fügte sich die Beobachtung einer aus europäischer Sicht zu weitgehenden Egalisierung der Beziehungen zwischen Eltern und Kindern nahtlos ein, so daß vielen vor allem konservativen Autoren nicht nur ein Wandel, sondern die totale Auflösung der bürgerlichen Familie in den USA bevorzustehen schien. Überdies erstreckte sich dieser Vorwurf des Autoritätsverlustes und der zu flachen Hierarchien bei aller Bewunderung für die Innovationen des Bildungssystems nicht in dieser Schärfe, aber der Tendenz nach auch auf die aus europäischer Sicht vielfach zu geringe Distanz zwischen Schülern und Lehrern und das zu stark auf egalisierenden Pragmatismus und Utilitarismus gerichtete System der amerikanischen Schulen und Hochschulen im allgemeinen. Immer wieder wurden vor allem in deutschen Berichten die „Oberflächlichkeit" und einseitige Spezialisierung, die geringe Professionalisierung der Lehrer, die damit verbundene Gefahr der „Halbbildung" und die Reduktion von Bildung im umfassenden Sinn auf bloße „Ausbildung" für einen speziellen Beruf hervorgehoben.

Das gleiche Interpretationsmuster setzte sich in den Beurteilungen der amerikanischen Großstädte fort, deren zu „extreme" Modernisierung sich für viele Europäer vor allem in der Dominanz „instrumentalistischer" Architektur in Gestalt von Verwaltungs-, Büro- und Fabrikgebäuden und in der rein „rationellen", gitterartigen Anlage der Straßenzüge zeigte. Angesichts des Verlusts der in Europa traditionellen städtebaulichen Herrschaft von Kirchen- und Staatsgebäuden und dem gänzlichen Fehlen einer eher „organischen" Stadtstruktur im europäischen Sinne schien der amerikanische Städtebau in europäischen Augen das gesellschaftlich dominante Egalitätsprinzip radikal verwirklicht und sich damit nicht nur von jeglicher ästhetischer Tradition, sondern auch und gerade von „natürlichen" Hierarchien im öffentlichen Raum verabschiedet zu haben. Selbst wenn die faszinierenden Seiten dieser Entwicklung für manchen Beobachter nicht zu leugnen waren, überwog die Irritation gerade im Hinblick auf die zukünftige Entwicklung der Städte. Typisch für diese Sicht war die Feststellung des deutschen Schriftstellers Paul Lindau, der 1893 schrieb:

„An Chicago kann man sich ungefähr eine Vorstellung davon machen, wie die Zukunftsweltstädte bei der wachsenden Zunahme der städtischen Bevölkerung und der stetigen Abnahme der ländlichen etwa aussehen werden. Eisen und Stein, ein Riesenkasten neben dem andern! Nur noch Größe und Massenhaftigkeit, zweckmäßigste Raumeinteilung und Einschachtelung des lebendigen Inhalts, und zugleich Verschwinden aller Lieblichkeit und allen Frohsinns!"[50]

Faßt man die hier nur exemplarisch gefaßten Beobachtungen und Beurteilungen zusammen, ergeben sich bestimmte Muster der positiven wie negativen Einschätzungen der amerikanischen Gesellschaft um die Jahrhundertwende. Allerdings lag selten eine klare Polarisierung vor; vielmehr enthielten die meisten Berichte und Studien höchst ambivalente Mischungen negativer und positiver Urteile. Der Vorbildcharakter der amerikanischen Gesellschaft bestand vor allem in dem vielfach variierten und in vielerlei Gestalt erfahrenen Modell mentaler (Chancen-)Gleichheit im Sinne von „Gemeinschaft" und in der damit verbundenen Durchsetzung genuin bürgerlicher Werte ohne „Standesschranken" im Kontrast zur negativ erfahrenen, innerlich zerrissenen Klassengesellschaft in Deutschland bzw. Europa. Obwohl die europäischen Beobachter häufig die Klassengegensätze in den USA unterschätzten und in ihrer Beurteilung nicht selten auch traditionellen Amerika-Mythen aufsaßen, bleibt signifikant und mentalitätsgeschichtlich bedeutsam, daß diese Kontraste so stark ins Bewußtsein traten. Einerseits verkörperte die amerikanische Gesellschaft aufgrund ihrer hochgradig leistungsfähigen, zumindest idealtypisch auf differenzierter Arbeitsteilung und individueller Leistung aufbauenden Grundstruktur die eingangs geschilderten Grundzüge des Fortschritts in der Moderne in Reinkultur. Sie markierte aber andererseits auch die angesprochenen Schattenseiten dieses Fortschritts, indem sie traditionelle Seinsgewißheiten und Werte in Frage stellte und damit Kontingenzen und starke Brüche erzeugte, die jede „natürliche" Ordnung bedrohen mußten. Insofern konvergierte das Grundmuster der Negativurteile in einer *Umkehr traditioneller Hierarchien* und damit in der mehr oder weniger rigiden Verteidigung bestehender gesellschaftlicher und politischer Rangordnungen sowie in der Angst vor gesellschaftlicher und kultureller „Nivellierung" – ein deutlicher Reflex des eingangs angedeuteten wachsenden „Unbehagens in der eigenen Kultur".

Angesichts dieser für die bürgerliche Kultur um 1900 aufschlußreichen Befunde erweist sich die Wahrnehmung der amerikanischen Gesellschaft in *diachroner* Hinsicht als Schlüssel für die Kontinuität und den Wandel bürgerlicher Werte und Normen im 19. Jahrhundert,[51] denn das generell positiv

---

50 P. Lindau, Altes und Neues aus der Neuen Welt. Eine Reise durch die Vereinigten Staaten und Mexico. Bd. 2, Berlin 1893, S. 374.
51 Vgl. dazu u. a. J. Kocka, Bürgertum und Bürgerlichkeit als Probleme der deutschen Geschichte vom späten 18. zum frühen 19. Jahrhundert, in: ders. (Hg.), Bürger und Bürgerlichkeit im 19. Jahrhundert, Göttingen 1987, S. 43 ff., sowie T. Nipperdey, Deutsche Geschichte 1866–1918, Bd. 1: Arbeitswelt und Bürgergeist, München 1990, S. 382–95.

bewertete Modell einer idealiter klassenlosen „Gemeinschaft" spiegelt im Kern die genuin bürgerliche Werthaltung gesellschaftlicher Chancengleichheit und Mobilität auf der Grundlage individueller Leistung. Dieser Kontinuität entsprach die skizzierte Bewunderung der amerikanischen Industrialisierung, die die für den bürgerlichen Wertekanon so zentrale Hochschätzung von „Arbeit" reflektiert. Überdies repräsentierte die amerikanische Gesellschaft häufig genuin bürgerliche Werte im Alltag wie z. B. den Wert rationaler und methodischer Lebensführung und Selbständigkeit, manifest in Umgangsformen, Erziehungsmustern oder dem allgemein festgestellten „Bildungseifer"; hinzu kam die aktive Teilnahme an gemeinschaftlichen Lebensaufgaben im Sinne von „common sense", Hilfsbereitschaft, Toleranz, was bürgerlichen Werthaltungen in klassischer Weise entsprach. Doch im Umkehrschluß spiegelt sich die Kontinuität auch in den „Schattenseiten" der amerikanischen Gesellschaft, wobei sich insbesondere im Topos der amerikanischen „Kulturlosigkeit" das traditionell besonders ausgeprägte bürgerliche Verhältnis zur „Hochkultur" im Sinne der schönen Künste wie Literatur, Musik, Malerei oder Architektur ausdrückte. Ähnliche traditionelle Werthaltungen artikulierten sich im Korruptionsvorwurf, der die Kontinuität bildungsbürgerlicher Werte wie Loyalität gegenüber dem Staat und gesellschaftliche Verantwortung zur Grundlage hatte. So gesehen zeigt sich anhand dieser Deutungsmuster eine auffällige „lange Dauer" bürgerlicher Grundwerte, die teilweise unbewußt oder in anderen Argumentationsmustern versteckt, teilweise ganz explizit in der Auseinandersetzung mit der amerikanischen Gesellschaft evoziert wurden. Zugleich wird aber auch ein gradueller *Wandel* bürgerlicher Werthaltungen und Deutungsmuster zwischen 1800 und 1900 deutlich, wenn man bedenkt, wie stark die vergleichenden Beurteilungen immer wieder auf die mehr oder weniger bewußte Verteidigung bestehender Hierarchien gegen „zu radikale" Emanzipationsforderungen zielten. Angesichts der vielschichtigen gesellschaftlichen Konfliktlagen und der immer drängenderen Infragestellung bürgerlicher Privilegien durch die europäischen Arbeiterbewegungen erweist sich daher gerade die Beurteilung der amerikanischen Gesellschaft als aufschlußreich für den Rückzug auf ein Denken in vermeintlich natürlichen und daher „ewigen" sozialen Hierarchien und damit auf die Festschreibung von „Unterschieden", die das Bürgertum am Beginn des 19. Jahrhunderts bekämpft hatte, seit der gescheiterten Revolution von 1848/49 aber zunehmend selbst gegen weitergehende Emanzipationsansprüche „von unten" zu verteidigen suchte.

IV. Die Macht der Geschichte – Chancen und Grenzen einer Amerikanisierung Europas im 20. Jahrhundert. Angesichts dieser Befunde bleibt abschließend zu fragen, welche Denkmuster und Argumentationsweisen den Diskurs grundierten, um festzustellen, welches Modernisierungsmodell mehr oder weniger explizit aus dem Vergleich für die eigene nationale Gesellschaft bzw. Europa insgesamt abgeleitet wurde. Wie erklärten die Europäer die Entwicklung der USA bzw. Europas, und welche Folgerungen leiteten sie daraus für die Zukunft im 20. Jahrhundert ab? Auf den ersten Blick mag es paradox erscheinen, wenn man angesichts der oben geschilderten Fortschrittsorientierung im Bürgertum vor allem die „Macht der Geschichte" als entscheidende Denkfigur zur Begründung der Beobachtungen und Urteile im Amerika-Diskurs herausstellt. Auf den zweiten Blick wird allerdings deutlich, daß es gerade die wesentlich evolutiv und somit im Kern „historisch" begründete Orientierung am Fortschrittsparadigma war, die historische bzw. historistische Erklärungszusammenhänge nahelegte und favorisierte. Insofern ist es auch kein Wunder, daß gerade im Kontext der Wahrnehmung eines angeblich so geschichtslosen Landes unablässig mit der Macht der Geschichte argumentiert wurde. Inhaltlich kam dies in der immer wiederkehrenden Begründung amerikanischer Eigenarten (wie z. B. des relativ hohen Grades der Frauenemanzipation) durch die besondere Situation der Einwanderung, der *Frontier*, der Revolution und der grundsätzlich „kolonialen" Vergangenheit im Gegensatz zum „Alter" und der Ausdifferenziertheit und Komplexität der europäischen Gesellschaftsstrukturen zum Ausdruck. Dahinter stand ein im Kern deterministisches Denken, das für die Zukunft aufgrund der historisch unterschiedlichen Prägungen nur mehr oder minder getrennte bzw. divergente Entwicklungswege der europäischen und amerikanischen Gesellschaften antizipierte und zugleich dazu tendierte, aufgrund der scheinbaren historischen Determiniertheit der Entwicklung beider Kontinente die Erklärung der unterschiedlichen Strukturen und Erscheinungsformen vor allem in mental-kulturellen bzw. völkerpsychologischen und weniger in politischen Erklärungsansätzen zu suchen. Die Tendenz, immer wieder „Nationalcharaktere" oder „Volksseelen" und nicht konkrete politische Strukturen oder Klassenlagen zur Begründung heranzuziehen, schlug sich – um nur ein Beispiel unter vielen anderen herauszugreifen – darin nieder, daß die geringere Klassendistanz der Lebensstile in den USA weniger mit politischen Faktoren wie etwa der fehlenden politischen Überformung der Klassengegensätze als primär mit historisch gewachsenen Mentalitäten erklärt wurde. Wie in einem Brennspiegel faßte der junge Ingenieur Ludwig Brinkmann dieses verbreitete Denken zusammen, als er 1910 ein von Mißverständnissen geprägtes Gespräch mit einer Amerikanerin über Grundfragen kultureller Identität folgendermaßen wiedergab:

„„Wir beide stammen nur aus verschiedenen Erdteilen; aber doch erscheint es, als wären wir auf zwei weit getrennten Planeten geboren! Ich gebe zu: der, von dem ich stamme, ist älter, kälter, vielleicht schon abgestorbener, vielleicht ausgereifter, wie man es nehmen will – kurz, er ist ganz anders als der Ihre ... Wie sollen wir uns einem solchen Kinde begreiflich machen, die wir schon als Buben alt sind, die wir die ganze zentnerschwere Last einer tausendjährigen Kultur auf den Schultern tragen, die wir als Jünglinge bereits im Wechselspiele harten Lebenskampfes und in der Enge der Verhältnisse und Bedingungen früh zermürbt und so verwirrt werden, daß wir bald nicht ein noch aus wissen! Es ist ein vergebliches Unterfangen, sich verständigen zu wollen. Du denkst, du bist in Neuyork – und hast ganz Europa auf deinem Rücken mitgebracht, und zwischen deinem Wesen und dem ihrigen dehnt sich der weite Atlantische Ozean!"⁵²

Das Alter Europas bedeutete dabei keineswegs immer Schwäche oder das Gegenteil von Fortschritt, aber es determinierte die Formen des Fortschritts in einer Weise, die aufzugeben für die meisten europäischen Beobachter einem totalen Bruch und damit Identitäts- und Kulturverlust gleichgekommen wäre. Anders als nach dem tiefen Einschnitt des Ersten Weltkriegs war daher um die Jahrhundertwende das Vertrauen in die Stärke Europas bzw. der einzelnen Nationalstaaten noch keineswegs fundamental getrübt oder in Frage gestellt, auch wenn es durchaus Stimmen gab, die Europa grosso modo als Verlierer im „Wettlauf" um die Zukunft antizipierten.⁵³ Das heißt nicht, daß sich die Deutungs- und Vergleichsmuster nach 1918 fundamental geändert hätten. Aber bei aller Kontinuität in der Beurteilung der einzelnen Gesellschaftsphänomene ist doch auffallend, daß trotz der teilweise schon aufscheinenden, mehr oder weniger unterschwelligen Krisenstimmung das kulturelle Selbstbewußtsein des europäischen Bürgertums hinsichtlich seiner „Fortschrittsfähigkeit" um 1900 noch keinesfalls so gebrochen war wie nach dem Ersten Weltkrieg.

Was bedeutete vor diesem Hintergrund eines historisch-kulturell deterministischen Denkens nun die Konfrontation mit der amerikanischen Gesellschaft für die Konzeption der Modernisierung der eigenen Gesellschaft? Wenn die USA ein Modell für die Modernisierung der europäischen Gesellschaften abgab, dann bezog sich dies in erster Linie auf den partiellen Abbau sozialer Privilegien und traditioneller, die Entwicklung hemmender Standesschranken in Verbindung mit der Sicherung sozialer Aufstiegschancen nach Maßgabe individueller Leistung. Dem entsprach die Kritik an deutschen bzw. europäischen Verhältnissen, die man durch zu starke gesellschaftliche Brüche, durch „Standesdenken", sozialen Dünkel und durch fehlenden Gemeinsinn geprägt sah, so daß nicht zuletzt die ökonomische Entwicklungsfähigkeit und mit ihr die politisch-militärische Position im internationalen Wettbewerb

---

52 L. Brinkmann, Eroberer. Ein amerikanisches Wanderbuch, Frankfurt 1910, S. 247 u. 259.
53 So z. B. der Literaturwissenschaftler Edouard Rod, der in seinen „Reflets d'Amérique" 1905 bemerkte: „So begriff ich, daß sie [die USA, A.S.-G.] Europa eines Tages unausweichlich verschlingen würden. Unsere bewunderungswürdige Vergangenheit, auf die wir mit Recht stolz sind, ist nur ein Element, das aus dem Zeitläufte in diesen ungeheuren Schmelztiegel hinein geschleudert wird, wo das unsichtbare Feuer einer keinerlei Hindernisse kennenden Betriebsamkeit die Zukunft aufkocht. Es wird daraus verändert und kaum mehr erkennbar hervorgehen . . ., ja es wird schon bald nur noch in der Form des Souvenirs oder der Reliquie existieren. . . . Ich habe mir während meiner Reise oft gesagt, daß wir ihnen [den Vereinigten Staaten, A.S.-G.] bald folgen und sie nachahmen müssen und daß unser altes Europa, das so lange den Ton angegeben hat, sich eines Tages wird daran gewöhnen müssen, ihnen zu ähneln, weil sie die Stärke verkörpern und weil die Stärke das letzte Wort hat – wenn es denn stimmt, daß das Leben dem dynamischen Prinzip folgt." (E. Rod, Reflets d'Amérique, Paris 1905, S. 95 f. u. 113).

als gefährdet erschien. Allerdings machten die Berichte kaum konkrete Angaben, wie das amerikanische Vorbild in praxi in Europa hätte umgesetzt werden können. Die Amerika-Erfahrung provozierte eher ein diffuses Unbehagen als den Entwurf konkreter Handlungsalternativen. Das lag zum einen an der geschilderten deterministischen, auf Geschichte und Mentalitäten fixierten Denkstruktur, es lag zum anderen aber auch am europäischen Selbstbewußtsein, das die Vorzüge der europäischen Nationen und besonders Deutschlands vor allem darin sah, daß die Brüche mit der Tradition hier weniger tief schienen und dadurch eine geregeltere Modernisierung ermöglichten. Während hier „natürliche" Hierarchien bewahrt und lediglich traditionelle Überhänge reformatorisch erneuert werden konnten und sollten, drohten die Modernisierungsprozesse in den USA aufgrund fehlender kollektiv-hierarchischer Bindungen außer Kontrolle zu geraten.

Die amerikanische Gesellschaft konfrontierte das europäische Bürgertum wie keine andere mit den Widersprüchen und Paradoxien einer „radikalisierten" bürgerlichen Gesellschaft. Nirgendwo offenbarte sich das Janusgesicht des Fortschritts in solcher Deutlichkeit: Einerseits schufen Arbeitsteilung, Individualismus und technische Rationalisierung eine Gesellschaft, die alle traditionellen Bindungen hinter sich ließ und damit wirtschaftliche Prosperität, individuelle Entfaltungschancen und technologische Innovationen in einem bisher unbekannten Ausmaß ermöglichte. Andererseits sprangen die Kehrseiten dieser Entwicklung ebenso kraß ins Auge, sichtbar etwa an einem „unmenschlichen" Lebenstempo in letztlich unwirtlichen Großstädten, einer rücksichtslosen Umweltzerstörung, einem hemmungslosen Privategoismus und zugleich steigender Kriminalität, einer inhumanen „Mechanisierung des Menschen", kultureller Monotonie und Verödung und vor allem an politischer Korruption und zu geringer staatlicher Steuerung. Diese negativen Folgen, darin waren sich Deutsche, Briten und Franzosen fast ausnahmslos einig, schienen ein zu hoher Preis für die schrankenlose Entfaltung des „Fortschritts" zu sein. Gegen die ungesteuerte Radikalisierung der bürgerlichen Gesellschaftsprinzipien setzten sie auf einen spezifisch nationalen bzw. europäischen Weg in die Moderne, dessen Gestalt im Detail variierte, im Kern aber dem gleichen Modell einer stärker institutionell gesteuerten Modernisierung folgte.

Im Hinblick auf die Art der Steuerung zeigen sich dabei durchaus auch markante innereuropäische Unterschiede. So favorisierten die deutschen Beobachter eher den „starken Staat" und kritisierten häufig die demokratische Staatsform als solche, während Franzosen und Briten auf der Basis einer verschärften Kulturkritik an Amerika neben der zentralistischen Staatslenkung vor allem auf den dauerhaften Einfluß französischer oder britischer bzw. gesamteuropäischer Kulturinstitutionen vertrauten und nur bestimmte Erscheinungen der amerikanischen politischen Kultur kritisierten, keineswegs aber die demokratische Staatsform als solche in Frage stellten. So gesehen findet man auch im Amerika-Diskurs den Reflex des deutschen „Sonderwegs" im Sinne der Hochschätzung eines starken, eher autoritären Staates mit einer unbestechlichen, leistungsfähigen Verwaltung, einer ausgeprägten, aber autoritären Sozialpolitik, einer hochentwickelten kommunalen Selbstverwaltung und des Stolzes auf ein hochgradig effizientes Bildungssystem und Militär sowie auf „hierarchische" Tugenden wie Ordnung, Fleiß und Disziplin. Aber insgesamt ist doch bemerkenswert, wie sehr diese spezifisch deutschen Diskurs-Muster hinter den europäischen Gemeinsamkeiten zurücktraten. Andererseits wurden viele dieser scheinbar spezifisch deutschen Elemente nicht nur von den deutschen Beobachtern, sondern auch von Franzosen und Briten ähnlich positiv und als genuin europäisch eingeschätzt.

Der Weg in die Moderne mußte daher – darin waren sich alle Europäer vor 1914 noch einig – letztlich ein europäischer, d. h. deutscher bzw. französischer oder britischer Weg sein, denn nur in der Bewahrung nationaler bzw. europäischer Eigenarten meinte man den ökonomischen, weltpolitischen und kulturellen Bedrohungen einer „amerikanischen Gefahr" begegnen zu können. Insofern setzte die europäische Wahrnehmung die amerikanische Gesellschaft keineswegs generell mit „der Moderne" gleich, zumal das europäische Überlegenheitsgefühl vor allem im Bildungs- und Kulturbereich vor 1914 ungebrochen blieb. Für die meisten Beobachter konnte von einer konkreten *Amerikanisierung* der gesellschaftlichen Strukturen und kulturellen Ausdrucksformen in Deutschland oder in ganz Europa anders als nach dem Ersten Weltkrieg noch kaum die Rede sein, wobei eine solche Amerikanisierung auch in Zukunft nur in sehr begrenztem Rahmen für möglich gehalten und auch nur in einem gewissen Grad als wünschenswert erachtet wurde. Bündig brachte diese „Grundeinstellung" Wilhelm von Polenz auf den Punkt:

„Uns aber könnte ein wenig Amerikanisierung gar nichts schaden, wenn sie sich auf das rechte Gebiet beschränkte. Wir können vor allen Dingen im Praktischen viel vom Amerikaner lernen; und zwar nicht etwa bloß durch Nachahmen jener zeitsparenden Einrichtungen, in denen die Yankees groß sind, mehr noch in der ganzen, einfachen, großzügigen Arbeitsmethode, deren geheimnisvolle Kraft auf Konzentration und Organisation beruht. Wir Deutschen müssen den gesunden, von keiner Wissenschaft angekränkelten Menschenverstand anzuwenden wagen, sonst können wir wirtschaftlich mit diesem Volke, dem wir kulturell so unendlich überlegen sind, nicht gleichen Schritt halten. Nur darin könnte von Amerika her für die deutsche Zivilisation eine ernste Gefahr drohen, wenn wir amerikanisches Wesen gedankenlos nachahmen wollten. Das würde für die Alte Welt und ganz besonders für Deutschland ein Zurücksinken bedeuten von höherer Kulturstufe auf eine niedere. Amerikanisierung der Kultur hieße Veräußerlichung, Mechanisierung, Entgeistigung."[54]

Hier deuteten sich bereits die kulturpessimistischen Deutungsmuster der 1920er und 1930er Jahre an, die im „Amerikanismus" vor allem den Kulturverfall Europas in Gestalt der vielfach beschworenen „Herrschaft der Massen" im Sinne von „Mechanisierung", Standardisierung, Technisierung

---

54 Polenz., S. 402. Vgl. auch ebd., S. 1 ff.

und kultureller Massenproduktion erblickten. Solche Deutungsmuster zeigten sich in ihren Grundzügen schon vor 1914, hatten aber noch nicht die Brisanz der Nachkriegsdebatte, weil Amerika anders als nach 1918 in den meisten Studien und Berichten noch nicht als unmittelbare Vorwegnahme der europäischen Zukunft begriffen wurde.

Bei aller Kritik blieb Amerika vor allem ein Modell der Liberalen, deren bürgerliche Werte und Ideale durch die Konfrontation mit den USA (im deutschen Fall gerade in der Krisenphase des Liberalismus nach 1880) verstärkt ins Bewußtsein traten und angesichts der amerikanischen Erfolge Vorbildcharakter gewinnen konnten, während den Konservativen der Abbau der Hierarchien in der amerikanischen Gesellschaft viel zu weit, den Sozialisten nicht weit genug oder aber in die falsche Richtung ging. Gerade angesichts der wachsenden Politisierung des Klassenbildungsprozesses in Deutschland und Europa, der insbesondere das liberale Bürgertum vor immer gravierendere politische Steuerungs- und Legitimationsprobleme stellte, erschien das „verklärte" amerikanische Modell einer mental klassenlosen Gesellschaft als Vorbild. Aber die Krise dieses liberalen Bürgertums zeigte sich darin, daß die in den USA traditionell verkörperte politische Herausforderung einer genuin demokratischen, „von unten" kommenden Selbststeuerung als Modernisierungsmodell zugunsten eines institutionell „von oben" gesteuerten Modernisierungspfades abgelehnt wurde – das galt am stärksten für die deutschen Beobachter, in modifizierter Form aber auch für Briten und Franzosen. Die „Verdrängung" des politischen Modells „Amerika" zeigte sich darin, daß die Klassenkonflikte weniger als genuin politisches, sondern von allen Beobachtern primär als „psychologisches" Problem gedeutet wurden, dem man mit institutionell gesteuerten Reformen im Sinne eines „harmonischen", d. h. spezifisch nationalen Fortschritts begegnen zu können glaubte. Nur wenige Beobachter hatten dagegen die prognostische Hellsicht des Schriftstellers Ludwig Fulda, der kurz nach der Jahrhundertwende schrieb:

„Nach jedem großen europäischen Krieg der Zukunft werden auch die Sieger die Besiegten Amerikas sein. Aber sogar in einem andauernden Frieden, zumal in einem derart waffenbeladenen, werden die einzelnen Nationalstaaten für sich allein mit dem höher und höher emporwachsenden Riesen überm Ozean nicht gleichen Schritt halten können. Dazu sind sie zu klein. Um die Vorherrschaft werden, wie einst Stadt mit Stadt, dann Gau mit Gau, dann Land mit Land, künftig nur noch Kontinent mit Kontinent zu ringen haben, und ein zerstückelter muß einem ungeteilten unterliegen. Soll die Alte Welt von der Neuen nicht in den Schatten gestellt, nicht von ihrer Übermacht dermaleinst auch ohne feindlichen Zusammenstoß erdrückt werden, so hat sie nur noch ein einziges Rettungsmittel. Die Hoffnung aber, daß es rechtzeitig angewendet werden wird, scheint heute utopischer als je. Es heißt: Die Vereinigten Staaten von Europa."[55]

---

55 Fulda, S. 316.

Der brüchige Frieden

Kriegserinnerungen, Kriegsszenarien und Kriegsbereitschaft

von Dirk Schumann

Das 20. Jahrhundert wird sich wohl nur wenig von dem 19. und den meisten der vorhergehenden unterscheiden; es hat wie diese mit einem Krieg begonnen und wird mit einem Kriege enden.

-n.[1]

Heilig acht' ich den Krieg:
Krieg mit der Feder, Krieg mit dem Schwert,
Wo des Germanen schöpferischer Wert,
Selbstbewußt trotzet den wimmelnd Atomen
Affenentstammter Bastardengnomen ...
Unheilig acht' ich den Krieg:
Wenn der German in verblendetem Wahne
Gegen Germanen aufrollet die Fahne.

Houston Stewart Chamberlain[2]

The „noxious idle aristocracies" of yesterday fought without malice for an occupation, for the honour, for the fun of thing. The virtuous, industrious democratic States of tomorrow may yet be reduced to fighting for a crust of dry bread, with all the hate, ferocity and fury that must attach to the vital importance of such an issue.

Joseph Conrad[3]

Um 1900 herrschte Frieden zwischen den großen europäischen Nationen, doch der Krieg war allgegenwärtig. Kriegsliteratur und Kriegervereine hielten die Erinnerung an vergangene Feldzüge lebendig, Paraden und Manöver zeigten die Schlagkraft der Armeen, in den Kolonien hielt der Einsatz von Militär den eigenen Besitzanspruch aufrecht. Schemenhaft zeichnete sich vor diesem Hintergrund der große Krieg, der potentielle Weltkrieg ab. Er setzte Phantasien und Ängste in Bewegung, wurde nur von wenigen herbeigewünscht, aber von vielen für möglich gehalten. Dabei haftete ihm, anders

---

1 -n. (= A. Zimmermann), Zur Jahreswende. Rückblick und Ausblick, in: Historisch-politische Blätter für das katholische Deutschland 137. 1906, S. 10–22, hier S. 10.
2 H. S. Chamberlain, Der Krieg, in: Die Zukunft 30. 1900, S. 291.
3 J. Conrad, Autocracy and War, in: Fortnightly Review 84. 1905, S. 1–21, hier S. 16.

als den vielen kleinen gewaltsamen Konflikten der Zeit, etwas Unwirkliches an; die Formen, die er annehmen würde, wurden von vielen verkannt, wenn auch von manchen geahnt. In lakonischer Kürze brachte Anfang 1906 ein Artikel in den „Historisch-politischen Blättern für das katholische Deutschland" die fatalistische Grundstimmung vieler Zeitgenossen auf den Punkt. Der gerade zu Ende gegangene russisch-japanische Krieg, einer mehr in der langen Reihe von militärischen Auseinandersetzungen zwischen Großmächten, auch wenn eine davon als nicht-europäischer Aufsteiger die Szene betreten hatte, schien die Gleichartigkeit des neuen Jahrhunderts gegenüber den vorherigen zu signalisieren. Der Artikel deutete auch an – darin mochten ihm weniger Zeitgenossen folgen –, daß man ungeachtet aller wissenschaftlich-technischen Fortschritte im Zustand eines brüchigen Friedens lebe, der eher als „Waffenstillstand" vor dem nächsten großen Zusammenstoß gelten musse. Künftige Kriege würden nicht mehr zwischen Dynastien ausgefochten, sondern als „Vernichtungskämpfe" geführt werden und kein schnelles Ende finden.[4]

Zu ähnlich düsteren Schlußfolgerungen gelangte 1905 der polnisch-englische Schriftsteller Joseph Conrad in seiner Analyse des russisch-japanischen Krieges. Der Krieg sei die „principal condition" der Gegenwart; auch eine Demokratisierung aller Großmächte werde nichts an der sich weiter verschärfenden weltweiten Konkurrenz zwischen ihnen und der daraus resultierenden Möglichkeit von Kriegen ändern. In solchen Kriegen gehe es um nicht weniger als um die Existenz der sie führenden Völker; mit entsprechend großer Heftigkeit würden sie geführt werden.[5] Wie groß die Wahrscheinlichkeit eines solchen Konfliktes war, darüber gingen die Meinungen auseinander. Die fortschrittsskeptischen Katholiken tendierten dabei zu einer pessimistischen Sichtweise, doch daß ein neuer Krieg zwischen europäischen Großmächten keine bloße Wiederholung der kurzen Feldzüge von 1864 oder 1866 sein würde, war allgemein akzeptiert. Ebenso einig war man sich in Europa über den von Houston Stewart Chamberlain artikulierten Rassismus, auch wenn Chamberlains Germanophilie nur in Deutschland auf ungeteilte Zustimmung stoßen mochte. In Afrika oder Asien Gewalt gegen unbotmäßige Eingeborene anzuwenden erschien als völlig legitim, sei es, daß man diese generell für minderwertig hielt, sei es, daß man zum letzten Mittel eines strengen paternalistischen Regiments zu greifen müssen glaubte. Die Anwendung von Gewalt gegen ein anderes europäisches Volk war demgegenüber viel schwerer zu legitimieren, zumal dann nicht ein kleines Expeditionskorps, sondern ein Massenheer aufgeboten werden und gleichsam die ganze Bevölkerung mobilisiert werden mußte.

---

4 -n.
5 Conrad, S. 16 f.

Die folgenden Überlegungen befassen sich mit den Erwartungen, den Befürchtungen und den Hoffnungen, die die Menschen in Europa zu Beginn dieses Jahrhunderts Krieg und Frieden entgegenbrachten. Sie unternehmen den Versuch, jene Gemengelage von Emotionen und Kalkülen zu erhellen, die sich einerseits voller Hoffnungen auf die Fortdauer der seit den 1870er Jahren anhaltenden Periode des Friedens und im ganzen wachsenden Wohlstandes richteten, andererseits aber immer mehr mit der Möglichkeit eines großen Krieges rechneten, ohne seinen Ausbruch für zwingend zu halten.[6] Im Mittelpunkt stehen die jenseits der tagespolitischen Debatten öffentlich erörterten Szenarien und Argumente, mit denen die Wahrscheinlichkeit, die Notwendigkeit und die Vermeidbarkeit von Kriegen und die Chancen zur Festigung des Friedens begründet wurden. Diese Diskussion entfaltete sich vor dem Hintergrund der Erfahrungen aus den Kriegen des 19. Jahrhunderts, insbesondere der deutschen Einigungskriege von 1864, 1866 und 1870/71, zog Lehren aus zeitgenössischen Konflikten wie dem Buren- und dem russisch-japanischen Krieg und prüfte die neuesten militärtechnischen Entwicklungen auf ihre Konsequenzen. Eingebettet war sie in allgemeinere Reflexionen über den Charakter der modernen Zivilisation und die Formen, in denen sich die Konkurrenz zwischen Menschen und Staaten überhaupt vollziehen sollte.

Die Forschungslage zum Thema ist uneinheitlich und weniger gut, als es zunächst den Anschein hat. Seit langer Zeit wird sie von der Frage nach den Ursachen des Ersten Weltkriegs bestimmt.[7] Die Fischer-Kontroverse hat Deutschland endgültig ins Zentrum der Debatte gerückt, woran auch jüngere Arbeiten, die sich auf andere Länder beziehen oder die europäischen Großmächte insgesamt in den Blick nehmen, nichts geändert haben.[8] Diese Konzentration der Forschung bedeutet zum einen, daß die anderthalb Jahrzehnte seit der Jahrhundertwende im wesentlichen als Vorgeschichte des Weltkrieges und damit im Hinblick auf die entsprechenden Kontinuitäten untersucht werden, was wiederum eine besondere Konzentration auf die Jahre der sich massiv verschärfenden internationalen Spannungen und des beschleunigten Rüstungswettlaufs nach 1911 bedeutet; dahinter tritt die Zeit der Jahrhundertwende selbst zurück. Zum anderen läßt sich im Vergleich zu Deutschland über die Kriegsbereitschaft und die Friedenshoffnungen in Großbritan-

---

6 E.J. Hobsbawm, Das imperiale Zeitalter, 1875–1914, Frankfurt 1989, S. 379–88.
7 Zusammenfassend: J. Joll, The Origins of the First World War, London 1984.
8 J. Dülffer u. K. Holl (Hg.), Bereit zum Krieg. Kriegsmentalität im wilhelminischen Deutschland, Göttingen 1986; K. Neilson, Britain and the Last Tsar: British Policy and Russia 1894–1917, New York 1995; A.J.A. Morris, The Scaremongers. The Advocacy of War and Rearmament, 1896–1914, London 1984; D.G. Herrmann, The Arming of Europe and the Making of the First World War, Princeton 1996; D. Storz, Kriegsbild und Rüstung vor 1914. Europäische Landstreitkräfte vor dem Ersten Weltkrieg, Herford 1992; S. Cooper, Patriotic Pacifism. Waging War on War in Europe, 1815–1914, New York 1991.

nien und Frankreich, von anderen Ländern ganz abgesehen, deutlich weniger sagen.

Damit sind die Grenzen der folgenden Ausführungen angedeutet. Sie werden sich im wesentlichen auf Deutschland beziehen, aber, je nach Aspekt und Forschungslage, andere Länder mit einbeziehen, im wesentlichen Großbritannien und Frankreich. Das Interesse richtet sich primär darauf, die zentralen Positionen der öffentlichen Debatten um 1900 zu bestimmen. Dem untergeordnet ist die Frage nach der Vorgeschichte des Ersten Weltkrieges. Sie bleibt aber insofern wichtig, als jüngere Studien das „August-Erlebnis" in Frage gestellt haben, dem eine Schlüsselfunktion für die Erfahrung des Krieges und seiner Folgen zugemessen wurde.[9] Wenn man jedoch nicht mehr von einer universellen Kriegsbegeisterung im Sommer 1914 ausgehen kann, dann gilt es, die Gemeinsamkeiten und Unterschiede in der Diskussion über Krieg und Frieden zur Jahrhundertwende und danach noch genauer herauszuarbeiten als bisher.[10]

Im folgenden werden zuerst die großen politischen Entwicklungslinien der Zeit um 1900 skizziert (I). Der nächste Abschnitt untersucht die Erinnerungen an frühere Kriege (II), dann geht es um die Bewertung der neuen Waffentechnik (III) und um das von Zukunftsromanen gezeichnete Kriegsbild (IV), anschließend um den Sozialdarwinismus als ein wesentliches Motiv allgemeinerer Art in der zeitgenössischen Kriegsdiskussion (V). Die folgenden Abschnitte beschäftigen sich dann mit denjenigen gesellschaftlichen Kräften, die sich jenseits militärstrategischer und -taktischer Fragen dem Problem von Krieg und Frieden zuwandten bzw. sich entschieden für Frieden in Europa einsetzten: den großen christlichen Glaubensgemeinschaften (VI) sowie der bürgerlichen Friedens- und der Arbeiterbewegung (VII). Der letzte Abschnitt zieht eine kurze Bilanz (VIII).

I. Die Welt der Jahre um 1900 war nicht die von 1912 oder 1914. Die internationalen Spannungen hatten noch nicht jene Intensität angenommen, die einen großen Krieg wahrscheinlich werden ließ; vor allem hatten sich noch nicht jene Bündnisformationen, die sich im Ersten Weltkrieg gegenüberstanden, ganz herausgebildet und nachhaltig verfestigt. Die internatio-

---

9   J. Verhey, The Spirit of 1914. The Myth of Enthusiasm and the Rhetoric of Unity in World War I Germany, Diss. Berkeley 1991; T. Raithel, Das „Wunder" der inneren Einheit. Studien zur deutschen und französischen Öffentlichkeit bei Beginn des Ersten Weltkriegs, Bonn 1996; B. Ziemann, Front und Heimat. Ländliche Kriegserfahrungen im südlichen Bayern, Essen 1997, S. 39–54; C. Geinitz, Kampffurcht und Kriegsbereitschaft. Das Augusterlebnis in Freiburg. Eine Studie zum Kriegsbeginn 1914, Essen 1998; D. Schumann, Bürgerkrieg in Deutschland? Politische Gewalt in der Weimarer Republik, 1918–1933, Habil.schrift Bielefeld 1998, S. 38–40.

10 J. Dülffer, Einleitung, in: ders. u. Holl, S. 9–19, hier S. 12, hat bereits darauf aufmerksam gemacht, daß noch zu klären sei, wie weit vor 1914 das „August-Erlebnis" angelegt gewesen sei.

nale Lage schien noch relativ offen, aber sie trug vor allem dank der neuen Außenpolitik des Deutschen Reiches den Keim zu ihrer späteren Verschärfung in sich.[11] Im Jahrzehnt zwischen 1897 und 1907 nahmen die Konfliktlinien klarere Konturen an, ohne in ihrem Verlauf schon endgültig festgelegt zu sein.

Mit dem russisch-französischen Militärbündnis von 1894 geriet Deutschland in jene Gefahr eines Zweifrontenkrieges, die Bismarck immer zu verhindern gesucht hatte. Der seit kurzem angelaufene neue Wettlauf zwischen den europäischen Mächten um Kolonien und Einflußsphären nahm dieser Situation jedoch zunächst ihre Bedrohlichkeit. Zwischen Rußland und England ergaben sich Spannungen in Asien, zwischen England und Frankreich in Afrika, so daß Deutschland über Spielraum auch bei der Wahl von Bündnispartnern zu verfügen schien. Als sich 1898 englische und französische Truppen bei Faschoda am unteren Nil gegenüberstanden, wurde das Konfliktpotential, das die imperialistische Expansion zwischen beiden Staaten schuf, für alle unübersehbar. Ein Jahr vorher hatte Deutschland mit dem Beginn des Baues einer international operationsfähigen Flotte ein deutliches Zeichen gesetzt, daß es nun auch in den Kreis der Weltmächte eintreten wollte. Der neue Staatssekretär im Auswärtigen Amt und dann von 1900 bis 1909 als Reichskanzler amtierende Bernhard von Bülow repräsentierte einen forschen Kurs, der sich aber weniger durch klare Ziele als durch ein herausforderndes Auftreten auszeichnete.[12] Die von dieser Politik ausgehenden Irritationen wurden sichtbar, als sich 1899 in Den Haag Vertreter der Großmächte und kleinerer Staaten zu einem Kongreß zusammenfanden, der Schritte zu einer allgemeinen Abrüstung und der friedlichen Lösung zwischenstaatlicher Konflikte beraten sollte. Initiiert hatte ihn der wenige Jahre vorher auf den Thron gelangte russische Zar Nikolaus II., der damit zwar der Friedensbewegung in vielen Ländern großen Auftrieb gab, aber keinen durchschlagenden Erfolg zu erzielen vermochte.[13] Im gleichen Jahr begann der Krieg zwischen den Burenrepubliken in Südafrika und der Weltmacht

---

11 Zur deutschen Außenpolitik und den internationalen Beziehungen zwischen 1890 und 1914 allgemein: W.J. Mommsen, Großmachtstellung und Weltpolitik. Die Außenpolitik des deutschen Reiches 1870–1914, Frankfurt 1993, S. 107 ff.; K. Canis, Von Bismarck zur Weltpolitik: deutsche Außenpolitik 1890 bis 1902, Berlin 1997; J. Lowe, The Great Powers, Imperialism and the German Problem, 1865–1925, London 1994; G.A. Craig, Geschichte Europas 1815–1980. Vom Wiener Kongreß bis zur Gegenwart, München 1983, S. 345–362; Hobsbawm, S. 388 ff.
12 Zum Flottenbau und seinen politischen Bedingungen und Konsequenzen: H.-U. Wehler, Deutsche Gesellschaftsgeschichte, Bd. 3: Von der „Deutschen Doppelrevolution" bis zum Beginn des Ersten Weltkrieges 1849–1914, München 1995, S. 1129 ff., 1008 ff.; T. Nipperdey, Deutsche Geschichte 1866–1918, Bd. 2: Machtstaat vor der Demokratie, München 1992, S. 621 ff.; I. Lambi, The Navy and German Power Politics 1862–1914, London 1984; Michael Epkenhans, Die wilhelminische Flottenrüstung 1908–1914. Weltmachtstreben, industrieller Fortschritt, soziale Integration, München 1991.
13 Cooper, S. 97–103.

England, der gerade in der deutschen Öffentlichkeit als Beleg für die Scheinheiligkeit des Mutterlandes von Demokratie und Liberalismus galt. Der Krieg erwies sich als erheblich verlustreicher und länger als auf englischer Seite erwartet und wurde auch deshalb von den militärischen Experten Europas intensiv analysiert.

Als sich im Jahr darauf die Bewegung der „Boxer" gegen die imperialistische Durchdringung Chinas erhob, einte die Reaktion darauf kurzzeitig die europäischen Großmächte. Welch aggressiver Rassismus sie einfärben konnte, wurde offenbar, als Kaiser Wilhelm II. bei der Verabschiedung des deutschen Kontingents zur militärischen Strafaktion in seiner „Hunnenrede" zu rücksichtsloser Grausamkeit gegenüber jeglichem Widerstand aufforderte. Daß dies keine leeren Worte waren, zeigte sich wenige Jahre später in Deutsch-Südwestafrika. Der 1904 ausbrechende Aufstand der Hereros wurde von deutscher Seite schließlich mit einem Vernichtungskrieg beantwortet, der das aufständische Volk nahezu vollständig auslöschte.[14]

Während des gleichen Zeitraums waren in der europäischen Politik entscheidende Weichen gestellt worden. England, durch den Burenkrieg geschwächt und durch das forcierte Tempo des deutschen Flottenbaus beunruhigt, räumte mit der „Entente cordiale" von 1904 die kolonialpolitischen Differenzen mit Frankreich aus, ohne sich schon auf ein festes militärisches Bündnis mit ihm zu einigen. 1906 begann es mit dem Bau neuer, einen qualitativen Sprung markierender Schlachtschiffe, der „Dreadnoughts", und signalisierte damit der deutschen Seite, daß eine zentrale Intention seiner Flottenpolitik, England in Schwierigkeiten zu bringen und zu einer Annäherung zu veranlassen, gescheitert war. Ein Jahr später grenzten England und Rußland ihre Interessensphären nach dem Vorbild des Abkommens von 1904 gegeneinander ab. Mit der Tripleentente und dem Dreibund zeichnete sich nun im Prinzip jene Mächtekonstellation ab, die sich im Ersten Weltkrieg gegenüberstehen sollte. Sie konkretisierte sich entscheidend weiter, als in der zweiten Marokkokrise von 1911 die aggressive deutsche Politik eine schwere diplomatische Niederlage erlitt und die britische Regierung deutlich machte, daß sie in einem möglichen Krieg auf seiten Frankreichs eingreifen würde. Eine weitere massive Beschleunigung des schon seit 1906 erhöhten Rüstungstempos auf allen Seiten war die Folge, die militärischen Planungen intensivierten sich, und die deutsche Reichsleitung stellte sich auf einen baldigen Krieg ein, da sie aufgrund der russischen Rüstungsanstrengungen nur noch wenige Jahre die Chance für einen Erfolg auf dem Schlachtfeld zu haben glaubte.

Für Rußland hatte die Niederlage im Krieg gegen Japan, die erste einer europäischen Großmacht gegen einen Aufsteiger in den Kreis der großen

---

14 Dazu jetzt: G. Krüger, Kriegsbewältigung und Geschichtsbewußtsein. Realität, Deutung und Verarbeitung des deutschen Kolonialkriegs in Namibia 1904 bis 1907, Göttingen 1999.

Mächte, verheerende Konsequenzen. Es büßte nicht nur für einige Jahre seinen Status in der internationalen Politik ein, sondern wurde auch von einer Revolution erschüttert, die nicht nur für Rußland deutlich machte, welche inneren Gefahren für die europäischen Staaten hinter außenpolitischen Mißerfolgen lauern konnten. In Frankreich demonstrierte die von 1894 bis 1906 schwelende Dreyfus-Affäre, wie tief der Graben zwischen den Vertretern der republikanischen Ordnung und ihren konservativen Gegnern war, die sich auf große Teile der Armee stützen konnten. Zugleich ließ sie die bürgerlichen Republikaner und die sich formierende Arbeiterbewegung gegen den antisemitisch und populistisch eingefärbten Nationalismus der Rechten zusammenrücken.[15] Auch in Großbritannien übte ein neuer populistischer Nationalismus Druck auf die politischen Eliten aus, der zugleich für eine offensive Außenpolitik und soziale Reformen plädierte und in der Person des 1895 bis 1903 als Kolonialminister amtierenden Joseph Chamberlain einen einflußreichen Repräsentanten fand. Noch lautstärker artikulierte sich der neue Radikalnationalismus in Deutschland, wo Agitationsverbände wie der 1898 gegründete Flottenverein, der Alldeutsche Verband oder später der Deutsche Wehrverein die Forderungen nach einer forcierten „Weltpolitik" mit völkischen Ideen aufluden.[16] Während aber in Großbritannien das parlamentarische System neue Kräfte, insbesondere die aufsteigende Labour-Partei politisch integrieren konnte (wenn auch vor allem die Debatte über „Home Rule" für Irland weiterhin für scharfe innenpolitische Spannungen anderer Art sorgte),[17] vermochten die deutschen Eliten zwar, den neuen Nationalismus halbwegs zu kontrollieren und zu benutzen, sahen sich jedoch aufgrund ihrer Unwilligkeit zu durchgreifenden Verfassungsreformen unter wachsendem Druck durch eine immer stärker werdende Sozialdemokratie. Wer in Deutschland und anderswo über Krieg und Frieden nachdachte, dem war bewußt, daß es dabei nicht nur um Außenpolitik ging.

II. Für große Teile der Bevölkerung in Deutschland und auch in Frankreich formte sich das Bild eines möglichen großen Krieges in Europa nach dem Modell des deutsch-französischen Krieges von 1870/71. Allerdings war der Krieg in zwei Phasen zerfallen: eine der raschen deutschen Siege in großen Schlachten nahe der Grenze, um Sedan und Metz, und eine der langwierigen und mit Rückschlägen verbundenen Kämpfe gegen neu aufgestellte französische Volksheere und Freischärler an der Loire und Saône. Sie ließen ahnen,

---

15 M. Agulhon, La république de Jules Ferry à François Mitterand. 1880 à nos jours, Paris 1990, S. 89 ff.; R. Girardet, La société militaire de 1815 à nos jours, Paris 1998, S. 149–160.
16 P. Kennedy u. A. Nicholls (Hg.), Nationalist and Radicalist Movements in Britain and Germany before 1914, Oxford 1981; Wehler, S. 1066 ff.; Nipperdey, S. 595 ff.
17 D. Powell, The Edwardian Crisis. Britain 1901–1914, London 1996.

daß künftige Kriege keine Angelegenheit von wenigen Wochen mehr sein würden.

Zur Jahrhundertwende war der Strom von Erinnerungsliteratur, den der Feldzug auf deutscher Seite hervorgebracht hatte, keineswegs abgeebbt. Zahlreiche Soldaten unterschiedlicher Dienstgrade schrieben ihre Erlebnisse nieder, und Generalstabschef Moltke selbst verfaßte eine Darstellung für eine größere Öffentlichkeit.[18] Daneben entstand eine Reihe von populär gehaltenen Schilderungen des Krieges, die auf dem regierungsamtlichen Berichtswerk beruhten oder, wie bei dem Schriftsteller Carl Bleibtreu, als von einem subjektiven Standpunkt aus erzählte Kriegsnovelle den Eindruck höchster Authentizität zu erwecken versuchten und sich kontinuierlich hoher Auflagenzahlen erfreuten.[19]

In der Erinnerungsliteratur waren die Akzente eindeutig gesetzt. Zwar wurde kaum eine Erfahrung der Kriegszeit ausgespart, die Anstrengungen der Märsche und Belagerungen wurden ebenso geschildert wie Transport und Verpflegung der Truppen und der Kontakt mit der feindlichen Zivilbevölkerung, doch im Vordergrund standen eindeutig die großen Schlachten. Sie boten den besten Anlaß für Geschichten von Tapferkeit und Kameradschaft, für die nachträgliche Bekräftigung jener Tugenden des männlichen Kriegers, denen man zusammen mit der genialen Armeeführung den Sieg zu verdanken glaubte. Damit konzentrierte sich die Erinnerung auf die erste, relativ kurze Kriegsphase im August 1870 mit den Schlachten von Weißenburg, Wörth, Spichern, Mars-la-Tour, Gravelotte und Sedan, neben denen nur noch die Schlacht bei Belfort Mitte Januar 1871 erwähnt wurde, während die von langen Märschen, ungünstigem Wetter, Versorgungsschwierigkeiten und allenfalls kleineren Gefechten gekennzeichnete zweite Phase des Volkskriegs gleichsam unsichtbar wurde. Das populäre Bild des Krieges von 1870/71 war damit dem der beiden Einigungskriege davor angeglichen und auf lange Zeit festgelegt.[20]

Die Erinnerungsliteratur teilte mit den übrigen Darstellungen eine weitere Lücke. Der Akzent lag zwar auf der Erfahrung des Gefechts, dessen wirkliche Schrecken blieben jedoch ausgespart. Darstellungen der führenden Generäle wie diejenige Moltkes, denen es auf den Gesamtzusammenhang der Operationen ankam, erwähnten allenfalls, daß, wie beim Sturm auf einen strategisch wichtigen Hügel bei Spichern, die angreifenden Preußen unter „verheerendem Feuer" vorgegangen seien, ohne dessen Wirkungen näher zu

---

18 Vgl. das Verzeichnis der zeitgenössischen Darstellungen bei T. Rohkrämer, Der Militarismus der „kleinen Leute". Die Kriegervereine im deutschen Kaiserreich 1871–1914, München 1990, S. 276–283.
19 Zu Bleibtreu: S.D. Denham, Visions of War: Ideologies and Images of War in German Literature before and after the Great War, Frankfurt 1992, S. 23–26. Von Bleibtreus Novellen – die erste erschien 1882 – waren 1906 375.000 Exemplare gedruckt worden, 1914 über 600.000.
20 Rohkrämer, S. 88 ff., 142 f.

bezeichnen.[21] Die Schilderung der gleichen Szene in einem populär gehaltenen Werk war nur wenig ausführlicher: „Unter heftigem Geschütz- und Chassepotfeuer wurde das freie Gelände südlich vom Reppertsberg überschritten; unter schweren Verlusten erreichten die Hannoveraner den Fuß des Berges, wo sie – sich gegen die Felswand drückend – im sogen. toten Winkel Schutz fanden."[22] Auch Bleibtreu deutete das Grauen des Schlachtfeldes, die Leiden der Schwerverwundeten und Sterbenden, nur dezent an.

Es wäre jedoch falsch, daraus zu schließen, daß die Veteranen von 1870/71 den Krieg an sich als etwas Erhebendes gefeiert hätten. Die ästhetische Überhöhung der Kampferfahrungen der Einigungskriege blieb einem Dichter wie Detlev von Liliencron vorbehalten, der sich an ein bürgerliches Publikum wandte und die Schrecken der von ihm selbst miterlebten Gewalt zwar nicht überging, sie aber so schilderte, als ob der Krieg kaum etwas anderes sei als „sitting around campfires, galloping madly between posts under fire, charging ahead of one's battalion, revolver in one hand, sword in the other".[23] Die Veteranen wollten stolz auf ihre Leistungen sein, aber sie wollten keine Wiederholung ihrer Erlebnisse auf dem Schlachtfeld. Der Krieg erschien ihnen als eine vom Schicksal zugedachte Prüfung, die man nicht aus der Welt verbannen könne, gegen deren Wiederholung aber eine starke Rüstung der beste Schutz sei.[24] Nicht Kriegsbegeisterung, sondern eine fatalistische Hinnahme des Kriegsrisikos bestimmte ihre grundsätzliche Haltung zum Krieg.

Einen wichtigen Beitrag zur Vermittlung von Kriegsbildern leisteten die Kriegervereine. Sie erlebten nach dem Feldzug von 1870/71 einen gewaltigen, bis zur Jahrhundertwende anhaltenden Aufschwung und zählten um 1900 weit über eine Million Mitglieder, die sich aus Veteranen der Einigungskriege und aus jüngeren Reservisten ohne eigene Kampferfahrung zusammensetzten und zu einem großen Teil aus unterbürgerlichen Schichten rekrutierten. Für die Veteranen erfüllten die Vereine verschiedene Funktionen und dienten nicht nur der Glorifizierung ihrer Kriegstaten. Das Gedenken der Gefallenen und damit die Pflege der Kameradschaftserfahrung spielten eine große Rolle; daneben aber trat, wie in der populären Literatur, die Erinnerung an die großen Schlachten, wobei sich hier zunächst, je nach der eigenen Beteiligung, regional unterschiedliche Traditionen herausbildeten. Erst nach der Jahrhundertwende, als die spezifischen Erinnerungen an Wörth oder Gravelotte mit der wachsenden Zahl von Reservisten verblaßten, rückte der Sedanstag als gemeinsamer nationaler Feiertag in den Mit-

---

21 H. Graf von Moltke, Geschichte des Krieges 1870/71, in: ders., Vom Kabinettskrieg zum Volkskrieg. Eine Werkauswahl, Hg. S. Förster, Bonn 1992, S. 236–594, das Zitat S. 260.
22 F. Regensberg, Der deutsch-französische Krieg nach den neuesten Quellen dargestellt, Bd. 1, Abt. 3, Stuttgart 1907, S. 318.
23 Denham, S. 39.
24 Rohkrämer, S. 144 f.

telpunkt. Damit konzentrierte sich noch mehr als zuvor das Bild des Krieges von 1870/71 in der deutschen Öffentlichkeit auf das einer kurzen und durch wenige große Schlachten entschiedenen Auseinandersetzung.[25]

Die allmähliche Politisierung der Vereine trug weiter dazu bei, das öffentliche Bild des deutsch-französischen Krieges auf die Glorifizierung von Militär und Nation hin auszurichten. Seit den 1890er Jahren machten die Dachverbände offen Front gegen die SPD und drängten, vor allem in Preußen, auf den Ausschluß sozialdemokratischer Parteimitglieder aus den Kriegervereinen. Mit der Gründung des Kyffhäuserbundes im Jahr 1897 setzte sich die preußische Linie reichsweit durch. Als nach der für die SPD erfolgreichen Reichstagswahl von 1903 der Bund mit eigener Pressearbeit gegen die Partei und Werbekampagnen für die Flotten- und Heerespolitik der Reichsleitung begann, hatte er endgültig eine Position im Lager der politischen Rechten bezogen. Diese Politisierung fügte der öffentlichen Ächtung der Sozialdemokratie zweifellos ein weiteres Element hinzu, aber sie war in den Vereinen selbst nicht ganz so erfolgreich wie beabsichtigt. Viele Anhänger der Partei gehörten weiterhin den Vereinen an, auch wenn sie häufig ihre politische Gesinnung verheimlichen mußten. Gerade für ältere Arbeiter, die den deutsch-französischen Krieg mitgemacht hatten, schlossen sich die von Stolz und Patriotismus eingefärbten Erinnerungen und der Kampf für die Ziele der Arbeiterbewegung nicht aus, konnten Bilder von Moltke und Wilhelm I. einträchtig neben solchen von Bebel, Marx und Lassalle hängen. Die Teilnahme am Krieg – und am Militärdienst überhaupt – ließ sich als bestandene Bewährungsprobe interpretieren und damit von den politischen Werten lösen, die mit ihm in einer breiten Öffentlichkeit verbunden wurden.[26] Das eröffnete zugleich die Möglichkeit, zwischen der eigenen, grundsätzlich positiv verstandenen Kriegserfahrung und der negativ konnotierten Erwartung künftiger Kriege zu unterscheiden.

In Frankreich war die Ausgangslage nach 1871 grundverschieden, doch auch hier vollzog sich eine in mancher Hinsicht ähnliche Entwicklung der Kriegserinnerung. Zwar gab es keine Siege zu feiern und mußte sich die zunächst auf schwachen Fundamenten stehende Republik gegen den auch vom Militär getragenen Widerstand behaupten, doch schon bald nach dem Krieg begann man auf lokaler Ebene, der Ereignisse zu gedenken. Seit dem Ende der 1880er Jahre wurde diese Erinnerungskultur institutionell abgestützt und gefördert durch die Gründung zahlreicher Veteranenvereine. Mit dem Verblassen der Niederlage konnte das tapfere Verhalten bei der Verteidigung der Heimat in den Vordergrund gerückt werden. Neue koloniale Er-

---

25 Ebd., S. 27–30, 55 ff.
26 Ebd., S. 37–50; G.A. Ritter u. K. Tenfelde, Arbeiter im deutschen Kaiserreich 1871–1914, Bonn 1992, S. 730–46; U. Frevert, Das Militär als „Schule der Männlichkeit". Erwartungen, Angebote, Erfahrungen im 19. Jahrhundert, in: dies. (Hg.), Militär und Gesellschaft im 19. und 20. Jahrhundert, Stuttgart 1997, S. 145–73.

werbungen bescherten der III. Republik dann wieder eigene militärische Siege. Bei der Parade des 1880 zum Staatsfeiertag erklärten 14. Juli, deren militärischer Teil mangels anderer geeigneter Traditionen sich zunächst nur auf die Kanonade von Valmy als heroische Tat zur Rettung der ersten Republik beziehen konnte, marschierten 1886 erstmals Truppen auf, die in Tonkin erfolgreich gekämpft hatten. Veteranen von 1870/71 nahmen jedoch erstmals 1912 nach dem Amtsantritt Präsident Poincarés an ihr teil.[27] Erst jetzt, im Zeichen einer drohenden Auseinandersetzung mit Deutschland, wurde in der Öffentlichkeit die gegenwärtige Armee in einen direkten Bezug zu ihrer Vorgängerin gesetzt und so ihr Hauptfeind symbolisch markiert.

III. Die Landstreitkräfte, das Hauptinstrument bisheriger europäischer Kriege, befanden sich, in Zahlen gesehen, um 1900 in einer Phase der Stagnation. Zu Beginn der 1890er Jahre war in Deutschland das Heer gewaltig ausgebaut worden, insbesondere durch das Militärgesetz von 1893. Die Friedenspräsenzstärke des Heeres, die 1887 bei 427.000 Mann gelegen hatte, stieg bis 1899 auf 557.000 Mann, wuchs im Jahrzehnt danach nur noch um 35.000, um sich dann in der Hochrüstungsphase nach 1911 binnen drei Jahren erneut um 124.000 Mann zu vergrößern. Während sich der Haushalt des Heeres zwischen 1887 und 1894 verdoppelt hatte, flossen danach die weitaus meisten Mittel in den Bau der neuen Flotte.[28] Doch die Zahlen vermitteln ein unvollständiges Bild. Unter Bismarcks von 1890 bis 1894 amtierenden Nachfolger Caprivi war die Heeresorganisation auf eine neue Grundlage gestellt worden, welche die Möglichkeiten der allgemeinen Wehrpflicht viel weitgehender ausschöpfen und vor allem für eine große Zahl gut ausgebildeter Reservisten sorgen sollte. Zugleich stellte seine Reform die Weichen von einer „personal-intensiven" hin zu einer „material-intensiven" Rüstungspolitik.[29] Innovationen der Waffentechnik veränderten die Kampfbedingungen auf künftigen Schlachtfeldern grundlegend. Seit 1886 wurde, zunächst in Frankreich, rauchloses Pulver verwendet, das den Standort des Schützen nicht mehr verriet. Die französische Armee entwickelte 1896 ein Artilleriegeschütz mit Rückstoßbremse und verbessertem Visier, das sowohl die Feuergeschwindigkeit als auch die Treffergenauigkeit erheblich erhöhte, da das Ziel nun nicht mehr nach jedem Schuß neu anvisiert werden mußte. Ab 1904 wurden solche Geschütze auch von den anderen Heeren eingeführt. Zwischen 1901 und 1904 stellten zudem alle Armeen eigene Maschinenge-

---

27 J. Vogel, Nationen im Gleichschritt. Der Kult der „Nation in Waffen" in Deutschland und Frankreich, 1871–1914, Göttingen 1997, S. 190–96, 178–90.
28 M. Geyer, Deutsche Rüstungspolitik 1860–1980, Frankfurt 1984, S. 45 ff., 52; S. Förster, Alter und neuer Militarismus im Kaiserreich. Heeresrüstungspolitik und Dispositionen zum Kriege zwischen Status-quo-Sicherung und imperialistischer Expansion, 1890–1913, in: Düllfer u. Holl, S. 125.
29 Geyer, S. 54.

wehreinheiten auf.[30] Andere Innovationen wie Motorfahrzeuge und Flugzeuge, die erst im Ersten Weltkrieg Bedeutung erlangen sollten, spielten um 1900 jedoch noch keine Rolle. Die Neuerungen der Jahrhundertwende steigerten somit die Feuerkraft der Truppen gewaltig, ohne ihre Beweglichkeit zu erhöhen.

Der erste, der die fundamentalen Konsequenzen dieser Veränderungen erkannte, war kein militärischer Experte, sondern Iwan Bloch (1836–1902), ein durch Eisenbahngeschäfte reich gewordener polnisch-russischer Unternehmer jüdischer Herkunft, russischer Staatsrat und Anhänger der Friedensbewegung. Er hatte sich in akribischem Selbststudium mit der Militärtechnik und Rüstungswirtschaft seiner Zeit vertraut gemacht und legte seine Position zum modernen Krieg in einem sechsbändigen Werk nieder, das Ende der 1890er Jahre zuerst auf Russisch erschien und rasch in die wichtigsten europäischen Sprachen übersetzt wurde.[31] Bloch ging von einem Krieg zwischen der Allianz aus Frankreich und Rußland auf der einen, dem Dreibund aus Deutschland, Österreich-Ungarn und Italien auf der anderen Seite aus. Auf der Basis detaillierter Statistiken nahm er eine ungefähre Gleichheit der militärischen Mittel beider Parteien an. Ein Krieg zwischen ihnen würde, wie Bloch voraussah, schnell zu einem großen Verteidigungskampf erstarren; die Heere würden sich eingraben und unüberwindliche Defensivsysteme mit Laufgräben und Unterständen errichten, so daß dem Spaten dieselbe Bedeutung zuwachse wie dem Gewehr. Der Krieg würde sich als Abnutzungskrieg lange hinziehen und die Volkswirtschaften der beteiligten Länder so tief schädigen, daß sie zusammenbrächen. Am Ende stünde die Revolution – die sozialistische Revolution. Bloch ging aber noch einen Schritt weiter. Auch im gegenwärtigen Frieden, so sein Argument, würden sich die Rüstungslasten auf Dauer als untragbar erweisen und schließlich dasselbe Resultat hervorrufen wie ein sich hinziehender Abnutzungskrieg. Durch den Burenkrieg sah sich Bloch in seinen Thesen bestätigt. Daß die zahlenmäßig weit unterlegenen Buren den englischen Truppen über viele Monate hinweg standhalten konnten, hatten sie seiner Ansicht nach unter anderem dem rauchlosen Pulver zu verdanken, das ihre Schützenketten für die angreifenden Engländer unsichtbar bleiben ließ, und eben dem Einsatz des Spatens, mit dessen Hilfe sie sich gegen deren Artillerie hatten Deckung schaffen können, während englische Sturm- und Kavallerieangriffe mehrmals in ihrem Feuer zusammengebrochen waren. Daraus sei für einen großen europäischen Krieg nur die eine Lehre zu ziehen, „daß ein entscheidender Erfolg zwischen Großstaaten durch die Waffen unter den gegenwärtigen Bedingungen des Krieges einfach nicht mehr möglich ist".[32]

---

30 Herrmann, S. 17–20; Storz, S. 25–27, 36–42, 338–45.
31 J. v. Bloch, Der Krieg, 6 Bde., Berlin 1899. Eine Kurzfassung seiner Thesen erschien 1901.
32 J. v. Bloch, Die Lehren des Transvaalkrieges für Deutschland, in: Deutsche Revue 26. 1901, Bd. 2, S. 257– 78, das Zitat S. 278; Storz, S. 43 f.

Die Reaktion der militärischen Expertenwelt auf Blochs Szenarien war nicht einheitlich, auch wenn, nicht überraschend, die Ablehnung überwog. Die Diskussion darüber wurde nicht nur in den Fachorganen, sondern auch in den Zeitschriften für ein breiteres Publikum geführt. Zumeist wurde Blochs Argumentation im Kern zurückgewiesen, einzelne Elemente wurden aber durchaus als akzeptabel angenommen. Ausführlich setzte sich der schweizerische Oberst Wille mit Blochs Werk auseinander. Im Hinblick auf die Kriegführung selbst vertrat er den Standpunkt, daß die neue Waffentechnik nichts wesentliches geändert habe, da sie als eigenständiger Faktor nur in seltenen Phasen des Gefechts ins Gewicht falle. Ihre wichtigere Wirkung bestehe vielmehr darin, daß sie die Unterführer noch mehr als früher dazu zwinge, selbständig zu handeln und sich flexibel der Situation anzupassen. Dann würden „auch künftig der Schlachtverlauf und die Verluste an Toten und Verwundeten nicht wesentlich andere sein ... als zu den Zeiten, da unsere, die Phantasie so lebhaft mit Schrecknissen erfüllende Waffenwirkung noch unmöglich war". Sie stelle im übrigen eine weitgehende Friedensgarantie dar, denn falls ein Krieg zwischen großen Staaten von längerer Dauer sein sollte, würden die Auswirkungen tatsächlich fürchterlich sein. Künftig würden Kriege in Europa deshalb „auf jene unvermeidlichen Fälle beschränkt sein, in denen das Lebensbedürfnis, die Expansionsnotwendigkeit eines Volkes dazu zwingt". In diesem Sinn seien auch die gegenwärtigen Rüstungskosten nicht nur tragbar, sondern auch notwendig.[33] In der gegenseitigen Abschreckung lag demnach die Hoffnung, den großen Krieg zu vermeiden.

Ähnlich argumentierte Hans Delbrück, der führende deutsche Militärhistoriker und Herausgeber der „Preußischen Jahrbücher". Mehr noch als Wille räumte er ein, daß Bloch die Wirkung der neuen Waffen im Prinzip zutreffend beschrieben habe, und unterstrich, daß die Militärs selbst zugäben, „sich von der Zukunfts-Schlacht kein Bild machen zu können". Der Blick in die Kriegsgeschichte lehre aber, so Delbrück weiter, daß man nicht zum ersten Mal mit Waffen und Kräfteverhältnissen konfrontiert sei, die großangelegte Offensivoperationen unmöglich machten. Friedrich II. habe daraus schließlich die Konsequenz gezogen, auf größere Schlachten zu verzichten und durch geschickte Ausweichbewegungen und kleinere Gefechte den Gegner zu ermüden. Eine solche Strategie der „allmählichen Ermattung", wie man sie vom 16. bis zum 18. Jahrhundert praktiziert habe, könne auch jetzt wieder dominant werden; ein Krieg bliebe also durchaus führbar.[34] Blochs anderes Hauptargument, den Verweis auf die desaströsen Folgen eines langen Krieges für die Wirtschaft und die Belastung der Volkswirt-

---

33 U. Wille, Der Krieg (Rezension), in: Zs. für Socialwissenschaft 2. 1899, S. 325–61, die Zitate S. 354, 357.
34 H. Delbrück, Zukunftskrieg und Zukunftsfriede, in: PJ 96. 1899, S. 203–29, hier S. 207–15, das Zitat S. 208.

schaften durch die Rüstung überhaupt, wollte Delbrück nur sehr eingeschränkt gelten lassen. Zwar würden die ökonomischen Schäden eines Krieges „wohl sehr groß" sein, aber die deutsche Landwirtschaft sei durchaus in der Lage, notfalls auch allein die Bevölkerung zu ernähren. Außerdem würden durch einen Krieg Handelsbeziehungen nicht nur zerstört, sondern auch neue geschaffen und so Energien freigesetzt. Der Wirtschaftskrieg werde daher ein „intensives Mittel" des Zukunftskrieges sein, aber kein Grund für sein Ausbleiben. Die Rüstungslasten bewertete Delbrück vorsichtig positiv. Keinesfalls sei der Krieg die notwendige Konsequenz hoher Rüstung; vielmehr habe der gerade zwischen Spanien und den USA ausgetragene Konflikt gezeigt, daß auch ein schwacher Rüstungsstand einen Kriegsausbruch mit herbeiführen könne. Eher sei es so, und hier argumentierte Delbrück wie Wille, daß die wachsenden Rüstungen die Schwelle für einen Krieg immer höher legten, so daß sie „eher Friedensstimmung als Kriegsversuchung" erzeugten.[35]

Andere Teilnehmer an der Diskussion relativierten ebenfalls die Folgen der modernen Waffentechnik für das Gefecht selbst, während sie gleichzeitig eine Tendenz zur Verminderung des Kriegsrisikos in Europa sahen. Ein anonym bleibender „alter Offizier" rechnete vor, daß die Verlustziffern seit den napoleonischen Kriegen zurückgegangen seien, weil sich die Entfernung zwischen den kämpfenden Linien vergrößert habe, und hielt es gleichsam für ein Gesetz der Militärgeschichte, daß auf jede die Defensive stärkende Innovation eine andere folge, die der Offensive Vorteile verschaffe. Der von Bloch angeführte Burenkrieg beweise nichts, denn, so das nationalistisch zugespitzte Argument, den englischen Truppen seien gravierende Fehler unterlaufen, die man in der deutschen Armee dank ihrer guten Ausbildung niemals machen würde.[36] Generalmajor Auspitz, der Blochs Szenarien in eine fernere Zukunft verlegte, meinte, noch auf absehbare Zeit werde man in Europa mit der Möglichkeit von Kriegen leben müssen, denn sie seien „gewissermaßen eine lässige, eine Gewohnheitssünde geworden". Eines Tages aber werde „der Krieg den Krieg entwurzeln: Dann wird der rastlose Fortschritt exakter Wissenschaft die Wirksamkeit der Kriegsinstrumente bis ins Unendliche steigern, dem Land- und Seekrieg wird sich der Krieg in den Lüften beigesellen, und entsetzliche Verheerungen ... werden uns in eine Atmosphäre von Greueln versetzen, deren Intensität wir heute nur mit Schaudern ahnen".[37] Sir Hiram Maxim schließlich, der Erfinder des Maschinengewehrs, folgte Bloch insoweit, als er einen Angriff auf eines der großen Länder für nicht mehr aussichtsreich und daher unwahrscheinlich

---

35 Ebd., S. 216–23, die Zitate S. 218, 223.
36 Anon., Werden Fortschritte in der Waffentechnik die Kriege verschwinden lassen oder seltener machen? in: Deutsche Revue 26. 1901, Bd. 3, S. 8–14.
37 Generalmajor Auspitz, Die Idee des ewigen Friedens vor dem Richterstuhle unsrer Zeit, in: Deutsche Revue 29. 1904, Bd. 2, S. 159–62.

hielt. Durch die „Verbesserung der Feuerwaffen" habe insofern „die moderne Zivilisation in sehr erheblichem Grade dazu beigetragen, die Wahrscheinlichkeit des Krieges zu vermindern". Das gelte jedoch nur für zwischenstaatliche Auseinandersetzungen. In der „nächsten Zukunft" werde man es mit „Bürgerkriegen" zu tun haben, deren Anfänge sich jetzt schon in gewalttätigen Streiks in den USA zeigten.[38] Auch Maxims Zukunftsprognose war somit pessimistisch, obwohl er einen Krieg zwischen den großen Mächten nicht mehr erwartete.

Wie auch immer die Konsequenzen der modernen Technik im Detail bewertet wurden – die Anforderungen an die Truppenführung und an die einzelnen Soldaten waren in jedem Fall deutlich gestiegen. Mit der quantitativen Steigerung des eigenen Potentials war es nicht mehr getan, wollte man einen großen Konflikt siegreich beenden. Hinter dem Scheitern der ersten Offensive lauerte jenes Gespenst, das der greise Moltke in seiner letzten Reichstagsrede 1890 beschworen hatte: „Wenn ... der Krieg zum Ausbruch kommt, so ist seine Dauer und ist sein Ende nicht abzusehen. Es sind die größten Mächte Europas, welche, gerüstet wie nie zuvor, gegen einander in den Kampf treten ... Meine Herren, es kann ein siebenjähriger, es kann ein dreißigjähriger Krieg werden, – und wehe dem, der Europa in Brand steckt, der zuerst die Lunte in das Pulverfaß schleudert!"[39]

Eine Konsequenz, die die Militärs aller großen Armeen aus der Diskussion um die von Bloch benannten Probleme zogen, war eindeutig. Strategie und Taktik mußten sich auf die Offensive konzentrieren, sie aber viel flexibler als bisher gestalten. Die Frage, ob man dazu eher auf ein möglichst großes Heer oder vielmehr auf ein Heer setzen sollte, in dem traditionelle Strukturen möglichst wenig verändert wurden, blieb demgegenüber bis zu den Jahren nach 1911 in der Schwebe, gerade, aber nicht allein in Deutschland, wo die alten Eliten in einer konsequenten Durchführung der allgemeinen Wehrpflicht und einer massiven Vergrößerung des Offizierkorps eine Gefahr für ihre gesellschaftlichen Privilegien befürchteten. Erst nachdem sich das Scheitern der deutschen Flottenpolitik abzeichnete und England sich an Frankreich und Rußland angenähert hatte, wurde unter den Zwängen des Schlieffen-Plans der Weg zu Ende gegangen, den man unter Caprivi zu beschreiten begonnen hatte. Etwas später entschloß man sich auch in Frankreich unter dem neuen Generalstabschef Joffre mit dem Loi de Trois Ans zu einer ähnlichen Vergrößerung des aktiven Heeres.[40] Schon vorher, vor allem nach den Erfahrungen

---

38 Sir H. Maxim, Wirkung der Zivilisation auf den Krieg, in: Deutsche Revue 28. 1903, Bd. 3, S. 179–185.
39 H. Graf von Moltke, Rede vor dem deutschen Reichstag, 14. Mai 1890, in: ders., Kabinettskrieg, S. 638–641, das Zitat S. 639 f.
40 S. Förster, Der doppelte Militarismus. Die deutsche Heeresrüstungspolitik zwischen Status-quo-Sicherung und Aggression, 1890–1913, Stuttgart 1985; G. Krumeich, Aufrüstung und Innenpolitik in Frankreich vor dem I. Weltkrieg. Die Einführung der dreijährigen Dienstpflicht 1913–1914, Wiesbaden 1980.

des russisch-japanischen Krieges, waren die Soldaten in neuen Exerzierreglements und den großen Manövern für die veränderte Offensivtaktik instruiert worden. Einig war man sich auf allen Seiten über das Grundproblem, das sich jedem Angreifer stellen würde, „a nearly lethal zone, essentially uncrossable, between the opposing front lines, eight hundred to a thousand meters broad and swept by bullets. The difficulty was how to traverse, circumvent, or eliminate this fire-swept area."[41] Die Lösung sahen die Militärs in einem verbesserten Zusammenwirken der Artillerie mit einer das Gelände gut ausnutzenden Infanterie, die möglichst in überraschenden Umfassungsoperationen die gegnerischen Stellungen ausschalten sollten. Der einzelne Soldat mußte weitaus besser trainiert und flexibler sein als früher, nachdem es jetzt darauf ankam, die schmal gewordenen Mobilitätsräume gut auszunutzen, und er mußte angesichts der größeren Gefahren besonders opferbereit sein. Legitimiert schienen solche Forderungen durch den russisch-japanischen Krieg. Die Angriffe der japanischen Truppen auf die russischen Stellungen in der Mandschurei waren deshalb erfolgreich gewesen, weil sich die Angreifer zum einen durch verdeckte Laufgräben dem feindlichen Feuer entzogen und zum anderen keine Verluste gescheut hatten.[42] Hier zeichnete sich der Krieger-Arbeiter, den Ernst Jünger und andere nach dem Ersten Weltkrieg feiern sollten, in Umrissen ab. Für eine breitere Öffentlichkeit blieben die neuen Entwicklungen jedoch dadurch teilweise verdeckt, daß sich das Militär bei seinen vielen Paraden in einem im Grundsatz traditionellen Gewand präsentierte. Während neue Technik bis hin zu den beeindruckenden Zeppelinen als Element eingebaut wurde, signalisierten die farbigen Uniformen, die man hier weiterhin trug, Kontinuität.[43]

IV. Das Bild, das von einem künftigen Krieg und der Wünschbarkeit oder Möglichkeit seines Ausbrechens in den Köpfen der Europäer entstand, formte sich nicht nur vor dem Hintergrund der Erinnerungen an frühere Kriege und der Diskussionen und Erfahrungen im Kontext der militärischen Ausbildung. Parallel zu den neuen internationalen Spannungen und Rüstungsanstrengungen erlebte das literarische Genre der fiktiven Kriegsberichte und des militärischen Zukunftsromans seit den 1890er Jahren einen bemerkenswerten Aufschwung. Das galt besonders für Großbritannien, wo die neue Massenpresse in ihm ein günstiges Mittel zur Auflagensteigerung fand, aber auch für Frankreich und Deutschland.

---

41 Herrmann, S. 24.
42 Ebd., S. 24–29; vgl. Storz, S. 167 ff., S. 207 ff., der allerdings darauf hinweist, daß die französische Infanterietaktik weiterhin am Frontalangriff orientiert blieb, während die deutsche die Umfassung betonte. Zu den verschiedenen Schulen in der französischen Militärführung vgl. auch J. Doise u. M. Vaise, Diplomatie et outil militaire, 1871–1991, Paris 1992, S. 181–87.
43 Vogel, S. 112 f. u. passim.

Die britischen Erfahrungen mit Militär und Krieg boten allerdings ganz andere Voraussetzungen und Motive für literarische Produkte als diejenigen auf dem Kontinent. Englands letzte Beteiligung an einem großen europäischen Landkrieg lag fast ein Jahrhundert zurück, seine Marine beherrschte unangefochten die Weltmeere, die Lasten und Probleme einer Wehrpflichtarmee hielt man von sich fern und begann erst nach dem teilweise desaströsen Verlauf des Burenkrieges, ihre Einführung ernsthafter zu diskutieren. Das relativ kleine Heer hatte seine Hauptaufgaben in den Kolonien. Kaum ein Jahr verging, in dem es dort nicht irgendwo kleinere Kämpfe zu bestehen hatte. Mit modernsten Waffen ausgerüstete Massenheere trafen dabei nicht aufeinander; vielmehr konnte der weiße Europäer in kleinen Gefechten und mit vergleichsweise bescheidenen Mitteln den anderen Rassen seine Überlegenheit beweisen. So boten die gewöhnlich siegreichen Scharmützel in Indien oder Afrika Ansatzpunkte für romantische Phantasien von Tapferkeit und Heldentum individuell unterscheidbarer Kämpfer und damit für die Befestigung männlicher Rollenbilder, wie sie sich seit dem Anfang des 19. Jahrhunderts herausgebildet hatten,[44] und die nicht in Gefahr standen, bald mit der Realität konfrontiert zu werden. Geschlechterstereotype und christliche Traditionen flossen zusammen in der Gestalt des General Charles Gordon, eines fähigen und frommen Offiziers und Beamten, der 1884 mit seinen ägyptischen Truppen von den Verbänden der Mahdi-Aufständischen in Khartum eingeschlossen wurde, mehrere Monate der Belagerung trotzte und schließlich beim Sturmangriff auf die Stadt den Tod fand, zwei Tage bevor eine britische Entsatzexpedition Khartum erreichte. Nach einem offiziellen Trauertag im ganzen Königreich und Gedenkgottesdiensten in der Westminster Abbey und St. Paul's erfaßte ein regelrechter Heiligenkult das Land; Statuen, Büsten, Krüge und Tassen mit seinem Bild zeigten Gordon als „God's chosen servant standing alone against the powers of darkness".[45]

Vor diesem Hintergrund wurden nicht nur Rudyard Kiplings Gedichte und Erzählungen, die die koloniale Herrschaft und den dazu nötigen Gewalteinsatz moralisch rechtfertigten und ästhetisch überhöhten, ein großer Erfolg. Auch die Visionen eines möglichen Krieges in Europa fanden eine breite Leserschaft. Den Anfang machte 1891 das Buch „In a Conning Tower" des konservativen Politikers und späteren Kriegministers Hugh Arnold-Forster, das in der Form des Berichts über eine fiktive Seeschlacht die Bewunderung der neuen waffentechnischen Möglichkeiten mit dem Stolz auf die dadurch gesteigerte Leistung der eigenen Flotte verband. Weitere, zum Teil direkt

---

44 P. Gay, Kult der Gewalt. Aggression im bürgerlichen Zeitalter, München 1996, S. 120 ff.; vgl. auch M.C.C. Adams, The Great Adventure. Male Desire and the Coming of World War I, Bloomington 1990.
45 E.M. Spiers, The Late Victorian Army, 1868–1902, New York 1992, S. 179–91, das Zitat S. 183; H. Strachan, Militär, Empire und Civil Society. Großbritannien im 19. Jahrhundert, in: Frevert, Militär, S. 78–93, bes. S. 80, 89.

von der Admiralität mitverfaßte Werke ähnlichen Charakters erschienen in den Folgejahren.⁴⁶ Auf ein mindestens ebenso großes Echo stießen aber auch Geschichten, die den Verlauf einer Invasion Englands durch die Truppen einer kontinentaleuropäischen Macht schilderten. In den 1890er Jahren schien von Frankreich die größte Gefahr auszugehen. In seinem 1894 verfaßten Roman „The Great War in England in 1897" sah der populäre Schriftsteller William Le Queux französische Truppen und russische Kosacken durch einen Tunnel, den sie unentdeckt unter dem Kanal gegraben hatten, in England einziehen. Nicht genug damit, der Mob Londons wird von ihnen aufgewiegelt, in den Straßen der Hauptstadt wird gekämpft: „Dozens of constables were shot dead, hundreds of Anarchists and Socialists received wounds from batons".⁴⁷ In Max Pembertons „Pro Patria" von 1902 kam es nicht so weit, denn wachsamen Patrioten gelang es, französische Spione zu entlarven und die Invasionspläne rechtzeitig aufzudecken. Deren Vorbereitungen waren furchterregend: Eine gewaltige Maschine trieb unter dem Kanal eine riesige Stahlröhre in Richtung England voran, in der dann eine Eisenbahn die Invasoren transportieren sollte. Diese Geschichten ließen nicht von schnellen Siegen träumen, sondern bündelten eine Reihe von Ängsten vor politischem Machtverfall, gesellschaftlicher Auflösung und sexueller Überwältigung, denen die moderne Technik furchterregende Dimensionen verlieh.⁴⁸ Gewarnt wurde hier nicht vor einem Krieg mit anderen Großmächten, sondern vor dessen ungenügender Vorbereitung und vor seinen möglichen gesellschaftlichen Konsequenzen in Großbritannien selbst. Die Royal Navy mochte eine Invasion über See unwahrscheinlich machen, aber eine Garantie gegen jegliche Art von Invasion war sie nicht. Helfen konnte nur eine Steigerung der eigenen Rüstung.

An diesem Grundmuster änderte sich auch nach 1900 nichts, als Deutschland durch seinen Flottenbau Frankreich vom Platz des Hauptfeindes verdrängte. 1906 verfaßte Le Queux in Zusammenarbeit mit Feldmarschall Lord Roberts, dem hochdekorierten Kolonialkriegshelden und Vorkämpfer für die allgemeine Wehrpflicht, eine neue Invasionsgeschichte, „The Invasion of 1910", die als Fortsetzungsgeschichte in der „Daily Mail" erschien. Nun waren es deutsche Truppen, die in einer Nacht-und-Nebel-Aktion von Antwerpen aus in England einfielen. Ihre Marschroute Richtung London folgte weniger militärischen Notwendigkeiten als vielmehr der Maxime, möglichst viele größere Städte zu berühren, um die Verkaufszahlen von Lord Northcliffes Blatt in die Höhe zu treiben. Nach einer Reihe von kurzen Belagerungen und schnellen Gefechten gegen die schlecht organisierten und

---

46 I.F. Clarke, Voices Prophesying War, London 1966, S. 79–86.
47 W. Le Queux, The Great War of 1897, London 1894, S. 45, zit. nach D. Pick, War Machine: The Rationalization of Slaughter in the Modern Age, New Haven 1993, S. 127.
48 Pick, S. 123–26.

von Spionen durchsetzten englischen Streitkräfte ziehen die Deutschen in der Hauptstadt ein, wo sie ein Terrorregime errichten.[49]

Die Geschichte war spannend geschrieben und auch als Buch ein großer kommerzieller Erfolg. Wie Le Queux' erster Roman zeichnete sie kein realistisches Bild des modernen Krieges und vertrat eine eindeutige politische Botschaft. Gleichwohl gelang es ihr ebensowenig wie Erskine Childers „Riddle of the Sands" von 1903, in dem deutsche Invasionspläne gerade noch rechtzeitig aufgedeckt werden, dem Anliegen der Wehrpflichtanhänger zum Durchbruch zu verhelfen, die trotz der Unterstützung durch prominente Heeresgeneräle bis zum Ersten Weltkrieg im teils erbitterten Streit mit der Marinelobby den kürzeren zogen.[50] Nur ein bekannter englischer Autor, der linksliberale H. G. Wells, vermittelte in seinem Science-fiction-Roman „The War of the Worlds", der 1898 erschien, eine Ahnung von den Schrecken, die ein künftiger Krieg in Europa haben würde. Invasoren vom Mars landen in England, die über unbezwingbare Kampfmaschinen und Giftgas verfügen, fürchterliche Verwüstungen anrichten und schließlich nur dadurch aufgehalten werden, daß sie von Bakterien infiziert werden, gegen die sie über keine Abwehrkräfte verfügen.[51] Auch in dem wenige Jahre später verfaßten Essay „Anticipations" hob Wells hervor, daß der Krieg der Zukunft sich durch den Einsatz neuartiger Maschinen, vor allem von Luftschiffen und Flugzeugen, grundlegend von allen früheren unterscheiden würde. Die Konsequenz, die er daraus zog, ging noch weiter als die der militärischen Experten. Künftige Kriege seien nicht mehr eine Sache von „half-trained lads in uniform, led by parson-bred sixth-form boys and men of pleasure and old men, but an exhaustive demand upon very carefully-educated adults for the most strenuous best that is in them ... A people must develop and consolidate its educated efficient classes or be beaten in war."[52]

In Frankreich war, anders als in Großbritannien, der Platz des Militärs in der Gesellschaft lange Zeit heftig umstritten. Die Armee galt zur Zeit der Dreyfus-Affäre nicht nur als Bastion der Republikfeinde und als Repressionsorgan gegen die Arbeiterbewegung, sondern wurde von einer um 1900 debütierenden Generation von Schriftstellern überhaupt als Hort von Brutalität, Trunksucht und moralischer Verkommenheit gebrandmarkt. In „Biribi, armée d'afrique" erzählte Georges Darien 1890 keine romantischen Geschichten vom Soldatenleben in Afrika, sondern schilderte die Grausamkeiten des Alltags in einer Strafkompanie und löste damit eine vom Kriegsminister angeordnete Untersuchung aus. Etwa zur gleichen Zeit publizierte der Hauptmann Émile Driant unter dem Pseudonym Danrit eine Reihe von fik-

---

49 Clarke, S. 136–52; Morris, S. 107 f.
50 Ebd., S. 98 ff.
51 Clarke, S. 90–99.
52 H.G. Wells, Anticipations, in: ders., Anticipations and other Papers, London 1924, S. 1–282, das Zitat S. 182 f.

tiven Kriegsberichten, die sich im Stil Hugh Arnold-Forsters an der Wirkung der modernen Waffen berauschten und zugleich zu zeigen versuchten, wie sehr man der deutschen Armee überlegen sei. Andere Autoren, häufig auch Militärs, verfaßten ähnliche Werke, die entweder einen erfolgreichen Revanchekrieg mit dem Nachbarn im Osten oder, im Zeichen der zunehmenden Spannungen mit England nach der Faschoda-Krise, eine gelungene Invasion beschrieben. Erst nach dem Abschluß der Entente von 1904 und der Bereinigung der Dreyfus-Affäre schwand der Antimilitarismus der jungen Schriftsteller; Charles Péguy etwa distanzierte sich 1910 öffentlich von seinem armeekritischen Frühwerk.[53]

In Deutschland, dessen kurze Kolonialgeschichte um 1900 noch wenig Stoff für romantische oder kritische Geschichten über das Militär bot, begann der Aufschwung der Zukunftskriegsliteratur erst, als sich die Entente zwischen England und Frankreich bildete und sich das Scheitern der deutschen Flottenpolitik abzeichnete. August Niemanns Buch „Der Weltkrieg. Deutsche Träume" von 1904, das bis 1914 in einer Auflage von immerhin 33.000 Exemplaren gedruckt wurde, zeichnete das völlig realitätsferne Bild eines schnellen Feldzuges, den Deutschland, Frankreich und Rußland miteinander gegen England unternehmen und nach dessen siegreichem Ende sie das britische Weltreich unter sich aufteilen. Einer der größten Verkaufserfolge in Deutschland vor 1914 überhaupt war das 1905 erschienene Werk „1906. Der Zusammenbruch der alten Welt" von „Seestern" (dem Schriftsteller Friedrich Grautoff). Bis 1914 erreichte es eine Auflage von 141.000 Exemplaren, die nur noch von Liliencrons „Kriegsnovellen" und Bertha von Suttners Antikriegsroman „Die Waffen nieder!" übertroffen wurde. „1906" entfaltet das Drama eines Krieges zwischen England und Frankreich auf der einen und dem Dreibund auf der anderen Seite, denen sich jeweils kleinere Staaten anschließen, während Rußland ebenso wie die USA neutral bleiben. Der Krieg entzündet sich an einer Schlägerei zwischen Matrosen auf Samoa, England besetzt Antwerpen und greift mit seiner Flotte Cuxhaven an, die französische und die deutsche Armee liefern sich erste Schlachten bei Lille und Tournay. Die deutsche Flotte wird vor Helgoland versenkt, während sich das Heer zu Lande behaupten kann. Nun – und damit nimmt die Handlung eine nicht sehr realistische Wendung – bricht ein großer Aufstand in Englands afrikanischen und asiatischen Kolonien aus, durch den die Briten zum Frieden gezwungen werden. Deutschland macht einige Gewinne in Afrika, aber alle beteiligten Staaten sind nach mörderischen Kämpfen erschöpft. Die eigentlichen Sieger sind Rußland und die USA. „Seesterns" Botschaft war eindeutig: Die Europäer sollten sich zusammenschließen, um ihre Stellung in der Welt gemeinsam gegen die Randmächte zu behaupten. Seine Darstel-

---

53 Clarke, S. 79–86, 116–22; Girardet, S. 160–66, vgl. S. 192–209; J. Rabaut, L'Antimilitarisme en France, 1810–1975, Paris 1975, S. 39–43.

lung hatte ambivalente Züge. Die Soldaten aller Seiten, freilich besonders der deutschen, wurden als tapfere, Sympathie heischende Kämpfer porträtiert, die Kämpfe selbst durchaus in unverhüllter Grausamkeit gezeigt. So hieß es etwa in der Schilderung einer Seeschlacht: „In dem engen Raume ... watete man tatsächlich im Blut, stand auf zermalmten Leichen und fand in dem Brei menschlicher Gliedmaßen oft nur mit Mühe noch einen festen Standpunkt auf den Ladeposten. Die Geschoßaufzüge waren durch Blut und verspritzte Körperteile verschmiert, und oft fanden die rastlos laufenden Ketten der Munitionsaufzüge einen Widerstand an Knochenstücken, die in sie hineingesprengt waren."[54] Gewalt gegen Afrikaner erschien demgegenüber, auch wenn sie an sich grausam war, als unproblematisch.[55] Der Roman war ein Aufruf gegen jeglichen Krieg zwischen den europäischen Nationen, aber er bot darüber hinaus sowohl Pazifisten als auch Nationalisten Identifikationsmöglichkeiten. Er verherrlichte den Krieg nicht, aber er verurteilte ihn auch nicht, sondern zeigte ein halbwegs realistisches Bild.[56]

Die meisten Geschichten über einen künftigen Krieg zeichneten sich weder durch die Detailgenauigkeit von „1906" noch durch die literarischen Qualitäten des „War of the Worlds" aus. Ihnen gemeinsam war hingegen „a complete failure to foresee the form a modern war would take".[57] Schnelle Siege der eigenen Truppen dominierten die Handlung. Insofern verharmlosten sie den Krieg und förderten die Kriegsbereitschaft. Noch zustimmungsfähiger war freilich, wie der große Erfolg gerade von Le Queux' und Seesterns Romanen zeigt, der Verweis auf die Notwendigkeit einer starken eigenen Rüstung. Sie ließ sich als Palliativ gegen einen Krieg legitimieren, aber ebenso als Mittel, ihn schnell und siegreich zu beenden, wenn er denn geführt werden mußte.

V. Viele Schriftsteller, Militärs, Politiker und Journalisten, die über Fragen von Krieg und Frieden nachdachten, standen auf dem Boden eines mehr oder minder ausgeprägten Sozialdarwinismus.[58] Maximilian Harden, der scharfsinnige, eloquente und politisch schillernde Kritiker des wilhelminischen Kaiserreichs, brachte die in einer solchen Grundposition liegenden Ambivalenzen auf den Punkt, als er in einem Artikel zum herannahenden Burenkrieg schrieb: „Wir wissen längst, daß, nach dem darwinischen Gesetz, auch im Leben der Völker nur der Streit herrscht und die Stärke siegt. Doch so ganz ist die neue Sittlichkeit des struggle for life noch nicht Eigen-

---

54 Seestern, „1906". Der Zusammenbruch der alten Welt, Leipzig 1905[13], S. 83.
55 H. Franke, Der politisch-militärische Zukunftsroman in Deutschland, 1904–14. Ein populäres Genre in seinem literarischen Umfeld, Frankfurt 1985, S. 52 f., die Auflagenzahlen S. 329–34.
56 Ebd., S. 20–68.
57 Clarke, S. 68.
58 D. Bald, Zum Kriegsbild der militärischen Führung im Kaiserreich, in: Dülffer u. Holl, S. 146–60; vgl. die zusammenfassenden Bemerkungen bei Wehler, S. 1081–85.

tum des Europäers geworden, daß er den Ekel an dem Schauspiel unterdrücken könnte, das britische Heuchelei und Raubgier jetzt bieten."[59] Wer sich in der internationalen Konkurrenz durchsetzen wollte, konnte unter Umständen auf Gewalt nicht verzichten. Doch wenn sie die Form eines nur mühsam getarnten Angriffskriegs aus sehr durchsichtigen Motiven annahm, kollidierte das von Darwins Evolutionstheorie abgeleitete Prinzip mit älteren Grundsätzen der politischen Moral, die man nicht so einfach über Bord werfen wollte.

Je weiter der Geltungsbereich jenes vermeintlichen Gesetzes vom „Kampf ums Dasein" gezogen wurde, desto zahlreicher schienen die Herde möglicher kriegerischer und anderer gewaltsamer Konflikte. Der preußische General und Militärtheoretiker Conrad Freiherr v.d. Goltz ortete im „menschlichen Egoismus" überhaupt das bewegende Prinzip der Welt.[60] Der Egoismus des einzelnen übertrage sich „naturgemäß auf die Völker", die sich wie „große Individuen" verhielten, was sich „beim Starken im Ausdehnungstriebe, beim Schwachen im Widerstand dagegen" niederschlage. Friede bedeute „Stillstand in der Geschichte der Menschheit.... Ewiger Frieden heißt ewiger Tod."[61] Es kam nun darauf an, jenen Egoismus in die richtige Bahn zu lenken. Goltz attackierte den modernen Liberalismus, der nicht nur dem Individuum zu viel Freiheit einräume, sondern durch das Vereinigungsrecht auch die Formierung von Interessengruppen ermögliche, an deren erster Stelle, so Goltz, die alle „Unzufriedenen" aufwiegelnde Sozialdemokratie stand. Mit der „freieren Einwicklung des Individuums aber wächst die Gefahr des Zusammenstoßes", und am Ende stehe der „Kampf aller gegen alle".[62] Goltz' Rundumschlag gegen Liberale und Sozialdemokraten brachte die Angst der alten Eliten vor dem Ende ihrer Privilegien und vor den Forderungen der erstarkenden Arbeiterbewegung auf den Punkt; sie war nicht völlig neu, erhielt aber durch das Prinzip, auf das sie sich bezog, eine besondere Zuspitzung. Goltz machte auch kein Hehl daraus, daß in dem so entstehenden „Bürgerkrieg" gegen die Aufwiegler schließlich auch zu den Waffen gegriffen werden müsse.

Wann und unter welchen Umständen dies geschehen könne, ließ Goltz im Dunkeln, während er im Hinblick auf zu erwartende Kriege konkreter wurde. Der eine Herd solcher Konflikte sei der Balkan, wo sich weitere Nationalstaaten im Widerstand gegen das Osmanische Reich bildeten und ausdehnten, der andere die „von den Kulturmächten betriebene Teilung der Erde". In einer ferneren Zukunft würden sich die „Stammesgruppen" der Germanen, Romanen und Slawen in Europa gegeneinander zusammen-

---

59 M. Harden, Minenkrieg, in: Die Zukunft 29. 1899, S. 48–53, das Zitat S. 52.
60 C. Freiherr v.d. Goltz, Der ewige Frieden und der nächste Krieg, in: Deutsche Revue 29. 1904, Bd. 1, S. 129–37, das Zitat S. 135.
61 Ebd., S. 132.
62 Ebd., S. 133.

schließen, eines Tages dann die „Rassen".⁶³ Wo, wann und zwischen wem der nächste Krieg ausbrechen werde, vermochte Goltz nicht zu sagen, sah einen großen Seekrieg aber als am wahrscheinlichsten an. Die Frage, mit welchen Mitteln man ihn führen sollte, brachte Goltz in ein Dilemma. Einerseits wollte er den liberalen Fortschrittsglauben nicht in Bausch und Bogen verwerfen und plädierte deshalb dafür, die Kriegführung zu humanisieren und Krieg nicht leichtfertig zu beginnen; darin erblickte er die legitimen Aufgaben der Friedensbewegung. Andererseits gab er sich keinen Illusionen darüber hin, daß selbst ein Krieg „gebildeter Nationen" sehr häßliche Formen annehmen könne, wie das jüngst der Burenkrieg bewiesen hatte: „Frauen und Kinder wurden dabei dem Elende, mitunter dem sicheren Tode preisgegeben." Im Krieg trete eben „Gewalt an die Stelle der Übereinkommen"; er könne sich auch nach einem Sieg über die Hauptstreitmacht des Gegners lange hinziehen, wenn dieser hartnäckigen Widerstand leiste. Nur die „natürlichen Kräfte" beider Seiten bestimmten letztlich die Grenzen der eingesetzten Gewalt.⁶⁴ Goltz, der eifrig publizierte und mit seinem mehrfach aufgelegten „Volk in Waffen" Clausewitz im Licht der Erfahrungen der Einigungskriege und neuen technischen Entwicklungen fortgeschrieben hatte,⁶⁵ mußte aufgrund seiner Theorie vom alles durchziehenden Prinzip des Kampfes einräumen, daß ein künftiger Krieg vermutlich weder besonders kurz noch besonders human sein würde. Der „totale" Krieg des 20. Jahrhunderts warf seinen Schatten voraus. Goltz war kriegsbereit, aber er war sich der Probleme bewußt, die ein großer Krieg aufwerfen würde.

Die Konsequenzen, die aus einem sozialdarwinistisch gefärbten Weltbild für den Umgang mit innergesellschaftlichen Konflikten, insbesondere dem mit der Arbeiterbewegung, zu ziehen waren, mußten allerdings durchaus nicht so repressiv wie bei Goltz ausfallen. Liberale Imperialisten wie Max Weber, Joseph Chamberlain oder der Biologe Karl Pearson forderten soziale Reformen als Vorbedingung für eine kraftvolle Außenpolitik.⁶⁶ „Friedenspolitik nach innen", die sich vor allem auf die „produzierenden Stände" zu richten habe, verlangte der Bülow-Vertraute und Baseler Professor Ludwig Stein, damit man notfalls auch „durch das Schwert" die angemessene Stellung in der Welt erreichen könne und dieses Schwert „nicht auch noch gegen die eigenen Bürger zu richten hätte".⁶⁷

Auch im Konflikt mit anderen Großmächten war die Eskalation hin zu einem Krieg nicht zwingend, wenngleich er sich, wie dies der Herausgeber der „Fortnightly Review" ausdrückte, als „the only certain periodical test of

---

63 Ebd., S. 133, 131.
64 Ebd., S. 135 f.
65 C. Freiherr v.d. Goltz, Das Volk in Waffen: ein Buch über Heerwesen und Kriegführung unserer Zeit, Berlin 1899⁵.
66 Pick, S. 80 f.
67 L. Stein, Deutsche Weltpolitik, in: Die Zukunft 35. 1901, S. 331–37, die Zitate S. 335.

the quality of a nation" verstehen ließ.[68] Für Hans Delbrück ging es 1899 bei der Aufrüstung, welche die Staatenkonkurrenz hervorbrachte, zunächst um gegenseitige „Macht-Abschätzung". Jede Abrüstung sei schädlich, weil sie die echte Leistungskraft einer Nation verschleiere und eine Kriegsgefahr erst heraufbeschwöre. Frankreich etwa habe sein Potential schon sehr weitgehend ausgeschöpft, auch England nähere sich allmählich diesem Punkt, während Deutschland „ohne jede Schwierigkeit noch eine höhere Kraft entwickeln" könne. Es sei geradezu sittliche Pflicht, diese Reserven zu nutzen, denn „nur wer Macht hat, dem wächst auch Macht zu". Nur so könne die Aufteilung der Welt unter Engländern und Russen verhindert werden. „Ohne Krieg, wenn es möglich ist, aber es ist ein Gut, das auch um noch so viel Blut nicht zu teuer erkauft wäre."[69] Maximilian Harden empfahl ein Jahr nach dem Erscheinen von Delbrücks Aufsatz die Probe aufs Exempel. England sei aufgrund seiner Verwicklung in den Burenkrieg von Truppen entblößt; Deutschland solle sich schnell mit Rußland und Frankreich verständigen, um dem Inselreich seine weltpolitischen Grenzen zu zeigen. „Kein Tröpflein Menschenblutes brauchte zu fließen; der feste Wille der europäischen Großmächte würde genügen".[70]

Leichter fiel es, einen Krieg gegen einen vermeintlich einfachen und als minderwertig definierten Gegner zu beginnen und zu führen. Harden freute sich mit den Soldaten, die 1900 zur Bekämpfung des Boxeraufstandes nach China geschickte wurden, denn nun sei „der ersehnte Krieg da, der Ehrenzeichen und rasche Rangerhöhung verheißt".[71] Als wenige Jahre später ein neuer Kommandeur der Einheiten in Deutsch-Südwestafrika, Admiral Trotha, dem Herero-Aufstand mit Methoden begegnete, die sein Vorgänger noch nicht angewandt hatte, dabei aber die deutschen Verlustziffern deutlich senken konnte, zollte ihm Harden uneingeschränkten Beifall: „Am Waterberg hat er ... den Feind, trotz dessen Übermacht, Geschicklichkeit und Todesverachtung geschlagen. Nicht vernichtet freilich; doch, wie es scheint, in ein wasserloses Gelände gejagt, aus dem die Hereros nur über die (noch recht ferne) englische Grenze flüchten können, wenn sie nicht vorziehen oder genötigt werden, sich in kleinen Trupps dem von unseren Soldaten veranstalteten Kesseltreiben auszusetzen."[72]

Wenn der Sozialdarwinismus einen rassistischen Einschlag erhielt, dann erhöhte das die in ihm angelegte Brutalisierung der Kriegführung zusätzlich. Damit war gleichsam die extreme Konsequenz eines sozialdarwinistischen Weltbildes bezeichnet. Allerdings war es nicht auf eine generelle Kriegs-

---

68 W.L. Courtney, England after the War, in: The Fortnightly Review 78. 1902, S. 1–20, das Zitat S. 3.
69 Delbrück, S. 221, 227, 229.
70 M. Harden, Englische Krankheit, in: Die Zukunft 30. 1900, S. 409–418, das Zitat S. 418.
71 M. Harden, Tsin-Schi-Hoang-Ti, in: Die Zukunft 32. 1900, S. 49–55, das Zitat S. 49.
72 M. Harden, Militaria, in: Die Zukunft 49. 1904, S. 39–45, das Zitat S. 40 f.

und Gewaltbereitschaft festgelegt, sondern erlaubte auch andere Einstellungen. Der Krieg ließ sich auch als rein destruktives Geschehen begreifen, in dem die „Ströme des besten Blutes von Hunderttausenden" flossen, also gerade eine negative Auslese getroffen wurde.[73] Außerdem konnte man den Kampf durchaus als bewegendes Prinzip der Geschichte anerkennen, ihn aber in einem altliberalen Sinn als friedlichen Wettstreit zwischen den Nationen in einer durch Freihandel gekennzeichneten weltweiten Marktgesellschaft verstehen. Der äußere Frieden wurde dann, anders als in der Argumentation der Imperialisten aller Schattierungen, zur Voraussetzung des inneren, da die bisher für das Militär aufgewendeten Mittel nun eingesetzt werden konnten, um regionale und soziale Wohlstandsgefälle einzuebnen. „Kampf ja, daß er aber die Form des Krieges haben müsse ..., ist durch nichts zu beweisen."[74] Diese friedliche Variante des Sozialdarwinismus blieb jedoch eine Minderheitsposition, zumal in Deutschland, und war tendenziell auf dem Rückzug. Der britische Sozialphilosoph Herbert Spencer, der Hauptvertreter eines solchen Ansatzes im angelsächsischen Raum, wurde zur Jahrhundertwende immer skeptischer. Hatte er im ersten Band seiner „Principles of Sociology" noch den Sieg der friedenswilligen „industriellen" Gesellschaften wie England über die „militanten" vom Schlage Preußens und Rußlands vorhergesagt, erging er sich im 1896 erschienenen dritten Band in düsteren Ahnungen über eine herannahende kriegerische Katastrophe.[75]

VI. In den großen Glaubensgemeinschaften blieb das Nachdenken über Krieg und Frieden den eigenen Traditionen verhaftet, es wurde aber insbesondere im Protestantismus stark von den anderen zeitgenössischen Debatten beeinflußt. Der Katholizismus orientierte sich weiterhin an der Lehre vom „gerechten Krieg". Danach durfte man nur zu den Waffen greifen, um ein Unrecht abzuwehren, insbesondere wenn ein Gegner mit Gewalt drohte oder schon zu ihr gegriffen hatte. Ein legitimer Krieg war somit das äußerste Mittel der Selbsthilfe, dessen man sich erst bedienen durfte, nachdem alle anderen Mittel ausgeschöpft waren. Der Umfang der Kriegshandlungen und die Art der Kriegführung mußten entsprechend begrenzt werden. Die feindliche Zivilbevölkerung war zu schonen, die „allgemeinen Normen des Rechts und der Sittlichkeit" blieben weiter in Kraft. Der „einzige Zweck", dem der Krieg diente, war die „Wiederherstellung des Friedens" als dem „Normalzustand der Menschheit". Verwerflich hingegen war jeder Krieg,

---

73 Rogalla von Bieberstein, Die Friedenskonferenz, in: Die Zukunft 25. 1898, S. 424–29, das Zitat S. 425; Pick, S. 82 f.
74 P. Garin, Der Weg zum Frieden, in: Die Zukunft 27. 1899, S. 347–52, das Zitat S. 352.
75 Pick, S. 75–87; P. Crook, Darwinism, War and History. The Debate over the Biology of War from the „Origin of Species" to the First World War, Cambridge 1994, S. 35–47; zur friedlichen Variante des Sozialdarwinismus generell S. 63 ff., 98 ff.

„welcher eitler Ruhmgier, bloßen Eroberungsgelüsten dient, aus einem verhängnisvollen „Expansionstriebe", einem verächtlichen, eifersüchtigen Streben nach Hegemonie und politischer Suprematie hervorgeht".[76] Das schien eine klare Position zu sein, aus der heraus sich für eine Politik der Rüstungsbegrenzung und des friedlichen Ausgleichs internationaler Spannungen plädieren ließ. In diesem Sinn übte etwa der 1901 gestorbene Edmund Jörg in seinen „Historisch-politischen Blättern für das katholische Deutschland" scharfe Kritik am Kurs der Berliner, aber auch der Londoner Regierung und unterstützte die Bemühungen der Haager Konferenz.[77] Unter seinem Nachfolger räumten jedoch auch die „Blätter" ein, daß man zum goldenen Friedenszeitalter der vergangenen Jahrzehnte nicht zurückkehren, sondern nur noch durch die Aufrechterhaltung des militärischen Gleichgewichts zwischen den Mächten einen „Weltkrieg" verhindern könne.[78]

Diese Militarisierung der katholischen Position ging nicht zuletzt darauf zurück, daß die Zentrumspartei kein Interesse an einem neuen Kulturkampf hatte und ihre prinzipielle Loyalität zum Deutschen Reich unter Beweis stellen wollte. Hinzu kam, daß unter „Frieden" letztlich eher der Frieden mit der anderen Konfession, mit sich selbst und mit Gott verstanden wurde, während seine zwischenstaatlichen Aspekte nicht näher entfaltet wurden. Schließlich blieb auch verschwommen, welche Gründe im einzelnen als ausreichende Legitimation für einen Krieg gelten konnten. „Besondere Umstände" konnten auch ein „an sich geringes Unrecht" dazu machen. Die Entscheidung darüber fiel aber prinzipiell nicht dem einzelnen Bürger oder Soldaten zu, sondern dem Inhaber der staatlichen Gewalt.[79] Damit wurden die Katholiken im Deutschen Reich noch nicht zu kriegsbereiten Hurra-Patrioten, aber eine klare Barriere, die sie davor zurückhielt, bestand ebensowenig, so daß sie in den Jahren nach 1911 in den Sog der auf den großen Krieg zusteuernden Entwicklung gerieten.[80]

Im deutschen Protestantismus bildete sich schon früher eine positive Einstellung zu kriegerischer Gewalt heraus. Die traditionelle Auffassung, wonach jeder Krieg aus der sündigen Natur des Menschen resultiere und deshalb zu Buße und innerer Einkehr führen müsse, damit der Frieden wieder-

---

76 H. Pesch, Krieg, in: Wetzer und Wette's Kirchenlexikon, Bd. 7, Freiburg 1891², Sp. 1177–91, die Zitate Sp. 1180, 1182 f.
77 Zeitläufe. Ereignisse und Stimmungen in und um Berlin: „Weltpolitik" und Militarismus II, in: Historisch-politische Blätter für das katholische Deutschland 120. 1897, S. 536–46; Zeitläufe. Nach dem Schluß der Friedenskonferenz im Haag, in: ebd. 124. 1899, S. 374–85; Der englische Imperialismus und der europäische Friede, in: ebd. 124. 1899, S. 294–307.
78 A., Rußland und Deutschland und der Streit um die Weltherrschaft, in: ebd. 131. 1903, S. 214–24, das Zitat S. 224.
79 Pesch, Sp. 1185–87, das Zitat Sp. 1186.
80 A.-H. Leugers, Einstellungen zu Krieg und Frieden im deutschen Katholizismus vor 1914, in: Dülffer u. Holl, S. 56–73.

hergestellt werden könne, wurde seit den 1890er Jahren von einer Haltung in den Hintergrund gedrängt, die mit dem Stolz auf die eigene Nation auch eine Hochschätzung ihrer militärischen Stärke verband. Es war nur konsequent, wenn dann der Einsatz im Kampf für das Vaterland als höchste patriotische Tat bewertet und gepredigt wurde. Um 1900 hatte sich in weiten Teilen des deutschen Protestantismus die Überzeugung verbreitet, daß angesichts der wachsenden internationalen Spannungen eine prinzipielle Kriegsbereitschaft erforderlich sei.[81] Nicht jeder ging dabei so weit wie der Pastor und liberale Sozialreformer Friedrich Naumann, der sich in einer aufsehenerregenden Verteidigung der „Hunnenrede" Wilhelms II. unverhüllt auf den Boden des Sozialdarwinismus stellte und dem christlichen Glauben in einer von Kampf und Krieg durchzogenen Welt nur noch die Funktion einer Humanisierung dieser Kämpfe und der Herstellung individuellen Seelenfriedens einräumen wollte.[82] Der liberale Theologe Ferdinand Kattenbusch verwarf in einer vielbeachteten Schrift von 1906 zwar jegliche Begründung des Krieges, die ihn zu einem unverzichtbaren Mittel historischen Fortschritts verklärte, wandte sich aber auch gegen eine allgemeine kosmopolitische Friedensgesinnung, weil sie tatsächlich nur den individuellen Egoismus bemäntele. Das christliche Gebot der Nächstenliebe beziehe sich nicht nur auf einzelne, sondern auch auf „Völkerseelen". Es verlange unterschiedliche Formen der Zuwendung, im Extremfall sogar die des Krieges, denn ein „Volk, das sich an Hochmut und Brutalität gewöhnt, gefährdet sittlich jedes einzelne seiner Glieder", und eben auch Völker seien es „einander schuldig ... sich zur Besinnung zu rufen. Der Krieg ist unter Umständen die einzige Form, wie das geschehen kann." Das ließ sich einerseits als Warnung vor jeglichem Chauvinismus verstehen, doch andererseits auch als weitreichender, gewaltsame Mittel einschließender Erziehungsauftrag gegenüber Völkern in den Kolonien und ebenso in Europa.[83] Martin Rade, der liberale Theologe und der Friedensbewegung nahestehende Herausgeber der „Christlichen Welt", wies 1899 zum Abschluß einer Artikelserie über Krieg und Frieden noch einmal scharfsinnig und klar die These zurück, der Krieg lasse die Menschen ihre besten Eigenschaften zeigen. Tüchtigkeit beweisen – oder nicht – könne man auch, wenn die Pest ausbreche; im übrigen bringe der Krieg nur solche Tugenden zur Geltung, die man bereits im Frieden eingeübt habe. Der Krieg sei deshalb „unter keinen Umständen ein Gut". Eine Weiterentwicklung des Völkerrechts und friedlicher Mechanismen des Interessenausgleichs sei das Gebot der Stunde, nicht die Forcierung der Rü-

---

81 M. Greschat, Krieg und Kriegsbereitschaft im deutschen Protestantismus, in: Dülffer u. Holl, S. 33–55.
82 Ebd., S. 41–43.
83 F. Kattenbusch, Das sittliche Recht des Krieges, in: Christliche Welt 20. 1906, Sp. 515–20, 532–36, 553–58, das Zitat Sp. 558 (auf dem hier abgedruckten Vortrag beruhte Kattenbuschs Schrift); vgl. Greschat, S. 43–46.

stungen, um einen Krieg zu verhindern. Wenn Rade forderte: „Si vis pacem, para pacem", sprach er damit aber nur für eine kleine Minderheit unter den evangelischen Theologen und Pastoren.[84]

VII. Nur zwei gesellschaftliche Kräfte bezogen um die Jahrhundertwende eine relativ eindeutige Position gegen den Krieg: die bürgerliche Friedens- und die sozialistische Arbeiterbewegung. Die Friedensbewegung erlebte seit den 1880er Jahren in den meisten europäischen Ländern einen Aufschwung und erhielt um 1900, als sie einige Erfolge vorweisen konnte, weiteren Auftrieb. Sie war von Beginn an international vernetzt und erhielt seit 1889/91 in der „Interparlamentarischen Union" und dem jährliche Friedenskongresse abhaltenden „Bureau international de la paix" ihre organisatorische Basis. Die vom russischen Zaren unter dem Einfluß Iwan Blochs angeregte Haager Friedenskonferenz von 1898, der eine zweite im Jahr 1907 folgte, und die 1901 beginnende Verleihung des Friedensnobelpreises riefen einer breiten Öffentlichkeit ins Bewußtsein, daß es einen Gegenentwurf gegen Militarismus und Imperialismus gab, der zudem, anders als der der sozialistischen Bewegung, prinzipiell systemkonform war.[85]

Die Friedensbewegung fand in den einzelnen Ländern unterschiedlichen Rückhalt. Besonders stark war sie in den westeuropäischen Ländern, wo sich ein hohes sozioökonomisches Entwicklungsniveau mit liberalen politischen Traditionen verband. In Frankreich fußte sie auf dem Antimilitarismus der linksbürgerlichen Republikaner, deren Kontakte mit der Arbeiterbewegung im Zuge der Dreyfus-Affäre enger wurden. In zahlreichen lokalen Vereinigungen organisiert, die seit 1896/97 einen nationalen Dachverband bildeten, erfaßte sie insbesondere Lehrer, Richter und Beamte sowie prominente Angehörige der politischen und intellektuellen Elite wie die Außenminister Loubet und Pichon und den Soziologen Émile Durkheim. Mit etwa 300.000 Mitgliedern war sie die bei weitem größte und einflußreichste auf dem Kontinent.[86] Noch stärker und besser organisiert war die Friedensbewegung in Großbritannien, wo sie sich auf die nonkonformistischen religiösen Gruppen und den radikalen Flügel der liberalen Partei stützte, in dem wichtige Politiker wie der von 1905 bis 1908 als Premierminister amtierende Sir Campbell-Bannermann und David Lloyd George sich ihren Ideen öffneten.[87] In der letzten Vorkriegsauflage der „Encyclopaedia Britannica" konnte eines ihrer führenden Mitglieder, der liberale Unterhausabgeordnete Thomas Barclay, in einem langen Artikel zum Stichwort „Peace" der optimisti-

---

84 M. Rade, Ein Schlußwort über Krieg und Frieden, in: Christliche Welt 13. 1899, Sp. 972–74.
85 Generell zur internationalen Friedensbewegung vor 1914: Cooper, bes. S. 60 ff.; zur deutschen Friedensbewegung zuletzt K. Holl, Pazifismus in Deutschland, Frankfurt 1988.
86 Cooper, S. 64–66.
87 Ebd., S. 70.

schen Überzeugung Ausdruck verleihen, daß „peace among nations has now become, or is fast becoming, a positive subject of international regulation, while war is coming, among progressive peoples, to be regarded merely, as an accidental disturbance of that harmony and concord among mankind which nations require for the fostering of their domestic welfare".[88]

Die Schwäche der deutschen Friedensbewegung war demgegenüber eklatant. Die „Deutsche Friedensgesellschaft" (DFG) wurde erst 1892 gegründet, als die wichtigsten internationalen Organisationen bereits ohne deutsche Beteiligung entstanden waren. Ihre Aktivitäten erhielten von der zunächst in Berlin angesiedelten Zentrale kaum Impulse; das änderte sich, als sich der Schwerpunkt der DFG in den deutschen Südwesten verlagerte, wo ein gefestigter Linksliberalismus ein gutes Fundament bot. Im Gegensatz zu seinem französischen Pendant blieb der organisierte deutsche Pazifismus aber in seiner sozialen Basis erheblich staatsferner. Viele seiner Mitglieder waren offenbar Geschäftsleute und Freiberufler, während Beamte, Professoren und Pastoren kaum dazugehörten. Aus ihren Reihen stammten allerdings einige der Galionsfiguren der Bewegung wie der Münchener Privatgelehrte und linksliberale Politiker Ludwig Quidde, dessen beißende Kritik am Wilhelminismus in seiner Schrift „Caligula" seine akademische Karriere verhindert hatte, oder der Stuttgarter Stadtpfarrer Otto Umfrid. Auffällig hoch war der Anteil von Frauen.[89]

Die Ziele der internationalen Friedensbewegung waren weniger radikal, als es aufgeregte Kritiker der Rechten glauben machen wollten. Bedingungslose Pazifisten wie der Schriftsteller Leo Graf Tolstoi, die aus religiösen Gründen jegliche Art von Gewaltanwendung ablehnten, bildeten nur eine Minderheit. „Befreiungskriege, Verteidigungskriege, Interventionskriege – unternommen zur Rettung gequälter ‚Unterworfener', haben wir noch immer für berechtigt gehalten", erklärte Umfrid, was man aber für „sittlich verwerflich" halte, seien „die nationalen Interessenkriege".[90] Die meisten Anhänger der Friedensbewegung verstanden sich durchaus als Patrioten; das verhinderte ihre völlige gesellschaftliche Isolierung, trug aber, wie sich 1914 zeigen sollte, im Fall eines großen Konflikts dazu bei, daß die Bewegung rasch zerfiel. Bei den konkreten Maßnahmen, die die Friedensbewegung forderte, standen deshalb auch völkerrechtliche Vereinbarungen, nicht innenpolitische Veränderungen und Reformen im Vordergrund. Besondere Hoffnungen setzte man dabei auf den Ausbau des Schiedswesens zur Lösung internationaler Konflikte, das mit der Einrichtung eines internationalen

---

88 T. Ba. (= Thomas Barclay), Peace, in: The Encyclopaedia Britannica, Cambridge 1911[11], S. 4–16, das Zitat S. 4 f.
89 Holl, S. 41–57.
90 O. Umfrid, Die theologische Gegnerschaft gegen die Friedensbewegung und die Rechtswidrigkeit des heutigen Krieges, in: Christliche Welt 20. 1906, Sp. 867–70, das Zitat Sp. 869; vgl. Cooper, S. 9 f.

Gerichtshofs in Den Haag und einer Reihe von bilateralen Schiedsverträgen deutlichen Auftrieb zu erhalten schien, auch wenn gleichzeitig der spanisch-amerikanische und der Burenkrieg erkennen ließen, daß auch die für solche Formen der Konfliktregelungen offenen Regierungen sich aus machtpolitischen Interessen unter Umständen rasch über ihre öffentlich bekundeten Absichten hinwegsetzten. Bezeichnend war, daß der Abschluß der Entente cordiale zwischen England und Frankreich 1904 von der Friedensbewegung nicht als ein sich anbahnendes Militärbündnis, sondern als bedeutender Schritt zur Erhaltung des Friedens verstanden wurde. Thomas Barclay verlangte in der „Deutschen Revue", daß nun auch eine entsprechende Verständigung zwischen England und Deutschland folgen müsse, die „keine Interessensphären abzugrenzen, keine koloniale Gegnerschaft zu überwinden" hätten, sondern allein „tausend kleine Zwistigkeiten", die aus der wirtschaftlichen Konkurrenz erwüchsen, aber leichter zu regeln seien als im anderen Fall.[91]

Das Rüstungsproblem blieb in dieser auf juristische Verfahrensweisen verengten Perspektive lange Zeit nachrangig und wurde erst in den letzten Jahren vor dem Ersten Weltkrieg in seiner Bedeutung erkannt. Dazu trug auch bei, daß, wie sich gerade in Deutschland zeigte, die Friedensbewegung die tieferen Ursachen der internationalen Spannungen mit ihren analytischen Kategorien nur unzureichend erfaßte. Bertha von Suttner, deren literarisch eher schwacher Roman „Die Waffen nieder!" ein großer Erfolg geworden war und sie zur prominentesten Gestalt im deutschen Pazifismus machte, beließ es beim flammenden moralischen Appell, der auf einem naiven Glauben an den allgemeinen Fortschritt der Menschheit „von ursprünglicher Barbarei zu immer höherer Kultur" fußte.[92] Alfred H. Fried, der theoretische Kopf der deutschen Friedensbewegung, versuchte demgegenüber, einen wissenschaftlich fundierten Pazifismus zu formulieren, der sich unter anderem auf Marx, Blochs Analyse des modernen Krieges und Quiddes rechtshistorische Studien stützte. Das Ergebnis war eine deterministische Theorie, nach der die zunehmende internationale Wirtschaftsverflechtung und Kommunikation auf allen Gebieten auch eine internationale Rechtsgemeinschaft und damit das Ende jeglicher kriegerischer Konfrontation herbeiführen würden. Damit gewann die Friedensbewegung zwar an Attraktivität in akademischen Kreisen, aber nicht an politischer Praxisnähe, zumal Fried zeitgenössische Theorien des Imperialismus wie die Hobsons und Hilferdings nicht rezipierte.[93]

---

91 T. Barclay, Friede zwischen England und Deutschland, in: Deutsche Revue 30. 1905, Bd. 1, S. 279–84, das Zitat S. 283; Cooper, S. 91 ff., bes. S. 105.
92 B. v. Suttner, Der ewige Krieg und die Friedensbewegung. Eine Entgegnung, in: Deutsche Revue 29. 1904, Bd. 2, S. 18–23, das Zitat S. 19.
93 Holl, S. 75–81.

Vermeintliche theoretische Klarheit, von der sich die praktische Politik aber immer weiter entfernte, herrschte bei der Sozialdemokratie. Im Erfurter Programm von 1891, das für die Partei bis über den Ersten Weltkrieg hinaus verbindlich blieb, gab es keine genaueren Aussagen zum Frieden. Solange der Kapitalismus bestand, war mit Kriegen zu rechnen; seine Überwindung würde zwangsläufig den Frieden herbeiführen, der damit zu einer „postrevolutionären Kategorie" wurde.[94] Eine konkrete Strategie zur Kriegsverhinderung entwickelte die Partei daher nicht. Sie konzentrierte sich auf die Forderung nach einem alle waffenfähigen Männer erfassenden Volksheer, das an die Stelle des stehenden Heeres treten und sowohl den Mißbrauch der Armee für einen Eroberungskrieg als auch ihren Einsatz im Innern gegen Streiks oder eine revolutionäre Erhebung verhindern sollte. Die Einrichtung eines internationalen Schiedsgerichts mit weitreichenden Befugnissen, wie es auch die Friedensbewegung wollte, und Abrüstungsmaßnahmen wurden erst viel später anvisiert.[95] Der Parteilinke Karski machte diesen Standpunkt deutlich, als er in einer ausführlichen Rezension des Werks von Iwan Bloch zwar seiner Beschreibung der Formen eines künftigen Krieges zustimmte, daraus aber nicht dessen Unmöglichkeit schloß, sondern die Notwendigkeit ableitete, die Position der Verteidiger durch eine möglichst breite militärische Ausbildung weiter zu stärken. Abrüstung würde hingegen erst dann sinnvoll sein, wenn es nur noch wahrhaft demokratisch regierte Staaten gebe; „so lange aber Väterchen Zar die Kosakenheere gegen Europa führen kann, gibt es für uns nur eine Lösung – das Volksheer."[96]

In Karskis Argumentation deutete sich das grundsätzliche Dilemma an, in dem sich die Partei befand. Auf der einen Seite kämpfte sie gegen die Entfesselung eines großen Krieges in Europa, dessen Schrecken sich nicht zuletzt jene Mitglieder, die 1870/71 mitgekämpft hatten, im Prinzip bewußt waren, auf der anderen Seite hielt sie einen Verteidigungskrieg gegen das zaristische Rußland als den Erzfeind der Demokratie für völlig legitim. Das begrenzte die antimilitaristische Agitation und ließ die Parteirechte ein pragmatisches Verhältnis zur Armee finden, wie es Gustav Noske, der militärpolitische Sprecher der Reichstagsfraktion seit 1907, personifizierte.[97] Wolfgang Heine, einer ihrer anderen Repräsentanten, hob im gleichen Jahr hervor, daß auch bei einem von der deutschen Führung heraufbeschworenen Krieg die Sozialdemokraten sich nicht verweigern würden, wenn unmittelbare Gefahr für das eigene Land bestehe, und mahnte zu genereller Zurück-

---

94 F. Boll, Die deutsche Sozialdemokratie zwischen Resignation und Revolution. Zur Friedensstrategie 1890–1919, in: W. Huber u. J. Schwerdtfeger (Hg.), Frieden, Gewalt, Sozialismus. Studien zur Geschichte der sozialistischen Arbeiterbewegung, Stuttgart 1976, S. 179–281, hier S. 184–86.
95 Ebd., S. 201 f.
96 J. Karski (= Julian Marchlewski), Das Urteil eines bürgerlichen Ideologen über den Militarismus, in: Die Neue Zeit 17. 1898/99, Bd. 2, S. 171–74, das Zitat S. 174.
97 W. Wette, Gustav Noske. Eine politische Biographie, Düsseldorf 1987, S. 65 ff.

haltung bei Kritik am Militär, da man sich bewußt sein müsse, „daß gegenwärtig für sehr große Kreise des Volks der Militärdienst nicht völlig ohne Reize ist". Die beste Garantie gegen einen Mißbrauch der Truppe sei eine möglichst große Zahl überzeugter Sozialdemokraten in ihren Reihen.[98]

Auch für die französischen Sozialisten war die Umwandlung des gegenwärtigen Heeres in ein Milizheer eine Kernforderung. Auch für sie stand zugleich die Legitimität eines nationalen Verteidigungskrieges außer Frage. Während sich die Mehrheit unter Jean Jaurès der III. Republik zunehmend näherte, plädierte eine dezidiert internationalistische Minderheit unter Gustave Hervé dafür, sich dem bestehenden Militärsystem kompromißlos zu verweigern, und bezog damit eine Position, wie sie in Deutschland etwa Karl Liebknecht vertrat. Trotz unterschiedlicher Grundkonzeptionen waren Jaurès und Hervé sich aber darin einig, daß ein Generalstreik das tauglichste Mittel sei, einen sich unmittelbar vor dem Ausbruch befindenden europäischen Krieg zu verhindern. Die deutschen Sozialdemokraten scheuten hingegen angesichts der unter den Bedingungen des Kaiserreichs zu erwartenden Repression, sich auf einen solchen Schritt festzulegen.[99] Das französisch-russische Bündnis von 1894 komplizierte überdies das gegenseitige Verhältnis beider Arbeiterbewegungen gegenüber der Kriegsgefahr in Europa. De facto war die Integration der Arbeiter in den bestehenden Staat und damit in die jeweilige Militärorganisation in beiden Ländern weit vorangeschritten; die weithin akzeptierte Berechtigung eines Verteidigungskrieges machte es in einer unübersichtlichen Konstellation der internationalen Politik der Arbeiter- ebenso wie der Friedensbewegung schwer, eine konsequente Antikriegsstrategie zu entwickeln.

VIII. Die Europäer der Jahrhundertwende waren weder kriegsbegeistert, noch rechneten sie damit, daß bald ein Krieg zwischen den großen Nationen ausbrechen würde. Von sehr kleinen Minderheiten abgesehen, waren sie aber überzeugt, daß ein Krieg zur Verteidigung des eigenen Landes legitim war und daß man auf eine angemessene Rüstung nicht verzichten konnte. Wo jedoch eine solche Verteidigung endete und wo sie sich in die Durchsetzung expansiver Machtansprüche verwandelte, war umstritten. Gleichfalls umstritten war der Zuschnitt der jeweiligen Militärorganisationen. Nur von wenigen in Frage gestellt wurde dabei das Ideal des wehrhaften Mannes, das sich mit der allgemeinen Wehrpflicht und in den Kriegserfahrungen des 19. Jahrhunderts herausgebildet hatte und in den Kolonien immer wieder offensiv zur Geltung gebracht wurde. Diese Erinnerungen und Erfahrungen grundierten die prinzipielle Kriegsbereitschaft der Jahre um 1900. Der Krieg erschien in ihnen als rasche Abfolge von Bewegungen und Gefechten von

---

98 W. Heine, Wie bekämpfen wir den Militarismus? in: Sozialistische Monatshefte 13. 1907, S. 911–18, das Zitat S. 917.
99 Becker u. Audoin-Rouzeau, S. 222–30; Boll, S. 204–07; vgl. Rabaut, S. 71–94.

begrenzter Dauer, als Schauplatz von Heldentaten, aber auch als Ort des Grauens. Dieses Grundmuster wurde durch die populäre Literatur fortgeschrieben, doch es wurde zugleich durchmischt mit der Ahnung, daß im Zeichen einer neuen Waffentechnik sich der Schrecken des Krieges steigern und sein Ablauf weniger kalkulierbar sein würde. Dieser Erkenntnis konnten sich auch jene militanten Sozialdarwinisten nicht ganz entziehen, denen der Krieg als das bewegende Prinzip der Weltgeschichte galt. Am Ende eines neuen großen Krieges in Europa mußte nicht der totale Sieg über den Gegner, sondern konnte die soziale Revolution stehen. Eine starke Rüstung sollte die Leistungsfähigkeit der eigenen Nation belegen und mögliche Gegner abschrecken, aber die prinzipielle Kriegsbereitschaft legte ihrem möglichen Einsatz keine massiven Hindernisse in den Weg. Noch entfalteten die der Friedensbewegung zu verdankenden neuen internationalen Institutionen und Verfahren friedlicher Konfliktlösung eine geringere Anziehungskraft als das Vertrauen auf die eigene Stärke. Als sich die internationalen Spannungen seit 1911 drastisch verschärften, waren die wesentlichen Weichen für den Weg in den großen Krieg gestellt.

Die Zukunft der Geschlechterordnung

Diagnosen und Erwartungen an der Jahrhundertwende

von Ute Frevert

1899 veröffentlichte der Straßburger Philosophieprofessor Theobald Ziegler ein Buch über das 19. Jahrhundert. Sein letztes Kapitel behandelte das „Fin de Siècle", und auf den allerletzten Seiten wagte Ziegler sogar einen Blick in die Zukunft. Er tat es beinahe widerwillig und ungemein vorsichtig, denn: „Prophezeien ist nicht meine Sache, mit der Zukunft habe ich es nicht zu tun. Wie das zwanzigste Jahrhundert aussehen und wie es seine Aufgaben lösen wird, weiß niemand von uns." Lediglich in einer Hinsicht gab der Autor seine Zurückhaltung auf: „Am sichersten", meinte er, „läßt sich der Sieg in der Frauenfrage voraussagen: hier ist schweres Unrecht gut zu machen; die davon Betroffenen sind sich dessen bewußt und sind entschlossen, es sich nicht länger mehr anthun zu lassen, und von der anderen Seite mehren sich die, die das einsehen und ihnen Hilfe leisten; damit ist der Sieg im Prinzip bereits entschieden, und wiederum kann nur noch über Tempo und Reihenfolge gestritten werden."[1]

Dieser Meinung war nicht nur Theobald Ziegler (dessen Buch übrigens mehrere Auflagen erzielte und ein Bestseller des frühen 20. Jahrhunderts wurde). Auch andere männliche Zeitgenossen, die um 1900 eine Bilanz des vergangenen Säkulums zogen und Erwartungen an das kommende formulierten, stimmten darin überein, daß das Verhältnis der Geschlechter eine grundlegende Umgestaltung erfahren würde. Der Soziologe und Kulturphilosoph Georg Simmel etwa ging davon aus, daß die Frauenbewegung, die dieses Verhältnis auf die politische Agenda gesetzt hatte, „die Zukunft unserer Gattung vielleicht tiefer beeinflussen wird, als selbst die Arbeiterfrage".[2] Noch dezidierter äußerte sich der Sozialdemokrat August Bebel. In einem programmatischen Text über „Die Aufgabe des zwanzigsten Jahrhunderts", der 1901 in 140.000 Exemplaren verbreitet wurde, zeigte er sich überzeugt davon, daß „die vorhandenen Gegensätze zwischen den Geschlechtern" in Zukunft „ihren natürlichen Ausgleich" finden würden. Das 20. Jahrhundert würde nicht nur die formale Gleichberechtigung von Männern und Frauen anerkennen, sondern im Gefolge der sozialen und wirt-

---

1   T. Ziegler, Die geistigen und socialen Strömungen des Neunzehnten Jahrhunderts, Berlin 1899, S. 685.
2   G. Simmel, Weibliche Kultur (1902), in: ders., Schriften zur Philosophie und Soziologie der Geschlechter, Frankfurt 1985, S. 160.

schaftlichen Unabhängigkeit auch die sexuelle Selbstbestimmung, die Freisetzung individueller Liebesbeziehungen ermöglichen.³
Zuweilen sprach man sogar vom 20. Jahrhundert als dem Jahrhundert des Feminismus oder stellte es als weibliches Säkulum dar. Die einflußreiche britische Zeitschrift „The Nineteenth Century" schmückte ihre Januar-Ausgabe 1901 mit einem Titelbild, das ein doppelgeschlechtlicher Januskopf zierte: Seine männliche Hälfte blickte zurück ins 19., die weibliche voraus ins 20. Jahrhundert.⁴ Keineswegs immer war dies positiv-hoffnungsfroh gemeint. Den hochgestimmten Erwartungen eines Ziegler, Simmel oder Bebel standen pessimistisch-ablehnende oder auch schlicht fatalistisch-achselzuckende Haltungen gegenüber. Viele Männer, aber auch viele Frauen sahen dem (angeblich) feministischen Jahrhundert mit Sorge und Skepsis entgegen, äußerten Angst vor Kulturverfall, Statusverlust und Unordnung. Manche schlossen sich gar 1912 zu einem Bund zur Bekämpfung der Frauenemanzipation zusammen, um „eine Bewegung einzudämmen, die der Gesamtheit zum Verderben, dem Manne zum Unsegen, der Frau zum Fluch gereichen muß".⁵

Sie folgten damit dem Beispiel britischer und US-amerikanischer Stimmrechtsgegner, die ebenfalls Anti-Suffrage-Vereinigungen gegründet hatten und in Wort und Schrift eine intensive Propaganda gegen weibliche Emanzipations- und Gleichberechtigungsforderungen entfalteten. Ebensowenig wie die feministische oder Frauenbewegung an nationalen Grenzen haltmachte, war auch der Antifeminismus kein auf Deutschland oder Großbritannien beschränktes Phänomen. Man pflegte grenzübergreifende Kontakte, unterstützte einander mit Argumenten und Diskussionsmaterial und machte gemeinsam gegen jenen weltumspannenden, von den USA bis Australien reichenden Trend Front, der eine neue Geschlechterordnung für das 20. Jahrhundert in Aussicht stellte.

Diese neue Geschlechterordnung, für die sich die Anhängerinnen der diversen Frauenbewegungen einsetzten – allerdings in unterschiedlicher Intensität und mit je spezifischen Schwerpunkten –, war um 1900 alles andere als konsensfähig. Nur wenige Zeitgenossen sahen ihr so bejahend und erwartungsvoll entgegen wie Ziegler, Simmel oder Bebel. Andere reagierten

---

3   A. Bebel, Die Aufgabe des zwanzigsten Jahrhunderts, in: Beiträge zur Geschichte der Arbeiterbewegung 15. 1973, S. 659 f. Zu Bebels Zukunftsutopien, die er vor allem in seinem erstmals 1879 erschienenen Buch „Die Frau und der Sozialismus" entwickelt hatte, und zu ihrer Rezeption im sozialdemokratischen Milieu vgl. L. Hölscher, Weltgericht oder Revolution. Protestantische und sozialistische Zukunftsvorstellungen im deutschen Kaiserreich, Stuttgart 1989, S. 307 ff.
4   Abgebildet bei A. Briggs, The 1890s. Past, Present and Future in Headlines, in: A. Briggs u. D. Snowman (Hg.), Fins de Siècle. How Centuries End 1400–2000, New Haven 1996, S. 160.
5   Zit. in U. Planert, Antifeminismus im Kaiserreich. Diskurs, soziale Formation und politische Mentalität, Göttingen 1998, S. 121.

THE
NINETEENTH
CENTURY
AND AFTER

XIX- -XX

A MONTHLY REVIEW

EDITED BY JAMES KNOWLES

VOL. XLIX

JANUARY—JUNE 1901

LONDON
SAMPSON LOW, MARSTON & COMPANY
(LIMITED)
St. Dunstan's House
FETTER LANE, FLEET STREET, E.C.
1901

mit rabiater Ablehnung, während eine dritte, ausgesprochen publizitätsbewußte Gruppe auf parodistische Formen der Auseinandersetzung zurückgriff. Die Aussicht auf ein feministisches Jahrhundert zeitigte „eine wahre Hochflut von sogenannten Humoresken und Satyren".[6] Das Modell einer verkehrten Welt, in Gedichten, Liedern, Theatersketchen, Kurzgeschichten, Schwänken und Karikaturen verpackt, überschwemmte um die Jahrhundertwende den Entertainment-Markt und trug zur öffentlichen Konjunktur des Geschlechter-Themas bei.

1908 etwa besang der Berliner Humorist Otto Reutter die Welt, wie sie in hundert Jahren aussehen würde. Das Lied hatte fünf Strophen; die vorletzte behandelte das Verhältnis der Geschlechter:

> „Ach wie fein, ach wie fein, wirds in hundert Jahren sein,
> dann regieren die Frauen auf der Welt allein,
> und will dann mal der Mann noch des Abends aus dem Haus,
> ohne Damenbegleitung darf er gar nicht raus.
> Ja, der Mann, der zieht die Kinder groß, das ist doch hart,
> sie bekommen von ihm die Milch der frommen Denkungsart,
> doch daß der Mann die Kinder großzieht, das genügt der Frau noch nicht,
> nein, sie hätt's am liebsten, wenn er se gleich kriegt."[7]

Weit stärker als in den anderen Strophen benutzte Reutter hier den Topos der verkehrten Welt: Weibliche Regierung, obligatorische Damenbegleitung für männliche Wirtshausbesuche, männliche Kindererziehung – all das bedeutete die Umkehrung der gewohnten, der noch gegenwärtigen Verhältnisse. Die letzte Zeile dann überdehnte die – immerhin vorstellbare – Inversion und ließ sie ins Reich der blanken Phantasie abkippen: Daß Männer Kinder gebären würden, war denkbar unrealistisch und zog den feministischen Zukunftsentwurf (oder das, was Reutter dafür ausgab) vollends ins Lächerliche.

Der zweifelsfrei erwartbare Wandel der Geschlechterbeziehungen im 20. Jahrhundert, so Reutters Botschaft, würde also in den Gesetzen der Natur seine Grenze finden. Der Bereich der kulturellen Geschlechterperformanz jedoch, das ließ der Humorist nicht im Unklaren, wäre radikalen Veränderungen unterworfen – Veränderungen, die sich in der Gegenwart bereits abzeichneten. In allen Strophen gründete Reutters Zukunftstableau auf 1908 schon sicht- und erkennbaren Trends: Daß Deutschland in hundert Jahren Kolonien in Asien, Australien und Amerika haben würde, mußte einem aufmerksamen Beobachter wilhelminischer Weltpolitik durchaus plausibel vorkommen; daß Berliner in hundert Jahren nicht mehr in Spezialgeschäften,

---

6 A. Pappritz, Neujahrswünsche, in: Neues Frauenblatt 3.1899, S. 1040.
7 O. Reutter, Berlin in Hundert Jahren, in: Berliner Töne, Berlin 1987, S. 1; andere Beispiele bei Planert, Antifeminismus, S. 38 ff.

sondern in Mega-Warenhäusern einkaufen würden, war ebenso wirklichkeitsnah. Auch die Idee speichernder Kinematographen und Grammophone, die die familiale Präsenz Verstorbener über den Tod hinaus ermöglichten, mochte Zeitgenossen nicht als gänzlich unrealistisch erscheinen. Überall gab es Anzeichen, Vorboten solcher Entwicklungen – eben auch im Bereich der Geschlechterbeziehungen.

Diese Signale und ihre Deutungen sollen im folgenden näher ausgeleuchtet werden. Im Mittelpunkt steht der Diskurs um eine neue Geschlechterordnung, wie er um 1900 in einer breiten Öffentlichkeit geführt wurde. Seine Initiatoren und wichtigsten Träger kamen aus frauenbewegten Kreisen; allerdings waren sie darüber hinaus in vielen anderen gesellschaftlichen Organisationen und Netzwerken engagiert, was ihren Zielen und Aktionen einen großen Resonanzboden verschaffte. Daß Petitionen der Frauenvereine überhaupt politikfähig waren und in Parlamenten verhandelt wurden, verdankten sie der weiten Streuung feministischer Interessen, die auf Kirchentagen ebenso diskutiert wurden wie in Berufsverbänden oder den Salons der „besseren Gesellschaft".

Um den Erfahrungs- und Erwartungshorizont des Feminismus an der Wende vom 19. zum 20. Jahrhundert zu rekonstruieren, reicht es nicht, sich auf Deutschland zu konzentrieren. Vielmehr agierte die zeitgenössische Frauenbewegung in einem internationalen Rahmen; nicht nur in Deutschland stand die Frauen- und Geschlechterfrage um 1900 auf der politischen Tagesordnung, nicht allein hier entwickelte man Vorstellungen über neue Formen und Inhalte des Geschlechterverhältnisses, die es im 20. Jahrhundert zu realisieren gälte. Der Internationalität des Phänomens entsprach die Internationalität der Bewegung und der Kommunikation; vor allem die 1890er Jahre und das erste Dezennium des 20. Jahrhunderts erlebten eine Reihe internationaler Frauenkongresse, die die nationalen Erfahrungen und Erwartungen aufeinander bezogen und Vergleiche untereinander anstellten.

Das damals veröffentlichte Material – Kongreßberichte, Zeitschriften, Broschüren – spiegelt den zeitgenössischen Diskussionsstand: Es enthält Rück- und Ausblicke, Bilanzierungen des bislang Erreichten, Hoffnungen und Projektionen auf das neue Jahrhundert. Es deckt Beziehungen auf, Oppositionen, Bündnisse, Analogien. Es thematisiert Probleme und entwirft Lösungsstrategien. Es nimmt aufeinander Bezug und erlaubt es daher, im Brennspiegel der Jahrhundertwende eine Debatte zu rekonstruieren, in der zentrale Entwicklungslinien und Ordnungskonzepte der Moderne verhandelt wurden.

Ausgangspunkt ist dabei die Frage, wie der Status quo des Geschlechterverhältnisses um 1900 in den „Schlüsselländern des westlichen Feminismus" (Käppeli) – Frankreich, Deutschland, Großbritannien, USA – beschrieben wurde. Welche Bedeutung, welchen Stellenwert maß man ihm für die Gesamtgesellschaft zu? Wie wurde das Entwicklungspotential dieses Verhältnisses bestimmt? In welcher Beziehung standen statische, geschlechter-anthropologische und dynamische, sozioökonomische Faktoren? Welche Rolle spielte innerhalb solcher Entwicklungsszenarien die Zeit der Jahrhundertwende? Wurde 1900 als Epochenzäsur wahrgenommen? Rechnete man eher mit Kontinuität oder mit Diskontinuität? Erwartete man etwas Neues vom neuen Jahrhundert? Wie konkret waren jene Erwartungen und Zukunftsentwürfe? Ließen sie sich in Ordnungskonzepte übersetzen? Welche Institutionen und Akteure, welche Handlungs- und Politikfelder galten als Weichensteller, in welchen vermutete man Blockaden der gewünschten oder befürchteten Emanzipationsprozesse? Und welche Länder erachtete man als Pioniere, welche als Nachzügler? Wie fiel der nationale Selbstvergleich aus? Nahm man in und außerhalb Europas eher gleichgerichtete oder dissonante Entwicklungen wahr?

I. Der Status quo der Geschlechterordnung. In allen Ländern warfen Zeitgenossen weiblichen und männlichen Geschlechts um 1900 einen Blick zurück ins 19. Jahrhundert. „The nineteenth century will be known in history as the century of woman's progress, as much if not more than by any other name", meinte 1893 Charles C. Bonney, Präsident des Komitees, das die World's Columbian Exposition in Chicago organisierte.[8] Parallel zu dieser Ausstellung, in der ein spezielles Woman's Building die Ergebnisse weiblicher Arbeit präsentierte, fanden über hundert international besetzte Kongresse statt; einer davon war ausschließlich Frauen vorbehalten, die sich hier über den Stand und die Entwicklungsperspektiven ihres „Fortschreitens" austauschten. Daß es Fortschritt gebe, stand außer Frage. In fast allen Teilen der Welt, hieß es auf dem Kongreß, hätten Frauen in den letzten hundert Jahren ihren Status und Einfluß deutlich verbessern können. Sie hätten in Berufen Fuß gefaßt, die ihnen früher verschlossen gewesen wären; sie hätten in Kunst und Gewerbe anerkannte Leistungen vollbracht; sie hätten im Sozial- und Bildungswesen Positionen errungen, in denen sie für sich und andere wirken konnten. „The new order of things", bestätigte die Amerikanerin Caroline K. Sherman, käme vor allem den Frauen selber zugute: Erstmals in der Geschichte hätten sie die Chance, ihren Lebensweg selber wählen zu können. Diese Wahlfreiheit – zwischen Ehe und Erwerbstätigkeit – sei ein „unique privilege", das bislang nur Männern zugestanden hätte. Die sich stetig erweiternden Berufsmöglichkeiten erlaubten jetzt auch Frauen, die Richtung ihres Lebens selber zu bestimmen.[9]

Allerdings nahm man das 19. Jahrhundert nicht nur als Zugewinnepoche wahr. Viele Zeitgenossen – Frauen wie Männer – warnten vor dem Verlust an Gefühl, Liebe und Wärme, vor der Zerstörung familialer Intimität und

---

8 W. Sewall (Hg.), The World's Congress of Representative Women, Chicago 1894, S. 9.
9 C. K. Sherman, Characteristics of the Modern Woman, in: M.K.O. Eagle (Hg.), The Congress of Women held in the Woman's Building, World's Columbian Exposition, Chicago 1894, S. 766.

Solidarität. Die ledige Journalistin Cara Reese aus Pittsburgh sprach sich auf dem Chicagoer Frauenkongreß 1893 energisch für gleiche politische, ökonomische und soziale Rechte der Geschlechter aus und verwies stolz auf die großen Erfolge der amerikanischen Frauen. Zugleich aber entwarf sie das Zerrbild der Berufsfrau als „a money-making, fame-seeking machine; an ingrate, often forgetful of friends and favors; a cold, selfish, calculating automatum". Am Ende ihrer Rede rief sie ihre Geschlechtsgenossinnen zur mutigen Selbstkritik auf: „You have fought great battles, you have won great victories. Now look to the homes and firesides."[10]

Andere Frauen machten darauf aufmerksam, daß das 19. Jahrhundert trotz aller Fortschritte die grundlegenden Probleme sozialer Ungleichheit nicht gelöst, sondern eher verschärft habe. Vor allem die sozialdemokratische Frauenbewegung, die sich in Deutschland getrennt von der bürgerlichen organisierte, betonte, daß „die Proletarierin" von den „materiellen Gütern" und „kulturellen Errungenschaften" des 19. Jahrhunderts nicht profitiert habe. Sie begegne dem neuen Säkulum vielmehr als „sozial Enterbte", „den Nacken gebeugt unter das Doppeljoch der Geschlechtssklaverei und der Klassensklaverei". Im Vergleich zu ihren „Eltern und Voreltern", die „als Bürdenträger des gesellschaftlichen Lebens in das verflossene Jahrhundert getreten" seien, habe sich ihr Los kaum verbessert.[11] Viele bürgerliche Frauen sahen das ähnlich. Das Los der Arbeiterinnen, mahnte 1893 Bertha Palmer, Präsidentin des Board of Lady Managers und eine der reichsten Frauen Chicagos, schreie zum Himmel und erfordere die konzertierte Aktion aller Frauen (und Männer). Der wohlmeinende Hinweis konservativer Männer, Frauen gehörten ins Haus und nicht in die Fabrik, laufe ins Leere. Zwar sei, so Palmer weiter, auch ihr Verband der Meinung, daß „every woman, who is presiding over a happy home, is fulfilling her highest and truest function, and could not be lured from it by temptations offered by factories or studios". Für Millionen von Frauen aber existiere dieses glückliche Heim nicht: „They must work or they must starve." Solange weder Männer noch Staat in der Lage und willens seien, Frauen und Kinder zu versorgen, müßten Frauen selber für ihren Lebensunterhalt sorgen. Die mentalen und materiellen Hindernisse dagegen zu beseitigen sei deshalb vornehmste Aufgabe der Frauenbewegung.[12]

Trotz solcher Mißstände überwog der Eindruck, ein Jahrhundert der Aufwärtsentwicklung abzuschließen. Frauen, meinte Helene Lange im Januar 1900, gehörten nicht zu denjenigen, die den „Stempel des Dekadententums" trügen und sich einer müden Fin-de-Siècle-Einstellung hingäben. Vielmehr zögen sie am Vorabend des 20. Jahrhunderts ein vollauf befriedigendes Fazit.[13] Sowohl auf rechtlichem als auch auf ökonomischem Gebiet hätten

---

10 Ebd., S. 330.
11 Die Gleichheit 10. 1900, S. 2.
12 Eagle, Congress, S. 25–29.
13 H. Lange, Frauenfragliches zur Jahrhundertwende, in: Die Frau 7. 1900, S. 194.

Frauen, so die allgemeine Auffassung, den Vorsprung der Männer allmählich aufgeholt; als besonders markant galten die Fortschritte im Bildungswesen. Lediglich in der Politik seien die Geschlechterdifferenzen noch deutlich ausgeprägt und bewußt markiert, aber auch hier hoffte man auf rasche Veränderungen.[14] Insgesamt hätten Frauen, so die selbstbewußte These, ihre Handlungsspielräume und Selbstbilder im 19. Jahrhundert sogar erfolgreicher ausgebaut als Männer. Die Angebote des Zivilisationsprozesses seien von ihnen rascher aufgegriffen und genutzt worden: „Between the changes made in the last half-century in the condition, attitude, and outlook of men ... and the changes made in the same time in the attitude and condition of women, there is a fundamental difference". Während beide Geschlechter gleichermaßen von der allgemeinen Kulturentwicklung profitierten, trete für Frauen etwas hinzu: „In addition to these gains she has acquired a new conception of herself, as also an independent individual and a conscious daughter of God, which is not harmonious with the former prevailing conception of her as man's addendum, his helpmeet, his subordinate."[15] Hätten Männer sich seit eh und je als unabhängige Individuen verstehen dürfen, sei ein solches Verständnis für Frauen neu und revolutionär.

Diese Entwicklung, die bis zur Aufklärung zurückreiche, habe sich, so hieß es übereinstimmend, in den letzten Jahrzehnten beschleunigt und verbreitert. Dazu habe nicht zuletzt die flächendeckende Organisationstätigkeit der Frauen beigetragen. „Organization is the tendency of the age", erinnerte May Wright Sewell, die Präsidentin des National Council of Women of the United States, auf dem Chicagoer Kongreß 1893.[16] Für die US-amerikanischen Frauen war die Ära der Organisation bereits 1848 angebrochen. Damals hatten sich Frauen in Seneca Falls versammelt, um eine an die Unabhängigkeitserklärung von 1776 angelehnte *Declaration of Principles* zu verabschieden, die der „Tyrannei" des Mannes über die Frau entgegentrat. In den folgenden Jahren fanden regelmäßig nationale Frauenrechtskongresse statt. Als die Frage des Wahlrechts im Zusammenhang mit der Sklavenemanzipation immer nachhaltiger auf der Agenda erschien, bildeten sich 1869 zwei Frauenwahlrechtsvereine (National Woman Suffrage Association; American Woman Suffrage Association), die schließlich 1890 fusionierten. Bereits zwei Jahre vorher hatte eine Reihe von Frauenorganisationen ein National Council of Women gebildet.[17]

---

14 S.B. Anthony, The Status of Women, Past, Present, and Future, in: The Arena, Boston, 17.5.1897, S. 901–908.
15 Sewall, Congress, S. 4.
16 Ebd., S. 15.
17 Vgl. dazu E. Flexner, Hundert Jahre Kampf. Die Geschichte der Frauenrechtsbewegung in den Vereinigten Staaten, Hg. G. Bock, Frankfurt 1978; W.L. O'Neill, Everyone was Brave. A History of Feminism in America, New York 1976.

Daß solche Koordinations- und Fusionsprozesse auch außerhalb der USA stattfanden, ging nicht zuletzt auf die Initiationsfunktion der Chicagoer Weltausstellung zurück. Um ihren Plan, einen internationalen Frauenkongreß zu veranstalten, in die Tat umzusetzen, wandten sich die Amerikanerinnen an Frauenverbände in anderen Staaten, sahen sich dort jedoch oft mit einer schwer zu überblickenden Vielfalt von Organisationen konfrontiert. Umgekehrt waren die Vertreterinnen der diversen Frauenvereine, die die Einladung nach Chicago annahmen, beeindruckt von der relativen Geschlossenheit der amerikanischen Frauenbewegung. Explizit nach dem Vorbild der Amerikanerinnen schlossen sich dann 1894 die zahlreichen Frauenvereine in Deutschland zum Bund Deutscher Frauenvereine zusammen.[18] Der BDF wiederum spielte eine wichtige Rolle bei der Stabilisierung einer internationalen Dachorganisation, die ihre dritte Generalversammlung – nach Chicago 1893 und London 1899 – 1904 in Berlin abhielt und hier mehr als eine Million organisierter Frauen vertrat.[19]

Dem Trend zur Organisation – der im übrigen nicht nur Frauen erfaßte, sondern in der Tat ein Zeichen der Zeit war – folgten in den 1890er Jahren auch jene Frauen, die mit Feminismus und Frauenrechtskämpfen wenig im Sinn hatten. Nicht zuletzt deshalb, um solche Bestrebungen abzuwehren oder abzuschwächen, schlossen sich etwa in Deutschland christliche Frauen zu großen Verbänden zusammen. 1899 entstand der Deutsch-Evangelische Frauenbund, 1903 der Katholische Deutsche Frauenbund.[20] 1904 folgte, allerdings mit deutlich anderem politischen Profil, der Jüdische Frauenbund.[21] Im Frankreich der Dritten Republik organisierten sich Frauen in vielfältigen, teilweise kurzlebigen Gruppierungen; anders als in Deutschland, wo das Netz der Frauenvereine jenseits der Hauptorte Berlin und Leipzig weit in die Provinz hineinreichte, konzentrierte sich die französische Frauenbewegung in Paris. Mit der Ligue française pour le droit des femmes war hier 1882 eine Organisation entstanden, die zwar nur wenige Mitglieder zählte, durch die Herausgabe einer Zeitung jedoch ein organisatorisches und programmatisches Zentrum mit breiter Ausstrahlungskraft besaß. 1897 schließlich wurde in Paris eine Frauen-Tageszeitung gegründet, an der aus-

---

18 B. Greven-Aschoff, Die bürgerliche Frauenbewegung in Deutschland 1894–1933, Göttingen 1981, v. a. S. 88; K. Schirmacher, Der internationale Frauenkongreß in Chicago 1893, Dresden 1894, v. a. S. 22.
19 K. Schirmacher, Die Frauenbewegung, Prag 1904, S. 124; Handbuch für die III. Generalversammlung des Internationalen Frauenbundes in Berlin vom 6.–11.6.1904 und den Internationalen Frauenkongreß in Berlin vom 12.–18.6.1904, Berlin 1904.
20 U. Baumann, Protestantismus und Frauenemanzipation in Deutschland 1850–1920, Frankfurt 1992, v. a. S. 116 ff.; D. Kaufmann, Frauen zwischen Aufbruch und Reaktion. Protestantische Frauenbewegung in der ersten Hälfte des 20. Jahrhunderts, München 1988, Kap. I; A. Kall, Katholische Frauenbewegung in Deutschland, Paderborn 1983, Kap. 8.
21 M. A. Kaplan, Die jüdische Frauenbewegung in Deutschland, Hamburg 1981, v. a. Kap. III u. IV.

schließlich Frauen mitarbeiteten und deren Zielgruppe weiblich war; „La Fronde" erschien binnen kurzem in einer Auflage von 40.000 Exemplaren.[22] Auch in Großbritannien markierten die 1890er Jahre eine Phase gesteigerter frauenbewegter Aktivität und Resonanz. Nachdem alle Versuche, die sukzessiven Wahlrechtsreformen der zweiten Jahrhunderthälfte auf Frauen auszudehnen, gescheitert waren, radikalisierte sich die feministische Bewegung; 1889 kam es zur Gründung der Women's Franchise League; 1903 entstand die Women's Social and Political Union, aus der die militante Suffragettenbewegung hervorging.[23] Ähnlich wie in den USA besaß die Wahlrechtsfrage in Großbritannien eine große mobilisierende Kraft. Die Erfahrung, von den politischen Bürgerrechten ausgeschlossen zu sein, während zugleich andere, bislang ebenfalls zurückgesetzte Gruppen (farbige Männer in den USA, die männliche Arbeiterschaft in Großbritannien) in den Kreis der Staatsbürger aufgenommen wurden, löste hier wie dort lautstarke Proteste aus. In Deutschland hingegen verzögerte der ausgeprägte und politisch formulierte Klassengegensatz die Entwicklung einer breiten Frauenwahlrechtsbewegung. Daß sich die Sozialdemokratische Partei seit den 1890er Jahren für das weibliche Stimmrecht aussprach, hinderte die bürgerliche Frauenbewegung daran, sich ebenfalls dafür stark zu machen; lediglich ihr „radikaler" Flügel ließ sich vom politischen Lagerdenken nicht abschrecken, bezahlte diese Selbständigkeit aber mit Einflußlosigkeit.[24]

Unabhängig davon, wie zentral oder marginal die Wahlrechtsfrage jeweils war, galt jedoch für alle nationalen Frauenbewegungen, daß ihr Interessen- und Forderungsspektrum sich keinesfalls darin erschöpfte. Neben politischen Zielen zogen soziale, religiöse, ethische und ökonomische Probleme ihre Aufmerksamkeit auf sich.[25] Der Chicagoer Frauenkongreß 1893 etwa diskutierte in acht Abteilungen: Die erste beschäftigte sich mit Erziehungsfragen, die zweite mit Erwerbsarbeit, die dritte mit Literatur und Kunst, die vierte mit Armenpflege, die fünfte mit Sittlichkeit und Sozialreform, die sechste mit Religion, die siebente mit Politik und die achte mit Bildung und Wissenschaft. Auf der Londoner Tagung des International Council of Wo-

---

22 S.C. Hause u. A.R. Kenney, Women's Suffrage and Social Politics in the French Third Republic, Princeton 1984; S.C. Hause, Hubertine Auclert. The French Suffragette, New Haven 1987, v. a. S. 96 ff., 115, 153 ff.; K. Offen, Depopulation, Nationalism, and Feminism in Fin-de-Siècle France, in: AHR 89. 1984, S. 648–676.
23 S. Rowbotham, Hidden from History, London 1974, S. 50, 78 ff.; S.S. Holton, Feminism and Democracy. Women's Suffrage and Reform Politics in Britain 1900–1918, Cambridge 1986.
24 B. Clemens, Der Kampf um das Frauenstimmrecht in Deutschland, in: C. Wickert (Hg.), „Heraus mit dem Frauenwahlrecht", Pfaffenweiler 1990, S. 51 ff.; U. Rosenbusch, Der Weg zum Frauenwahlrecht in Deutschland, Baden-Baden 1998, T. 3 (S. 281 ff.).
25 Vgl. dazu überblickshaft und europazentriert M. Perrot, Ausbrüche, sowie A.-M. Käppeli, Die feministische Szene, beide in: Geschichte der Frauen, Bd. 4: 19. Jahrhundert, Hg. G. Fraisse u. M. Perrot, Frankfurt 1994, S. 505–538, 539–573.

men 1899 gab es fünf Sektionen, die sich Erziehungs- und Bildungsfragen, Berufs- und Professionalisierungsproblemen, dem Arbeiterinnenschutz, der Sozialpolitik und der Politik allgemein widmeten.[26] Diese Themen- und Interessenvielfalt spiegelte sich auch auf organisatorischer Ebene. Viele Frauenvereine gruppierten sich um ein Problemfeld, kümmerten sich also etwa um die Berufsinteressen ihrer Mitglieder, um Bildungsfragen, um sozialreformerische Initiativen.

Zwar konzentrierten sie sich dabei auf frauenspezifische Belange, legten aber zugleich großen Wert darauf, die sogenannten weiblichen „Partikularinteressen" mit „allgemeinen" gesellschaftlichen Themen zu verknüpfen. In allen europäischen Ländern und den USA lehnte es die Frauenbewegung dezidiert ab, als eine *pressure group* unter anderen wahrgenommen zu werden, der es nur um die Sonderinteressen ihrer Klientel gehe. Statt dessen betonte sie, wie eng ihre Interessen mit dem Wohlergehen der gesamten Gesellschaft verkoppelt waren (was allerdings auch die übrigen Interessenverbände taten). Von einer besseren Bildung und Ausbildung etwa profitierten demnach nicht nur die Frauen selber, sondern auch ihre Kinder und Ehemänner; die Aufhebung der „doppelten Moral" nütze nicht nur den Frauen, sondern auch der Gesellschaft insgesamt; das Engagement für soziale Reformen komme nicht nur der weiblichen Armutsklientel zugute, sondern besänftige die Klassenspannungen überhaupt. Und selbst der Kampf um politische Rechte sei keineswegs ein Kampf gegen Männer, sondern ein Kampf für die ethische Erneuerung und Verbesserung der politischen Kultur im Ganzen.[27] Frauenfragen, lautete die Botschaft, seien Menschheitsfragen, sie tangierten die gesamte Gesellschaft, deren Probleme und Mängel durch einen erhöhten weiblichen „Kultureinfluß" behoben werden könnten.[28]

Mit solchen Argumenten bekräftigten die Frauenbewegungen ihren Anspruch, nicht nur materielle Eigeninteressen zu befriedigen, sondern die großen Fragen der westlichen Zivilisation zu beantworten. Man wollte nicht nur

---

26 The Woman's Journal, Boston, 27.5.1899, S. 167; Centralblatt des Bundes deutscher Frauenvereine 1. 1899, S. 66–70. Der Pariser Internationale Frauenkongreß von 1900, der parallel zur Weltausstellung stattfand, organisierte fünf Sektionen: Philanthropie und Sozialökonomie; Gesetzgebung und öffentliche Moral; Erziehungswesen; Arbeiterinnenfrage; Kunst und Wissenschaft (Haus und Welt 1. 1900, S. 710 f.), und der Berliner Internationale Frauenkongreß 1904 hielt vier Sektionen über Frauenbildung, Frauenberufe, Soziale Bestrebungen und Rechtsfragen ab (Handbuch 1904).

27 „Our cities have corrupt governments", hieß es dazu am 4.2.1899 im Bostoner Woman's Journal: „No permanent reform is possible without a reform in the voting constituency ... no change for the better is possible but by the addition of women."

28 Auf der 20. Generalversammlung des Allgemeinen Deutschen Frauenvereins in Königsberg 1899 erklärte die Vorsitzende Auguste Schmidt, die Frauenbewegung bezwecke „die Hebung unseres Geschlechts, durch welche eine Hebung des Menschengeschlechts und unseres Vaterlandes erzielt werden soll" (Neues Frauenblatt 3. 1899, S. 800). Amerikanische Frauenrechtlerinnen sprachen ungefähr gleichlautend von der „capacity and power of woman for the uplifting of humanity" (Anthony, Status, S. 908).

den Ausschluß der Frauen aus der Moderne rückgängig machen, sondern auch durch ihren Einschluß Einfluß auf eben diese Moderne gewinnen. Die Devise lautete nicht allein: Nachholen und Aufholen, sondern auch und vor allem: Verändern und Verbessern. Das zumindest war gemeint, wenn von der „Kulturbedeutung" (Helene Lange) der Frauenbewegung die Rede war. Hier ging es um ihren „Dienst" an der Gesellschaft, um ihren uneigennützigen Beitrag zur Fortentwicklung der Nation bzw. der Menschheit. Vor allem die deutsche Frauenbewegung hob ihren Dienstcharakter immer wieder hervor. „Rechte zu erringen, um Pflichten besser zu erfüllen – darum handelt es sich in letzter Linie bei der Frauenfrage", erinnerte Marie Stritt, Vorstandsmitglied des BDF, 1900 in der Neujahrsausgabe des BDF-Correspondenzblatts.[29] Und die Frauenrechtlerin Anna Pappritz schrieb am 31.12.1899 unter der Überschrift „Neujahrswünsche": „Neben der Männerarbeit für den äußeren Glanz und die Sicherheit des Vaterlandes geht die Frauenbewegung ihren Gang, leise aber unausgesetzt *an dem inneren Ausbau arbeitend.* In dieser Hinsicht kann man wirklich von der Morgenröte eines Zeitalters des Feminismus sprechen, aber nicht von einem Feminismus, der einen Weiberstaat, eine ‚verkehrte Welt' heraufbeschwört, sondern dem weiblichen Element einen Einfluß auf die Kulturentwicklung einräumen will, *um die Kultur wirklich zu einem Segen zu gestalten.*"

Das Zeitalter des Feminismus, das Anna Pappritz im 20. Jahrhundert heraufdämmern sah, sollte demnach nicht zu einer Umkehrung der Machtverhältnisse zwischen den Geschlechtern führen, sondern zu einer Machtbalance.[30] Letztere beruhte auf einer politischen Arbeitsteilung, die Männern die äußere Repräsentation und Sicherheit des Staates überantwortete, während Frauen für die innere Stabilität und Versöhnung der Gesellschaft zuständig waren. Vor dem Hintergrund der massiven innen- und außenpolitischen Konflikte der Jahrhundertwende schienen beide Aufgaben gleich wichtig und unverzichtbar. Keineswegs konnte man die innenpolitische Befriedung als zweitrangig abtun. „Der Einfluß der Frauen", mahnte Pappritz selbstbewußt, „wird auch ein Hauptfaktor sein, um dem drohenden Gespenst des Umsturzes seine Schranken zu rauben, denn nur unter der Mithilfe der Frauen kann die Kluft, die jetzt den vierten Stand von der übrigen Gesellschaft trennt, überbrückt werden, kann eine wirksame Sozialreform die sittlichen und sozialen Schäden unseres heutigen Lebens mildern."[31]

---

29 M. Stritt, An der Wende des Jahrhunderts, in: Centralblatt des Bundes deutscher Frauenvereine, Jg. 1, Nr. 19, 1.1.1900, S. 150.
30 Marie Stritt wollte deshalb das 20. Jahrhundert auch nicht als das „Jahrhundert der Frau", sondern als das „Jahrhundert der *Menschheit*" nach „Jahrtausenden des *Mannes*" bezeichnen (ebd., S. 151).
31 Pappritz, Neujahrswünsche, S. 1040. Ähnlich betonte Minna Cauer auf dem Internationalen Frauenkongreß, der 1896 parallel zur Berliner Gewerbeausstellung in der deutschen Hauptstadt stattfand, mit Blick auf die sozialdemokratische Bewegung, „daß die Frauen allein diejenigen sind, welche noch eine Brücke von einem Ufer zum andern bauen kön-

Ähnlichen Auffassungen begegnete man in jenen prämierten Einsendungen, die 1900 bei der Österreichischen Volkszeitung auf die Frage eingingen, welches denn die wichtigsten „Frauenbethätigungen" des 20. Jahrhunderts sein würden. Ihr Losungswort lautete „Mitarbeit der Frau an der Sozialreform", um auf diese Weise zur „geistigen, moralischen und ethischen Hebung der Massen" beizutragen. „In allen Zweigen der Gemeinde- und Staatsverwaltung", verhieß die Preisträgerin Eliza Ichenhaeuser, sollten Frauen Verantwortung übernehmen für „Armen- und Waisenpflege, das Erziehungs- und Schul-, das Straf- und Gefängniswesen". Aber auch im Arbeiterschutz und bei der Pflege der „Volksgesundheit" müßten Frauen tätig werden.[32] Sicherlich trüge diese Tätigkeit auch dazu bei, Frauen zu anerkannten und geachteten Arbeitsplätzen in „leitenden Stellungen" zu verhelfen; vor diesen selbstsüchtigen Beweggründen aber rangiere die Verpflichtung gegenüber der Gesellschaft insgesamt.

Wenn führende Vertreterinnen der Frauenbewegung keine Gelegenheit verstreichen ließen, ihr soziales Dienst- und Pflichtverständnis hervorzuheben, reagierten sie damit nicht zuletzt auf die massive Kritik, die Frauenbewegung und Feminismus in großen Teilen der Gesellschaft hervorriefen. Allein die Tatsache, daß Frauen sich überhaupt organisierten – was damals fast jeder tat –, daß sie öffentlich das Wort ergriffen, daß sie Rechte einklagten, galt vielen Zeitgenossen diesseits und jenseits des Atlantiks als Bedrohung der überkommenen Geschlechterordnung, mehr noch: als Infragestellung der bürgerlichen Gesellschaftsverfassung überhaupt. In dem Maße, in dem nun auch Frauen das taten, was Männer zu tun pflegten, schien die Grundlage dieser Verfassung in Gefahr. Beruhte sie doch auf der inneren Spannung zwischen den Geschlechtern, auf einer hochkomplexen geschlechtlichen Arbeitsteilung, deren Aufhebung, so die Befürchtung, den Bau der Gesellschaft zum Einsturz bringen würde. Solche Ängste suchte die Frauenbewegung dadurch zu unterlaufen, daß sie sich sowohl als Vollendung als auch als Korrektur der Moderne präsentierte. Indem Frauen ihren Status als gleichberechtigte Mitglieder der bürgerlichen Gesellschaft reklamierten, beschritten sie zwar einerseits den gleichen Weg, den die Männer bereits eingeschlagen hatten und der in Richtung Individualisierung führte. Andererseits aber bedeutete Individualisierung für Frauen etwas anderes als für Männer; der weibliche Weg in die Moderne war anders gepflastert als der männliche. Frauen, lautete die tröstende feministische Botschaft, spalte-

---

nen" (Der Internationale Kongreß für Frauenwerke und Frauenbestrebungen in Berlin, 19. bis 26.9.1896. Eine Sammlung der auf dem Kongreß gehaltenen Vorträge und Ansprachen, Berlin 1897, S. 350).

32 E. Ichenhaeuser, Frauenbethätigung im 20. Jahrhundert, in: Das neue Jahrhundert, 16.2.1901, S. 654–660. Vor allem christlich orientierte Frauen betonten die Aufgabe der Frauen bei der Bekämpfung des „socialen Sturms" (Haus und Welt 1. 1899, S. 251; Beilage zu Nr. 16, 30.12.1899, S. 121; Nr. 1, 1900, S. 5 f.).

ten nicht, sondern sie versöhnten, und dies nicht nur in der einzelnen Familie, sondern auch in der Gesellschaft, in der Politik, in den internationalen Beziehungen.

Während allerdings der weibliche Einfluß in der Familie allseits gewünscht und anerkannt sei, erhöben sich gegen die weibliche Präsenz in Gewerbegerichten, Schul-, Wohnungs- und Fabrikinspektionen, politischen Parteien und diplomatischen Corps nach wie vor heftige Widerstände. Diese für die Gesellschaft äußerst schädlichen Blockaden gelte es im 20. Jahrhundert zu überwinden – die ersten Schritte dazu seien bereits getan. Der Status quo des Geschlechterverhältnisses, so die Bilanz des ausgehenden 19. Jahrhunderts, sei gekennzeichnet durch mentalen Aufbruch, soziale Innovation und zunehmende Organisationsmacht auf seiten vieler (nicht aller!) Frauen; durch Kooperation weniger Männer; durch Verständnisbarrieren bei den meisten Männern und zahlreichen Frauen.

II. Das Entwicklungspotential der „Frauenfrage". Bei der Frage, wie sich das Geschlechterverhältnis im 20. Jahrhundert weiter entwickeln würde, spielte die angeblich von der Natur definierte und in ihr gründende Struktur dieses Verhältnisses eine zentrale Rolle. Die Gegner der Frauenbewegung – weiblichen sowie männlichen Geschlechts – verwiesen immer wieder auf die naturgegebenen Grenzen weiblicher Emanzipation. Diese Grenzen überschreiten zu wollen heiße, die ewigen Wahrheiten über die Ungleichheit der Geschlechter zu mißachten und eine Umwertung aller Werte in Gang zu setzen. Frauen hätten nun einmal eine andere soziale Bestimmung als Männer; sie seien anders gestaltet, hätten andere psychische und physische „Geschlechtseigenthümlichkeiten", verfügten über andere Fähigkeiten und Qualitäten.[33] Diese tradierte Geschlechter-Anthropologie erlebte gerade im ausgehenden 19. Jahrhundert eine neue Renaissance, an der sich besonders jene Berufsgruppen – Mediziner, Lehrer, Juristen – beteiligten, die von ihr unmittelbar profitierten. Die Betonung des natürlichen Gegensatzes von Männern und Frauen diente immer auch dazu, mißliebige Konkurrentinnen vom akademischen Arbeitsmarkt fernzuhalten; umgekehrt war frauenbewegten Kreisen daran gelegen, diese Argumentationsfigur möglichst abzuschwächen, um ihren Anspruch auf Partizipation zu legitimieren.

Abschwächung war jedoch nicht gleichbedeutend mit Ablehnung. Im Gegenteil hielt auch die Frauenbewegung mehrheitlich an dem Denkmodell

---

33 Ein Beleg für viele, aus männlicher Sicht: C.W. Clark, Woman Suffrage, Pro and Con, in: The Atlantic Monthly 65. 1890, S. 310–320: „A division of the duties of life between the sexes is the necessary result of the physical difference which incapacitates woman for a considerable period for public life or hard labor. As an accompaniment, if not as a result, of this physical difference, we find also the peculiar qualities of heart and head which distinguish woman from man, and which must have recognition in considering the probable effect of her participation in the government" (314).

polarer Geschlechtscharaktere fest und sah es in der Natur, in der biologischen oder gottgegebenen Ausstattung der Menschen begründet. Damit erwies sich die Mahnung eines männlichen Autors an die Frauenbewegung zur Jahrhundertwende, das „Fundament der Weltordnung" nicht anzutasten, als gänzlich überflüssig: „Das Weib bleibe Weib, übersteige nicht unklug und geblendeten Blickes die Schranken, die ihm sein Geschlecht zieht. Sein Platz ist am Webstuhl, die Rosen in des Mannes Lebensteppich zu weben, nicht in der Tretmühle unseres Alltagsbetriebes. Die Aufgabe des Weibes ist es, Priesterin zu sein des häuslichen Herdes, der Familie ... Als Pflegerin des Schönen, in Erfüllung ihres eigensten Berufes der Mütterlichkeit sei die Frau die froh begrüßte Gehilfin des Mannes; sie greife zu praktischen Berufen als Kämpferin um eigene Wohlfahrt, aber aus dem charakterverderbenden Betriebe der politischen Händel bleibe sie ferne."[34]

Vor allem in Kreisen der christlichen Frauenbewegung war man weit davon entfernt, diese Mahnung zu mißachten. So stellte Elisabeth Gnauck, die sich im Evangelisch-sozialen Kongreß für die Gründung von Frauengruppen einsetzte, 1895 klar: „Wir lehnen die Bestrebungen als kulturfeindlich ab, welche die Differenzierung zwischen Mann und Weib aufheben wollen. In der Gleichmachung der Geschlechter erblicken wir einen Rückschritt zum Urstande. Aller Fortschritt beruht auf fortschreitender Differenzierung." Fünf Jahre später, kurz vor ihrer Konversion zum Katholizismus, ergänzte sie in einer anderen Sprache: „Die Natur weist uns durch die Zweiteilung der Menschheit darauf hin, daß die Weibschöpfung eine andere göttliche Idee verkörpert als die Mannschöpfung. Verschieden ist ihre Aufgabe, verschieden ihr Weg."[35]

Auch weniger religiös gebundene Frauen beschworen die naturgegebene Differenz der Geschlechter in Physis, Psyche und sozialer Bestimmung. „Wir kranken nicht an dem Gelüste", versicherte 1899 Auguste Schmidt, Vorsitzende des Allgemeinen Deutschen Frauenvereins (ADF), „mit den Männern zu wetteifern, wir wissen, daß wir geistig und im Gemüt verschieden geartet sind."[36] Das Motto „gleichwertig, aber nicht gleichartig", „equal but not same" prägte alle Debatten, die um 1900 auf nationaler und internationaler Ebene über Gegenwart und Zukunft der „Frauenfrage" geführt wurden. Das Gros der Teilnehmerinnen legte großen Wert darauf, die besonderen Fähigkeiten und Qualifikationen von Frauen herauszustreichen und deren körperliche Grundierung zu betonen. Mutterschaft und Mütterlichkeit galten somit als Ultima ratio weiblicher Existenz. Die Countess of Aber-

---

34 M.J. Pfeiffer, Jahrhundertende – Jahrhundertwende, in: Haus und Welt, Nr. 17, 6.1.1900, S. 266.
35 Mitteilungen des Evangelisch-sozialen Kongresses, 3. Folge, Nr. 1, 1895, S. 1; E. Gnauck-Kühne, Unpraktische Fragen zur Frauenfrage, in: Haus und Welt, Nr. 27, 24.3.1900, S. 422.
36 Neues Frauenblatt, 7.10.1899, S. 800.

deen, die 1899 dem International Council of Women vorsaß und sich als entschiedene Verfechterin des weiblichen Stimmrechts einen Namen gemacht hatte, bekannte sich öffentlich zu dem Grundsatz, „that woman's first mission must be her home". Keinesfalls sei es das Ziel der internationalen Frauenbewegung, Frauen von ihren häuslichen Pflichten zu emanzipieren.[37] Allenfalls ginge es darum, die dort praktizierten Kompetenzen und Eigenschaften auch anderen gesellschaftlichen Bereichen zukommen zu lassen. „Lassen Sie uns echte Frauenart wahren", appellierte Auguste Schmidt an ihre Leserinnen, „damit es uns gelingt, zu jenen Arbeiten in der Stadt zu gelangen, die der Frau von rechtswegen zukommen: in der Pflege der Armen und Kranken, als Leiterin alles dessen, was wirtschaftlich ist."[38]

„Echte Frauenart wahren" – in dieser Formulierung steckte ein zutiefst unhistorischer, statischer Gedanke. Wenn der Unterschied der Geschlechter in den Körpern der Menschen fundiert war und sich in „Geist und Gemüt" fortsetzte, war er ein unhintergehbares und unwandelbares Element sozialer Differenzierung. Nicht nur die gegenwärtige, sondern auch alle zukünftigen Gesellschaften würden mit diesem Unterschied leben müssen. Auch in hundert Jahren, davon waren die meisten Zeitgenossen um 1900 fest überzeugt, würden Frauen noch Frauen sein und Männer Männer; ebensowenig wie sich ihre biologische Ausstattung wandelte, würden sich auch ihre psychischen und emotionalen Eigenschaften verändern. Die Geschlechterdifferenz galt damit als ein Fixum, das alle Zeitenwenden überdauern würde. Daß sich die sozialen Ungleichheiten zwischen Menschen verschiedener Gesellschaftsklassen im 20. Jahrhundert abschwächen, ausbalancieren oder verschieben könnten, war durchaus denkbar. Daß konfessionelle Grenzen überschritten werden oder ausbleiben könnten, ließ sich gleichfalls vorstellen. Auch die Gegensätze zwischen einzelnen Nationen waren überbrückbar. Selbst Rassenunterschiede, auf deren Markierung das ausgehende 19. und beginnende 20. Jahrhundert große Sorgfalt verwandte, besaßen eine dynamische Qualität, konnten durch Mischungen und Anpassungsprozesse verwischt werden. Nur die Geschlechterdifferenz, davon zeigte man sich überzeugt, war über allen Wandel erhaben. Sie hatte Ewigkeitswert und stellte damit die einzige Gewißheit dar, auf die man sich auch in Zukunft würde verlassen können.

Daß gerade das 19. Jahrhundert als eine Epoche dramatischen sozialen, ökonomischen und technologischen Wandels so ernsthaft darauf bedacht war, den Unterschied der Geschlechter festzuschreiben und aus der allgemeinen Dynamik herauszuhalten, hatte Methode. Wenn ganze Berufsgruppen sich darauf kaprizierten, diesen Unterschied immer gründlicher und umfassender nachzuweisen, standen dahinter nicht nur Konkurrenzfurcht oder

---

37 The Woman's Journal, Boston, 1.7.1899, S. 203.
38 Neues Frauenblatt, 7.10.1899, S. 800.

Angst vor Machtverlust. Es spiegelte auch das tiefempfundene Bedürfnis, dem rasanten Wandel ein statisches Moment entgegenzusetzen, einen Anker zu werfen, an dem die Menschen zur Ruhe kommen und sich ihrer Identität versichern konnten. Der „neue Mensch", allenthalben gefordert, projektiert, modelliert, würde dem alten wenigstens insofern gleichen, als er entweder männlich oder weiblich war. Damit waren seinen Entwicklungsmöglichkeiten deutliche Grenzen gesetzt, und er war wiedererkennbar. Die Geschlechterdifferenz stellte folglich die letzte und einzige sichere Brücke dar, auf der man von der Vergangenheit in die Zukunft gelangte.

Ohne diese anthropologische Funktion läßt sich kaum verstehen, warum Zeitgenossen des ausgehenden 19. Jahrhunderts – Frauen nicht anders als Männer – so strikt und einmütig auf der grundlegenden Differenz der Geschlechter beharrten und sie von allem Wandel auszuschließen suchten. Selbst die Mitglieder der Frauenbewegung betrachteten es nicht als taktisches Manöver, ihre Anhänglichkeit an das tradierte Geschlechtermodell hervorzuheben. Vielmehr waren auch sie davon überzeugt, daß Weiblichkeit und Männlichkeit invariante Größen der menschlichen Gattung darstellten, überzeitliche Eigenschaften, die dem Lauf der Welt trotzten. An der Geschlechteranthropologie festzuhalten hieß deshalb für beide Geschlechter, ein bestimmtes Bild des Menschen zu fixieren – ein Bild, das durch die Prozesse der Säkularisierung und Verwissenschaftlichung, vor allem aber durch die Darwinsche Evolutionslehre stark in Mitleidenschaft gezogen worden war.[39]

Zweifellos beschnitt dieses auf einer als invariant gedachten Geschlechterdifferenz gründende Menschenbild das Entwicklungspotential, das man der Geschlechterordnung des 20. Jahrhunderts zugestand. Daß sich diese Ordnung grundsätzlich verschieben oder gar revolutionieren würde – etwa im Sinn der anfangs erwähnten Karikaturen –, schied von vornherein aus. Allerdings, und darauf legten die Trägerinnen der Frauenbewegung großen Wert, waren graduelle Umschichtungen nicht nur denkbar, sondern auch in hohem Maße zu wünschen. Bereits das zu Ende gehende 19. Jahrhundert hatte schließlich deutliche Veränderungen im gesellschaftlichen Status von Frauen hervorgebracht. Selbst wenn Frauen in erster Linie zur Mutterschaft bestimmt waren, ließ dies doch genügend Raum für darauf bezogene Aktivitäten. Mütterlichkeit konnte man nicht nur in der eigenen Familie praktizieren, sondern auch in der Gesellschaft, ja sogar in politischen Zusammenhängen. Unverheiratete und kinderlose Frauen galten geradezu als prädestiniert, ihre im eigenen Heim nicht abgerufenen Eigenschaften und Fähigkeiten nach außen zu kehren. In sozialen Berufen, als Ärztinnen oder Krankenpflegerinnen, als Lehrerinnen und Politikerinnen sollten sie die

---

39 J. Conway, Stereotypes of Femininity in a Theory of Sexual Evolution, in: M. Vicinus (Hg.), Suffer and Be Still. Women in the Victorian Age, London 1980, S. 140–154.

Schäden und Defizite der modernen Gesellschaft reparieren und mütterlich ausgleichen. Manche Feministinnen plädierten sogar dafür, alle Berufe und sozialen Handlungsräume für Frauen zu öffnen – nicht um mit Männern zu „wetteifern", sondern um die „einseitig männlichen Schöpfungen" mittels Weiblichkeit zu ergänzen und zu verbessern.[40]

Damit kam dann doch Dynamik in die Geschlechterordnung. Ihr Fundament blieb zwar unangetastet, doch seine Konsequenzen wurden flexibilisiert. Wenn Männer und Frauen aufgrund ihrer biologischen Ausstattung derart wesensverschieden waren wie allseits angenommen, ließ sich damit nicht nur eine schroffe Arbeitsteilung zwischen den Geschlechtern rechtfertigen. Vielmehr konnte man auch argumentieren – und Teile der Frauenbewegung taten das –, daß eine solche Arbeitsteilung und Sphärentrennung in Zukunft überwunden werden mußte, sollte es nicht zu gravierenden Fehlentwicklungen der Gesellschaft kommen. „Woman, as the companion of man, must be a sharer", hieß es 1893 in einer amerikanischen Adresse auf dem Chicagoer Frauenkongreß. Gerade die – hier vor allem christlich getönte – Gefährtenschaft verbiete es, männliche und weibliche Zuständigkeiten scharf voneinander zu scheiden. Statt dessen sei es an der Zeit, daß Frauen Verantwortung auch in jenen Bereichen übernähmen, die bislang von Männern dominiert würden. „Through weary, wasting years men have destroyed, dashed in pieces, and overthrown, but today we stand on the threshold of women's era, and woman's work is grandly constructive."[41] Gefährtenschaft heiße Teilung, nicht Trennung der Aufgaben; daran erinnerte auch Lady Aberdeen 1899 auf dem Londoner Kongreß des Internationalen Frauenrats. Zugleich aber warnte sie Frauen davor, ihren Part zu überschätzen. Frauen allein könnten die Welt nicht von allen ihren Übeln befreien: „The redemption of the race can only be compassed by men and women joining hands, and making common cause in every department of life."[42]

Letzteres war eine eindeutige Absage an das Programm der „separate spheres", das die Vordenker des bürgerlichen Gesellschaftsmodells seit dem Ende des 18. Jahrhunderts entwickelt hatten und das auch von Teilen der Frauenbewegung positiv aufgenommen worden war. Von der anerkannten Verschiedenheit der Geschlechter, lautete die neue Botschaft, führte der Weg nicht gradlinig zu einer Trennung und wechselseitigen Abschottung der Handlungssphären, sondern zu einer symbiotischen Handlungsgemeinschaft. Zweifellos brachten Frauen in diese Gemeinschaft andere Fähigkei-

---

40 H. Lange, Die Frauenbewegung in ihren modernen Problemen (1907), ND Münster 1980, S. 44 ff.; dies., Das Endziel der Frauenbewegung (1904), in: dies., Kampfzeiten, Bd. 1, Berlin 1928, S. 294–307. Zum „relational feminism" als der im 19. Jahrhundert vor allem in Frankreich und Deutschland dominierenden Spielart des Feminismus vgl. K. Offen, Defining Feminism: A Comparative Historical Approach, in: Signs 14. 1988, S. 119–157.
41 Sewall, Congress, S. 433 f.
42 The Woman's Journal, Boston, 1.7.1899, S. 203.

ten und Interessen ein als Männer; gerade dies sicherte ihre Dynamik. Selbst unter der Vorgabe einer überkommenen Geschlechteranthropologie galt die Geschlechterordnung folglich als durchaus veränderlich und gestaltbar.

Noch mehr Dynamik ließen jene Zeitgenossen zu, die diese Vorgabe nicht akzeptierten. Zwar waren es wenige, die von einer feststehenden „Natur" der Frau und des Mannes nichts wissen wollten. Aber es gab sie, und sie ließen ihre dissonanten Stimmen hören. Käthe Schirmacher etwa hatte 1893 auf dem Chicagoer Frauenkongreß eine vielbeachtete Rede über die „moderne Frau" gehalten – über eine Frau, die ihren Lebensunterhalt selber bestritt, die ihren Beruf liebte und daraus Anerkennung bezog, die nicht mehr zum Mann hinaufschaute, sondern ihm von gleich zu gleich begegnete. Ihre erklärtermaßen „fortschrittlichen" Anschauungen hatten sich im Kontakt mit den amerikanischen Frauenrechtlerinnen weiter radikalisiert. So äußerte sie 1904 ernste Zweifel an der tradierten Anthropologie der Geschlechter: „Zwischen Mann und Frau bestehen gewisse physische Verschiedenheiten. Inwiefern dieselben psychische und intellektuelle Verschiedenheiten nach sich ziehen, wissen wir nicht. Denn man hat der Frau nie gestattet, sich frei zu entwickeln." Von einer „Natur der Frau" zu sprechen verbiete sich daher von selber. Wolle man sie kennenlernen, müsse man der Frau „Entwicklungsfreiheit" geben: „Wir verlangen daher freie Bahn für die Frau und freie Konkurrenz."[43]

Die Zukunft der Geschlechterordnung war in dieser Perspektive offen und undeterminiert; sie stellte ein Experimentierfeld dar, das von „modernen Frauen" – der „moderne Mann" schien noch nicht in Sicht – ohne Vorurteile und Rücksichten gestaltet werden konnte. Dieses egalitäre Bild der Geschlechter verzichtete nicht nur auf Hierarchien, sondern auch auf essentialistische Zuschreibungen. Es konzedierte physische Differenzen, leitete daraus aber keine Folgerungen für psychische, emotionale oder intellektuelle Fähigkeiten ab. Es stellte zwar nicht generell in Abrede, daß es eine „Natur" der Frau (und des Mannes) geben könnte; wie diese aber aussehe, sei erst in der Zukunft erkennbar. Allein unter den Bedingungen freier Entwicklung könne sich jene „Natur" als unverfälschte, nicht durch Zwang und Zurichtung eingeschränkte herauspräparieren. Es gelte also zunächst, bestehende Konventionen und Entwicklungshindernisse abzuschaffen und „Entwicklungsfreiheit" herzustellen. Gleichberechtigung, so die politische Pointe, war hier die Voraussetzung dafür, daß sich potentielle Geschlechterdifferenzen überhaupt entdecken ließen. In diesem Modell – das allerdings um die Jahrhundertwende nur eine Minorität der deutschen, britischen und französischen Feministinnen favorisierte (lediglich in den USA gewann es eine

---

43 Eagle, Congress, S. 181–183; Schirmacher, Frauencongreß, S. 1; dies., Frauenbewegung, S. 134. Zum amerikanischen Typus der College-gebildeten, unverheirateten, berufstätigen „New Woman" vgl. C. Smith-Rosenberg, The New Woman as Androgyne: Social Disorder and Gender Crisis, 1870–1936, in: dies., Disorderly Conduct, Oxford 1985, S. 245–296.

größere Anhängerinnenschaft) – wurde Gleichheit nicht gegen Differenz ausgespielt; statt mit festen ontologischen Gewißheiten zu argumentieren, ließ man sich auf eine fluide und multiple Zukunft ein.[44]

III. 1900 als Zäsur? Auch die internationale Frauenbewegung war nicht immun gegen die Magie der Jahreszahlen. Die Zukunft der Geschlechterfrage, ob fluid und multipel oder in geordneten Bahnen, begann für viele ihrer Mitglieder je nach Nationalität am 1.1.1900 oder 1901. Bereits im Vorfeld der Jahrhundertwende wurde die Erwartung laut, daß bis dahin wichtige Ziele erreicht sein würden. Auf dem Chicagoer Frauenkongreß 1893 etwa appellierte eine amerikanische Teilnehmerin an das Parlament der Vereinigten Staaten, die kommenden Jahre zu nutzen und Frauen die volle Freiheit und Unabhängigkeit amerikanischer Staatsbürger zu gewähren: „Our freedom must be fully granted to us by 1900, so that the twentieth century shall dawn on a ‚government of the people, for the people and by the people'." Das 20. Jahrhundert sollte eine „new era for the world" sein, in das alle Menschen frei und selbständig eintreten sollten: „I see a race of men, strong, brave, and true, because the mothers of men are free, and because they gave to their sons the pure blood of liberty."[45]

Dieser Fixierung auf die Jahrhundertwende entsprach die weitverbreitete Wahrnehmung, daß sich gesellschaftliche Umbruchprozesse zum Ende des 19. Jahrhunderts zunehmend beschleunigten. Galt bereits das 19. Jahrhundert insgesamt als eine fortschrittsbesessene Epoche, empfand man seine letzten Jahre und Jahrzehnte als besonders dynamisch. Sowohl die allseits sichtbaren technischen Innovationen – vor allem der öffentliche Gebrauch von Elektrizität – als auch die rasanten Entwicklungen in Wissenschaft, Kunst und sozialer Organisation motivierten diesen Eindruck. „The industrial advance which the world has made within the last twenty or thirty years", hieß es 1893 in Chicago, „is equal to the previous one hundred and fifty".[46] Die Erfahrung, daß sich die eigene Lebenswelt, die Art und Weise des Produzierens und Konsumierens, des Reisens und Kommunizierens innerhalb kürzester Zeit grundlegend veränderten, setzte Erwartungen frei, daß sich solche Veränderungen auch in anderen gesellschaftlichen Bereichen einstel-

---

44 Zu diesem „individual feminism", der mit der „neuen Frau" der Jahrhundertwende eng verbunden war, vgl. Offen, Defining Feminism, die allerdings den zwar auf Egalität beruhenden, gleichwohl für Veränderung offenen Charakter dieser Richtung übersieht.
45 M.S. Howell, The Dawning of the Twentieth Century, in: Eagle, Congress, S. 680. Susan Anthony, die alte Dame der amerikanischen Stimmrechtsbewegung, wollte sich zwar nicht auf das Jahr 1900 festlegen, sagte 1897 jedoch optimistisch voraus, daß „with the advantages already obtained, with the great liberalizing of public sentiment, and with the actual proof that the results of enlarged opportunities for women have been for the betterment of society, the next decade ought to see the completion of the struggle for the equality of the sexes" (Anthony, Status, S. 907).
46 Eagle, Congress, S. 495.

len würden. Das Jahr 1900 war für viele ein magisches Datum, ein symbolisch aufgeladener Zeitpunkt, der nicht nur kalendarisch das Ende des 19. Jahrhunderts markierte, sondern auch für den erfolgreichen Abschluß der großen Emanzipationsbewegungen stehen konnte, die dieses Jahrhundert hervorgebracht hatte: die Emanzipation der Sklaven, der Juden, der Arbeiter und, last but not least, der Frauen.

Nun war jedoch die rechtliche Gleichstellung der Sklaven in den USA – nicht zuletzt unter massiver Beteiligung von Frauen und Frauenverbänden – ebenso wie die der Juden in den meisten europäischen Ländern vor 1870 verwirklicht worden, und auch die politische Aktivbürgerschaft der Arbeiter war sukzessive anerkannt worden. Nur die Frauen blieben aus dieser Aktivbürgerschaft nach wie vor ausgeschlossen: In allen Ländern verweigerte man ihnen das politische Stimmrecht. Zudem hatten verheiratete Frauen vielerorts gravierende Rechtsnachteile zu ertragen; in zahlreichen Ländern durften Frauen keine höheren Bildungsanstalten besuchen, und fast überall erhielten sie für die gleiche Arbeit weniger Lohn als Männer. Trotz aller Fortschritte, die die organisierte Frauenbewegung international in ihrem Kampf um gleiche Rechte und soziale Verbesserungen verbuchte, wies der weibliche Emanzipationsprozeß noch massive Defizite und Lücken auf – Lücken, die, hätten sich die Feministinnen durchgesetzt, bis 1900 leicht hätten ausgeglichen werden können.

Doch die hochgespannten Erwartungen und Hoffnungen, daß eine geschlechterübergreifende Rechtsgleichheit noch im alten Jahrhundert realisiert würde, zerschellten in allen Staaten an der Blockadestrategie des politischen Systems. Obwohl die Frauenbewegung in fast allen Parlamenten, Parteien und gesellschaftlichen Gruppierungen Fürsprecher fand, obwohl sich vor allem in Frankreich und Großbritannien zahlreiche Männer in Frauenstimmrechtsorganisationen engagierten und als männliche „Feministen" für weibliche Forderungen stritten, gelang es nirgendwo, die Abwehrfront der Konservativen, Kirchlichen und Liberalen zu durchbrechen. Vornehmlich in der Frage des Frauenwahlrechts, jenes „pivotal right" (Susan Anthony), um das besonders amerikanische und britische Frauenrechtlerinnen erbittert kämpften, gab es kaum Fortschritte. Selbst wenn sich die Gegenargumente änderten, wie britische „Suffragetten" aufmerksam vermerkten, blieb die Opposition felsenfest.[47] Gerade in den Jahren rund um die Jahrhundertwende mußten die Stimmrechtsbefürworter eine Reihe von Niederlagen einstecken, die ihren Optimismus eher dämpften als anheizten.

Dennoch – oder auch gerade deshalb – begrüßte man das neue Jahrhundert begeistert und hoffnungsfroh. Wenn es schon nicht gelungen war, das Emanzipationswerk mit dem Klang der Silvesterglocken abzuschließen,

---

47 H. Blackburn, Women's Suffrage. A Record of the Women's Suffrage Movement in the British Isles, London 1902, S. 219 f.

würde zumindest das anbrechende Säkulum den Sieg verkünden. Das 20. Jahrhundert wurde damit flugs in die Erbfolge des 19. gestellt: Es sollte das vollenden, was sein Vorläufer zwar begonnen, aber letztlich nicht zuwege gebracht hatte. „Our gains are limited, but assured", versicherte das Bostoner Woman's Journal im Juni 1900: „The foundations laid in the past guarantee our triumph in the century about to dawn. The younger workers will rear the superstructure about the basis already prepared."[48]

Das Jahr 1900 markierte in dieser Sichtweise zwar eine Zäsur, einen Akt des Innehaltens, des Sich-Versicherns, der Reflexion auf „Erreichtes und Erstrebtes". Zäsur aber bedeutete keinesfalls Diskontinuität, Bruch, Neuanfang. Das neue Jahrhundert, hoffte man in Kreisen der Frauenbewegung, würde das fortsetzen, was das alte bereits begonnen, mit organisierter Frauenmacht forciert, aber leider nicht vollendet habe. Das 20. Jahrhundert stand damit in der Kontinuität des 19., knüpfte an die Entwicklungen an, die sich programmatisch in die nachaufklärerische Epoche menschlichen Fortschritts eingeschrieben hatten. Es würde, so die verbreitete Hoffnung und Erwartung, die ungeklärten Probleme des 19. Jahrhunderts einer Lösung zuführen, es würde neue Wege weisen, innovative Denk- und Handlungsmöglichkeiten eröffnen.

In diesem Sinne standen die Jahre 1900 bzw. 1901 für Aufbruch, für neue Energie, für gesteigerte Aktivität. Daß das, was man dem 19. Jahrhundert aufgetragen hatte, nicht zur vollen Zufriedenheit eingetroffen war, rief nicht etwa melancholische Enttäuschung hervor, sondern setzte optimistische Erwartungen an das neue Jahrhundert frei. „Wir nehmen gern und freudig Abschied von einem Jahrhundert, das den Frauen nicht viel Rosiges gebracht hat", schrieb die deutsche Frauenrechtlerin Minna Cauer anläßlich ihrer „Betrachtungen bei der Wende des Jahrhunderts". Ihre Wahrnehmung, wonach „die Frauenbewegung ... eins der Rätsel [sei], welche uns das scheidende Jahrhundert ungelöst hinterläßt", mündete in die Hoffnung, daß das kommende Jahrhundert das „Rätsel" lösen und jene „Revolution" hervorbringen würde, die, nach der politischen und wirtschaftlichen Umwälzung die bislang noch ausstehende „sittliche Erneuerung des Menschengeschlechts" bewerkstelligte.[49]

Einerseits, das machten solche progammatischen Äußerungen deutlich, wollte die Frauenbewegung ihre Arbeit im neuen Jahrhundert in jenen Spuren fortsetzen, die das alte gelegt hatte. Sie würde sich – besonders in Deutschland, wo dies nötig war – für die Erweiterung weiblicher Bildungs- und Erwerbschancen engagieren, sie würde die politische Emanzipation herbeiführen, sie würde für die Aufhebung von Rechtsnachteilen vor allem der verheirateten Frauen kämpfen. All das waren Ziele, die bereits im 19. Jahr-

---

48 The Woman's Journal, Boston, 16.6.1900, S. 188.
49 M. Cauer, Zum Abschied. Betrachtungen bei der Wende des Jahrhunderts, in: Die Frauenbewegung, 1.1.1900, S. 1–3; dies., Neujahrsbetrachtungen, in: ebd., 1.1.1899, S. 1.

hundert formuliert und zu einem gut Teil auch schon realisiert worden waren. In dieser Hinsicht stellte die Jahrhundertwende also nicht jenen „Wendepunkt" dar, als der sie häufig apostrophiert wurde. Sie mochte zwar nochmals einen Beschleunigungseffekt auslösen, aber selbst dann wäre sie nicht mehr als ein Punkt auf einer geraden Linie, die, wie es in den Rückblicken oft hieß, vom Nullpunkt des frühen 19. Jahrhunderts mit stetig aufsteigender Tendenz auf den Endpunkt der Gleichberechtigung zielte.

„Wendepunkt" aber sollte die Jahrhundertwende in einer anderen Beziehung sein. In der Tat erwartete man vom 20. Jahrhundert mehr als nur die Fortsetzung älterer Trends. Viele Frauen (und Männer) im Umkreis der feministischen Bewegung hofften auf eine neue „Revolution", auf eine „Umwertung aller Werte", wie dies Marie Stritt am 1. Januar 1900 emphatisch verkündete.[50] Diese Revolution sollte nicht mehr, wie im 19. Jahrhundert, im Bereich der Wirtschaft und der Politik stattfinden, sondern auf kulturellem Gebiet, in der Lebensführung und in den Sinnkonstruktionen der Menschen. Dabei ging es vor allem um eine Veränderung „privater" Geschlechterbeziehungen, um einen neuen Umgang zwischen Frauen und Männern, Mädchen und Jungen. „Liebe, Ehe, Freundschaft, Elternschaft, Prostitution sowie alle damit zusammenhängenden Fragen der Moral und des gesamten sexuellen Lebens" etwa standen im Mittelpunkt einer Zeitschrift, die seit 1905 in Deutschland erschien und sich explizit einer „Reform der sexuellen Ethik" widmete.[51] Die Kritik an der alten Ethik konzentrierte sich vor allem auf die geschlechtsspezifischen Verhaltensnormen, die für Männer andere Richtwerte enthielten als für Frauen. Diese „doppelte Moral" herrschte nicht nur dort, wo ein junges Mädchen „aus gutem Haus" jede sexuelle Annäherung empört von sich zu weisen hatte, während sie dem jungen Mann selbstverständlich zustand. Sie bestand auch dort, wo Prostituierte registriert, kontrolliert und zwangsuntersucht wurden, während ihre männlichen „Freier" unbelästigt blieben. Diese „Unmoral", reklamierten frauenbewegte Kreise, vergifte die Beziehungen zwischen den Geschlechtern. Wie könnten Frauen Männer respektieren, die sich selber nicht an jene moralischen Standards gebunden fühlten, die sie für Frauen aufstellten und auf deren verbindliche Einhaltung sie unnachsichtig pochten? Die moderne Frau, hieß es 1893 in Chicago, könne solchen Männern bestenfalls gleichgültig, schlimmstenfalls mit Verachtung begegnen.[52]

Um derart dramatische Verwerfungen und Entfremdungen zwischen den Geschlechtern dauerhaft zu verhindern, schien es notwendig, ihren Umgang auf eine neue Basis zu stellen. Die bewußte Distanz beispielsweise, die das

---

50 Stritt, Wende, S. 150 f.
51 H. Stöcker, An unsere Leser, in: Mutterschutz. Zeitschrift zur Reform der sexuellen Ethik 1. 1905, S. 1.
52 Eagle, Congress, S. 182 f. Zur außerdeutschen Debatte um „moral education", Abolitionismus und ethischen Feminismus vgl. Käppeli, Szene, v. a. S. 556 ff.

Bildungswesen zwischen Mädchen und Jungen installierte, hielten viele ReformerInnen für schädlich; sie trug ihrer Meinung nach dazu bei, die jeweiligen Geschlechteridentitäten zu übersteigern und unrealistische Vorstellungen vom jeweils anderen Geschlecht heranzuzüchten. Koedukation hingegen könne die Verständnisschranken senken und im alltäglichen Miteinander eine kameradschaftlich-egalitäre Beziehung entstehen lassen. Kameradschaft, *companionship* – das waren die Konzepte, von denen man Remedur erwartete. Nicht die künstliche Trennung und Ghettoisierung der Geschlechter, sondern ihre enge Kooperation in Schule und Vereinen, im Sport und in der Freizeit würde „vernünftige" Beziehungen ermöglichen, die weder überhitzt noch unterkühlt, weder vergöttlicht noch verteufelt waren.

In diesem Zusammenhang war immer wieder die Rede von einer „neuen Ethik" der Geschlechter-Beziehungen. Im Einzelfall konnte dies sehr Verschiedenes bedeuten. Viele Frauen stellten sich darunter eine Regeneration alter Institutionen vor, andere dagegen träumten von ihrer Abschaffung. Im Mittelpunkt der Diskussionen stand die Institution der Ehe. Sie war, darin stimmten fast alle Diskussionsteilnehmerinnen überein, in hohem Maße korrumpiert und „entsittlicht". Anstatt ein freigewählter Lebensbund zu sein, ähnelte sie nur allzuoft einem Zwangsverhältnis. Vor allem Frauen besaßen, so hieß es immer wieder, keine Wahlfreiheit. Zum einen ließ ihnen ihre ökonomische Unselbständigkeit – hier dachte man nicht so sehr an junge Arbeiterinnen als an erwerbslose Töchter aus „gutem Haus" – die Ehe als einzig greifbare Versorgungsanstalt erscheinen. Zum anderen war es ihnen häufig nicht einmal möglich, den Mann, der sie versorgen sollte, selber auszusuchen, da dies von Eltern und Verwandten getan wurde. Eine unter solchen Bedingungen eingegangene Ehe war mit einer schweren Hypothek belastet. Zudem verlängerte und intensivierte sie die Abhängigkeit der Frau, die fortan nicht nur ökonomisch, sondern auch sexuell der Herrschaft des Ehemannes unterstand. Überdies pflanzte sich die „doppelte Moral" im Ehestand fort; während ein Ehebruch auf seiten der Frau gesellschaftlich verfemt und äußerst negativ sanktioniert wurde, galt der „Seitensprung" des Ehemannes als mindere Verfehlung.

Gingen manche Feministinnen so weit, aus dieser Situation heraus die Abschaffung der Ehe zu fordern und freie, ungebundene Liebesverhältnisse zwischen Frauen und Männern an ihre Stelle zu setzen, hielt die Mehrheit die Ehe zwar für reformbedürftig, aber grundsätzlich doch für erhaltenswert. Allerdings müsse sie aus dem derzeitigen Stand der Korruption herausgeführt und zu jenem selbstgewählten Liebes- und Lebensbund umgestaltet werden, der allein ihren hohen und unanfechtbaren moralischen Status verbürge. Liebe und Sexualität seien schließlich keine Kauf- und Tauschobjekte, die mittels Ehevertrag erworben und gerichtlich eingeklagt werden könnten. Vielmehr sollten sie, nach Meinung der Lehrerin Helene Stöcker, von Konventionen freigesetzt und auf das verantwortliche Einverständnis beider Partner gegründet werden. Nur so sei es möglich, „dem Geschlechtstrieb seine natürliche Unschuld wieder[zu]geben" und ihn zu einem bereichernden und beglückenden Element des Ehelebens zu machen.[53]

Sexualität, das ging aus solchen Äußerungen deutlich hervor, besaß für die „neue Ethik" einen hohen Stellenwert. Allerdings sollte sie gleichsam entstaubt und durchlüftet, von künstlichen Umstellungen und Verformungen befreit werden. Die schwüle, von Verboten und Verführungen geschwängerte Atmosphäre des 19. Jahrhunderts sollte einer durch Offenheit und Natürlichkeit gekennzeichneten Sexualmoral weichen. Dazu verhalfen einerseits Aufklärung und öffentliche Diskussion; gerade die Zeit der Jahrhundertwende erlebte einen Boom sexualpolitischer und sexualwissenschaftlicher Literatur. Nicht nur Sigmund Freud veröffentlichte 1908 seine Überlegungen zur „kulturellen Sexualmoral"; auch seine Medizinerkollegen Otto Adler, Richard v. Krafft-Ebing, Magnus Hirschfeld oder Iwan Bloch teilten ihre Beobachtungen und Ratschläge einem interessierten Publikum mit. Der Markt für solche Titel war international; die deutschen Sexologen wurden ebenso rasch ins Englische übersetzt wie die britischen – allen voran Havelock Ellis und Edward Carpenter – ins Deutsche.[54]

Die wissenschaftlich distanzierte, rationale Debatte um den menschlichen Geschlechtstrieb war aber nur eine Möglichkeit, die individuellen und gesellschaftlichen Einstellungen zur Sexualität zu beeinflussen. Hinzu traten konkrete, auf praktische Wirksamkeit bedachte Initiativen. Geburtenkontrolle und der Zugang zu Verhütungsmitteln wurden um die Jahrhundertwende ein großes Thema. Die Trennung von Sexualität und Fortpflanzung war Teil des Reformprogramms, mit dem die Verfechter einer „neuen Ethik" in Deutschland ebenso wie in Frankreich, Großbritannien und den USA um Unterstützung warben. Sie paßte sich zum einen in den Kontext des Neomalthusianismus und der beginnenden Eugenik-Bewegung ein und besaß hier eine deutlich zukunftsplanerische bevölkerungspolitische Komponente. Zum anderen aber ließ sie sich auch als individuelles Glücksversprechen verkaufen. In dem Maße, in dem sexuelles Begehren als natürliche Ausstattung des Menschen akzeptiert wurde, hatten ältere, religiös eingebundene Vorstellungen, die dieses Begehren lediglich als Instrument der Fortpflanzung gelten ließen, ausgedient. Methoden der Empfängnisverhütung, in der Bevölkerung ohnehin seit eh und je verbreitet, sollten deshalb breit popularisiert werden, damit Sexualität – in der Regel innerhalb der Ehe, nach Meinung mancher Reformer auch außerhalb – angstfrei und folgenlos genossen werden konnte.

---

53 H. Stöcker, Zur Reform der sexuellen Ethik, in: Mutterschutz. Zeitschrift zur Reform der sexuellen Ethik 1. 1905, S. 10. Vgl. dazu I. Stoehr, Fraueneinfluß oder Geschlechterversöhnung? Zur „Sexualitätsdebatte" in der deutschen Frauenbewegung um 1900, in: J. Geyer-Kordesch u. A. Kuhn (Hg.), Frauenkörper, Medizin, Sexualität, Düsseldorf 1986, S. 159–190.

54 J. Weeks, Sex, Politics and Society. The Regulation of Sexuality since 1800, London 1981, v. a. S. 141 ff.; Stoehr, Fraueneinfluß.

Freie, sexuell unverkrampfte und partnerschaftliche Beziehungen zwischen Frauen und Männern setzten allerdings eins voraus: die ökonomische Selbständigkeit und Unabhängigkeit der Frauen. Nur wenn sie in der Lage seien, ohne finanzielle Erwägungen und Rücksichten ihre Wahl zu treffen und ihren Bedürfnissen gemäß zu leben, könne sich die „neue Ethik" in den Geschlechterverhältnissen entfalten und entwickeln. Die Integration auch der Frauen in die Erwerbsgesellschaft galt demnach als Bedingung dafür, daß sich die privaten Beziehungen zwischen den Geschlechtern liberalisierten und individualisierten. Die zeittypische Hochschätzung der Arbeit, wie sie etwa die deutsche Frauenrechtlerin Gertrud Bäumer vertrat, als sie in einem Vortrag im Berliner Frauen-Verein am 11. Januar 1900 davon sprach, daß Arbeit „dem Leben der Frau ebenso wie dem Leben des Mannes erst den *wahren* Wert zu geben" vermöge[55] – diese Hochschätzung gewann im Kontext einer „neuen Ethik" eine besondere Färbung. Mit der zunehmenden Erwerbsarbeit von Frauen gehe auch, meinte Henriette Fürth 1905, der „Anbruch einer neuen Ära in Dingen der sexuellen Moral und in der Wertung der Formen des Geschlechtsverkehrs" einher.[56] In dem Maße, wie die Privatsphäre von ökonomischen, also eigentlich funktionsfremden Aufgaben entlastet wurde, konnte sie sich – so das Argument – zu einem autonomen Bereich menschlicher Existenz und Lebensfreude entwickeln. Erst unter dieser Voraussetzung gestattete sie die Ausdifferenzierung und das Ausleben menschlicher Gefühle und Bedürfnisse, die sich ansonsten nur in verkrüppelter und eingeschnürter Form Ausdruck verschafften.

Interessanterweise waren solche Überlegungen zu einer neuen Geschlechtermoral eng verknüpft mit Konzepten einer gesamtgesellschaftlichen Reform und Regeneration. So verband sich etwa die Idee einer von ökonomischen Zwängen befreiten Sexualität mit sozialdarwinistisch-eugenischer Programmatik, wenn etwa „unheilbar Kranke oder Entartete" von dieser Sexualität (und Fortpflanzung) ausgeschlossen sein sollten. Über allem schwebte die Vision eines „neuen durch und durch persönlichen Menschen", der glücklich, stark und gesund aus dem Regenerationsprozeß hervorgehen würde; Friedrich Nietzsche galt als sein erklärter Pate.[57] Am Horizont des neuen Jahrhunderts schien damit die neue, moderne, individualistische Gesellschaft auf, die das angeblich in Konventionen und Materialismen erstarrte System des späten 19. Jahrhunderts ablöste und überwand. Heroldin, Leitfigur und Modell dieser Erscheinung war die Frau, nicht der Mann. Sie ging voran bei der sozialen Erneuerung; sie verfügte über die vitalen Energien und Fähigkeiten, die dem Mann im Prozeß seiner „Zivilisierung", „Vergesellschaftung" und „Verberuflichung" weitgehend abhanden gekommen waren.[58]

---

55 Neues Frauenblatt 4. 1900, S. 24.
56 H. Fürth, Mutterschaft und Ehe, in: Mutterschutz 1. 1905, S. 432.
57 Stöcker, Reform, S. 9; H. Fürth, Mutterschaft, in: ebd., S. 485.
58 Vgl. dazu C. Wickert, Helene Stöcker 1869–1943, Bonn 1991, v. a. S. 55 ff.

Auch die „neue Ethik", die im übrigen nicht nur von Feministinnen, sondern auch von männlichen Ärzten, Professoren und Politikern vertreten wurde,[59] stellte folglich eine enge Verbindung her zwischen Frauenemanzipation und Welterrettung. Wo das Gros der Frauenbewegung die weiblich-mütterliche Kultur als Humanisierung und Veredelung der männlichen Welt empfahl, sprach die „neue Ethik" von der „neuen Frau", die dank ihrer materiellen und sexuellen Unabhängigkeit eine „neue Ära" menschlicher Beziehungen und Lebensformen einläutete. Außerdem – und da glitt die betont individualistische Note der ethischen Erneuerungsbewegung ins National-Volkliche ab – trug sie zu einer Neubewertung der Mutterschaft bei, die dezidiert nicht nur als persönliches Glück, sondern auch als soziale Verantwortung begriffen wurde. Die Mutterschaft, meinte Henriette Fürth 1905, sei eine „volkliche Arbeitsleistung", von deren Art und Inhalt „Wohl und Wehe, Aufstieg oder Niedergang des Volksganzen wesentlich abhängt". Wer Kinder gebäre und aufziehe, tue das nicht nur zu seinem eigenen Vergnügen, sondern sei dem „Volksganzen" verpflichtet, das umgekehrt ein Interesse daran habe, „nur die Fortpflanzung der gesunden und lebenstüchtigen Elemente" zu begünstigen und die „degenerierter Menschen zu verhindern".[60]

Die „new woman" oder „moderne Frau", von einer „neuen Ethik" individueller Freiheit und kollektiver Verpflichtung durchdrungen, ihre Sexualität bejahend und verantwortungsbewußt auslebend, auf eigenen Füßen stehend, im Mann den Kameraden suchend, sich ihm nicht unterwerfend, sondern von gleich zu gleich begegnend: Dieser – klassenmäßig nicht mehr gebundene – Frauentyp war in der Tat eine Innovation der Jahrhundertwende. Um 1900 noch eine Randerscheinung, eher literarisch präsent als in der sozialen Wirklichkeit aufzufinden, würde er sich, so die Hoffnung mancher Feministinnen, in allen „Kulturländern" allmählich ausbreiten und das neue Jahrhundert prägen.[61]

IV. Zukunftsentwürfe – Ordnungskonzepte. Ob und wie sich solche Zukunftsvisionen verwirklichen ließen, war ihren Protagonistinnen nur bedingt zugänglich. Einerseits rechneten sie mit einer gleichsam inhärenten Entwicklungslogik moderner Gesellschaften. Auch ohne bewußtes Zutun würde sich die Lage von Frauen verändern, und selbst der erbittertste konservative Widerstand könnte diesen Prozeß nicht dauerhaft blockieren. Ökonomische und technologische Neuerungstrends würden sich fort- und durchsetzen: In der Arbeiterschaft führte dies zu einer Zunahme außerhäuslicher Frauenarbeit, und auch in bürgerlichen Haushalten würden Frauen allmählich für

---

59 Im Vorstand des 1905 gegründeten Bundes für Mutterschutz saßen neben Helene Stöcker der Arzt Max Marcuse sowie Werner Sombart; im Ausschuß befanden sich neben der nichtorganisierten Feministin Hedwig Dohm und einer Reihe bekannter Ärzte auch Friedrich Naumann und Max Weber (Wickert, Stöcker, S. 64 ff.).
60 Fürth, Mutterschaft, S. 434 f.
61 Schirmacher, Frauenbewegung, S. 131; Smith Rosenberg, New Woman.

andere Tätigkeiten freigesetzt. Die sich verallgemeinernde Erwerbsgesellschaft zöge auch die weibliche Bevölkerung in ihren Bann; in dem Maße, wie die Technik Arbeitsplätze innerhalb und außerhalb des Hauses veränderte, revolutionierte sie den weiblichen Arbeitsmarkt.[62]

Allerdings galt es, diesen offenbar unaufhaltsamen Prozeß politisch zu korrigieren. Der Arbeitsmarkt, das hatten die Entwicklungen des 19. Jahrhunderts gezeigt, besaß an sich noch keine emanzipative Kraft; vielmehr neigte er dazu, sich die Differenz der Geschlechter zunutze zu machen und sie sogar noch zu steigern. Dem müßte die Forderung nach gleichem Lohn für gleiche Arbeit und nach einer besseren Berufsbildung für Frauen entgegenwirken. Auch der Arbeiterinnenschutz schien manchen Feministinnen ein geeignetes Mittel, gegenläufige Entwicklungen einzudämmen. Andere dagegen, vor allem in den USA und Großbritannien, lehnten spezielle Schutzmaßnahmen entschieden ab, da sie die Arbeitsmarktchancen von Frauen verschlechterten. Wichtiger als die Rücksicht auf die besondere physische Konstitution von Frauen, die nach Ansicht deutscher Gewerkschafterinnen und Frauenrechtlerinnen die Beschäftigung an gesundheitsgefährdenden Arbeitsplätzen und in der Nacht verbiete, war ihnen, die Konkurrenzfähigkeit weiblicher Arbeiter zu erhalten und zu sichern.[63]

Auch in den höheren Regionen des Arbeitsmarktes regelten sich die Dinge nicht selbsttätig. Vor allem in Deutschland setzten Staat und akademische Berufsverbände weiblichen Partizipationswünschen klare Grenzen. In den staatlich kontrollierten Segmenten der Erwerbsgesellschaft – im medizinischen Fach, in der Rechtspflege, im höheren Schulwesen und in den Universitäten – trafen Frauen auf massive Blockaden. In fast allen Ländern blieb ihnen zudem die Politik verschlossen. Weder aktiv noch passiv durften sie sich an politischen Kommunikations- und Entscheidungsprozessen beteiligen; selbst auf kommunaler Ebene war ihr politischer Status durchweg prekär. Hier mußten die Widerstände Schritt für Schritt – und oft mit erheblichen Rückschritten – abgebaut werden, in einem zeitaufwendigen und kräftezehrenden Verfahren, dessen erfolgreicher Abschluß um 1900 noch in weiter Ferne schien.

Der gerade in den Jahrhundertrückblicken und -vorschauen bekundete Optimismus entsprang dennoch keinem bloßen Wunschdenken. Immerhin verfügte man mittlerweile über Mittel und Wege, die eigenen Interessen und Zukunftsentwürfe zu verbreiten und dafür zu werben. Das wichtigste hieß: Organisation. Voller Stolz verwiesen Frauen in allen Ländern auf die im-

---

62 Schirmacher, Frauenbewegung, S. 128 f.
63 Blackburn, Suffrage, S. 226: „In the labour legislation ... women haven been systematically degraded to the position of children, and every fresh lamentation over their hardships as toilers has been met with a cry for more ‚protection'; that is to say, for another crutch on which to lean, rather than for an equal law to place them on a firm footing of their own."

mensen Fortschritte, die sie in der Koordination und Bündelung ihrer Aktivitäten erzielt hatten. Die Frauenbewegung stellte um 1900 eine Organisationsmacht dar, die fünfzig oder gar hundert Jahre zuvor noch völlig unerreichbar gewesen wäre. Auch wenn ihre Ideen und Konzepte älteren Ursprungs waren und es immer schon mutige Frauen gegeben hatte, die diese Ideen aussprachen und sich dafür einsetzten, markierte doch die Tatsache, daß am Ende des 19. Jahrhunderts Millionen von Frauen einem Verein angehörten, daß jene Vereine untereinander Kontakt aufnahmen, daß ihre Bestrebungen auf nationaler Ebene zusammengefaßt wurden und daß selbst über nationale Grenzen hinaus Austausch und Abstimmung stattfanden, einen enormen Entwicklungssprung. Darüber hinaus gab es nicht nur eine Unmenge miteinander vernetzter Vereine und Gruppierungen, sondern auch eine Vielzahl von Zeitungen, Zeitschriften und anderen Publikationen, die den Mitgliedern ein Meinungs- und Diskussionsforum anboten, ihr Problembewußtsein schärften und ihren Kenntnisstand gleichermaßen erweiterten und vereinheitlichten.

Allerdings ließ selbst dieser enorm intensivierte und extensivierte Organisations- und Kommunikationsprozeß Wünsche offen. Die meisten Frauen standen immer noch abseits, zeigten sich desinteressiert oder gar ablehnend. Andere organisierten sich zwar, blieben aber trotzdem außerhalb des frauenbewegten Rahmens. Das galt – in Deutschland – vor allem für die Arbeiterinnen und Arbeiterfrauen, die den sozialdemokratischen Gewerkschaften und Vereinen beitraten und Distanz zu den bürgerlichen Frauenvereinen wahrten. Das galt aber auch für große Teile der christlichen Frauen, die nur langsam und verhalten Kontakt zur Frauenbewegung suchten. Und es galt für die Hunderttausende von Frauen, die sich in sogenannten vaterländischen Frauenvereinen organisierten, im Roten Kreuz und ähnlichen karitativ-patriotischen Verbänden, und die sich nur widerwillig einer breiteren Emanzipationsbewegung zurechnen ließen.

So unvollständig und uneinheitlich der weibliche Organisationsprozeß im Innern auch verlief, so deutliche Zeichen setzte er doch nach außen. Hinter jeder Petition, jeder Forderung, jeder Kritik standen Tausende von Namen und Personen. Sie konnten nicht mehr übersehen und übergangen werden; man konnte sie nicht mehr isolieren und als die Meinung einzelner verwirrter Blaustrümpfe abtun. Hauptadressat all dieser in der Regel gutorganisierten Vorstöße war der Staat, das politische System und seine Administration. Auf kommunaler, regionaler und nationaler Ebene versuchte man, die Möglichkeiten weiblicher Partizipation zu erweitern. „Die gesetzgebenden Körperschaften für die Forderungen der Frauen zu gewinnen, – das ist der Weg, der zum Ziele führen wird", versicherte Minna Cauer „zum Abschied" des 19. Jahrhunderts.[64] Ob es um die weibliche Repräsentation in kommunalen

---

64 Cauer, Abschied, S. 2.

Schulbehörden, Armen- oder Waisenkommissionen ging, ob es sich um die Zulassung weiblicher Fabrikinspektoren handelte, um die Öffnung höherer Schulen und Universitäten, um die Zulassung zu Gewerbe- und Kaufmannsgerichten – immer bedurfte es nachhaltiger und beharrlicher Appelle an Parlamente und staatliche Entscheidungsträger. In der Politik schien der Schlüssel zum Erfolg zu liegen; nur hier konnten Zukunftsentwürfe in Ordnungskonzepte überführt und realisiert werden.

Deshalb setzten viele Frauen ihre Hoffnungen in das politische Stimmrecht. Vor allem in den USA, aber auch in Großbritannien und zunehmend auch in Frankreich und Deutschland machten sich Feministinnen für das Wahlrecht stark. In ihm erkannten sie das Instrument, ihre Ziele besser und schneller durchzusetzen; es war ihnen weniger Selbstzweck als Mittel zum Zweck. Zwar betonten sie auch, wie entwürdigend es sei, vom ehrenvollen Status eines „citizen" oder „Staatsbürgers" ausgeschlossen und mit Kindern, Verbrechern und „Idioten" auf eine Stufe gestellt zu werden. Mindestens ebenso wichtig aber war die Erwägung, mittels des Wahlrechts zu einem politischen Machtfaktor werden und politische Entscheidungen zugunsten von Frauen beeinflussen zu können. Gerade in den neuralgischen Feldern der Rechts- und Sozialpolitik könnten Frauen durch ihre direkte Beteiligung sehr viel mehr bewirken als durch Bittschriften, Reklamationen und Appelle, die gern überhört und zu den Akten gelegt würden.

Andererseits warnten viele Frauen davor, den Einfluß der Politik zu überschätzen. Sicher konnten veränderte gesetzliche Regelungen beispielsweise im Familien-, Ehe- oder Scheidungsrecht andere Akzente setzen und Veränderungssignale aussenden. Ob sich damit das Verhältnis zwischen den Geschlechtern aber wirklich grundlegend umstrukturieren würde, ob die wechselseitigen Vorurteile, Konventionen und Rollenzuschreibungen auf diese Weise gemildert und abgebaut werden könnten, sei mehr als fraglich. Eine „Neuordnung der geschlechtlichen Beziehungen", wie sie immer wieder gefordert wurde, eine offenere Form der Ehe, eine freiere Erziehung der Kinder entzögen sich politischer Einwirkung.[65] Die Veränderung der Einstellungen und Werthaltungen, der Lebensführung und des alltäglichen Umgangs ließ sich weder durch Gesetze noch durch politische Fensterreden forcieren. Hier versprachen subpolitische Aktivitäten größere Erfolge. Gelänge es, wichtige gesellschaftliche Institutionen und Multiplikatoren wie Kirchen, Ärzte und Medien für ein solches Programm des Mentalitätswandels zu interessieren und zu begeistern, könne damit sicherlich mehr erreicht werden.

In diesem Zusammenhang waren Organisationen wie der 1905 gegründete Bund für Mutterschutz, die Deutsche Gesellschaft für ethische Kultur oder die britische Malthusian League, denen Frauen und Männer, Lehrer, Ärzte, Politiker und Wissenschaftler angehörten, von Bedeutung. Sie

---

65 Fürth, Mutterschaft, in: Mutterschutz 1. 1905, S. 487, 485.

sprengten das politisch-soziale Milieu der reinen Frauen- und Berufsvereine, sie führten Personen aus verschiedenen Wirkungskreisen unter einer gemeinsamen Zielsetzung zusammen und sicherten diesen Zielen und Vorstellungen damit zugleich eine breitere Proliferation. So wichtig es der Frauenbewegung einerseits war, eigene Organisationen zu gründen und sich unabhängig von Männern zu vergemeinschaften, so sehr war sie andererseits darauf bedacht, jede Ghettoisierung zu vermeiden und Kontakte zu männlichen Kreisen zu finden. Nach Geschlechtern getrennte Gruppenbildungen galten ihr nicht als der Weisheit letzter Schluß, sondern als zeittypische Erscheinung, die in der Zukunft revidiert werden konnte und sollte. In diesem Sinne stellte sich etwa die Vizepräsidentin des International Council of Women 1899 kommende Kongresse vor: „composed of men and women sitting as a permanent parliament, not for the adjudicature of differences and for the calming of dissentions, but for the promotion of consciously common interests, and approved by a united world".[66]

V. Selbstvergleiche. Diese Vision einer vereinten Weltgesellschaft, die den gemeinsam verfolgten Interessen von Männern und Frauen ihr Plazet gab, war Ende des 19. Jahrhunderts blanke Utopie. Ebenso wie Männer und Frauen in der Regel nicht an einem Strang zogen, nahm man auch die Welt kaum als friedlich und auf Konsens gestimmt wahr. Die Konkurrenz der Nationen und Nationalstaaten, die kulturell und ökonomisch sinnvoll schien und auf den seit 1851 stattfindenden Weltausstellungen in beeindruckender Form und Vielfalt inszeniert wurde, erhielt im Zeichen nationaler Aufrüstung und imperialer Expansion einen zunehmend aggressiven Charakter. Diplomatische Initiativen, internationale Bemühungen zur Einhegung von Kriegen und eine in vielen Ländern präsente Friedensbewegung konnten diesen Trend nicht umkehren. Daß er auch der Frauenbewegung bewußt war, zeigte die Debatte, die etwa 1899 auf dem zweiten Kongreß des Internationalen Frauenrats geführt wurde. Bertha von Suttner, die bekannte österreichische Pazifistin, hatte den Frauenrat aufgefordert, alles in seiner Macht Stehende zu tun, um die Bemühungen, Kriege durch internationale Vermittlung und Schiedsgerichtsbarkeit zu bannen, zu unterstützen.[67] Zugleich verwies die Frauenbewegung jedoch darauf, daß sie selber, nicht zuletzt durch den intensiven internationalen Austausch, eine aktive friedensstiftende Kraft darstellte. Solange Menschen miteinander redeten, kämpften sie nicht gegeneinander; je mehr man voneinander wußte, je genauer man sich kennenlernte, desto geringer schien die Gefahr, wechselseitige Vorurteile zu kultivieren und feindselige Stereotype auszubilden.

---

66 International Council of Women, Report of Transactions of the Second Quinquennial Meeting, London 1900, S. 57.
67 The Woman's Journal, Boston, 1.7.1899, S. 203.

In der Tat waren die um die Jahrhundertwende vermehrt stattfindenden internationalen Frauenkongresse Inszenierungen weiblicher Eintracht und Harmonie. 1888 in Washington, 1889 in Paris, 1893 in Chicago, 1896 in Berlin, 1899 in London, 1904 wiederum in Berlin trafen sich Frauen aus zahlreichen Ländern, von Australien über China und Europa bis Amerika. In einer Zeit, als Fernreisen noch etwas Besonderes und Exklusives waren, stellten diese Treffen kostbare Raritäten dar, zumal für Frauen, deren Bewegungsradius im Vergleich zu Männern sehr viel eingeschränkter war. In ein fremdes Land zu reisen und dort nicht etwa als Besucherin und Touristin, sondern als gleichberechtigte Teilnehmerin eines international besetzten Kongresses willkommen geheißen zu werden prägte sich den Frauen als starke, bleibende Erfahrung ein. Auch der Kontakt mit Frauen aus anderen, weit entfernten Kulturkreisen wirkte elektrisierend. Die Reden, Diskussionen und Gespräche schufen eine Atmosphäre des Gleichklangs; überall, schien es, hatten Frauen Grund zum Protest, überall wehrten sie sich gegen Diskriminierungen und Zurücksetzungen, überall schlossen sie sich zusammen, und überall verbuchten sie Erfolge, die die Zukunft in ein strahlendes Licht tauchten.

Dennoch waren die internationalen Kongresse nicht nur Feiern weiblicher Solidarität und Kooperation. Obwohl man die Entwicklungen in den einzelnen Ländern als im wesentlichen gleichgerichtet wahrnahm, konstatierte man doch auch Unterschiede, verschiedene Entwicklungsstufen, Prozeßgeschwindigkeiten und Arbeitsschwerpunkte. Implizit und explizit verglich man die eigene nationale Bilanz mit den Erfahrungen und Erfolgen anderer. Man stellte Stärken und Schwächen fest, bei sich selber, aber auch bei den anderen. Allerdings blieb dieser Vergleich von nationalistischen Untertönen weitgehend frei; zwar betonte man stets die Verbundenheit mit der eigenen Nation und ihrer Geschichte – besonders ausgeprägt war dies bei den Amerikanerinnen –, nutzte dies aber nicht dazu aus, andere Nationen herabzusetzen. Eher neigte man dazu, die Vorsprünge anderer als Herausforderungen und Lichtzeichen zu akzeptieren, als Leistungen, denen man selber nacheifern wollte und die das Bild der eigenen Zukunft verkörperten.[68]

Als Pioniergesellschaft galten eindeutig und einmütig die USA. Den Europäerinnen fiel auf, wie souverän sich Amerikanerinnen auf internationalen Kongressen darzustellen wußten. Die Tatsache, daß die USA neben Großbritannien das Land mit der längsten demokratisch-parlamentarischen Tradition waren, schien sich auch auf weiblicher Seite auszuwirken. Die Ame-

---

68 So ging es etwa dem 1896 in Berlin stattfindenden Internationalen Kongreß für Frauenwerke und Frauenbestrebungen darum, „Vergleiche anzustellen, was von den Frauen der verschiedenen Nationen geleistet worden ist, in welcher Weise sie für das Wohl ihres Geschlechtes und der Gesamtheit gewirkt und welche Fortschritte die Stellung der Frau und die Bewegung bei ihnen gemacht haben"; die ca. 13.000 Teilnehmerinnen folgten dabei dem „Grundsatz des Voneinanderlernens" (Der Internationale Kongreß, S. 4, 350).

rikanerinnen waren Musterabgeordnete, sie zeichneten sich durch die Beherrschung parlamentarischer Regeln und Verfahren aus und verfügten über das Talent zur freien Rede. Zweifellos spiegelten diese Fähigkeiten auch das höhere formale Bildungsniveau amerikanischer Frauen und das gefestigtere Selbstbewußtsein wider, das sie als Absolventinnen von Colleges und Universitäten erworben hatten.[69] Immerhin – und diese Errungenschaften nahmen vor allem die deutschen Frauen neidvoll zur Kenntnis – gab es in den USA bereits seit den 1840er Jahren privat initiierte und finanzierte Frauencolleges. 1840 war das Mount Holyoke College gegründet worden, später kamen das Wellesley College, das Vassar College und viele andere hinzu. Seit den 1870er Jahren ließen auch Universitäten, die bislang nur Männer aufgenommen hatten, weibliche Studenten als „coeds" zu. Anders als in Deutschland, wo das höhere Bildungswesen in staatlicher Hand lag, war es in den USA weitgehend privater Initiative überlassen; dies wiederum erleichterte es Frauen, eigene Colleges zu gründen und hier – oder auch an männlichen Institutionen – berufsqualifizierende Abschlüsse zu erwerben.

Auch in den akademischen Professionen waren die Amerikanerinnen sehr viel stärker vertreten als die Europäerinnen. Ärztinnen und Rechtsanwältinnen waren hier bei weitem nicht so rar wie in Europa. Das war zum einen darauf zurückzuführen, daß entsprechende Bildungs- und Ausbildungseinrichtungen zur Verfügung standen; zum anderen aber machte sich auch hier die Zurückhaltung staatlicher Regularien bemerkbar. Anders als etwa in Deutschland, wo Ärzte und Juristen staatlich geprüft und approbiert werden mußten, war der medizinische und juristische Arbeitsmarkt in den USA weitgehend frei von staatlicher Kontrolle. Auch dies senkte die Hürden weiblicher Teilhabe und ermöglichte es Frauen, leichter und schneller akademische Berufe zu ergreifen und auszuüben.

Daß Amerikanerinnen sehr viel problemloser Zugang zu höheren Bildungseinrichtungen und qualifizierten Berufen gewannen, wirkte sich auch auf ihre politischen Aktivitäten aus. Das auf Colleges und im Beruf erworbene Selbstbewußtsein erhöhte die Bereitschaft, sich politisch zu engagieren und für gleiche Rechte einzutreten. Viele Frauen arbeiteten in der Anti-Sklaverei-Bewegung mit und lernten hier, sich in der politischen Öffentlichkeit zu behaupten. Andererseits führten die besonderen Erfahrungen einer Frontier-Gesellschaft dazu, die Barrieren gegen eine staatsbürgerliche Gleichstellung von Frauen zu senken. Typischerweise waren es nicht die Neuengland-Staaten, die sich als erste dazu bequemten, die Wahlrechtsbeschränkungen für Frauen aufzuheben, sondern die Staaten bzw. „territories" des

---

69 Smith Rosenberg, New Woman, v. a. S. 247 ff., konstatiert einen markanten Generationsunterschied zwischen den „New Women", die aus den in den 1870er und 1880er Jahren in großer Zahl gegründeten Frauencolleges hervorgegangen waren, und ihren Müttern, die ihrerseits seit den 1840er Jahren die Grenzen der weiblichen Sphäre deutlich verschoben hatten, aber an ihrer wichtigsten Identität als Ehefrauen festhielten.

Mittleren Westens. In immerhin vier Staaten genossen Frauen 1900 gleiche politische Rechte wie Männer; in einem Staat besaßen sie das kommunale Wahlrecht, in 22 das Schulpflegschaftswahlrecht.

So mühsam und von Rückschlägen begleitet der politische Emanzipationsprozeß den amerikanischen Frauenrechtlerinnen selber scheinen mochte, so revolutionär war er in den Augen der Europäerinnen. „In der Hingebung an die politischen Interessen", konstatierte der Vorstand des Verbandes fortschrittlicher Frauenvereine 1901 bewundernd und nicht ohne Neid, seien die amerikanischen Frauen den deutschen „um 50 Jahre voraus".[70] Aber auch die englischen Frauen verfügten aus deutscher Perspektive über ein sehr viel ausgeprägteres politisches Bewußtsein. Lange bevor die militante Suffragettenbewegung des frühen 20. Jahrhunderts die Meinungen polarisierte, verfolgte man auf dem Kontinent, wie beharrlich und gut organisiert die britischen Frauenrechtlerinnen für Wahlrechtsreformen kämpften.

In Großbritannien selber schaute man nach Amerika, im positiven wie im negativen Sinn. Florence Fenwick Miller, die die Woman's Franchise League 1893 in Chicago vertrat, erinnerte sich, daß man in ihrer Kindheit – sie war 1854 in einer wohlhabenden Londoner Offiziersfamilie zur Welt gekommen – von „woman's questions" als „Americanisms" sprach: „Any new idea as to the education of women, or the admittance of women to the learned professions, or any improvement in woman's dress was an Americanism." Gemeint war der Begriff damals eindeutig abfällig. Inzwischen jedoch, führte die Rednerin stolz aus, habe man auch in „old-fashioned England" Fortschritte gemacht, „and I am inclined to think that as far as the laws go we stand at present in a higher position than the women of any other nation".[71] Vor allem im höheren Bildungswesen hatte sich die Position von Frauen im Verlauf des 19. Jahrhunderts deutlich verbessert. Ähnlich wie in den USA wurden auch in Großbritannien seit den 1840er Jahren private Frauencolleges gegründet (Queen's College 1848, Bedford College 1849). 1874 öffnete die London School of Medicine for Women ihre Pforten; bereits zwei Jahre zuvor war das New Hospital for Women eröffnet worden, das von Frauen geleitet wurde und ausschließlich weibliche Ärzte beschäftigte. Die British Medical Association nahm Frauen jedoch erst seit 1892 auf, und die Rechtsprechung verblieb im 19. Jahrhundert völlig in männlicher Hand.

Fortschritte hatten die britischen Feministinnen auch auf politischem Gebiet vorzuweisen. Seit 1869 bekamen Frauen nach und nach das Munizipalwahlrecht verliehen; allerdings wurden verheiratete Frauen 1872 davon explizit ausgeschlossen. Seit 1870 gewannen Frauen das aktive und passive Wahlrecht in Schulangelegenheiten und konnten als „poor law guardians"

---

70 Die Frauenbewegung 7. 1901, S. 1.
71 Sewall, Congress, S. 20 f.

fungieren. 1901 hatten Frauen in 236 „school boards" und in mehr als der Hälfte aller Armenpflegevereine Sitz und Stimme. 1893 gewährte man ihnen schließlich auch das aktive und passive Kirchspielwahlrecht. Das nationale Stimmrecht aber blieb ihnen nach wie vor vorenthalten, obwohl sich die Agitation dafür seit den 1880er Jahren merklich verstärkte und die Argumente der Stimmrechtsgegner einen defensiveren Ton annahmen.[72]

Ähnlich sah es um 1900 in Frankreich aus. Die französischen Universitäten standen seit 1863 auch Frauen offen, und seit 1868 durften Frauen medizinische Berufe ausüben. Seit 1881 waren sie als Journalistinnen zugelassen, seit 1900 sogar zur Advokatur. Die weibliche Erwerbsquote lag sehr viel höher als in Deutschland oder in den USA. Das politische Stimmrecht dagegen schien gleich weit entfernt; auf diesem Gebiet hatte Frankreich seine Vorreiterrolle, die es noch in der ersten Hälfte des 19. Jahrhunderts innegehabt hatte, verloren. Stammten die ersten Forderungen nach politischer Gleichberechtigung aus Frankreich, war die feministische Bewegung hier in der zweiten Jahrhunderthälfte vergleichsweise schwach entwickelt. In ihrem Organisationsgrad lagen die Französinnen deutlich hinter den Deutschen zurück; die verschiedenen Frauenvereine zählten jeweils nur wenige hundert Mitglieder.[73]

In Deutschland nahm man den organisatorischen Vorsprung stolz zur Kenntnis, war sich aber zugleich bewußt, daß man „in Bezug auf die errungenen Frauenrechte gegen die meisten der anderen Staaten zurück[stehe]".[74] Vor allem auf dem Feld der Politik, aber auch in Bildungsfragen sei Deutschland, gemessen an den USA und Großbritannien, ein Nachzügler. „In regard to the higher public education of women", versicherte die deutsche Delegierte Augusta Förster 1893 den amerikanischen Gastgeberinnen, „you enjoy all the advantages that we are longing and fighting for".[75] Zwar hatte im gleichen Jahr das Karlsruher Mädchengymnasium seine Tore geöffnet, das Frauen bis zum Abitur führen sollte; die Initiative dazu war von „radikalen" Frauenrechtlerinnen ausgegangen, die Mädchen nicht nur eine gleichwertige, sondern auch eine gleichartige Bildung wie Jungen zuteil werden lassen wollten. In Berlin bestanden zudem bereits seit 1889 privat organisierte gymnasiale Kurse, die junge Frauen auf das extern abzulegende Abitur vorbereiteten. Die Universitäten jedoch blieben Frauen bis 1900/1908 ver-

---

72 Blackburn, Suffrage, passim, v. a. S. 219 ff.
73 C. Dissard, Le Congrès féministe de Paris en 1896, in: Revue Internationale de sociologie 4. 1896, S. 538. Aus der Sicht Dissards kümmerte sich die deutsche Frauenbewegung vor allem um Frauenbildung, die englische um die wirtschaftliche Emanzipation, während man in Frankreich von der Rechtsgleichheit der Geschlechter träume.
74 E. Ichenhaeuser, Die Pariser Ausstellungs-Kongresse und die französische Frauenbewegung, in: Neues Frauenblatt 4. 1900, S. 503 f.; A. Schmidt, „1900", in: Neue Bahnen. Organ des Allgemeinen Deutschen Frauenvereins 5. 1900, S. 2.
75 Sewall, Congress, S. 25, 23 (Hanna Bieber-Böhm).

schlossen; ein berufsqualifizierendes Studium konnten deutsche Frauen bis dahin nur im Ausland absolvieren.[76]

Obwohl die deutsche Frauenbewegung ihre Energien hauptsächlich auf Bildungsfragen konzentrierte, konnte sie hier vor der Jahrhundertwende, verglichen mit anderen westlichen Ländern, nur wenige Erfolge verbuchen. International isoliert fand sie sich zudem in ihrer Haltung zum Arbeiterinnenschutz. Während die angelsächsischen Feministinnen und auch viele Französinnen auf die Freiheit des Arbeitsvertrages und die prinzipielle Gleichheit aller Vertragspartner pochten, argumentierte die liberale Frauenbewegung in Deutschland mit dem Kollektivinteresse. „Die Arbeiterin", meinte die engagierte Sozialpolitikerin Alice Salomon, „muß besonders in ihrer Eigenschaft als Mutter geschützt werden, wenn nicht der künftigen Generation und damit dem Volkswohl unwiederbringlicher Schaden zugefügt werden soll; die Frau als Mutter ist die Trägerin der Volksgesundheit und damit der Volkswohlfahrt."[77] Hier dominierte folglich der Blick auf das „Volksganze", auf das Interesse der Nation, wogegen britische, amerikanische und französische Feministinnen das individuelle Recht auf „persönliche Freiheit" und Nichtdiskriminierung in den Mittelpunkt stellten.[78] Eine ähnliche Verschiebung zeichnete die nationalen Vorstellungen in der Stimmrechtsfrage aus. In den USA, Großbritannien und Frankreich setzten sich Feministinnen (und Feministen) vor allem deshalb für das Frauenstimmrecht ein, weil sie von der prinzipiellen Gleichberechtigung der Geschlechter überzeugt waren; politische Bürgerrechte standen Frauen daher ebenso wie Männern zu. In Deutschland machten sich diese Argumente fast nur Sozialdemokraten und die ihr nahestehenden Frauen zueigen. Innerhalb der bürgerlichen Frauenbewegung pochte lediglich der relativ kleine „linke Flügel" auf die „grundsätzliche Gleichstellung und Gleichberechtigung der Frau im Staate" als Menschenrecht.[79] Vorherrschend war und blieb hier – bis weit ins 20. Jahrhundert hinein – die Einstellung, daß man sich politische Rechte erst verdienen müsse, indem man Pflichten gegenüber dem Vaterland erfülle und sich als Staatsbürgerin bewähre.[80]

Diese Meinungsunterschiede lagen nicht darin begründet, daß die Identifikation mit der eigenen Nation etwa in Deutschland stärker gewesen wäre als in anderen Ländern. Auf den internationalen Frauenkongressen ließen es die Delegierten, unbeschadet ihrer Kritik an den klar benannten Defiziten

---

76 C. Huerkamp, Bildungsbürgerinnen. Frauen im Studium und in akademischen Berufen 1900–1945, Göttingen 1996, v. a. S. 45 ff.
77 Zit. in: A. Pappritz, Die IV. Generalversammlung des Bundes deutscher Frauenvereine, in: Neues Frauenblatt 3. 1900, S. 823.
78 M. Cauer, Gedanken über den Internationalen Frauenkongreß in London, in: Die Frauenbewegung 5. 1899, S. 121–124.
79 Über das Fundamentale der Frauenbewegung, in: Die Frauenbewegung 6. 1900, S. 138.
80 B. Clemens, Der Kampf um das Frauenstimmrecht in Deutschland, in: Wickert, Frauenwahlrecht, S. 51–123.

weiblicher Gleichberechtigung im eigenen Land, nicht an Bekundungen des Nationalstolzes fehlen. Daß Frauen nicht nur eine Geschlechtsidentität besaßen und sich in dieser Eigenschaft über nationale Grenzen hinweg verständigen konnten, sondern daß sie sich auch ihrer Nation zugehörig fühlten (selbst wenn diese Nation sie überall als vollberechtigte Staatsbürgerinnen ablehnte), war selbstverständlich. Die Beharrlichkeit, mit der deutsche Feministinnen auf dem Dienst- und Pflichtgedanken bestanden und sich von der Menschenrechtsargumentation ihrer angelsächsischen und französischen Mitstreiterinnen distanzierten, resultierte vielmehr aus einem besonderen, den deutschen Liberalen insgesamt eigenen Verständnis des Staates als übergeordneter Idee und Instanz, vor der das Individuum sich zu beugen hatte.

VI. Fazit. Wenn viele Zeitgenossen um 1900 den Eindruck gewannen, ein feministisches Jahrhundert vor sich zu haben, lag dies an der intellektuellen Vehemenz und organisatorischen Energie, mit der Frauen besonders seit dem letzten Drittel des 19. Jahrhunderts auf verbesserte Bildungs- und Erwerbschancen, auf eine neue Ethik der Geschlechterbeziehungen und auf politische Rechte hinwirkten. In fast allen Ländern hatten Frauen Vereine gegründet, eigene Zeitschriften und Kongresse ins Leben gerufen, die sowohl auf lokaler als auch auf nationaler Ebene als Verstärker und Multiplikatoren feministischer Interessen fungierten. Kaum eine gesellschaftliche Institution oder Organisation, von den Kirchen bis zu den Gewerkschaften, von sozialpolitischen Vereinen bis zu Berufsverbänden, blieb von diesem feministischen „Virus" verschont. Frauen engagierten sich separat, aber auch innerhalb bestehender Organisationen, um damit für eine breitere Rezeption ihrer Ziele zu werben. Diese Strategie war so erfolgreich, daß die sogenannte Frauenfrage um 1900 in aller Munde war, daß sie in Konversationslexika ebenso Platz und Erwähnung fand wie auf Kirchensynoden und Parteiversammlungen.

Daß die Frauenbewegung es schaffte, ihre Anliegen derart zentral zu positionieren, verdankte sie aber nicht nur ihrem intensiven „networking" und ihren guten Kontakten zur Männerwelt. Ihr Kommunikationserfolg beruhte auch darauf, daß sie die „Frauenfrage" mit allgemeinen gesellschaftlichen, ökonomischen, politischen und kulturellen Problemen verknüpfte. In dem Maße, wie es ihr gelang, die Partizipationswünsche von Frauen als Teil einer größeren Gesellschaftsreform auszugeben, fand sie Gehör bei anderen sozialen Bewegungen und Initiativen, die eben jene Reform auf ihre Fahnen geschrieben hatten.

Ihre Anschlußfähigkeit demonstrierten die nationalen Frauenbewegungen
– mit unterschiedlichen Schwerpunkten und Akzenten –,
– indem sie sich zum einen als Element der allgemeinen Menschenrechtsbewegung präsentierten und gegen geschlechtsspezifische Diskriminierungen Front machten, die sie als eine Form sozialer Ungleichheit neben anderen (Klasse, Rasse) brandmarkten;

– zum anderen verwiesen sie darauf, daß die „Frauenfrage" Teil der „sozialen Frage" insgesamt sei; das treffe sowohl auf die Arbeiterinnen zu, die auf dem Arbeitsmarkt aufgrund ihres Geschlechts und der damit verbundenen Restriktionen (schlechtere Ausbildung, geringere Mobilität, weniger Protest- und Organisationsbereitschaft) besonders benachteiligt würden, als auch auf Frauen der Mittelschichten, die sich durch formale und mentale Barrieren an der Vorbereitung und Ergreifung eines qualifizierten Berufs gehindert sähen. Die „Lösung" der „Frauenfrage" sei daher weitgehend gleichbedeutend mit der Lösung der „sozialen Frage".

– Drittens brachte man die „Frauenfrage" als eine Chiffre für Zivilisationskritik überhaupt in Umlauf. Um den größeren gesellschaftlichen, kulturellen und politischen Einfluß für Frauen zu rechtfertigen, verwies man auf die vorgeblich negative Bilanz der von Männern dominierten Systeme: Man geißelte ihre sozialen Defizite und Klassenspannungen, ihre innen- und außenpolitische Konflikthaftigkeit und Destruktivität, ihre kulturelle Verödung – und man versprach Abhilfe durch die Intervention spezifisch mütterlicher Fähigkeiten und Interessen.

– Damit zusammenhängend betonte man den Einfluß von Frauen auf die Herausbildung und Popularisierung einer neuen Ethik. Dem „neuen Menschen", der aus den Umbrüchen des 19. Jahrhunderts hervorgehen sollte, schienen Frauen näher als Männer. In der Ablehnung gewalthafter und hierarchischer Beziehungen, in der Bejahung freier Sexualität und bewußter Elternschaft, in der Wertschätzung intellektueller und materieller Unabhängigkeit, in der Fähigkeit zu sozialer Empathie und Einfühlung zeigten Frauen Männern den Weg.

– Weg- und zukunftsweisend gaben sich die Frauenbewegungen auch auf dem Feld der internationalen Beziehungen. Die Ähnlichkeit der geschlechtstypischen Erfahrungen und die weitgehend identischen Zukunftshoffnungen schufen eine konstruktive Verständigungsatmosphäre, die nicht von nationalen Streitigkeiten durchkreuzt wurde. Indem man ein Forum internationaler Begegnung und Kommunikation schuf, leistete man zugleich einen Beitrag zur Herstellung einer kooperativen Weltgesellschaft jenseits aggressiver Konkurrenz und kriegerischer Auseinandersetzung.

– Zugleich aber legten die Frauenbewegungen großen Wert darauf, die Bedeutung der weiblichen Bevölkerungshälfte für das nationale Wohl und Wehe hervorzuheben. Ohne Frauen, hieß es überall, sei kein Staat zu machen; weder innen- noch außenpolitisch könne man dauerhaft auf ihre aktive Unterstützung und Zuarbeit verzichten. Die nationalen Loyalitäten standen überall außer Frage, so daß selbst der erzliberale Allgemeine Deutsche Frauenverein „die deutschen Frauen" 1900 dazu aufrief, „in Wort und That für die Errichtung einer starken deutschen Flotte ein[zu]treten".[81]

---

81 Neue Bahnen 35. 1900, S. 41 f. Für den ADF stand dieser Aufruf nicht im Gegensatz zu

So sehr die Feministinnen Anschluß an die übrigen Reformkräfte der Zeit suchten und ihre Ziele mit denen anderer sozialer Gruppen und Bewegungen verbanden, so einig waren sie sich mit diesen darin, daß das 20. Jahrhundert eine Epoche des weiteren Fortschritts und der stetigen Verbesserung sein würde. Schwerwiegende Rückschläge im Kampf um gleiche Rechte und Partizipationschancen befürchtete man nicht mehr. Da jener Kampf kein Nullsummenspiel war, da niemand etwas verlieren, sondern alle gewinnen würden, konnte das 20. Jahrhundert unbeschwert als Jahrhundert des Feminismus erscheinen – eines Feminismus, der einen neuen Geschlechtervertrag zum Heil der ganzen Menschheit aushandeln und beiden Geschlechtern, vor allem aber den nachwachsenden Generationen Gerechtigkeit, Freiheit und individuelles Glück bescheren würde. In welcher Reihenfolge die einzelnen Forderungen auf die Tagesordnung des neuen Jahrhunderts gesetzt und in welchem Tempo sie abgearbeitet werden sollten, war national und international durchaus kontrovers. Die Prophezeiung Zieglers jedoch, daß die „Frauenfrage" binnen kurzem den „Sieg" davontragen und die Geschlechterordnung grundlegend transformieren würde, galt als realistisch. Darüber allerdings, wie diese neue Ordnung der Geschlechter beschaffen wäre, bestand keine Einigkeit; die Vorstellungen reichten von einer flexibleren Handhabung der jeweiligen Rollenvorgaben über deren gänzliche Auflösung und Verflüssigung bis hin zu karikaturhaft zugespitzten Rollentauschmodellen.

---

seiner (auch auf internationalen Frauenkongressen proklamierten) Friedensmission: „Den Frieden sichert heute noch nur die starke Hand...Wie die Dinge heute liegen, können sich unsere Friedenshoffnungen nur an die volle Kriegsbereitschaft knüpfen. Nur diese Kriegsbereitschaft kann die Entwickelung deutscher Kultur auch jenseits der Meere wahren, in den fernen Ländern, auf die uns die stetig steigende Bevölkerung unseres Landes, die hohe Blüte unseres Handels, unserer Industrie, die neue Bezugsquellen und neue Absatzgebiete sucht, mehr und mehr hinweisen. Das große Friedenswerk, das für uns Hand in Hand geht mit der Verbreitung deutscher Kultur und Sitte, kann nur seinen Fortgang erfahren, wenn ein mächtiger Schutz die Vergewaltigung hindert, den Frieden sichert."

Alter Geist und neuer Mensch

Religiöse Zukunftserwartungen um 1900

von Friedrich Wilhelm Graf

Um 1900 ist Religion ein zentrales Thema öffentlicher kulturpolitischer Diskurse und akademischer Debatten. Die seit dem späten 18. Jahrhundert vielfältig gestellten Fragen nach dem Schicksal von Religion und Christentum in der Moderne gewinnen in allen europäischen Gesellschaften hohe Relevanz. An ihnen scheiden sich im späten 19. Jahrhundert verstärkt die Geister und polarisieren sich politisch-kulturelle Milieus. Denn im Streit über die Zukunft der Religion geht es keineswegs nur um eine bestimmte Potenz der Kultur neben anderen Kulturpotenzen oder um eine eindeutig abgrenzbare Kultursphäre in ihrer Selbständigkeit gegenüber sonstigen Kultursphären wie Politik, Ökonomie oder Kunst. Im Medium der Frage nach der Zukunft der Religion werden die normativen Grundlagen der Kultur insgesamt bzw. die tragenden Fundamente des Gemeinwesens thematisiert. So unterschiedlich die Fragen nach der Tradierungsfähigkeit der überlieferten christlichen Glaubensformen und dem zukünftigen Schicksal der jüdischen Religion im einzelnen beantwortet werden, in einem Punkte sind sich die vielen akademischen Religionsdiagnostiker und populären Kulturdeuter um 1900 einig: Die Frage nach der Zukunft der Religion ist nur ein anderer Ausdruck der Frage nach der Zukunft humaner Kultur insgesamt. In allen europäischen Ländern sowie in den USA sind Religionsdiskurse um die Jahrhundertwende sehr eng verknüpft mit den öffentlichen Auseinandersetzungen über eine Grundlagenkrise der modernen Kultur. Religionsdiskurse reflektieren das breite Spektrum der Kulturkritik des Fin de siècle[1] und bilden ein Zentrum der seit den 90er Jahren des 19. Jahrhunderts verstärkt geführten Debatten um die normativen Strukturen des Kulturbegriffs, etwa die komplizierten Beziehungen zwischen überkommener Moral, partikularen Ethosformen einzelner Gruppen, individueller Autonomie und rechtlicher Institutionalisierung von Kulturwerten. Zahlreiche Kulturwissenschaftler sehen die „Kulturbedeutung der Religion" um 1900 primär darin, bindende Gemeinschaftswerte zu begründen oder die innere normative Einheit des Gemeinwesens bzw. einer sozialen Gruppe zu sichern. Für andere Kulturwissenschaftler und sehr viele protestantische Theologen liegt die kulturelle Rele-

---

1   Zur Problematik des Begriffs siehe E. Weber, France. Fin de siècle, Cambridge 1986; J. Stokes, Fin de siècle, fin du globe. Fears and Fantasies of the Late Nineteenth Century, New York 1992; W. Laqueur, Breaking traditions. Fin de siècle 1896 and 1996. Art and Literature, in: Partisan Review 64. 1997, S. 245–268; J. Kleist (Hg.), Fin de siècle. 19th and 20th Century Comparisons and Perspectives, New York 1996.

vanz der Religion demgegenüber darin, die Bildung autonomer „Persönlichkeit" zu befördern und die Selbständigkeit des allein in Gott gebundenen, darin prinzipiell vereinzelten Individuums gegenüber der Gesellschaft und ihren dehumanisierenden Zwangsmechanismen zu stärken[2].

Die vielfältigen Vernetzungen zwischen den allgemeinen Debatten über eine Grundlagenkrise der modernen Kultur und den speziell auf die Religionsthematik fokussierten Diskursen prägen auch die seit 1890 von akademischen Experten, populären Sinndeutern und neuen Intellektuellen intensiv geführten Kontroversen über Kultur und Lebensreform. In allen europäischen Gesellschaften erheben die Vertreter lebensreformerischer Bewegungen um 1900 den Anspruch, gegen eine bloß reduktionistische, weil einseitig „materialistische", ökonomisch zweckrationale oder sozialstrukturell funktionalistische Sicht des Menschen wieder dem „ganzen Menschen"[3] Geltung verschaffen zu können. Für ihre alternativen Sichtweisen des Menschen müssen sie auf die symbolischen Potentiale der überlieferten Religionen, etwa auf religiöse Grundunterscheidungen wie Verderben und Heil, Sünde und Erlösung, alter und neuer Mensch, rekurrieren. Lebensreform ist um 1900 immer mit „Selbstreform" verbunden[4]. Die führenden Propagandisten oder „Künder" von Kultur- oder Lebensreform müssen für diese Selbstreform des einzelnen immer spirituelle oder religiöse Kräfte in Anspruch nehmen, um eine wirklich innerliche, seelisch elementare „Umkehr" des bisher noch falsch, entfremdet lebenden Menschen erreichen zu können. In ihren Debatten[5] spielt deshalb die Frage eine zentrale Rolle, ob die alten, kirchlich institutionalisierten christlichen Religionen bzw. der überkommene jüdische Glaube oder aber neu zu schaffende Religionen, etwa Religionsimporte aus dem Osten oder synkretistische Gemeinschaften wie die Anthroposophen, besser dazu imstande seien, den modernen Menschen aus seiner Entfremdung und Verfallenheit an eine hohle, sinnleere Gegenwartskultur zu befreien. Wie auch immer die einzelnen Lebensreformer hier optieren, die Religion(en) und deren Zukunftspotenzen stehen um 1900 im Zentrum aller zivilisationskritischen und kulturreformerischen Debatten.

---

2 Zahlreiche Belege bei F.W. Graf, Rettung der Persönlichkeit. Protestantische Theologie als Kulturwissenschaft des Christentums, in: R. vom Bruch u. a. (Hg.), Kultur u. Kulturwissenschaften um 1900. Krise der Moderne u. Glaube an die Wissenschaft, Stuttgart 1989, S. 45–62.
3 Zur Geschichte des Topos siehe D. Rössler, „Mensch, ganzer", in: Historisches Wörterbuch der Philosophie, Bd. 5, Basel 1980, Sp. 1106; ders., Der „ganze" Mensch. Das Menschenbild der neueren Seelsorgelehre u. des modernen medizinischen Denkens im Zusammenhang der allgemeinen Anthropologie, Göttingen 1962.
4 Zum Begriff „Selbstreform" vgl. W.R. Krabbe, Lebensreform/Selbstreform, in: D. Kerbs u. J. Reulecke (Hg.), Handbuch der deutschen Reformbewegungen um 1890–1933, Wuppertal 1998, S. 73–74.
5 Siehe u. a. E. Barlösius, Naturgemäße Lebensführung. Zur Geschichte der Lebensreform um die Jahrhundertwende, Frankfurt 1997.

In den USA sowie in Großbritannien zeigt sich dies insbesondere in den moralischen Auseinandersetzungen um die *tee totalists* bzw. den öffentlichen Kampf gegen den Alkohol, den vorrangig hochmotivierte protestantische Gruppen führten.[6] Diskurse über Religion, Christentum, Judentum und neureligiöse Visionen eines anderen, „neuen Menschen"[7] werden um 1900 auf vielen unterschiedlichen Ebenen und in sehr heterogenen religiösen wie kulturellen Lebenswelten geführt. Zu den Themenkomplexen Krise des überkommenen Kirchenglaubens, Dechristianisierung und Entchristianisierung insbesondere in der Arbeiterklasse und im Wirtschaftsbürgertum, neue Irreligiosität,[8] Säkularisierung,[9] „Weiterentwickelung der christlichen Religion",[10] Renaissance des Konfessionalismus, Zukunft des Judentums, Zukunftsreligion bzw. „Religion der Zukunft", Religion im neuen Jahrhundert, Entzauberung oder Wiederverzauberung der Welt, „neue Religion", religiöser Nationalismus (bzw. Nationalismus als „politische Religion"[11]) sowie religiöse Konversion[12] liegen deshalb außerordentlich reiche Quellenbestän-

---

6   N.H. Clark, Deliver Us from Evil. An Interpretation of American Prohibition, New York 1976; J. S. Blocker Jr., Retreat from Reform. The Prohibition Movement in the United States 1890–1913, Greenwood 1976.
7   Zur Geschichte des Topos vom „neuen Menschen" vgl. G. Küenzlen, Der neue Mensch. Eine Untersuchung zur säkularen Religionsgeschichte der Moderne, München 1994; J.H. Ulbricht, Der „neue Mensch" auf der Suche nach „neuer Religion". Ästhetisch-religiöse Sinnsuche um 1900, in: Der Deutschunterricht 50. 1998, S. 38–49.
8   Für Großbritannien grundlegend: H. McLeod, Religion and Irreligion in Victorian England, Bangor 1993; ders., Religion and Society in England 1850–1914, London 1996.
9   Aus der Fülle der Literatur siehe neben der klassischen begriffsgeschichtlichen Studie H. Lübbes (Säkularisierung. Geschichte eines ideenpolitischen Begriffs, Freiburg 1965) jetzt G. Marramo, Die Säkularisierung der westlichen Welt, Frankfurt 1996.
10 Beiträge zur Weiterentwicklung der christlichen Religion, Hg. A. Deissmann u. a., München 1905. Im englischen Sprachraum lautete der entsprechende Topos: „evolution of religious thought". Dazu grundlegend: E.F. Goblet d'Alviella, The Evolution of Religious Thought in England, America and India, London 1885.
11 Zum Konzept „politische Religion": E. Voegelin, Die politischen Religionen, Stockholm 1939, ND München 1993. Mit Blick auf die nationalistischen Diskurse im Kaiserreich siehe P. Walkenhorst, Nationalismus als „politische Religion"? Zur religiösen Dimension nationalistischer Ideologie im Kaiserreich, in: O. Blaschke u. F.-M. Kuhlemann (Hg.), Religion im Kaiserreich. Milieus – Mentalitäten – Krisen, Gütersloh 1996, S. 503–529. Zu den elementaren Spannungsverhältnissen zwischen Nationskonstrukten und antagonistischer Konfessionalität: H.W. Smith, German Nationalism and Religious Conflict. Culture, Ideology, Politics, 1870–1914, Princeton 1996; M. Gross, Anti-Catholicism, Liberalism and German National Identity, 1848–1800, Diss. Brown University 1997; R. Healy, The Jesuit as Enemy. Anti-Jesuitism and the Protestant Bourgeoisie of Imperial Germany, 1890–1917, Diss. Georgetown Univ. 1999. Hinweise auf die religiöse Symbolik in französischen Nationalismen finden sich bei: E. Weber, The Nationalist Revival in France, 1905–1914, Berkeley 1968.
12 Für Deutschland liegen derzeit noch keine Untersuchungen zur Konversionsthematik vor. Für die rhetorischen Muster, mit denen Amerikaner ihren Glaubenswechsel oder die Wiedergewinnung einer religiösen Identität deuteten, siehe P.A. Dorsey, Sacred Estrangement. The Rhetoric of Conversion in Modern American Autobiography, University Park, Penn. 1993.

de vor. Es lassen sich in den kulturtheoretischen Diskursen um 1900 keine kulturellen Phänomene oder menschlichen Lebensvollzüge identifizieren, die nicht mit der Religionsthematik in Verbindung gebracht werden könnten. Vom zweckrationalen Handeln um kapitalistischer Profitmaximierung willen über die Irrationalität der Liebe bis hin zu neurasthenischer Unruhe und neurotischen Sexualpathologien läßt sich um 1900 alles mit religiösem Glauben und seiner habitusprägenden Kraft assoziieren: Erlösungssehnsüchte von Intellektuellen ebenso wie der magische Wunderglaube einfacher Leute. Immer steht dahinter die Überzeugung, daß der Mensch konstitutiv oder unheilbar religiös sei. Alle Kultur- und Religionsdiagnostiker spitzen die Frage nach der Zukunft der Religion deshalb darauf zu, welche religiösen Angebote sich auf Dauer als besonders attraktiv erweisen werden.

Wie wurden um 1900 die Lage des Christentums und die Situation anderer religiöser Gemeinschaften wahrgenommen? Welche Leitbegriffe und analytischen Konzepte bestimmten jeweils die Religionsdiagnostik? Wie wurde das Schicksal der Religion im 19. Jahrhundert gedeutet, und wie wurde über die Zukunft von Religion, Christentum, Kirchen, jüdischen Gemeinschaften und frommer Mentalität überhaupt gedacht? Rechnete man eher mit Kontinuität oder mit Brüchen und kommender Diskontinuität? Lassen sich in den Lageanalysen akademischer Religionsexperten und in den Krisenszenarien sowie Religionsutopien von religiösen Intellektuellen außerhalb der Universitäten signifikante Differenzen wahrnehmen? Welche nationalen und konfessionskulturellen Unterschiede lassen sich beobachten? Dachten deutsche Kulturprotestanten, amerikanische Reformjuden und französische Modernisten über die „gegenwärtige Lage" der Religion oder ihrer Konfession anders als die Vertreter konservativer Milieus und Strömungen? Wie wurde von akademischen Religionsdeutern, „frei schwebenden" Intellektuellen oder Repräsentanten religiöser Organisationen jeweils das – um 1900 intensiv diskutierte – Verhältnis von Religion und Kultur bestimmt? Wie wurde über die Bedeutung der Religion für das Individuum und für die Gesellschaft insgesamt nachgedacht? Nahm man zwischen den USA und Europa eher parallele oder aber gegenläufige Entwicklungstendenzen wahr? Wie waren in den Zukunftsentwürfen jeweils Gegenwartsbeschreibung, Zukunftsvision und zukunftssicherndes religiöses Handeln aufeinander bezogen?

Die vielfältigen Indizien einer „Renaissance der Religion", die sich vor allem außerhalb Europas seit den 1970er Jahren beobachten lassen, haben in allen Sozialwissenschaften zu einem neuen Interesse an religiösen Deutungskulturen und der Prägekraft religiöser Mentalitäten in krisenhaften Modernisierungsprozessen geführt. Angesichts des *linguistic turn* und der „kulturalistischen Wende" in der deutschen Geschichtswissenschaft[13] haben

---

13 Siehe u. a. W. Hardtwig u. H.-U. Wehler (Hg.), Kulturgeschichte heute, Göttingen 1996;

seit den 1980er Jahren auch zahlreiche deutsche – zumeist jüngere – Historiker kirchlichen Glauben, Frömmigkeit, konfessionelle Milieus und religiös erzeugtes „Vertrauenskapital" als eigene Forschungsfelder neu entdeckt. Evolutionistisch konstruierte oder modernisierungstheoretisch fundierte umfassende Säkularisierungstheorien, denen zufolge gesellschaftliche Modernisierung mehr oder weniger zwangsläufig zu einer Erosion von religiösem Glauben und Kirchlichkeit oder Konfessionsbindung führt, werden derzeit nur noch von einer Minderheit älterer Sozialhistoriker vertreten, die aufgrund eines relativ engen, tendenziell dogmatischen Begriffs von Rationalität die große Vielfalt individueller religiöser Selbstdeutungen oder religiös vermittelte Identitätskonstruktionen von Gruppen nicht oder nur als letztlich irrationales Petrefakt definitiv vergangener Lebenswelten wahrzunehmen vermögen. Im Gegenzug zu solchen religionsblinden Modernisierungsdogmatiken gehen zahlreiche Sozial- und Kulturwissenschaftler einschließlich vieler Theologen inzwischen davon aus, daß schneller, subjektiv als krisenhaft oder identitätsbedrohend erlittener gesellschaftlicher Wandel verstärkt Bedürfnisse nach religiöser Identitätsvergewisserung oder Sinndeutung provoziert und auch viele Angehörige von Funktionseliten, die Modernisierungsprozesse vorantreiben, ihre Sensibilität für die hohen sozialen, kulturellen und ökologischen Folgekosten schneller kapitalistischer Modernisierung in alten religiösen Symbolsprachen artikulieren. Doch trotz der neuen Sensibilität für Religion, Konfession und religiös vermittelte Generierung von Sozialkapital,[14] moralischem Konsens und Verantwortung bzw. Tugend sind viele religiöse Lebenswelten um 1900 und mehr noch die damals geführten Diskurse über das Verhältnis von „Religion und Moderne" bloß in Ansätzen erkundet. Das neue Interesse an der Genese der vergleichenden Religionswissenschaft als akademischer Disziplin[15] und der Entstehung der Religionssoziologie[16] hat bisher noch nicht dazu geführt, die in den verschiedenen konfessionellen Milieus geführten Religionsdiskurse in systematischen Perspektiven, d. h. mit analytischen Konzepten, die präzise Vergleiche ermöglichen, zu untersuchen. Auch liegen nur sehr wenige Studien über religiösen Wandel um 1900 vor, in denen nationale Grenzen überschritten werden. Elementare Defizite gibt es zudem in der begriffsge-

---

T. Mergel u. T. Welskopp (Hg.), Geschichte zwischen Kultur u. Gesellschaft. Beiträge zur Theoriedebatte, München 1997; H.-U. Wehler, Die Herausforderung der Kulturgeschichte, München 1998.

14 F.W. Graf u. a. (Hg.), Soziales Kapital in der Bürgergesellschaft, Stuttgart 1999.
15 Zur Institutionalisierung der Religionswissenschaften in Frankreich, Großbritannien und den Niederlanden siehe A.L. Molendijk u. Peter Pels (Hg.), Religion in the Making. The Emergence of the Science of Religion, Leiden 1998. Primär an den großen Fachheroen orientiert: H.G. Kippenberg, Die Entdeckung der Religionsgeschichte. Religionswissenschaft u. Moderne, München 1997.
16 K. Lichtblau, Kulturkrise u. Soziologie um die Jahrhundertwende. Zur Genealogie der Kultursoziologie in Deutschland, Frankfurt 1996.

schichtlichen oder diskursanalytischen Erschließung religiöser Grundbegriffe; in den stark protestantisch geprägten „Geschichtlichen Grundbegriffen" haben religiöse Begriffe und Topoi trotz ihrer hohen politisch-sozialen Prägekraft bekanntlich keine Berücksichtigung gefunden.[17] So sind zur Beantwortung der genannten Fragen noch vielfältige Forschungsaktivitäten notwendig. Im folgenden soll nur versucht werden, ein vorläufiges systematisches Gerüst zu erstellen.

1. Die öffentliche Inszenierung der Religionsdiskurse um 1900. Religionsdiskurse werden in allen europäischen Gesellschaften und in den USA um die Jahrhundertwende auf verschiedenen Ebenen geführt. Religion und Konfession sind 1900 umstrittene Themen akademischer Expertendiskurse und emotional stark besetzte symbolische Objekte öffentlicher, häufig hochpolitisierter Auseinandersetzungen. Darüber hinaus werden innerhalb der einzelnen Konfessionskirchen, religiösen Gruppen und weltanschaulichen Gemeinschaften mit hoher Intensität Selbstverständigungsdebatten inszeniert, in denen durch dogmatische Lehre und die ethischen Entwürfe eines konfessions- oder gruppenspezifischen sozialmoralischen Habitus die Identität der eigenen Glaubensgemeinschaft gesichert und durch klare Distinktionen Grenzlinien zwischen Innen und Außen gezogen werden sollen.

Zu nennen sind zunächst *akademische Religionsdiskurse.* In allen historischen Kulturwissenschaften läßt sich seit den 1870er Jahren eine schnelle Professionalisierung religionswissenschaftlicher Forschung beobachten. Neben die alteuropäischen Leitwissenschaften Theologie und Philosophie die traditionell die Deutungsmacht über alle religiösen Glaubensphänomene reklamiert hatten, treten nun neue Disziplinen, die das Religiöse jenseits christlich konfessioneller oder kulturspezifischer, etwa eurozentrischer Bindungen im universalgeschichtlichen Vergleich oder in seiner sozialen Relevanz und kulturellen Prägekraft erforschen zu können beanspruchen. Die überkommenen konfessionell gebundenen Religionsexperten bekommen Konkurrenz durch akademische Religionsdeuter, die häufig den Anspruch erheben, religiöse Phänomene unabhängig von irgendwelchen normativen, durch je besondere religiöse oder nationalkulturelle „Werte" bestimmten Voraussetzungen zu erforschen. Dabei geht es ihnen primär um die soziale Funktion oder kulturelle Relevanz religiöser Weltdeutung und konfessionell begründeter Gruppenbildung. So konzentriert sich die frühe Soziologie sowohl im deutschen Sprachraum als auch in Frankreich und Großbritannien vorrangig auf die Erforschung der „elementaren Formen religiösen Lebens"

---

17 M. Richter, Reconstructing the History of Political Language: Pocok, Skinner, and the Geschichtliche Grundbegriffe, in: History and Theory 29. 1990, S. 38–70; H. Lehmann u. M. Richter (Hg.), The Meaning of Historical Terms and Concepts. New Studies on Begriffsgeschichte, Washington D.C. 1996; F.W. Graf u. L. Hölscher (Hg.), Religiöse Grundbegriffe, Gütersloh 2000.

(Emile Durkheim); der soziologisch distanzierte Blick auf religiöse Gemeinschaftsbildung und Identitätskonstruktion trägt entscheidend dazu bei, daß sich die Soziologie seit den 80er Jahren des 19. Jahrhunderts als eine eigenständige Disziplin mit einem spezifischen Erkenntnisanspruch zu institutionalisieren versucht. Auch fragt die neue Religionssoziologie, die in ihrem methodischen Instrumentarium frei von konfessionsspezifischen Bindungen sein will, nach der „Kulturbedeutung" von konfessionellen Mentalitäten und religiösen Habitusformen.[18] Um die Jahrhundertwende werden die klassischen Texte der Religionssoziologie geschrieben, die immer auch eine teils explizite, teils implizite Gegenwartsdiagnose und Zukunftsprognose enthalten. Neben der sog. „Allgemeinen Religionswissenschaft", die mit ethnologischen oder archäologischen Methoden die Vielfalt von Erscheinungsformen des Religiösen vergleichend klassifizieren will, entsteht seit 1880 eine eigenständige Religionspsychologie, die teils experimentell beobachtend, teils systematisch klassifizierend vorgeht[19] und sich im Falle von Edwin Diller Starbucks „Psychology of Religion. An Empirical Study of the Growth of Religious Consciousness"[20] oder William James' Gifford Lectures über „The Varietees of Religious Experience"[21] primär auf exaltierte und ekstatische, früher häufig als pathologisch verurteilte Frömmigkeitsformen konzentriert. In der boomenden wissenschaftshistorischen Forschung über die Anfänge der Soziologie und die um 1900 wirkenden Helden der Disziplin ist allerdings gezeigt worden, daß die mehr oder weniger pathetisch erhobenen Ansprüche auf „Werturteilsfreiheit" und Unabhängigkeit von konfessionellen Bindungen häufig nur zur Abgrenzung von den alten religiösen Deutungsexperten, den Theologen, dienten und die soziologischen Religionsdiskurse de facto sehr stark von konfessionsspezifischen Perspektiven und Fragestellungen geprägt blieben[22]. Die Grenzen zwischen der protestantischen Theologie und den neuen Religionswissenschaften waren sehr viel durchlässiger als früher vermutet. Emile Durkheim hat intensiv die normative Ritualtheorie des schottischen reformierten Exegeten William Robertson Smith rezipiert,[23] Georg Simmel hat auch in theologischen Fachzeit-

---

18 Dazu finden sich zahlreiche Belege bei: V. Krech u. H. Tyrell (Hg.), Religionssoziologie um 1900, Würzburg 1995.
19 Religion und Religiosität zwischen Theologie und Psychologie, Hg. C. Henning u. E. Nestler, Berlin 1998.
20 E.D. Starbuck, The Psychology of Religion. An Empirical Study of the Growth of Religious Consciousness, London 1903, deutsch: Religionspsychologie, 2 Bde., Leipzig, 1909.
21 W. James, The Varietees of Religious Experience, New York 1902 (Neuausgabe 1982), dt.: Die religiöse Erfahrung in ihrer Mannigfaltigkeit, Leipzig 1907.
22 Besondere Aufmerksamkeit haben die Prägungen von Durkheims Sozialtheorie durch seinen jüdischen Erfahrungshintergrund gefunden. S. Lukes, Emile Durkheim. His Life and Work. A Historical and Critical Study, Harmondsworth 1973; W.S.F. Pickering, Durkheim's Sociology of Religion. Themes and Theories, London 1984.
23 H. Mürmel, Bemerkungen zum Problem des Einflusses von William Robertson Smith auf

schriften publiziert und für seine lebensphilosophische Religionstheorie intensiv die Mystik Meister Eckharts bemüht,[24] und Max Weber hat immer wieder das Gespräch mit kulturprotestantischen Universitätstheologen gesucht – auch mit der Folge, daß er in seinen vergleichenden Studien zur „Wirtschaftsethik der Weltreligionen" implizit viele theologische Werturteile affirmiert hat.[25]

Parallel zur disziplinären Verselbständigung nichttheologischer Religionswissenschaften werden auch in den überkommenen konfessionellen Theologien, vor allem in der deutschsprachigen protestantischen Universitätstheologie, ein Wechsel von der dogmatischen zur historischen Methode der Theologie[26] sowie eine kulturwissenschaftlich untermauerte Wende zur sozialkulturellen Lebenswelt christlicher Religion[27] inszeniert. Selbst in solchen akademischen Religionsdiskursen, die sich prima facie nur mit dem historisch fernen „Glauben an ein höchstes gutes Wesen bei den Ariern (Indogermanen)" oder mit den „Religiöse[n] Zeremonien beim Häuserbau der Bahau-Dajak am obern Mahakam in Borneo"[28] beschäftigen, stehen um 1900 die Frage nach der „Selbständigkeit der Religion"[29] gegenüber anderen Kulturphänomenen, die besondere Leistungskraft religiöser Symbolsprachen und Riten, die gesellschaftliche Funktion des Religiösen und die mögliche Unverzichtbarkeit religiösen Glaubens für den Menschen im Vordergrund des Interesses. Den vermeintlich rein historischen Beschreibungen der Glaubenssysteme und Kultpraktiken irgendwelcher Urvölker liegt immer ein gegenwartsbezogener Subtext zugrunde, etwa durch den impliziten Kontrast zwischen der unmittelbaren Einheit von Religion, Kultur und Sozialität in archaischen Gesellschaften einerseits und den vielfältigen Fragmentierungen der modernen, innerer Einheit entbehrenden Gesellschaften andererseits.

---

die Durkheimgruppe, in: H. Preißler u. H. Seiwert (Hg.), Gnosisforschung u. Religionsgeschichte. Fs. K. Rudolph, Marburg 1994, S. 473–481.
24 V. Krech, Georg Simmels Religionstheorie, Tübingen 1998, bes. S. 210–226.
25 F.W. Graf, Max Weber u. die protestantische Theologie seiner Zeit, in: Zs. für Religions- u. Geistesgeschichte 39. 1987, S. 122–147.
26 E. Troeltsch, Über historische und dogmatische Methode in der Theologie, überarbeitet in: ders., Gesammelte Schriften, Bd. 2: Zur religiösen Lage, Religionsphilosophie und Ethik, Tübingen 1913, S. 729–53.
27 V. Drehsen, Neuzeitliche Konstitutionsbedingungen der Praktischen Theologie. Aspekte der theologischen Wende zur sozialkulturellen Lebenswelt christlicher Religion, Tübingen 1988.
28 L. von Schröder, Über den Glauben an ein höchstes gutes Wesen bei den Ariern (Indogermanen), in: Verhandlungen des II. Internationalen Kongresses für Allgemeine Religionsgeschichte in Basel 30. August bis 2. September 1904, Basel 1905, S. 89–92; A.W. Nieuwenhuis, Die religiösen Zeremonien beim Häuserbau der Bahau-Dajak am obern Mahakam in Borneo, in: ebd., S. 109–119.
29 Zur zeitgenössischen Diskussion um „Die Selbständigkeit der Religion" siehe den klassischen Text des jungen Ernst Troeltsch: Die Selbständigkeit der Religion, in: Zs. für Theologie und Kirche 5. 1895, S. 361–436; 6. 1896, S. 71–110, 167–218.

Stärker als andere Kulturwissenschaftler kommunizieren die akademischen Religionsexperten um 1900 grenzüberschreitend. Zwar bewahren die nationalen akademischen Traditionen eine starke Prägekraft. Auch ist Religionsforschung in den USA und in den europäischen Gesellschaften sehr unterschiedlich institutionalisiert; das Spektrum reicht von konfessionell geprägten Seminaren und Instituten über konfessionell gebundene Theologische Fakultäten an staatlichen Universitäten bis hin zu konfessionsneutralen Religious Departments oder religionswissenschaftlichen Fakultäten, vor allem in den USA und in den Niederlanden. Für Großbritannien, die Niederlande und die USA kommt hinzu, daß ehrenvolle und lukrative „Lectures" an großen Universitäten ausdrücklich der Behandlung von Religionsfragen gewidmet waren – zu nennen sind insbesondere die Gifford-Lectures in Aberdeen und Edinburgh, Glasgow und St. Andrews – und reiche Stiftungen oder akademische Einrichtungen jährlich relativ hoch dotierte Preisaufgaben für religiöse Fragen stellten wie etwa die „Haager Gesellschaft zur Verteidigung der christlichen Religion".

Trotz solcher nationalkultureller Besonderheiten ist insgesamt aber ein bemerkenswert hoher Grad an Internationalisierung der religionswissenschaftlichen Debatten um 1900 zu beobachten. Seit 1880 werden in vielen europäischen Gesellschaften zahlreiche theologische und religionswissenschaftliche Fachzeitschriften neu gegründet. Hier wird ausländische Literatur jeweils mit großer Genauigkeit und hoher Intensität rezensiert und kommentiert. Auch in den amerikanischen theologischen Fachzeitschriften finden die Neuerscheinungen aus Frankreich, Großbritannien und vor allem Deutschland große Beachtung. Für viele Autoren von Zeitschriftenaufsätzen und Beiträgen zu Enzyklopädien und großen Sammelwerken läßt sich eine bemerkenswert intime Kenntnis ausländischer Literatur nachweisen.[30] Die Monographien und Lehrbücher der Theologen und Religionswissenschaftler werden zumeist sehr viel schneller in andere „Kultursprachen" übersetzt als etwa die Werke von Historikern, die, auch aufgrund der legitimatorischen Funktion nationaler Geschichtsbilder, häufig nur an eine nationale Öffentlichkeit adressiert sind. Nicht ohne kulturprotestantischen Stolz erklärte Adolf von Harnack 1919, also mit Blick auf die kritischen Folgen des verlorenen Weltkrieges für die deutsche Wissenschaft, über die grenzüberschreitende „Kulturbedeutung" der deutschen protestantischen Universitätstheologie: „Die internationale Bedeutung keiner anderen Fakultät [ist] so groß ... wie die der evangelischen Theologie. Schlechthin jedes hervorragende deutsche theologische Werk wird ins Englische, nicht selten auch ins

---

30 Zur Frühgeschichte der vergleichenden Religionswissenschaft und ihren ersten Fachzeitschriften siehe L.H. Jordan, Comparative Religion. Its Genesis and Growth, Edinburgh 1905; ders., Comparative Religion. A Survey of Its Recent Literature, Edinburgh 1910; S. Hjelde, Die Religionswissenschaft und das Christentum. Eine historische Untersuchung über das Verhältnis von Religionswissenschaft und Theologie, Leiden 1994, S. 135–138.

Französische, Dänische ... usw. übersetzt und findet im Ausland so viele Leser wie bei uns. Die deutsche evangelische Theologie ist in bedeutend größerem Sinn und Umfang international als es die deutsche Philosophie und Geschichtsschreibung ist".[31] Internationaler Austausch wird zudem durch große internationale Kongresse befördert, bei denen Religionswissenschaftler und christliche Theologen aller Konfessionen, jüdische Gelehrte und zunehmend auch Repräsentanten anderer Religionsgemeinschaften zusammenkommen. Zu nennen sind zunächst strikt akademische Kongresse, wie insbesondere der „Internationale Kongress für Allgemeine Religionsgeschichte", der erstmals 1900 in Paris tagte und weit über die Grenzen der akademischen Milieus hinaus eine große mediale Resonanz in der Tagespresse und den Kulturzeitschriften fand. Bei einem früheren, noch nicht offiziell als „international" gezählten religionswissenschaftlichen Kongreß in Stockholm hatten vor allem die Fragen nach der Stellung der Religion in der modernen Kultur sowie die Zukunft der Religion im Zentrum der Verhandlungen gestanden.[32]

Auf dem internationalen „Congress of Arts and Science" kam es während der Weltausstellung 1904 in St. Louis zu einer intensiven Begegnung von europäischen und amerikanischen Religionswissenschaftlern und Theologen. In sieben Arbeitsgruppen über „Buddhism and Brahmanism, Judaism, Mohammedism, Old Testament, New Testament, History of the Christian Church, Systematic Theology" wurden in der „Division B. Historical Science" der „Theoretical Sciences" alle möglichen Fragen von Theologie und Kirche diskutiert. Der Anwendung der Religion in Unterricht und Erziehung war eine eigene Abteilung „Practical Religion" in der „Division G. Social Culture" gewidmet. Deutsche Theologen und religionswissenschaftlich arbeitende Historiker wie Karl Budde, Adolf von Harnack, Hermann Oldenberg, Otto Pfleiderer und Ernst Troeltsch konnten hier Kontakte zu amerikanischen Fachkollegen wie Thomas C. Hall oder William James knüpfen.

Der Popularisierung religionswissenschaftlicher Forschung und der repräsentativen Inszenierung einer friedlichen religiösen Weltgemeinschaft dienten darüber hinaus die Religionskongresse, die in Verbindung mit den großen Weltausstellungen stattfanden. Das dafür klassische Beispiel ist das berühmte „World's Parliament of Religions", das 1893 in Verbindung mit der Chicagoer Weltausstellung Theologen und Religionswissenschaftler aus aller Welt mit Repräsentanten der Weltreligionen und vieler kleiner religiöser Gemeinschaften zusammenführte.[33] Der friedliche Austausch von Gläu-

---

31 A. von Harnack, Die Bedeutung der theologischen Fakultäten, in: ders., Erforschtes u. Erlebtes, Giessen 1923, S. 199–217, S. 209.
32 Den zentralen Vortrag hielt der in Paris lehrende protestantische Systematische Theologe August Sabatier. A. Sabatier, Die Religion und die moderne Kultur. Vortrag auf dem ersten religionswissenschaftlichen Kongress in Stockholm gehalten am 2. September 1897, Freiburg 1898.
33 J.H. Barrows, The World's Parliament of Religions: An Illustrated and Popular Story of

bigen aus allen Religionsgemeinschaften und die Verhandlungen über eine „universal religion" galten den Beteiligten und der amerikanischen Öffentlichkeit als Zeichen einer neuen Entwicklung der Menschheit und als Beginn einer epochalen Wende hin zu „better understanding" und einer Zukunft, die durch „universal human harmony and good will"[34] geprägt sei. Die Grenzen zwischen rein akademischen Religionsdiskursen und der breiteren Öffentlichkeit wurden auch bei den großen Religionskongressen überschritten, die diverse religiös liberale Vereine und Verbände seit 1901 abhielten. Zur Jahrhundertwende ergriffen wohlhabende Unitarier aus den Neuenglandstaaten die Initiative zur Gründung eines „International Council of Unitarian and other Liberal Religious Thinkers and Workers", das bald die Grenzen des Christentums überschritt und Kontakte zwischen liberalen Protestanten, römisch-katholischen Modernisten und Reformjuden zu knüpfen half. Während der erste Kongreß im Mai 1901 in London noch allein von christlichen Theologen aus Europa und der anglo-amerikanischen Welt besucht wurde,[35] stand der Amsterdamer Kongreß vom September 1903 bereits im Zeichen eines religiösen Pluralismus: Der Inder V.R. Shinde referierte über „Liberal Religion in India", Z. Toyosaki aus Tokyo über „The Progress of Liberal Religious Thought in Japan"[36]. In Deutschland fand dann vor allem der „Fünfte Weltkongress für Freies Christentum und Religiösen Fortschritt", der vom 5. bis 10. August 1910 in Berlin stattfand, großes öffentliches Interesse. Beim Berliner Weltkongreß[37] behandelten zahlreiche Referenten in grenzüberschreitenden Perspektiven die spannungsreichen Beziehungen zwischen Orthodoxen und Liberalen in den christlichen Kirchen, das Verhältnis von Juden und Christen, die Stellung zu den Freidenkern und vor allem auch die Beziehungen zwischen den nichtchristlichen Völkern und den imperialistischen christlichen Nationen. Hier kamen führende Modernisten aus den katholischen Ländern Südeuropas wie Romolo Murri mit nordamerikanischen Reformjuden, deutsche liberalprotestantische Meisterdenker wie Ernst Troeltsch, Adolf von Harnack, Wilhelm Bousset, Otto Baum-

---

the World's First Parliament of Religions, held in Chicago in Connection with the Columbian Exposition of 1893, 2 Bde., Chicago 1893; W.R. Houghton (Hg.), Neely's History of the Parliament of Religions and Religious Congresses at the World's Columbian Exposition, Compiled from Original Manuscripts and Stenographic Reports, Chicago 1894[4]. Eine unvollständige Auswahl aus den alten Proceedings findet sich nun auch bei: R.H. Seager (Hg.), The Dawn of Religious Pluralism: Voices of the World's Parliament of Religions, 1893, La Salle 1993.

34 E.J. Ziolkowski, Preface, in: ders. (Hg.), A Museum of Faiths. Histories and Legacies of the 1893 World's Parliament of Religions, Atlanta, Ga. 1993, S. IX–XIII.
35 Liberal Religious Thought at the Beginning of the Twentieth Century, London 1901.
36 P.H. Hugenholtz (Hg.), Religion and Liberty. Addresses and Papers at the Second international Council of Unitarian and Other Liberal Religious Thinkers and Workers, held in Amsterdam, September 1903, Leyden 1904, S. 179–91, S. 405–410.
37 G. Hübinger, Kulturprotestantismus und Politik. Zum Verhältnis von Liberalismus und Protestantismus im wilhelminischen Deutschland, Tübingen 1994.

garten und Georg Wobbermin mit indischen Reform-Brahmanen wie J.L. Vaswani aus Bombay zusammen.[38] Zum Schluß reisten die Teilnehmer in Sonderzügen nach Wittenberg, Weimar und zur Wartburg, um sich an den heiligen Erinnerungsstätten der deutschen Protestanten einer höheren, idealen Geisteskraft des Menschen zu versichern und von Rudolf Eucken, dem Propheten eines neuen Geisteslebens, die hoffnungsvolle Botschaft entgegenzunehmen: „Der Gedanke, daß wir Menschen nur Produkte einer unvernünftigen Natur sind, wird dahinsterben, und der neue Strom des Idealismus, der heute durch die Welt zu rauschen beginnt, wird steigen und siegen, wenn tiefe, freie Religiosität erst wieder wächst und steigt!"[39]

Die Zukunft der Religion ist um 1900 keineswegs nur ein Thema akademischer Kulturdeuter. Der großen öffentlichen Inszenierung der Religionswissenschaften und neuer, kulturwissenschaftlich orientierter Theologien korrespondiert eine breite, kaum erforschte Diskussion über religiöse Themen in den Feuilletons der Tagespresse, in den zahllosen Kulturzeitschriften für das gebildete bürgerliche Publikum und in der Kirchenpresse. Seit den 1890er Jahren läßt sich ein signifikanter Wandel in der publizistischen Vermittlung religiöser Themen beobachten. Je mehr sich die bildungsbürgerlichen Eliten als „kulturell enteignet"[40] erfahren und ihre überkommene Diskurshegemonie durch immer neue, betont antibürgerliche Avantgarde-Schriftsteller und -Künstler bedroht sehen, desto mehr suchen sie in religiösen Symbolsprachen Orientierungswissen oder tragende Gewißheiten zu erschließen. Trotz des elementaren Plausibilitätsverlusts des überkommenen kirchlichen Christentums, den viele Intellektuelle um 1900 konstatieren, wollen sie die von ihnen erlittene Grundlagenkrise der modernen Kultur durch eine umfassende religiöse Erneuerung, eine Wiederbelebung des christlichen Sinnes oder die Verkündigung einer nachchristlichen bzw. synkretistischen Religion der Zukunft bewältigen. Neben die überkommene konfessionelle Kirchenpresse und die Zeitschriften kirchlicher bzw. konfessioneller Vereine und Verbände treten in vielen europäischen Gesellschaften und in den USA deshalb die Journale der diversen neureligiösen Bewegungen, Gruppen und „Sekten", von den Theosophen über die Freikörperkulturfetischisten bis zu den europäischen Neubuddhisten oder neogermanischen Wotans-Jüngern.[41] Die wachsende interne Differenzierung der kirchlichen Milieus spiegelt sich auch darin, daß einzelne Gruppen in den großen Kirchen sich in neuen religiösen Kulturzeitschriften Foren zur innerkirchlichen Durchsetzung und öffentlichen Propagierung ihrer Konzepte gelunge-

---

38 Fünfter Weltkongreß für freies Christentum und religiösen Fortschritt. Berlin 5. bis 10. August 1910, Hg. F.M. Schiele, Berlin 1911.
39 Zitiert nach J. Heyn, Wittenberg, Weimar, Wartburg, in: ebd., S. 54–58, S. 56.
40 D. Langewiesche, Bildungsbürgertum und Liberalismus im 19. Jahrhundert, in: J. Kocka (Hg.), Bildungsbürgertum im 19. Jahrhundert, Teil IV, Stuttgart 1989, S. 95–121.
41 U. Puschner u. a. (Hg.), Handbuch zur Völkischen Bewegung 1871–1918, München 1999.

ner Religion schaffen. Schon im Titel markieren diese Organe innerkirchlicher Gruppen häufig den Anspruch, das wahrhaft zukunftsfähige Christentum bzw. das Christentum des neuen Jahrhunderts zu repräsentieren. So geben die deutschen Reformkatholiken und wenigen deutschen Modernisten ihrer Zeitschrift den programmatischen Titel: „Das zwanzigste Jahrhundert. Organ für fortschrittlichen Katholizismus"⁴².

Die Pluralisierung des religiösen Spektrums sowohl innerhalb als auch außerhalb der christlichen Kirchen spiegelt sich zudem in den Feuilletons der großen Zeitungen und im Verlagswesen. Analog zur bildungsbürgerlichen Begeisterung für archäologische Funde und historische Sensationen finden auch die religionsgeschichtlichen Kontroversen und die vielfältigen Bemühungen, aus archaischen religiösen Kulten oder den Botschaften von vergessenen Kündern wahren Glaubens neuen Lebenssinn zu gewinnen, in der Tagespresse große Resonanz. So wie die Religionsgeschichte der Menschheit auf den großen Weltausstellungen inszeniert zu werden vermag, können religionsgeschichtlich relevante archäologische Entdeckungen auch zum Gegenstand von öffentlichen Auseinandersetzungen werden, in denen, so läßt jedenfalls die medial verstärkte Intensität dieser Kontroversen vermuten, immer auch die Frage nach der bleibenden Geltung und möglichen zukünftigen religiös-kulturellen Prägekraft der überlieferten kirchlichen Religion mitdiskutiert wird. Für Deutschland ist exemplarisch auf den Bibel-Babel-Streit zu verweisen, den der Assyriologe Friedrich Delitzsch mit einem 1902 in Anwesenheit von Wilhelm II. gehaltenen Vortrag provozierte. Seine durch religionsgeschichtliche Vergleiche zwischen babylonischen und alttestamentlichen Quellen erhärtete Behauptung, daß die babylonische Religion der israelitischen partiell überlegen (gewesen) sei, rief „eine gewaltige Erregung unter jüdischen und christlichen Gelehrten, Geistlichen und ‚Laien' und eine Flut von Gegen- und Verständigungsschriften"⁴³ hervor. Selbst politische Autoritäten, allen voran der Kaiser selbst, griffen in die Debatte ein, und auch in England und Frankreich kam es zu erregten Kontroversen über die Frage, ob eine „heidnische" Religion wie die babylonische nicht in ethischen Perspektiven als kulturell „höherwertig" als die israelitische „Gesetzesreligion" mit ihren anachronistischen Reinheits- und Speisegesetzen zu gelten habe.⁴⁴

Die öffentlichen Religionsdiskurse werden um 1900 sehr stark auch durch einen neuen Typus des *religiösen Intellektuellen* geprägt. Schon im Reichsgründungsjahrzehnt fanden freie Schriftsteller und einige akademische Experten in den öffentlichen Religionsdebatten eine zunehmend größere Be-

---

42 Die Zeitschrift diente primär als Organ der „Krausgesellschaft". Zur Biographie des leitenden Redakteurs und zum publizistischen Programm des „Neuen Jahrhunderts" siehe R. Engelhart, „Wir schlagen unter Kämpfen und Opfern dem Neuen Bresche". Philipp Funk (1884–1937). Leben und Werk, Frankfurt 1996, bes. S. 187–238.
43 F. Küchler, Bibel u. Babel, in: RGG, Bd. 1, Tübingen 1909, Sp. 1138–1144, Sp. 1138.
44 R.G. Lehmann, Friedrich Delitzsch u. der Babel-Bibel-Streit, Fribourg 1994.

achtung. Sie hielten sich nicht mehr an überkommene akademische Rollenmuster, sondern wollten um der von ihnen erhofften tiefgreifenden Religionsreform willen gezielt provozieren und alte religiöse Institutionen polemisch angreifen. Als ein Repräsentant dieses neuen Typs freier religiöser Schriftstellerei kann im Reichsgründungsjahrzehnt der alte David Friedrich Strauß gelten, der mit seinem „Der alte und der neue Glaube" 1872 den bis weit ins 20. Jahrhundert hinein immer wieder in hohen Auflagen vertriebenen Klassiker einer Abkehr vom Christentum und Verkündung einer harmonistischen – insofern von Friedrich Nietzsche nicht ohne Recht als „Philisterglaube" verspotteten[45] – Religion des Kunstgenusses veröffentlichte.[46] Für den akademischen Religionsexperten, der Religion nicht bloß deuten, sondern aktiv eine religiöse Umkehr herbeiführen will und sich als Prophet religiöser Erneuerung bzw. als Stifter einer neuen Religion in Szene setzt, steht in den 70er und 80er Jahren in Deutschland vor allem der Göttinger Orientalist Paul de Lagarde, ein brillanter Kulturkritiker des Bismarckreiches, der alle Entfremdungsphänomene der bürgerlich-kapitalistischen Gesellschaft durch eine neoromantische Wiederverzauberung der Welt in Gestalt einer nachkirchlichen deutschen „Nationalreligion" überwinden wollte; seine mythische Verklärung des Germanentums und die „tiefe Sehnsucht nach einem alle Deutschen tief innerlich bindenden und miteinander versöhnenden deutschen Glauben" waren mit einem radikalen Antisemitismus verbunden.[47] Im deutschen Bildungsbürgertum machte der wahrnehmungssensible Intellektuelle[48] mit seinem „Kulturpessimismus" Sensation.[49] Auch in den Religionsdiskursen der Jahrhundertwende blieb Lagarde für zahlreiche jüngere Intellektuelle und neureligiöse Sinnsucher eine wichtige Autorität. Eugen Diederichs gab in seinem 1896 gegründeten Verlag, dem in Deutschland führenden Verlagsunternehmen zur Durchsetzung aller möglichen Reformbewegungen und neoromantischen bzw. neoidealistischen religiösen Erneuerungsbestrebungen, dem „Lagarde-Kult" seit 1913 großen Raum. Als er seine „Verlagsreligion" bei der „Internationalen Ausstellung für Buchgewerbe und Graphik" 1914 in Leipzig inszenierte, bildete der Kult des kulturleidenden Göttinger Nationalheiligen das thematische Zentrum.

---

45 F. Nietzsche, Unzeitgemässe Betrachtungen. Erstes Stück: David Friedrich Strauss der Bekenner und Schriftsteller, in: F. Nietzsche. Sämtliche Werke, Hg. G. Colli u. M. Montinari, Bd. 1, München 1980, S. 159–242.
46 F.W. Graf, Gelungene Bürgertheologie? „Der alte u. der neue Glaube" von David Friedrich Strauß, in: U. Köpf (Hg.), Historisch-kritische Geschichtsbetrachtung. Ferdinand Christian Baur u. seine Schüler, Tübingen 1994, S. 227–244.
47 P. de Lagarde, Deutsche Schriften, Göttingen 1886.
48 J. Favrat, La Pensée de Paul de Lagarde (1827–1891). Contribution a l'étude des rapports de la religion et de la politique dans le nationalisme et le conservatisme allemands au XIXeme siècle, Paris 1976.
49 F. Stern, Kulturpessimismus als politische Gefahr. Eine Analyse nationaler Ideologie in Deutschland, Bern 1963.

Religionsintellektuelle spielten auch in Frankreich, Großbritannien, Belgien und den USA eine wichtige Rolle bei der Popularisierung neuer religiöser Gemeinschaftswerte. Für Frankreich kann exemplarisch auf den prominenten Neutestamentler Ernest Renan verwiesen werden, der im Krieg von 1870/71 gegen David Friedrich Strauß schrieb[50] und nach der französischen Niederlage die Kritik des alten Kirchenglaubens vorantrieb, um durch eine erneuerte nationale Religion Potentiale eines Wiederaufstiegs Frankreichs zur führenden Kulturnation Europas zu erschließen.[51] In den belgischen Religionsdiskursen spielten neuromantische Literaten wie Maurice Maeterlinck eine große Rolle. Auch in den englischen Auseinandersetzungen um die „evolution of religious thought" traten um die Jahrhundertwende neben den akademischen Religionsexperten Schriftsteller, Journalisten und religiöse Intellektuelle auf, um sich vom „Victorian self"[52] zu emanzipieren, Sozialreform religiös zu begründen oder alle modernitätsinduzierten Leidenserfahrungen durch die Flucht in religiös konstruierte heile Gegenwelten zu kompensieren. In den USA entzündeten sich die strukturell gleichartigen Kontroversen primär an prominenten ökopietistischen Schriftstellern wie Henry D. Thoreau oder Ralph Waldo Emerson,[53] die in ursprünglicher Natur durch freie Liebe den „neuen Menschen" finden wollten.

Auch in den 80er und 90er Jahren sowie im Vorkriegsjahrzehnt fanden die religionskritischen Traktate und Pamphlete kirchenkritischer Intellektueller sowie ihre visionären Katechismen neuer Religion oder Weltanschauung in der deutschen Öffentlichkeit große Beachtung. Diese *Religionsintellektuellen*, die in der neueren Intellektuellenforschung bisher nur am Rande Beachtung gefunden haben,[54] kommen häufig aus den alten religiösen Institutionen, die sie frustriert verlassen, weil sie die inneren Spannungen und Konflikte zwischen ihren religiösen Glaubensüberzeugungen und dem kirchlichen Alltag nicht mehr zu ertragen vermögen. Sie entscheiden sich aus moralischen, sozialreformerischen und tiefreligiösen Motiven für ein

---

50 Der Briefwechsel zwischen Strauß und Renan ist jetzt wieder zugänglich in: E. Renan, Was ist eine Nation? u. andere politische Schriften, Wien 1995, S. 85–138.
51 Von großem Interesse wäre ein systematisch orientierter Vergleich zwischen den zivil- oder nationalreligiösen Utopien von Renan einerseits und Strauß oder de Lagarde andererseits. Zu Renan immer noch grundlegend: J. Chaix-Ruy, Ernest Renan, Paris 1956; H.D. Wardmann, Ernest Renan. A Critical Biography, London 1964.
52 H.A. Henderson, The Victorian Self, Ithaca 1989; E.W. Slinn, The Discourse of Self in Victorian poetry, Basingstoke 1991.
53 Vgl. u.a. D. Lyttle, Studies in Religion in Early American Literature. Edwards, Poe, Channing, Emerson, Some Minor Transcendentalists, Hawthorne, and Thoreau, Lanham 1983; D.L. Gelpi, Endless Seeker. The Religious Quest of Ralph Waldo Emerson, Lanham 1991.
54 Vgl. insbesondere C. Charle, Vordenker der Moderne. Die Intellektuellen im 19. Jahrhundert, Frankfurt 1997; G. Hübinger, Die Intellektuellen im wilhelminischen Deutschland. Zum Forschungsstand, in: ders. u. W.J. Mommsen (Hg.), Intellektuelle im Deutschen Kaiserreich, Frankfurt 1993, S. 198–210.

Theologiestudium, müssen sich im Pfarrberuf dann aber als Funktionäre einer staatsnahen kirchlichen Bürokratie erleben, die eher tote Religion verwalten als lebendigen, persönlichkeitsstärkenden und kulturkräftigen Glauben mitschaffen helfen. Angesichts ihrer Dauerkonflikte mit dem jeweiligen Kirchenregiment bzw. staatlichen Behörden oder sich verschärfender innerer Krisen legen sie ihr Pfarramt nieder und betätigen sich als religiöse Schriftsteller, die durch populäre Bücher, mit journalistischer Tätigkeit, als Vortragsreisende – eine moderne Form des Wanderpredigers! – oder durch sonntägliche Privatgottesdienste eine Personalgemeinde um sich scharen. Solche religiösen Intellektuellen erreichen um 1900 mit ihren Schriften sehr hohe Auflagen. Exemplarisch genannt sei zunächst Arthur Bonus, der mit Büchern wie „Religion als Schöpfung" (Jena 1909), „Religion als Wille" (Jena 1915) und der These von der „Germanisierung des Christentums"[55] großen Einfluß auszuüben vermochte; er wird nicht nur zu einem Vordenker diverser völkischer Gruppen, sondern findet auch mit seiner von Nietzsche inspirierten „Geheimreligion der Gebildeten" vielfältige Resonanz. Diese neomystische Gefühlsreligion läßt sich beschreiben als „eine von der Kirchenlehre erheblich abweichende, im wesentlichen in den Bahnen der Diesseitsreligion gehende, oft pantheistisch gefärbte, in manchem auch rationalistisch urteilende religiöse Auffassung, wie sie sicher vielen modernen Gebildeten eigen ist".[56] Eine neue „Diesseitsreligion",[57] in der sich „protestantische Bestände mit neuer mystischer Erfahrung" und „innerem Erleben" verbinden – „Erfahrung", „Selbsterfahrung" und vor allem „Erlebnis" sind zentrale Begriffe der Religionsdiskurse um 1900 –, verkünden auch an der Amtskirche leidende religiöse Intellektuelle wie Friedrich Wilhelm Foerster, Carl Jatho und Christoph Schrempf.[58] Letztere wurden nach kirchlichen Disziplinar- bzw. Lehrbeanstandungsverfahren entlassen. Neue religiöse Formen boten einem aufnahmewilligen Publikum auch der vom liberalen Kulturprotestantismus zur Anthroposophie Rudolf Steiners übergegangene Friedrich Rittelmeyer oder Johannes Müller, der auf Schloß Elmau in Oberbayern eine „Freistätte persönlichen Lebens für Menschen von heute" unterhielt, die nach einem ihrem Wesen entsprechenden Leben im Sinne der Ethik Jesu suchten. Müller konnte regelmäßig Adolf von Harnack als Gast begrüßen, Rittelmeyer fand in Berlin Ernst Troeltsch unter seinen Hörern. Arthur Drews vermochte als Künder eines „konkreten Monismus" in öffent-

---

55 A. Bonus, Von Stoecker zu Naumann. Ein Wort zur Germanisierung des Christentums, Heilbronn 1896.
56 M. Schian, Geheimreligion der Gebildeten, in: ders. (Hg.), Handbuch für das kirchliche Amt, Leipzig 1928, S. 201. Siehe auch C. von Zastrow u. T. Steinmann, Die Geheimreligion der Gebildeten, Göttingen 1914².
57 J. Wendland, Die neue Diesseitsreligion, Tübingen 1914.
58 H.M. Müller, Persönliches Glaubenszeugnis u. das Bekenntnis der Kirche. Der „Fall Schrempf", in: F.W. Graf u. H.M. Müller (Hg.), Der deutsche Protestantismus um 1900, Gütersloh 1996, S. 223–237.

lichen Veranstaltungen große Menschenmengen zu mobilisieren, die seiner „Christusmythe", der Leugnung der Existenz Jesu, lauschten.

Eugen Diederichs bemüht sich seit 1900 zudem darum, religiöse Intellektuelle aus anderen europäischen Gesellschaften und den USA in Deutschland populär zu machen. Er bringt französische Neoidealisten wie Henri Bergson oder den flämischen Dichter Maurice Maeterlinck nach Deutschland und mit dem aus dem Kirchendienst ausgeschiedenen Pfarrer Christoph Schrempf als Übersetzer die erste große deutsche Kierkegaard-Ausgabe heraus. Amerikanische Naturdichter wie Henry D. Thoreau oder Ralph Waldo Emerson finden in Diederichs einen aktiven Protagonisten ihrer Erbauungsliteratur. Seine „Verlagsreligion"[59] hat trotz aller Sympathien mit nationalreligiösen Konzepten insoweit einen entschieden gemeineuropäischen Grundzug.

Als ein anderes Beispiel für einen neuen Typus von religiösem Intellektuellen muß der Jenaer Philosophieprofessor Rudolf Eucken genannt werden, der zahlreichen kulturprotestantischen Vereinen und Verbänden angehörte. Eucken versteht sich zunächst als ein akademischer Philosoph, der für eine Erneuerung des Idealismus eintritt. Seit der Jahrhundertwende publiziert er in schneller Folge diverse religionsphilosophische Programmschriften und konfessorische Vorträge zur Erneuerung des Idealismus bzw. „höheren Geisteslebens", dank derer er sich innerhalb weniger Monate ein großes internationales Publikum schaffen kann. Seine Popularität gipfelt 1908 darin, daß dem Vorkämpfer des Idealismus der Nobelpreis für Literatur verliehen wird. Auch bei Eucken ist die religiöse Botschaft von hoher Eindeutigkeit: Die Zukunft humaner Kultur sei an eine innere Reform und Erneuerung gebunden, die nur durch einen spirituell vertieften, aus den elementarsten Schichten der Seele schöpfenden idealen Glauben gewonnen werden könne.[60]

Neben den Religionsdebatten der einschlägigen akademischen Disziplinen und den populären Diskursen über Religion ist auf die vielfältigen Formen literarischer Selbstpräsentation religiöser Gemeinschaften – von Andachts- und Gebetbüchern über apologetische Traktate, Missionsschriften und Werbebroschüren – zu verweisen. Alle großen religiösen Gemeinschaften sind um die Jahrhundertwende darum bemüht, durch populäre Geschichtswerke ihre konfessionelle Identität zu demonstrieren. Kennzeichnend für diesen Typ von religiöser Zeitanalyse und Zukunftsdeutung sind zwei Bände „Christendom Anno Domini 1901", die William D. Grant 1902

---

59 F.W. Graf, Das Laboratorium der religiösen Moderne. Zur „Verlagsreligion" des Eugen Diederichs Verlags, in: G. Hübinger (Hg.), Versammlungsort moderner Geister. Der Eugen Diederichs Verlag – Aufbruch ins Jahrhundert der Extreme, München 1996, S. 243–298.
60 Vgl. zu Eucken v. a. F.W. Graf, Die Positivität des Geistigen. Rudolf Euckens Programm neoidealistischer Universalintegration, in: R. vom Bruch u. a. (Hg), Kultur u. Kulturwissenschaften II: Idealismus und Positivismus, Stuttgart 1997, S. 53–85.

in New York herausgab. Autoren aus verschiedenen Ländern beschreiben hier die Situation ihrer Konfessionskirche oder religiösen Gemeinschaft, entwerfen Strategien für weitere, erfolgreichere Mission und wagen Prognosen über den Stand der Expansion des Christentums nach hundert Jahren. Die religiöse Landschaft der USA gilt dabei als Exempel für die gelungene Verbindung von intensiver Frömmigkeit und traditionsbewußter Konfessionalität mit religiöser Toleranz und Akzeptanz von Pluralität.[61] Vergleichbare europäische Sammelbände sind demgegenüber auf die eigene Konfession oder Konfessionsfamilie beschränkt und erschließen häufig nur eine national verengte Perspektive der jeweiligen Konfessionsgeschichte. Für Deutschland ist die von dem Berliner Pfarrer Carl Werkshagen in zwei prächtig ausgestatteten Bänden von über 1200 Seiten veranstaltete Heerschau des „Protestantismus am Ende des XIX. Jahrhunderts in Wort und Bild" zu nennen, die in den Jahren 1900 und 1901 erschien. Über den kirchlich-theologischen Raum hinaus enthielten beide Bände, die sich an ein wohlhabendes Bildungsbürgertum richteten, auch Beiträge über protestantisches „Kunstschaffen" in Literatur, Malerei und Musik.

Neben den vielen konfessionsinternen Religionsdiskursen spielen um 1900 auch die *politischen Religionskontroversen* in allen europäischen Gesellschaften, kaum aber in den USA, eine wichtige öffentliche Rolle. Überall in Europa werden in den politischen Institutionen wie insbesondere den Parlamenten und in den politischen Öffentlichkeiten sehr heftig und aggressiv ausgetragene Kulturkämpfe über die institutionelle Ordnung der Beziehungen von Staat und Kirchen bzw. sonstigen Religionsgemeinschaften geführt. Vor allem in den gemischt-konfessionellen Staaten Europas provozieren die Fragen der Abgrenzung und Vermittlung von staatlichen Hoheitsrechten, Korporationsrechten der Kirchen und anderen religiösen Gemeinschaften sowie der Grundrechte der Bürger auf Religions- und Gewissensfreiheit Dauerdebatten, in denen keineswegs nur über die zukünftige religionsrechtliche Rahmenordnung bzw. – in spezifisch deutscher Terminologie – das Staatskirchenrecht, sondern immer auch über die Bedeutung öffentlicher Religion für das Gemeinwesen insgesamt gestritten wird. Schon die Tatsache, daß in vielen gemischtkonfessionellen europäischen Gesellschaften das politische Parteiensystem die Grenzlinien zwischen den einzelnen religiösen Milieus widerspiegelt oder, wie vor allem in den Niederlanden, religiöse Versäulung und politische Fraktionierung einander korrespondieren,[62] läßt die hohe allgemeinpolitische Relevanz des Religiösen erkennen. Die Fragen nach der Zukunft des Christentums oder dem Schicksal der Religion in der Moderne werden um 1900 immer auch in politischen

---

61 W.D. Grant (Hg.), Christendom Anno Domini 1901, 2 Bde., New York 1902.
62 R. Steininger, Polarisierung u. Integration. Eine vergleichende Untersuchung der strukturellen Versäulung der Gesellschaft in den Niederlanden u. in Österreich, Meisenheim 1975.

Semantiken diskutiert. Unter den Bedingungen monarchischer Herrschaftsordnungen, in denen die politische Autorität des Monarchen religiös über alte – entweder revitalisierte oder erfundene – Topoi des Gottesgnadentums legitimiert wird, hat die Frage nach der Tradierungsfähigkeit des kirchlichen Christentums notwendig eine fundamentalpolitische Dimension. Wo Staatskirchen existieren oder eine bestimmte christliche Konfession durch Tradition oder Verfassungsrecht staatlich privilegiert wird, sind zudem permanente Auseinandersetzungen um die Rechte von Angehörigen anderer christlicher Konfessionen und der Juden unvermeidbar. Die um 1900 zu beobachtende Entstehung kleiner neuer christlicher Gemeinschaften wie der Heilsarmee und der Methodisten, der Apostoliker und der frühen Pfingstbewegung,[63] die sich häufig in der klassisch bürgerlichen Assoziationsform des Vereins organisieren, oder der diversen neureligiösen Gruppen und Bünde trägt ihrerseits zur Politisierung von Religionsdebatten bei. Mehr noch gilt das vom Kampf gegen die „bürgerliche Religion" und die christlichen Kirchen, wie ihn die Parteien und Milieuorganisationen der marxistischen Sozialdemokratie sowie diverse Freidenker- und Dissidentenorganisationen des „Weimarer Kartells" führen.[64]

Im deutschen Fall, aufgrund der protestantischen Selbstinszenierung der Hohenzollern und der engen Verknüpfung von kleindeutscher Nationalstaatsbildung und spezifisch protestantischen Nationskonzepten, werden der Weltanschauungskampf gegen das Christentum und die vereinsmäßig organisierten Kampagnen zugunsten eines Kirchenaustritts nur als ein Angriff auf die normativen Fundamente der gegebenen Ordnung wahrgenommen. In europäischen Gesellschaften, die durch Kulturkämpfe zwischen kirchennahen römisch-katholischen Milieus einerseits und laizistischen Lagern andererseits bestimmt sind, tragen die Dauerdebatten über die Trennung von Staat und Kirche und die damit eng verknüpften „Schulkämpfe", d. h. die Kontroversen über die Stellung der Kirche im Bildungswesen, die Erteilung von Religionsunterricht an öffentlichen Schulen, die korporativen Rechte der Kirche oder kirchlichen Orden zur Gründung von Privatschulen und die Ausbildung des Klerus in theologischen Fakultäten an staatlichen Universitäten, zur Politisierung der Religionsdiskurse bei. In nahezu allen europäischen Gesellschaften werden die um 1900 sehr intensiv geführten Debatten um die Bildungsinstitutionen und die in Schulen und Universitäten zu vermittelnden Normen auch als Auseinandersetzungen um die Frage geführt, ob Religion ein notwendiges Integral idealer Persönlichkeitsbildung sei und der Staat in seinem eigenen Interesse an einer starken Präsenz religiöser

---

63 C. Ribbat, Religiöse Erregung. Protestantische Schwärmer im Kaiserreich, Frankfurt 1996.
64 H. Groschopp, Dissidenten. Freidenkerei u. Kultur in Deutschland, Berlin 1997; F. Simon-Ritz, Die Organisation einer Weltanschauung. Die freigeistige Bewegung im Wilhelminischen Deutschland, Gütersloh 1997.

Institutionen, vor allem der Kirchen, im Bildungswesen interessiert sein müsse. In den dominant protestantischen europäischen Gesellschaften sind es keineswegs nur die politisch und kulturell Konservativen, die gelungene Bildung an gelebte Christlichkeit zurückbinden und in der Frömmigkeit den wichtigsten Garanten für eine sittlich verantwortete Lebensführung sehen. Vielmehr verkünden hier auch viele protestantische Liberale, daß sich ein moralischer Habitus letztlich nur auf der Basis religiösen Glaubens bilden lasse. In den Dauerdebatten über „Religion und Moral", die neben akademischen Experten wie Philosophen, Theologen und Pädagogen auch Bildungsfunktionäre wie Beamte der Kultusbürokratien und Vertreter bzw. Vertreterinnen von Lehrer- und Lehrerinnenverbänden breitenwirksam führen, sind insoweit die gegenwärtige kulturelle Prägekraft der religiösen, vor allem christlichen Überlieferungen und deren Zukunftsfähigkeit die zentralen Themen. In den dominant protestantisch geprägten europäischen Gesellschaften und in den USA enthalten die pädagogischen Reformprogramme der Jahrhundertwende zumeist einen impliziten kulturprotestantischen Wertekanon, so daß sie sich als Versuche lesen lassen, die Zukunft des protestantischen Christentums durch die schulische Erziehung zu sichern. Die interne Pluralisierung der großen Kirchen trägt dazu bei, daß sich in Bildungsdiskussionen nicht nur die Konfessionsgegensätze zwischen Protestanten und Katholiken oder, vor allem im Falle Frankreichs, die tiefe Spaltung der Gesellschaft in „Laizisten" und „Klerikale" spiegeln, sondern der Streit um den Bildungskanon oder den Auftrag der Schule zunehmend auch durch die konkurrierenden Auffassungen vom „Wesen" des Protestantismus oder des „wahrhaft Katholischen" bestimmt wird. Allerdings sind die häufig engen Zusammenhänge zwischen religiösen Fraktionierungs- oder Pluralisierungsprozessen und pädagogischen Diskursen kaum erforscht. Sowohl für Großbritannien und Deutschland als auch für die USA läßt sich aber zeigen, daß die Programme liberaler Reformpädagogen einem Bild des Menschen oder der „gebildeten Persönlichkeit" verpflichtet sind, das zunächst auf den Kanzeln kulturprotestantischer und reformjüdischer Theologen verkündet worden ist.

2. Die Geltungskrise der christlichen Kirchen. Amerikanische und europäische Religionsdiagnostiker sehen in der Jahrhundertwende kein Datum, das zu Diagnosen der religiösen Lage und Prognosen über die zukünftige Entwicklung der Religionen nötigt. Mit Blick auf den zumeist als dramatisch und krisenhaft empfundenen schnellen ökonomischen und sozialen Wandel spielt in den religiösen Selbstverständigungsdebatten seit ca. 1890 aber die Frage nach der gegenwärtigen Lage der christlichen Kirchen eine wichtige Rolle. In Deutschland nehmen prominente protestantische Universitätstheologen die Jahrhundertwende zum Anlaß, in neuer Weise die christliche Tiefendimension der europäischen Kultur zu thematisieren und mit der Bestimmung des „Wesens des Christentums" verbindliche Normen für eine humane

Gestaltung der modernen Kultur zu gewinnen. Auch viele Repräsentanten der katholischen Universitätstheologie schreiben mit Blick auf das neue Jahrhundert über die unvergleichliche kulturelle Prägekraft der römisch-katholischen Kirche. Die Zwänge und Chancen des modernen literarischen Marktes führen zudem dazu, daß viele Repräsentanten der akademischen Theologenelite Bilanzen des vergangenen 19. Jahrhunderts publizieren. Auch diese kulturhistorischen Gesamtdarstellungen des Schicksals der christlichen Kirchen im Jahrhundert bürgerlicher Modernisierung dienen einem dezidierten Gegenwartsinteresse. Durch historische Erinnerung soll eine präzisere Erfassung der gegenwärtigen Lage des Christentums ermöglicht und zugleich prognostische Analysekompetenz gewonnen werden. Für diesen Typus von gegenwartsdiagnostischer Kulturgeschichtsschreibung ist die literarisch sehr erfolgreiche Gesamtdarstellung „Die Kirche Deutschlands im neunzehnten Jahrhundert" des Berliner Systematischen Theologen und Dogmenhistorikers Reinhold Seeberg repräsentativ. „An der Schwelle des zwanzigsten Jahrhunderts" blickt Seeberg auf das vergangene Jahrhundert zurück, um ein differenzierteres Verständnis der „religiösen, theologischen und kirchlichen Fragen der Gegenwart" zu ermöglichen.[65]

Texte zur interdisziplinären Debatte über die Zukunft der Religion finden sich darüber hinaus in den neuen religiösen Kulturzeitschriften sowie in den theologischen Fachorganen. Zugleich diskutieren die akademischen Deutungsexperten der Religion intensiv über die Methoden und analytischen Instrumente, um die religiösen Prägekräfte in einer Kultur bestimmen zu können. Die Erträge dieser Methodendebatten finden sich vor allem in den neuen großen religionskundlichen bzw. theologischen Lexika wie der „Religion in Geschichte und Gegenwart. Handwörterbuch in gemeinverständlichen Darstellungen", die in fünf Bänden von 1909 bis 1913 bei J.C.B. Mohr (Paul Siebeck) in Tübingen erscheint, oder in der von dem schottischen Pfarrer James Hastings herausgegebenen „Encyclopedia of Religion and Ethics", zu der auch zahlreiche deutsche Wissenschaftler Artikel beisteuern.[66] Die neue Sicht jüdischer Religion und Kultur spiegelt die „Jewish Encyclopaedia" wider, die seit 1901 in 12 Bänden erscheint.[67]

Eine sehr wichtige Quelle für eine kulturwissenschaftlich reflektierte Selbstthematisierung der christlichen Theologien und die Erfassung der religiösen Kräfte der damaligen Gegenwart stellen zudem die großen Enzyklopädien dar, die um die Jahrhundertwende konzipiert wurden. Das im

---

65 R. Seeberg, Die Kirche Deutschlands im neunzehnten Jahrhundert. Eine Einführung in die religiösen, theologischen u. kirchlichen Fragen der Gegenwart (4., durchweg neubearbeitete u. stark vermehrte Auflage von „An der Schwelle des zwanzigsten Jahrhunderts"), Leipzig 1903.
66 Encyclopædia of Religion and Ethics, Bd. 1–8, Hg. J. Hastings, Edinburgh 1908–1915.
67 The Jewish Encyclopaedia. A Descriptive Record of the History, Religion, Literature and Customs of the Jewish People from the Earliest Times, Hg. I. Singer, 12 Bde., New York 1901–1906.

deutschen Sprachraum literarisch erfolgreichste Unternehmen dieser Art ist die von dem Publizisten Paul Hinneberg seit 1906 in über 20 Teilbänden herausgegebene „Kultur der Gegenwart. Ihre Entwicklung und ihre Ziele". Neben umfangreichen kulturhistorischen Analysen bietet der Band über die „Systematische christliche Religion" auch einen Ausblick auf „Die Zukunftsaufgaben der Religion und der Religionswissenschaft". Der Autor Heinrich Julius Holtzmann, ein einflußreicher liberalprotestantischer Neutestamentler an der Reichsuniversität Straßburg, organisiert die Darstellung nach dem klassischen Schema: Dem „Umblick in der Gegenwart" folgt der „Ausblick in die Zukunft". Zukunftsfroh und selbstbewußt hebt Holtzmann die kulturpraktische Überlegenheit des Christentums gegenüber anderen Religionen hervor: „Dem buddhistischen Pessimismus gegenüber lebt der christliche Optimismus vom Glauben an die Möglichkeit einer fortschreitenden sozialen Gesundung der Menschheit. Darum allein konnte die eschatologische, auf das, was demnächst werden sollte, in ekstatischer Erregung gespannte Weltuntergangsstimmung des Urchristentums jene große Metamorphose erleben, daraus im Verlaufe von bald zwei Jahrtausenden die zukunftsfrohe Richtung einer modern denkenden und handelnden, aber auch an Daseinswert und Lebenszweck gläubigen und insofern echt religiös empfindenden Menschheit erwachsen ist, und, wie sich auch das zurzeit in Frage stehende Verhältnis von Staat und Kirche gestalten mag, sicherlich noch weiterhin ausreifen wird".[68]

Aussagen über die religiöse Lage der Gegenwart enthalten unumgänglich implizite Axiome oder normative Annahmen über die moderne Kultur. Trotz aller Versuche, das methodische Instrumentarium zur Analyse religionskultureller Wandlungsprozesse oder zur religiösen Zeitdiagnostik zu verfeinern, sind die Wahrnehmungen der Lage des Christentums oder anderer religiöser Gemeinschaften um 1900 deshalb stark von den je besonderen Perspektiven geprägt, in denen die theologischen Beobachter auf die Gegenwart blicken. Neben der lebensweltlichen Einbindung in die nationalen Kulturen spielen die jeweilige Konfession und akademische Sozialisation, d. h. die individuelle theologische Position, eine entscheidende Rolle. Konservative Theologen aus dem engen Umkreis der vatikanischen Hierarchie urteilen über die Lage des Katholizismus signifikant anders als italienische Modernisten.[69] Trotz des sehr dichten transnationalen Kommunikationsnetzes, welches die führenden modernistischen Theologen und „Laien" seit der Jahrhundertwende knüpfen, beschreiben britische Modernisten[70] oder Theo-

---

68 H.J. Holtzmann, Die Zukunftsaufgabe der Religion und der Religionswissenschaft, in: Die Kultur der Gegenwart, Teil I, Abteilung IV, 2: Systematische christliche Religion, Berlin 1909, S. 256–279, S. 278.
69 L. Bedeschi, Il Modernismo Italiano. Voci e volti, Milano 1995.
70 L. Barman, Baron Friedrich von Hügel and the Modernist Crisis in England, Cambridge 1972.

logen des französischen „Nouveau catholicisme"[71] die Zukunft der katholischen Kirche signifikant anders als ihre nordamerikanischen Diskurspartner, die unter dem Leitmotiv „Americanism" einen demokratisch-liberalen, fortschrittlichen Katholizismus propagieren, dem alle Töne kulturpessimistischer Resignation ebenso fremd sind wie die von prominenten europäischen Theologen kultivierte depressive Stimmung einer fortschreitenden Erosion von Religion und Christlichkeit[72]. Heftige innerkonfessionelle Kulturkämpfe um die Beziehungen zwischen katholischer Religion und moderner Kultur prägen um die Jahrhundertwende auch die zunehmend pluraleren Diskurse im deutschen Katholizismus.[73] Die häufig vertretene, in jüngster Zeit vor allem von Otto Weiß propagierte Identifikation des „Modernismus" mit einer fortschrittlich liberalen, spezifisch bürgerlichen Kulturwerten verpflichteten Frömmigkeitshaltung ist allerdings unzutreffend.[74] Denn prominente Modernisten haben ein tiefes Leiden an der modernen Kultur artikuliert und strukturell intolerante Homogenitätsvisionen entwickelt. Sie träumen um 1900 häufig von einer neuen religiösen, dominant katholischen Integration der Kultur, in der sie durch einen gemeinsamen Glauben und intensivierte Kirchlichkeit wieder umfassend vergemeinschaftet sein wollen.[75] Umgekehrt bekunden manche Neoscholastiker in ihren dogmatischen Sprachspielen die Bereitschaft, Prozesse kultureller Differenzierung zumindest insoweit zu akzeptieren, als die innere Homogenität der katholischen Lebenswelt nicht tangiert wird. Ihre konservativen Theologien sind darin strukturell modern, daß scharfe Innen-Außen-Distinktionen formuliert werden und so katholische Identität im Gegenüber zu einer als bedrohlich erfahrenen „modernen Kultur" gestärkt wird.

Höchst divergent sind auch die Wahrnehmungsperspektiven, die protestantische Theologen um 1900 auf die diversen Protestantismen bzw. das Christentum insgesamt entwerfen. Angesichts der vergleichsweise hohen Stabilität tradierter Christlichkeit, welche die Gesellschaft des Kaiserreichs

---

71 J. Gadille u. a., Les catholiques libéraux au XIXeme siècle: actes du Colloque international d'histoire religieuse de Grenoble des 1971, Grenoble 1974.
72 Zum amerikanischen katholischen Modernismus bzw. „Americanism" grundlegend: R. Scott Appleby, „Church and Age Unite!". The Modernist Impulse in American Catholicism, Notre Dame 1992. Appleby spielt im Untertitel seiner materialreichen Studie auf eine inzwischen klassische Monographie zur nordamerikanischen liberalprotestantischen Theologie an: W.R. Hutchinson, The Modernist Impulse in American Protestantism, Durham 1992².
73 Zur internen Differenzierung der katholischen Theologie um 1900 siehe H. Wolf (Hg.), Antimodernismus u. Modernismus in der katholischen Kirche. Beiträge zum theologiegeschichtlichen Vorfeld des II. Vatikanums, Paderborn 1998.
74 O. Weiß, Der Modernismus in Deutschland. Ein Beitrag zur Theologiegeschichte, Regensburg 1995.
75 F.W. Graf, Moderne Modernisierer, modernitätskritische Traditionalisten oder reaktionäre Modernisten? Kritische Erwägungen zu Deutungsmustern der Modernismusforschung, in: Wolf, Antimodernismus, S. 67–106.

bis in die akademischen Institutionen hinein prägt, entwickeln führende evangelische Theologen Gegenwartsdiagnosen, die in ihren prognostischen Elementen weithin nur eine Fortschreibung des Status quo bieten. Wenn deutsche Theologen die religiöse Gegenwartslage beschreiben, kontrastieren sie häufig die ungebrochene Vitalität des amerikanischen freikirchlich plural organisierten Christentums und die staatskirchlich tradierte Christlichkeit Großbritanniens mit den schwierigen Verhältnissen in Deutschland, die sie durch eine tiefe Religionskrise geprägt sehen. Diese Krisendiagnosen fallen im einzelnen sehr unterschiedlich aus. Theologen eines sozialkonservativen Luthertums bieten alle klassischen Topoi eines konservativen Leidens an der Moderne und führen alle Krisenphänomene der wilhelminischen Gesellschaft mit bemerkenswerter argumentativer Konsequenz auf die Erosion der religiösen Fundamente der Kultur sowie den Abfall der Gebildeten und der proletarischen Massen vom Glauben zurück. Auch viele altliberale Theologen aus dem Umkreis des „Deutschen Protestantenvereins", die in den 1860er Jahren und im Jahrzehnt nach der Reichsgründung eine neue Versöhnung protestantischer Überlieferung und moderner Kultur einklagten und harmonistische, fortschrittsoptimistische Kulturstaatsutopien entwarfen,[76] machen sich unter dem Eindruck krisenhafter Beschleunigung gesellschaftlicher Modernisierung nun Argumente konservativer theologischer Kulturkritik[77] zu eigen und sehen die Lage der Kulturnation nun zunehmend durch Werteverfall, grassierende Unsittlichkeit und Materialismus geprägt.[78] Krisendiagnosen entwickeln schließlich auch die führenden liberalen Theologen. Ernst Troeltsch spricht 1913 vom „Zustand ... einer schweren ‚Religionskrisis'", deren „Wahrnehmung, Diagnose und Therapie sein Werk von Anfang bis Ende"[79] bestimmt hat. Diese „Religionskrisis" führt Troeltsch nicht nur auf die „wissenschaftliche Legitimitätskrise der Theologie" zurück. Vielmehr versucht er in zahlreichen Studien zur „religiösen Lage der Gegenwart"[80] den Nachweis zu führen, daß Religion in der zerklüfteten wilhelminischen Gesellschaft nicht

---

76 C. Lepp, Protestantisch-liberaler Aufbruch in die Moderne. Der deutsche Protestantenverein in der Zeit der Reichsgründung und des Kulturkampfes, Gütersloh 1996.
77 R. Seeberg, Die Kirche Deutschlands im neunzehnten Jahrhundert, Leipzig 1903, S. 171 f., S. 359.
78 Dafür repräsentativ sind die Kulturanalysen des vor allem in den USA und in Großbritannien einflußreichen Berliner Systematischen Theologen und Religionswissenschaftlers Otto Pfleiderer. Zu seinen zahlreichen religionswissenschaftlichen und kulturdiagnostischen Publikationen und der gebrochenen Modernität seiner Kulturtheologie vgl. F.W. Graf, Theonomie. Fallstudien zum Integrationsanspruch neuzeitlicher Theologie, Gütersloh 1987, S. 128–192.
79 H. Ruddies, Soziale Demokratie und freier Protestantismus, in: Troeltsch-Studien, Bd. 3: Protestantismus u. Neuzeit, Gütersloh 1984, S. 145–174, 146.
80 Die einschlägigen Texte finden sich sind vor allem im Band 2 der „Gesammelten Schriften" Troeltschs: E. Troeltsch, Zur religiösen Lage, Religionsphilosophie u. Ethik, Tübingen 1913.

mehr integrierend wirkt, sondern durch neuen Konfessionalismus und interne Pluralisierung die Tendenzen sozialer und kultureller Fragmentierung fortwährend verschärft.[81]

In Deutschland sind die Debatten um die Zukunft von Christentum und Kirchen sehr stark durch die tiefen Gräben zwischen den beiden großen Konfessionen geprägt. Die Beschreibungen der aktuellen Beziehungen zwischen Protestanten und Katholiken spiegeln auf beiden Seiten eine große Meinungsvielfalt. Auch die Prognosen über die zukünftige Entwicklung des Verhältnisses zwischen protestantischer Mehrheit und römisch-katholischer Minorität lassen ein breites Spektrum unterschiedlicher Konzeptionen des Gemeinchristlichen sowie der Lehrunterschiede und der religionspraktischen, etwa kultischen und ethischen Habitusdifferenzen erkennen. Zwar stimmen viele römisch-katholische Universitätstheologen mit ihren protestantischen Kollegen darin überein, daß der Konfessionsgegensatz noch immer „die tiefste Spaltung der Nation" – Rankes berühmte Formel wird um 1900 viel zitiert – bewirke. Vor allem die „Reformer" unter ihnen sind demonstrativ darum bemüht, durch theologische Distanznahme vom „romanischen Katholizismus" ihr Deutschtum unter Beweis zu stellen; die seit den 1890er Jahren gebräuchlichen, entscheidend von Arthur Bonus geprägten Formeln vom „germanischen Christentum" werden auch von reformkatholischen Kirchenhistorikern und Dogmatikern aufgegriffen, um die Eigenart des Mittelalters und der „deutschen Mystik" zu bestimmen. Aber insgesamt bleiben in der katholischen Theologie die Traumata „kultureller Inferiorität" so prägend, daß man das Verhältnis der Konfessionen primär in Mustern scharfer Abgrenzung bestimmt. Für die Zukunft erwartet man teils neue, verschärfte Kulturkämpfe mit einer siegreichen Selbstbehauptung des Katholizismus, teils eine allmählich fortschreitende Auszehrung des Protestantismus und die damit verbundene Konversion konservativer Lutheraner zur katholischen *ecclesia militans*. Konservative katholische Theologen werfen den Protestanten, vor allem den liberalen Kulturprotestanten, eine dogmatisch illegitime Preisgabe der christlichen Wahrheit zugunsten einer seichten Anpassung an den liberalen Individualismus vor. Alle Übel der Moderne, also Skeptizismus, Relativismus, individualistische Auflösung bergender sittlicher Gemeinschaft, politische Unruhe, werden auf den Ungeist des Protestantismus zurückgeführt. In diesem Denkhorizont lassen sich keine Modelle einer Annäherung der Konfessionen entwickeln. Für die Zukunft erwarten diese konservativen Katholiken deshalb einen stetig wachsenden gesamtkulturellen Einfluß ihrer Kirche, die als starke, hierarchisch strukturierte Institution den in sich so zerstrittenen protestantischen Glaubensgemeinschaften – das Prädikat des Kircheseins wird den evangelischen Lan-

---

81 E. Troeltsch, Religion, in: D. Sarason (Hg.), Das Jahr 1913. Ein Kulturentwicklung, Leipzig 1913, S. 533–549.

deskirchen mit dem ekklesiologischen Argument verweigert, daß nur die Autorität von Papst und Bischöfen Kirche konstitutiere – an politischer Macht und gesellschaftlicher Prägekraft strukturell überlegen sei. Auf der Folie eines schwachen Protestantismus, der seiner inneren Pluralität wegen zu keinem einheitlichen kollektiven Handeln imstande sei, wird der Katholizismus als die wahrhaft zukunftsfähige Gestalt des Christentums dargestellt und der alte, schon von den Aufklärern und den Klassikern des „deutschen Idealismus" formulierte Anspruch der Protestanten destruiert, aufgrund der reformatorischen „Freiheit eines Christenmenschen" die modernere Form der Christlichkeit zu repräsentieren. Trotz der scharfen innerkatholischen Kontroversen zwischen Neoscholastikern und Reformkatholiken bzw. später Modernisten reklamieren auch die führenden akademischen Repräsentanten des Reformkatholizismus für ihre Konfession eine im Vergleich zum Protestantismus höhere Modernitätsfähigkeit. Ihre Zukunftsvisionen vom „Katholicismus als Prinzip des Fortschritts" sind deshalb auf den Grundton katholischer Siegesgewißheit gestimmt.[82]

Innerhalb der deutschsprachigen protestantischen Theologie werden die konfessionellen Verhältnisse sehr unterschiedlich wahrgenommen und deshalb höchst gegensätzliche Zukunftsvisionen formuliert. Viele Universitätstheologen, die kirchenpolitisch Gruppierungen der Mitte nahestehen und politisch mit den Nationalliberalen sympathisieren, gehören dem 1886 gegründeten „Evangelischen Bund zur Wahrung der deutsch-protestantischen Interessen" an, des mit über 500.000 Mitgliedern größten protestantischen Interessenverbandes im Kaiserreich, der, zugespitzt formuliert, die Fortführung des Kulturkampfes gegen die „Ultramontanen" fordert und um der Festigung der „deutschen Kulturnation" willen eine protestantische Kulturhegemonie politisch festzuschreiben intendiert.[83] Diese Theologen sehen im Katholizismus eine religiös obsolete (weil noch mittelalterliche oder superstitiöse) Gestalt des Christentums, lehnen die vielfältigen Eingriffe des Vatikans in die deutschen katholisch-kirchlichen Verhältnisse als Beeinträchtigung der nationalen Souveränität des Reiches ab und propagieren Konzepte einer protestantisch fundierten Zivilreligion bzw. eines „deutschen Christentums", das dem konfessionell gespaltenen, weltanschaulich zerklüfteten und politisch fragmentierten Reich zu einer inneren Homogenität und verbindlichen, stabilen Wertgrundlage verhelfen soll. Es lag in der inneren Logik dieser nationalprotestantischen Integrationstheologien, von den deutschen Katholiken eine stetig wachsende Offenheit für diese Religion aller Deutschen zu verlangen und sie mit der Erwartung zu konfrontieren, der Loyalität gegenüber der eigenen Nation einen unbedingten Vorrang gegenüber allen „ultramontanen" Hegemonieansprüchen einzuräumen.

---

82 Vgl. H. Schell, Der Katholicismus als Prinzip des Fortschritts, Würzburg 1897.
83 A. Müller-Dreier, Konfession in Politik, Gesellschaft u. Kultur des Kaiserreichs. Der Evangelische Bund 1886–1914, Gütersloh 1998.

Neben konfessionalistischen und kulturkämpferischen Engführungen gibt es auch frühe Visionen einer ökumenischen Annäherung der Kirchen. Beispielsweise tritt Adolf von Harnack 1907 in seiner Kaisergeburtstagsrede für ein besseres Verständnis zwischen Protestanten und Katholiken ein.[84] Das Bild der Zukunft des Christentums wird hier durch die Hoffnung bestimmt, daß in genau dem Maße, in dem sich die Christen in den verschiedenen Konfessionskirchen auf das „Wesen des Christentums" konzentrierten, überkommene kirchendogmatische Unterscheidungslehren an Gewicht verlören. Durch Besinnung auf „das Wesentliche", das Harnack und einige andere liberale Kulturprotestanten betont undogmatisch durch Ethisierung des Glaubensverständnisses und entschlossene Reduktion auf das einfache Evangelium Jesu fassen,[85] sollen eine ökumenische Annäherung zwischen den Kirchen und schließlich ein konfessioneller Frieden erreicht werden. Prominente Kulturprotestanten wie Harnack, Troeltsch oder Eucken setzen deshalb sehr große Hoffnungen auf die katholischen Modernisten, in denen sie Wegbereiter einer internen Pluralisierung und Protestantisierung der katholischen Theologie und Kirche sehen. Intensiv pflegen sie Kontakte zu modernistischen Theologen in Frankreich, Großbritannien, Polen, Italien, Spanien und den USA.[86] Die Aussichten, die vatikanische Hierarchie und die große Mehrheit der römisch-katholischen Theologen von ihrem aggressiv antiprotestantischen Kurs abbringen zu können, beurteilen sie allerdings sehr unterschiedlich.

Liberalprotestantische Theologen in den USA sehen das neue Jahrhundert durch eine zunehmende ökumenische Verständigungsbereitschaft bestimmt und verkünden um 1900 harmonistische Religionsutopien von einer „global brotherhood of man", die zunächst in einer die konfessionellen Grenzen transzendierenden geschwisterlichen Gesinnung zwischen allen Christen und dann auch in einer die Unterschiede der Religionen relativierenden universalreligiösen Versöhnung aller Menschen guten Willens begründet sein soll. Der andere soll nicht als Fremder oder Gegner bzw. gar als Feind, sondern als ein gleichberechtigtes, gerade in seinem Anderssein die je anderen bereicherndes Geschöpf des einen Gottes „angenommen" werden. Die utopischen Visionen einer „universellen Religion" oder „Menschheitsreligion", welche die Grundlage eines neuen Völkerfrühlings bilden und gegen die vielen aggressiven Imperialismen der Epoche als Vorschein eines alle Völker und Staaten umfassenden „ewigen Friedens" wirken soll, werden

---

84 A. von Harnack, Protestanten u. Katholiken, in: ders., Wissenschaft u. Leben, Bd. 1, Gießen 1911, S. 225–250.
85 Der klassische Text liegt nun in einer Neuausgabe vor: Adolf von Harnack, Das Wesen des Christentums. Hg. T. Rendtorff, Gütersloh 1999.
86 Vgl. hierzu die Briefwechsel zwischen Ernst Troeltsch und Friedrich von Huegel: E. Troeltsch. Briefe an Friedrich von Huegel 1901–1923. Hg. K.E. Apfelbacher u. P. Neuner, Paderborn 1974.

keineswegs nur von liberalen christlichen Theologen, insbesondere in den USA, sondern auch von prominenten Repräsentanten anderer Religionen, etwa von Reformjuden, artikuliert. Religiöser Glaube, vor allem der trotz aller materialer Differenzen Verbindung bzw. Gemeinsamkeit stiftende ethische Monotheismus und ein lebenspraktisch bestimmender Bezug auf den einen Gott sollen zur wichtigsten Quelle der Überbrückung von kulturellen Verschiedenheiten, ethnischen Antagonismen, Geschlechterdifferenzen, Klassengegensätzen und Staatsgrenzen werden. Die Theologen führender Divinity Schools, allen voran die Vertreter der sog. Chicago School um Shailer Mathews, betonen dabei eine Wesensverwandtschaft zwischen christlichem Persönlichkeitsglauben und moderner – sprich: amerikanischer – Demokratie.[87] Das alte religiöse Symbol vom „Kingdom of God" dient ihnen dazu, Sozialreform theologisch zu fundieren. Mit „social gospel" wollen sie eine neue, umfassend christianisierte Gesellschaft herbeipredigen. Ihre Konzepte einer neuen Einheit von amerikanischer Nation, Demokratie und (protestantischem) Christentum politisieren sie nach 1914 dann in Kriegstheologien, die primär der Legitimation des Kampfes gegen das preußisch-autoritäre „Reich" dienen.[88]

3. Die „Renaissance des Judentums". „Mit wenigen Ausnahmen gehen sämtliche Judengemeinden einer traurigen Zukunft, einem Verfall entgegen". Diese pessimistische Zukunftsprognose stellt 1911 der Berliner Arzt Felix A. Theilhaber den deutschen Juden in seiner volkswirtschaftlichen Studie „Der Untergang der deutschen Juden".[89] Seine resignative Analyse stützt er auf ein reiches religionskundliches und kultursoziologisches, ökonomisches und bevölkerungsstatistisches Datenmaterial. Statistiken über die Geburtsziffern deutscher Juden, die wachsende Zahl der Mischehen, den „mit der Berufstätigkeit der Frauen verbundenen Verfall gesunder Fruchtbarkeit",[90] die aus der Land-Stadt-Migration sowie der Urbanisierung resultierende „Entfremdung" von den jüdischen Kultusgemeinschaften und die zunehmend verbreitete Praxis vieler bildungsbürgerlicher Juden, ihre die christlich geprägten Gymnasien besuchenden Kinder am protestantischen Religionsunterricht teilnehmen zu lassen, dienen Theilhaber dazu, ein depressiv stimmendes Szenario von Verfall und Niedergang jüdischer Religionskultur in Deutschland zu zeichnen. Zwar könne in einigen deutschen Territorien das kontinuierliche Sinken der jüdischen Geburtenziffern durch

---

87 S. Mathews, The Making of To-Morrow. Interpretation of the World To-Day, New York 1913.
88 C. Schwarke, Jesus kam nach Washington. Die Legitimation der amerikanischen Demokratie aus dem Geist des Protestantismus, Gütersloh 1991.
89 F.A. Theilhaber, Der Untergang der deutschen Juden. Eine volkswirtschaftliche Studie, München 1911, S. 44.
90 Ebd., S. 49 ff.

die verstärkte Zuwanderung zeugungsfreudiger orthodoxer Ostjuden kompensiert werden. Doch lasse sich gleichzeitig eine verstärkte Migration in die urbanen Zentren beobachten, die primär durch kommerzielle Interessen, den Wunsch nach sozialem Aufstieg und die Hoffnung auf größere Chancen zu geselligem Austausch motiviert sei. Die Analyse des „Auflösungsprozesses" und „Selbstzersetzungsprozesses" der deutschen Juden, zu der Theilhaber auch die damals in den Religionswissenschaften populären Rassesemantiken in Anspruch nimmt,[91] verbindet er deshalb mit gängigen kulturkonservativen Topoi der Großstadtkritik. Alle Erosionstendenzen in den alten jüdischen Gemeinden führt er auf habituelle und mentale Assimilationsprozesse an die christliche Umwelt zurück, die in erster Linie durch großstädtische Lebensverhältnisse begünstigt würden. In den Städten fördere die Assimilation die Emanzipation des einzelnen Juden von seiner Gemeinde, hier werde durch den verstärkten sozialen Anpassungsdruck der christlichen Mehrheit die innere Bindung an die jüdische Überlieferung zunehmend gelockert und fortwährend die Bereitschaft zur Assimilation verstärkt. Die urbane Medienkultur führe dazu, daß sich viele jüngere, karriereorientierte Juden ein Vorbild an jenen prominenten Juden nähmen, die den Aufstieg in hohe gesellschaftliche Rangpositionen durch die Taufe bzw. die Konversion zum Christentum erkauft hätten. „Das Weihbecken eröffnet den Weg in die sogenannte Gesellschaft."[92] Intellektuellen Wortführern unbedingter Assimilation, die wie Samuel Lublinsky um der vollen Teilhabe an deutscher Kultur willen die Taufe empfehlen, gilt deshalb ebenso Theilhabers Verachtung wie Walther Rathenau, der in „Höre, Israel" 1897 den vier Evangelien eine höhere Ethik als den dominanten Überlieferungen der hebräischen Bibel (bzw. des Alten Testaments) zuerkannt hatte, in seinem konsequenten Antiinstitutionalismus trotz zeitweilig erklärter Austrittsneigung aus der jüdischen Gemeinde eine Konversion zum Protestantismus aber ablehnte.[93] Theilhaber kritisiert zudem die jüdischen Reformer, die die Substanz des alten Glaubens einer seichten neologischen Moralreligion preisgeben.

Seine polemischen Argumente gegen die großstädtischen Reformjuden sind in hohem Maße strukturell identisch mit den Einwänden, die im letzten Drittel des 19. und im frühen 20. Jahrhundert neoscholastische Katholiken gegen modernistische Reformer oder „positive" Kulturlutheraner gegen liberale Kulturprotestanten vortragen. In allen drei Konfessionen geht es den orthodox Eingestellten darum, daß die konfessionelle Identität geschwächt

---

91 F.A. Theilhaber, Die Schädigung der Rasse durch soziales und wirtschaftliches Aufsteigen, Berlin 1914. Zum Gebrauch von Rassekonzepten in den europäischen Ethnologien und Religionswissenschaften des 19. Jahrhunderts siehe M. Olender, Die Sprachen des Paradieses. Religion, Philologie und Rassentheorie im 19. Jahrhundert, Frankfurt 1995.
92 Theilhaber, Untergang, S 94.
93 H.F. Braun, „Höre, Israel!". Antisemitismus u. Assimilation, in: H. Wilderotter (Hg.), Walther Rathenau 1867–1922: Die Extreme berühren sich, Berlin 1994, S. 320–341.

(und auf lange Sicht zerstört) sowie die Tradierungsfähigkeit des eigenen Glaubens unterminiert werde, halte man sich in Lehre und Lebensführung nicht strikt an die autoritativen heiligen Texte, die überlieferten Riten, die althergebrachten sozialen Normen und den religiösen Habitus „der Väter".[94] Liberale Religion oder moderne Frömmigkeit höhlten die gewachsene religiöse Gemeinschaft aus, lieferten die überlieferten symbolischen Bestände der Willkür subjektivistischer Deutung aus und leisteten der fortschreitenden Ablösung des Individuums von seinen religiösen Wurzeln Vorschub.

Mit denselben rhetorischen Formeln, mit denen konservative Lutheraner die Kulturprotestanten für die Schwächung des „kirchlichen Sinnes" oder die wachsende „Unkirchlichkeit der Gebildeten" verantwortlich machen,[95] artikulieren Theilhaber und andere neoorthodoxe jüdische Rabbiner ihr tiefes Leiden daran, daß „Strenggläubigkeit" unter den Juden zunehmend schwinde und damit „die Naturwüchsigkeit und Bodenständigkeit einem Phantom gewichen ist, das nicht einen Hauch einer gesunden Volks- und Religionsanschauung an sich hat".[96] So wie konservative Kulturlutheraner oder römisch-katholische Neuscholastiker den Reformern und Modernen in ihren Kirchen jeweils vorwerfen, identitätsverbürgende dogmatische Gehalte und Unterscheidungssymbole einer seichten, moralisch laxen und kognitiv diffusen Allerweltsreligiosität preiszugeben, die sich kaum noch von den vielen halbchristlichen oder nachchristlichen Synkretismen abgrenzen lasse, machen die neoorthodoxen Verteidiger „jüdischer Werte" die Reformjuden für eine aufklärerische Dejudaisierung oder innere Protestantisierung der jüdischen Gemeinden verantwortlich. Gegen den liberalen „Indifferentismus" und die skeptizistische Vergleichgültigung aller Bestimmtheit setzen sie auf neues Differenzbewußtsein und wollen scharfe, klare Grenzen zwischen innen und außen markieren. Mit Blick auf einen reformjüdischen Meisterdenker wie den Marburger Neukantianer Hermann Cohen, der den „reinen Monotheismus" zum spezifisch Jüdischen erklärt und auf dieser Grundlage Synthesen zwischen jüdischer Konfessionsbindung und nationaler deutscher Identität formuliert,[97] erklärt Theilhaber: „Der reine Monotheis-

---

94 D. Ellenson, The Role of Reform in Selected German-Jewish Orthodox Response. A Sociological Analysis, in Hebrew Union College Annual 53. 1982, S. 357– 380.
95 Eine erste Analyse der semantischen Muster und Krisentopoi, in denen seit der Sattelzeit des späten 18. Jahrhunderts Phänomene moderner „Unkirchlichkeit" insbesondere der Gebildeten kulturkritisch perhorresziert werden, findet sich bei F.W. Graf, „Dechristianisierung". Zur Problemgeschichte eines kulturpolitischen Topos, in: H. Lehmann (Hg.), Säkularisierung, Dechristianisierung, Rechristianisierung im neuzeitlichen Europa. Bilanz u. Perspektiven der Forschung, Göttingen 1997, S. 32–66.
96 Theilhaber, Untergang, S. 92 f. Zur Geschichte des liberalen Reformjudentums grundlegend: M. Meyer, Response to Modernity. A History of the Reform Movement in Judaism, Oxford 1988.
97 Zu Hermann Cohens Bekenntnis zum Judentum und seiner nationalistischen Emphase insbesondere im Ersten Weltkrieg siehe vor allem: A. Funkenstein, Hermann Cohen: Philosophie, Deutschtum u. Judentum, in: W. Grab (Hg.), Jüdische Integration u. Identität in

mus verpflichtet zu nichts mehr (abgesehen von einigen recht allgemeinen ethischen Geboten) und unterscheidet sich deshalb nur wenig von dem sog. Bekenntnis der freien Richtung der Protestanten, des ethischen Kultus' usw."[98] Der Karlsbader Anthropologe Ignaz Zollschan erklärt zur selben Zeit: „Der moderne Jude weiß nicht mehr, warum er Jude bleiben soll".[99] Aus dieser Situationsanalyse ergibt sich für führende Repräsentanten jüdischer Orthodoxie ein klares religionspolitisches Programm: Um der Zukunftsfähigkeit des Judentums willen muß seine Rückbindung an die Tradition intensiviert und gegen die Assimilationsjuden bzw. reformjüdischen „Renegaten"[100] „jüdische Identität" gestärkt werden. Mit kritischem Blick auf die zum Teil sehr engen Austauschprozesse zwischen prominenten liberalprotestantischen Exegeten und Vertretern der „Wissenschaft des Judentums"[101] entwickeln sie deshalb Identitätskonzepte, in denen das spezifisch Jüdische durch starke Negationen des Christentums fixiert werden soll. Angesichts der in vielen europäischen Gesellschaften zunehmend einflußreichen antisemitischen Bewegungen entwerfen sie zudem Theorien einer religiösen Totalvergemeinschaftung der Juden, die im Kern auf neue Ghettobildung hinauslaufen.

„Jüdische Identität" war und ist ein äußerst kompliziertes, bis heute kontrovers diskutiertes religionssemantisches Konstrukt.[102] Wo um 1900 die Zukunftsfähigkeit des Judentums von der Stärkung oder Wiedergewinnung „jüdischer Identität" abhängig gemacht wird, kommt es unter jüdischen Intellektuellen deshalb schnell zum Streit darüber, welche Elemente der religiösen Herkunftsgeschichte als konstitutive Momente des Jüdischen zu gelten haben und welche anderen Traditionselemente als historisch partikular oder obsolet gelten können. Die entsprechenden Auseinandersetzungen[103]

Deutschland u. Österreich 1848–1918, Tel Aviv 1984, S. 355–364; U. Sieg, Aufstieg u. Niedergang des Marburger Neukantianismus. Die Geschichte einer philosophischen Schulgemeinschaft, Würzburg 1994, bes. S. 146–157, S. 393–412. Zum philosophiehistorischen Kontext wichtig: N. Rotenstreich, Jews and German Philosophy. The Polemics of Emancipation, New York 1984.
98 Theilhaber, Untergang, S. 93.
99 Zitiert nach ebd.
100 Zur Renegatensemantik siehe u. a. ebd., S. 95.
101 Die vielfältigen Vernetzungen zwischen der deutschsprachigen liberalprotestantischen Exegese um 1900 und der „Wissenschaft des Judentums" sind nun in einer materialreichen Fallstudie zum Pharisäerbild sichtbar geworden: H.-G. Waubke, Die Pharisäer in der protestantischen Bibelwissenschaft des 19. Jahrhunderts, Tübingen 1998.
102 Aus der Fülle der Literatur siehe J. Sacks, One People? Tradition, Modernity, and Jewish Unity, London 1993. Speziell zur Situation der deutschen Juden siehe: H. Yerushalmi, Zachor: Erinnere Dich. Jüdische Geschichte u. jüdisches Gedächtnis, Berlin 1988.
103 S. Volkov, Jüdische Assimilation u. Eigenart im Kaiserreich, in: dies., Jüdisches Leben u. Antisemitismus im 19. u. 20. Jahrhundert, München 1990, S. 131–145; dies., Die Juden in Deutschland 1780–1918, München 1994, S. 86–112; T. van Rahden, Weder Milieu noch Konfession. Die situative Ethnizität der deutschen Juden im Kaiserreich in vergleichender Perspektive, in: Blaschke u. Kuhlemann (Hg.), Religion im Kaiserreich, S. 409–434.

werden in den einzelnen europäischen Gesellschaften mit unterschiedlicher Intensität und in Frontstellungen geführt, die jeweils die besonderen religionskulturellen Verhältnisse des entsprechenden Landes spiegeln. Wo antisemitische Propaganda stark ist, gibt es einen signifikant stärkeren Selbstthematisierungsbedarf jüdischer Intellektueller oder Gemeinderepräsentanten als in Ländern wie England und Italien, in denen Antisemitismen in den politischen Öffentlichkeiten keine relevante Rolle spielen, so daß die jüdischen Gemeinden hier die Zukunft des Judentums weithin als Fortschreibung des relativ friedlichen Status quo imaginieren können. Zur nationalkulturellen Differenzierung der europäischen Debatten über „jüdische Identität" und die Zukunft des jüdischen Glaubens tragen zudem die heterogenen politischen Machtstrukturen, insbesondere die sehr unterschiedlich entwickelte imperialistische Machtentfaltung der europäischen Staaten bei. Die britischen Regierungen denken aus naheliegenden Gründen über das zionistische Projekt der Errichtung eines Judenstaates in Palästina ganz anders als etwa Wilhelm II. und Teile der deutschen Öffentlichkeit. Auch ist die Sensibilität für die hohe Vielfalt von Ausdrucksgestalten des Jüdischen in den einzelnen europäischen Gesellschaften sehr unterschiedlich entwickelt.

Die heftigen Kontroversen um „jüdische Identität" werden um 1900 in unterschiedlichen diskursiven Kontexten ausgetragen. Von den innerjüdischen Debatten um die religiöse Plausibilität der verschiedenen zionistischen Programme zur Neuerrichtung eines jüdischen Staates oder zur Besiedlung Palästinas sind akademische Diskurse über das „Wesen des Judentums" sowie die von jungen jüdischen Intellektuellen vorangetriebenen Versuche zu unterscheiden, Identität durch Rekonstruktion bzw. aktive Erzeugung elementarer seelischer Ursprungsgewißheit oder durch neue Erinnerungsstrategien, d. h. die Freilegung vergessener oder verschütteter genuin jüdischer Traditionen bzw. ein *inventing of traditions*, zu konstruieren. Einige fromme Repräsentanten orthodoxer jüdischer Gemeinden meinen dabei nichts anderes als die Substanz der Tradition zu repristinieren, wohingegen bei manchen jungen jüdischen Intellektuellen ein Bewußtsein dafür vorhanden ist, daß eine rein negativ, durch bloße Abgrenzung von der christlichen Mehrheit gewonnene Identität auf Dauer zu schwach ist und auch die im Interesse der Selbstvergewisserung betriebene Wiederaneignung jüdischer Tradition nicht von der Aufgabe entlastet, das „Wesen des Judentums" neu, in gegenwartsbezogenen Sprachmustern zu konstruieren. Mit Blick auf die Zukunft des Judentums gibt es trotz allen Streites um das spezifisch Jüdische in einer Hinsicht jedoch einen relativ breiten Konsens: Eine religiöse Minderheit könne auf Dauer nur dann dem Schicksal der fortschreitenden Anpassung an die kulturhegemoniale Mehrheitsreligion entgehen, wenn sie ihren Mitgliedern starke Identitätsvorgaben mache. Zwar geraten in Deutschland und zunehmend auch in den USA intellektuelle Repräsentanten der verschiedenen reformjüdischen Strömungen in den innerjüdischen Selbstverständigungsdebatten unter Verdacht, durch ihre historisch-kritische Relativierung jüdischer Traditionen eine nur schwache Identität des Jüdischen formulieren zu können.[104] Aber trotz solcher Konflikte halten konservative wie liberale jüdische Intellektuelle daran fest, sich im Medium der Traditionsaneignung „jüdischer Identität" vergewissern zu können. Auf allen Seiten wird dabei betont, daß den Juden eine Zukunft verheißen sei, die jenseits aller bloß innerweltlichen Zukunftserwartungen liege.

Neben christlichen Theologen hatten seit dem 18. Jahrhundert auch zahlreiche Philosophen religionsphilosophische Typologien und religionsgeschichtliche Evolutionsschemata entworfen, die von einer strukturellen Überlegenheit des Christentums gegenüber dem Judentum ausgingen.[105] Trotz des deutlich differenzierteren methodologischen Instrumentariums religionswissenschaftlicher Forschung halten auch viele vermeintlich wertfrei argumentierende akademische Religionsexperten um die Jahrhundertwende an evolutionistischen Deutungsmustern fest, deren implizite Normativität eine Abwertung vor allem der orthodoxen Gestalten des Judentums bzw. des Judentums in allen seinen Erscheinungsweisen einschließt.[106] Trotz der Kritik der alten dogmatischen Absolutheitsansprüche, die um 1900 ein unter den Bedingungen der modernen historistischen Denkrevolution argumentierender Theologe der „Religionsgeschichtlichen Schule" wie Ernst Troeltsch vorträgt,[107] und der damit verbundenen Programme einer historismuskompatiblen Selbstbegrenzung der Geltungsansprüche des Christlichen halten keineswegs nur viele konservative bzw. „positive" protestantische Theologen und nahezu alle römisch-katholischen Theologen an einem exklusiven Wahrheitsanspruch des Christentums gegenüber den Juden fest. Vielmehr gehen auch viele prominente liberalprotestantische Theologen davon aus, daß ein recht verstandenes, im ethischen Monotheismus fundiertes Judentum sich aus inneren Gründen einer kulturprotestantisch gefaßten, auf Normen wie moralische Autonomie und dem Ideal der Persönlichkeit zentrierten Christlichkeit annähern und, auch aus nationalpolitischen Gründen, letztlich in dieser höchstentwickelten Gestalt des Christentums aufgehen müsse. Als Adolf von Harnack 1900 seine schon erwähnten Vorlesungen über „Das Wesen des Christentums" hält, reagieren jüngere jüdische Intellektuelle wie Leo Baeck deshalb mit kritischen Gegenschriften, in denen sie „Das Wesen des Judentums" über die Negation von Harnacks Wesenskonstruktion zu entfalten suchen.[108]

---

104 Zur Historisierung jüdischer Traditionsbestände vgl. L. Schorsch, The Emergence of Historical Consciousness in Modern Judaism, in: LBIYB 23. 1983, S. 413–437.
105 Dazu noch immer grundlegend: H. Liebeschütz, Das Judentum im deutschen Geschichtsbild von Hegel bis Max Weber, Tübingen 1967.
106 U. Tal, Christians and Jews in Germany. Religion, Politics and Ideology in the Second Reich, 1870–1914. Ithaca, N.Y. 1974.
107 Der klassische Text ist jetzt erstmals in einer kritischen Edition zugänglich: E. Troeltsch, Die Absolutheit des Christentums und die Religionsgeschichte (1902/1912) mit den Thesen von 1901 u. den handschriftlichen Zusätzen, Hg. T. Rendtorff u. S. Pautler, Berlin 1998.
108 L. Baeck, Harnacks Vorlesungen über das Wesen des Christentums, in: Monatsschrift für

Jenseits der überkommenen Alternative zwischen einer jüdischen Orthodoxie, die sie aufgrund ihres zwanghaften Ritualismus bzw. ihrer halbverstandenen Rituale als erstarrt und lebensfeindlich erfahren, und eines Reform- und Assimilationsjudentums, das sie als innerlich hohl, entleert und kulturpromiskuitiv erleiden, suchen diese Intellektuellen nach einem neuen authentischen Judentum, das die Unterscheidbarkeit innerhalb der christlichen Mehrheitsgesellschaft garantieren und den Juden als Juden ihre unverwechselbar eigene Zukunft sichern soll. Sowohl die Orthodoxen als auch die Reformjuden verstellten den Weg zu den „wahren Kräften des Judentums", erklärt 1901 Martin Buber. Wahre jüdische Identität könne nur durch eine „jüdische Renaissance" wiedergewonnen werden.[109] Unter dem Einfluß christentumskritischer Philosophen, vor allem Nietzsches, der religionswissenschaftlichen Debatten der Zeit, etwa der Diskussionen um William James' „Varietees of Religious Experience", und vor allem der von den katholischen Modernisten und von manchen liberalprotestantischen Theologen behaupteten religiösen Modernität der Mystik als Religion des inneren Erlebens will Buber die religionsgeschichtliche Besonderheit des Judentums nicht über den Transzendenzgedanken oder den ethischen Rigorismus, sondern ein Konzept der innerlichen Einswerdung der Seele mit Gott bzw. eine „jüdische Diesseitsmystik" sichern. Seinem Verleger Eugen Diederichs, dem genialischen Vermarkter aller antibürgerlichen neuen religiösen Sinnsucher und -stifter, bietet Buber 1902 ein Quellenwerk über die europäische Mystik an, wobei die jüdische Mystik nach Teilen über die deutsche und die slavische Mystik den dritten Teil bilden soll. Am 20. Juni 1907 schreibt er an Eugen Diederichs, der nicht so recht an die Existenz einer wirklich gehaltvollen jüdischen Mystik glauben mag: „Die ‚Konfessionen' haben mit Katholizismus ebensowenig zu schaffen, und mit Lebensbejahung und positiver Genialität sehr viel mehr als mit Askese und Weltflucht. Es sind Mitteilungen visionärer, traumbegnadeter Menschen über ihr innerlichstes Leben".[110]

Geschichte u. Wissenschaft des Judentums 45 = N. F. 9. 1901, S. 97–130; Separatausgabe Breslau 1902². Bibliographische Hinweise zu der von Baeck ausgelösten Diskussion finden sich bei T. Hübner, Adolf von Harnacks Vorlesungen über das Wesen des Christentums unter besonderer Berücksichtigung der Methodenfragen als sachgemäßer Zugang zu ihrer Christologie u. Wirkungsgeschichte, Frankfurt 1994. Zu den lebensgeschichtlichen Kontexten von Baecks Harnack-Kritik grundlegend: A.H. Friedlander, Leo Baeck. Leben u. Lehre, Stuttgart 1973, bes. S. 70–5. Speziell zu seiner Konstruktion des „Wesens des Judentums": U. Tal, Theologische Debatte um das „Wesen des Judentums", in: W.E. Mosse u. A. Paucker (Hg.), Juden im Wilhelminischen Deutschland 1890–1914, Tübingen 1976, S. 599–632; W. Homolka, Jüdische Identität in der modernen Welt. Leo Baeck u. der deutsche Protestantismus, Gütersloh 1994.
109 M. Buber, Jüdische Renaissance, in: Ost und West 1. 1901.
110 Brief von Martin Buber an Eugen Diederichs vom 20. Juni 1907, in: M. Buber, Briefwechsel aus sieben Jahrzehnten, 3 Bde., Hg. G. Schaeder, Band 1: 1897–1918, Heidelberg 1972, S. 257. Bubers spätere Transformation der Mystik in eine dialogische Ich-Du-Philosophie

Das innere Erlebnis einer Unmittelbarkeit zu Gott wird hier – im pointierten Gegensatz zu den diversen christlichen Mystik-Konzepten der Zeit – als eine präreflexive Erfahrung des Judeseins konzipiert, welche die Grundlage neuer jüdischer Vergemeinschaftung bilden soll. Die religionspolitische Forderung, jenseits von aufgeklärtem, weithin an kulturprotestantischen oder bürgerlichen Kulturwerten orientierten Reformjudentum und („östlicher") Orthodoxie das Judentum zu erneuern und neue jüdische Gemeinschaft zu stiften, gewinnt deshalb im Programm Gestalt, Traditionsbestände zu sichern, die jenseits der modernen historischen Relativitätserfahrungen das mystische Erlebnis prärationaler Selbstvergegenwärtigung als Jude und die Selbstverortung in bergender jüdischer Gemeinschaft ermöglichen. Die Erforschung verdrängter oder vergessener jüdischer Traditionen dient insoweit dem Interesse, einen geistigen Zionismus zu begründen und den in der Diaspora Entwurzelten ein innerliches, seelisches Vaterland unbedingter Gottesnähe zu schaffen. Durch die Erforschung der Kabbala sollen gegenwartsrelevante Texte erschlossen werden, in denen eine genuin jüdische Mystik literarischen Ausdruck gefunden hat, und durch die Erkundung des Chassidismus Modelle jüdischer Volksgemeinschaft, in der der mystische Einklang der Seelen – jede Einzelseele ist unmittelbar zu Gott und darin allen anderen innerlich nahe – einen starken kollektiven Willen (bzw. eine „Volksseele") schafft, der dann von einem charismatischen Führer nach innen wie außen hin durchgesetzt werden soll. Auch die neue Aneignung des Talmuds dient dem Interesse der Stiftung starker religiöser Gemeinschaft im Gegensatz zur nichtjüdischen Umwelt. Trotz vieler Differenzen im einzelnen folgen jüdische Intellektuelle wie Gershom Scholem, Max Brod, Hugo Bergmann, Walter Benjamin und auch Franz Kafka Bubers Programm, die Zukunft des Judentums durch Rückkehr zu den authentischen Wurzeln und verschütteten Quellen zu sichern.[111] Um der Stärkung jüdischer Identität willen müssen sie eine Hermeneutik der Traditionsaneignung entwickeln, die eine radikale Kritik an historistischen Denkformen (mit ihrer distanzierenden bzw. relativierenden Vergleichgültigung von religiösen Vergangenheitsbeständen) enthält und auf eine existentiell unmittelbare Vergegenwärtigung des nur prima facie Vergangenen hinausläuft.[112] Deshalb lesen sie begeistert Nietzsche und können in ihre Visionen eines kulturkräftigen starken Judentums der Zukunft auch nietzscheanische Topoi integrieren. Mit innerer Folgerichtigkeit radikalisieren sie auch ihre Christentumskritik und

analysiert P. Mendes-Flohr, From Mysticism to Dialogue: Martin Buber's Transformation of German Social Thought, Detroit 1988.
111 R. Roberston, Die Erneuerung des Judentums aus dem Geist der Assimilation 1900–1922, in: W. Braungart u. a. (Hg.), Ästhetische u. religiöse Erfahrungen der Jahrhundertwenden, Bd. 2: um 1900, Paderborn 1998, S. 171– 193.
112 S. Moses, Der Engel der Geschichte. Franz Rosenzweig, Walter Benjamin, Gershom Scholem, Frankfurt 1994.

gehen zunehmend polemischer zu den protestantischen Meisterdenkern auf Distanz, von denen sie genaugenommen viel gelernt haben. Indem sie auf subjektive Evidenz und Erlebnisse mystischer Gottunmittelbarkeit setzen, können sie für ihr Judesein eine Gewißheit geltend machen, die immer auch lebenspraktische Superioritätsansprüche gegenüber der christlichen Umwelt impliziert. So gewinnen ihre Zukunftsvisionen bisweilen einen triumphalistischen Zug. Je stärker sie ihre jüdische Identität durch mystische Erlebnisse oder existentialistische Traditionsaneignung imaginieren, desto grandioser erscheint ihnen die Zukunft des Judentums.

Ganz andere Visionen des Judentums im 20. Jahrhundert werden um 1900 von den intellektuellen Repräsentanten reformjüdischer Integration in die bürgerliche Gesellschaft bzw. von den führenden Vertretern eines Assimilationsjudentums verkündet.[113] Den Hintergrund ihrer Zukunftsentwürfe bildet die entweder erfahrungsmäßig begründete oder irreale Hoffnung auf eine universalreligiöse Harmonie zwischen aufgeklärt-liberalen Juden und toleranten, weil letztlich durch dieselben freiheitlichen Traditionen geprägten Christen. Für die im einzelnen sehr unterschiedlich akzentuierten Modelle von Ausgleich und Versöhnung ist immer die Vorstellung leitend, zwischen der historischen Partikularität der eigenen Überlieferung und ihrem wahrhaft religiösen Gehalt so unterscheiden zu können, daß der „Kern" oder das „Wesen" als das eigentlich Humane und damit zukunftsfähige Prinzip zu gelten habe.[114]

Diese Botschaft verkünden Repräsentanten reformjüdischer Gemeinden in den USA und deutsche „Kulturjuden" um 1900 gern auch vor Foren protestantischer Liberaler. Für ihre Hoffnung auf reziproke Erschließung des Gemeinsamen, Verbindenden und auf konfessionsübergreifende gemeinschaftliche Verteidigung spezifisch liberaler Kulturwerte können sie sich auch auf die Erfahrungen praktischer Zusammenarbeit mit prominenten Kulturprotestanten stützen, die sie etwa im „Verein zur Bekämpfung des Antisemitismus" machen.[115] Liberalprotestantische Theologen wie Harnack, Troeltsch, Otto Baumgarten und Martin Rade arbeiten hier sehr eng in der Bekämpfung der Antisemiten zusammen, trotz ihrer zum Teil scharfen theologischen Kritik am Judentum bzw. bestimmten Formen des Judentums.[116] In den Beschreibungen der Zukunft der Religion bzw. der Tradierungsfähig-

---

113 M. Meyer, Response to Modernity. A History of the Reform Movement in Judaism, Oxford 1988; J. Toury, The Revolution that Did not Happen. A Reappraisal of Reform-Judaism, in: Zeitschrift für Religions- und Geistesgeschichte 36. 1984, S. 193–203.
114 Zu den Historisierungsprozessen in der „Wissenschaft des Judentums" vgl. N. Rotenstreich, Tradition and Reality. The Impact of History on Modern Jewish Thought, New York 1972.
115 B. Suchy, The Verein zur Abwehr des Antisemitismus – From its Beginning to the First World War, in: LBIYB 28. 1983, S. 205–239; 30. 1985, S. 67–103.
116 K. Nowak, Kulturprotestantismus und Judentum in der Weimarer Republik, Wolfenbüttel 1991.

keit der je eigenen konfessionellen Überlieferung gibt es zwischen den führenden Vertretern des deutschen „Kulturjudentums" und den theologischen Vordenkern des Kulturprotestantismus aber einen bleibenden elementaren Unterschied: Trotz aller intendierten Liberalität und Toleranz gehen viele liberalprotestantische Theologen um die Jahrhundertwende davon aus, daß die wahre Zukunft des deutschen Judentums in seiner progressiven Protestantisierung liege. In ihren Kulturkonzepten wird für spezifisch protestantische Werte ein Hegemonieanspruch reklamiert und mehr oder weniger deutlich die weitere Assimilierung der Juden bis hin zur Konversion zur evangelischen Kirche eingeklagt. Theorien einer prinzipiellen Gleichrangigkeit von Christen und Juden werden nicht entwickelt. Dies darf aber nicht nur als struktureller Antisemitismus gedeutet werden. Denn die liberalprotestantischen Theologen erkennen auch der römisch-katholischen Minderheit in Deutschland weithin keine prinzipielle Gleichrangigkeit zu. Erst nach 1914 werden sowohl von protestantischen Universitätstheologen als auch von ihren katholischen Fachkollegen Ökumene-Visionen propagiert, in denen ein kirchlicher Burgfrieden beschworen wird: Die überkommenen konfessionellen Differenzbestimmungen sollen um der Idee der kämpfenden Nation willen hinter Konstrukte des Gemeinchristlichen zurücktreten.

4. Die avantgardistische Religiosität des „neuen Menschen". Obwohl viele religiöse Diskurslandschaften der Jahrhundertwende nur in ersten Annäherungen erkundet sind[117], lassen sich hypothetisch drei Grundtendenzen bestimmen. Beachtung verdient *erstens ein begriffsgeschichtlicher Befund.* Sowohl im Englischen als auch im Deutschen unterliegen religiöse Semantiken seit den späten 80er Jahren des 19. Jahrhunderts einem schnellen Wandel. Die Rezeption biologischer Terminologien, insbesondere der Leitbegriffe Darwins und ihrer „sozialdarwinistischen" Transformation in gesellschaftstheoretische Diskussionszusammenhänge, und die schnelle Popularisierung von neuen philosophischen Begrifflichkeiten vor allem Arthur Schopenhauers und Friedrich Nietzsches verstärken die schon im Vormärz zu beobachtenden religionssemantischen Innovationstrends. Überkommene religiöse Begriffe werden mit Neologismen, die ursprünglich anderen Diskurskontexten entstammen, verknüpft und alte Glaubensbegriffe mit neuen Erfahrungsgehalten gefüllt. Der Wandel religiöser Sprachen und die Begriffsgeschichten der akademischen Theologien sind bisher kaum erforscht. Auch fehlen diskursanalytische Untersuchungen zur Frage, welche Themen in den internen Selbstverständigungsdebatten von Kirchen und anderen Glaubensgemeinschaften oder in den medialen Religionsdiskursen jeweils im Vordergrund standen. Gleichwohl läßt sich für die Jahrhundertwende die These wagen, daß religiöse

---

117 Dies gilt trotz des brillanten Überblicks von T. Nipperdey, Religion im Umbruch, München 1988; leicht überarbeitet in: ders., Deutsche Geschichte 1866–1918, Bd. 1, München 1990, S. 428–531.

Sprache zunehmend subjektiviert wird. Die „Selbsterfahrung" des Individuums wird zum entscheidenden Ort der Explikation religiöser Gehalte und Gewißheiten. Selbst in den Lehrbüchern modernitätskritisch-konservativer Theologen, die in den „Weltanschauungskämpfen" der Zeit den „alten Glauben" oder die „Lehre der Kirche" verteidigen wollen und auf „Apologetik" setzen, treten überkommene Ordnungssemantiken hinter innovative Begriffe der Subjektivität zurück. Wie bei den theologisch Liberalen rücken Begriffe wie „Erfahrung", „Erlebnis", „Gefühl", „Leben" und „Selbstgewißheit" in den Vordergrund. Zwar lassen sich in den akademisch-theologischen Diskursen weiterhin elementare konfessionelle Differenzen beobachten: Wo protestantische Theologen von Glauben und Frömmigkeit reden, sprechen ihre katholischen Kollegen und Gegner von Spiritualität. Auch geben sie alten theologischen Grundbegriffen wie Naturrecht, Schöpfungsordnung, Gottes Gesetz, Kirche, Geist und Rechtfertigung weiterhin einen signifikant unterschiedlichen Gehalt. Aber die alten konfessionellen Sprachgrenzen werden seit 1890 zunehmend von religionssemantischen Neologismen überlagert, die in allen Konfessionen, auch in den innerjüdischen Diskursen, eine intensivierte Auseinandersetzung mit beschleunigter sozialer wie kultureller Modernisierung reflektieren. Viele Indizien legen es nahe, die Zeit zwischen 1890 und den 30er Jahren des 20. Jahrhunderts in religionssemantischer Perspektive als eine *zweite Sattelzeit* zu deuten. Alte theologische und religiöse Begriffe finden keine Verwendung mehr, weil sie ihren „Sinn" verloren zu haben scheinen. Andere überkommene religiöse Begriffe wandern aus genuin religiösen diskursiven Kontexten in politische und ästhetische Diskurse aus. Umgekehrt können Begriffe, die ursprünglich in ganz anderen Kontexten geprägt und benutzt wurden, in religiöse Diskurse einwandern und mit neuen, religiösen Gehalten aufgeladen werden. Durch Verschmelzung alter religiöser Begriffe mit Neologismen aus anderen Diskursen werden neue religiöse Leitbegriffe geprägt.[118]

Die religionssemantische *zweite Sattelzeit* läßt sich als eine pluralistische Sprachrevolution charakterisieren. In den religiösen Diskursen der Jahrhundertwende wird von den Sprachen der ästhetischen Avantgarden ebenso Gebrauch gemacht wie von den biologistischen Rasse- und Volkssemantiken und den Sprachen der politischen Nationalismen. Eine große Rolle spielen zudem neue Vergemeinschaftungssemantiken, etwa „Sozial"- oder „Kultur"-Neologismen. Sprachprägend wirkt zudem die grenz- und konfessionsüberschreitende Rezeption und Popularisierung religiöser Avantgardeden-

---

118 Für die Erschließung religiöser Neologismen um 1900 ist das „Kirchenlexikon" sehr hilfreich, das sich Franz Overbeck in tausenden von kleinen Notaten erstellt hat, um seinen Bruch mit dem Kirchenglauben zu verarbeiten: F. Overbeck, Kirchenlexicon Texte. Ausgewählte Artikel A-I. Hg. B. von Reibnitz u. M. Stauffacher-Schaub, Stuttgart 1995; ders., dass. J-Z, Hg. dies., Stuttgart 1995; ders., Kirchenlexikon. Materialien, 2 Bde., Hg. dies., Stuttgart 1997.

ker wie Thomas Carlyle, Søren Kierkegaard und Leo Tolstoi.[119] Angesichts der internen Differenzierung der religiösen Lebenswelten und der Pluralisierung des Religiösen durch viele neue kleine „weltanschauliche" Bewegungen, Gemeinschaften und Vereine sehen sich Theologen aller Konfessionen und Religionsintellektuelle dazu gezwungen, für die eigene Kirche oder religiöse Gruppe neue identitätsverbürgende Begriffe zu prägen. Seit dem „Kulturkampf" wächst in Deutschland nicht bloß der Bedarf, Distinktionen zwischen den beiden großen christlichen Konfessionen mit Blick auf die „moderne Kultur" zu formulieren; neben überkomme dogmatische Lehrmuster der Unterscheidung von römisch-katholischer und evangelischer Kirche treten nun auch kulturtheoretische Abgrenzungen, etwa Beschreibungen der von den protestantischen Nationalliberalen behaupteten „kulturellen Inferiorität" der Katholiken oder der von konservativen Katholiken perhorreszierten Auflösung des Protestantismus zum „philiströsen Kulturglauben". Vielmehr läßt sich in allen Konfessionen auch eine Konjunktur an Neologismen zur Beschreibung der internen Gruppenbildungen beobachten. Dies zeigen im deutschen Sprachraum die neuen Differenzierungen der Begriffe, in denen sich die Konfessionen seit dem späten 17. Jahrhundert gegeneinander profiliert hatten: Katholizismus, Protestantismus und Judentum. Begriffe wie „Kulturprotestanten", „Bildungsprotestanten", „Reformprotestanten", „Moralprotestanten", „Kirchenprotestanten", „Staatsprotestanten", „Kulturkatholiken", „Reformkatholiken", „Reformjuden", „Kulturjuden" und „Staatsjuden" lassen erkennen, daß gegenüber alten, schon in der ersten Sattelzeit geprägten Unterscheidungen wie „liberal" und „konservativ" neue Unterscheidungsbegriffe benötigt werden. Diese neuen Kultursemantiken können mit den biologistischen Sprachen oder sozialwissenschaftlichen Gemeinschafts-, Gesellschafts- und Nationsbegriffen kombiniert werden. Auch wandern die Leitbegriffe der vielen kleinen völkischen Gruppen seit der Jahrhundertwende bemerkenswert schnell in die akademisch-theologischen Diskurse ein. Entsprechendes gilt für die Sprachen von Natur- und Sozialwissenschaften, die mit hohem Innovationsanspruch auftreten. Begriffe aus eugenischen und rassehygienischen Diskursen werden von führenden sozialkonservativen theologischen Ethikern schon bald nach der Jahrhundertwende rezipiert, um ihre Visionen einer neuen christlichen Gestaltung des Gemeinwesens wissenschaftlich zu fundieren.

Die religiösen Diskurse um 1900 lassen sich *zweitens* als Streit um die Frage nach den Vermittlungszusammenhängen zwischen der christlichen Herkunftsgeschichte Europas – in der Sprache der Katholiken: „des (christlichen) Abendlandes" – und der USA einerseits und der modernen Gegenwartskultur andererseits rekonstruieren. In den akademischen Theologien

---

119 E. Hanke, Prophet des Unmodernen. Leo N. Tolstoi als Kulturkritiker in der deutschen Diskussion der Jahrhundertwende, Tübingen 1993.

aller Konfessionen wird ein Dauerdiskurs um die christliche bzw. jüdische Legitimität der „modernen Kultur" geführt. In den Topoi der Kulturkritik oder der theologischen Legitimation der kulturellen Moderne gibt es über die Grenzen von Nation und Konfession hinweg große Übereinstimmung. Die theologischen Deutungseliten erklären die Bewahrung des Christlichen zum unverzichtbaren Garanten dafür, daß die moderne Kultur nicht in Chaos und Barbarei versinke. Sie entwickeln deshalb – im einzelnen höchst unterschiedliche – Strategien zur Sicherung und Stärkung der Tradierungsfähigkeit christlicher Glaubensgehalte. Nur Franz Overbeck, der große, intellektuell faszinierende Außenseiter der deutschsprachigen protestantischen Theologie, verkündet die These vom „finis christianismi" und erklärt, daß jede Form der Vermittlung des ursprünglichen Christusglaubens mit der modernen Kultur auf die Preisgabe des eigentlich Christlichen, der radikalen Eschatologie, hinauslaufe.[120] Aber er bleibt damit ein Außenseiter und ist für die theologische und kulturwissenschaftliche Gesprächslage der Zeit nicht repräsentativ. Denn nur wenige Intellektuelle, in Frankreich mehr als in Deutschland und in Großbritannien, setzen auf Säkularisierung und erwarten von der Zukunft den vollständigen Niedergang der religiösen Großinstitutionen und ein generelles Absterben der Religion. Die meisten europäischen Gebildeten sind in der einen oder anderen Weise noch christlich sozialisiert und geprägt, was ihre individuelle Wahrnehmungsperspektive bezüglich der Frage nach der Zukunft des Christentums und der Religion nicht unerheblich beeinflußt. Zwar notieren viele von ihnen eine Erosion der alten Kirchen oder ein Auswandern „echter Frömmigkeit" aus den überkommenen religiösen Institutionen. Auch schreiben viele Gebildete über die innere Pluralisierung der christlichen Religion, die sie um der neuen Subjektivierungschancen des Religiösen willen begrüßen. In ihren Konzepten der erwarteten oder erwünschten Transformation von Kultur und Gesellschaft nehmen sie jedoch in aller Regel Religion als ein entscheidendes Medium erhofften Wandels in Anspruch. Gerade die vielen großen Utopien, deren Trägerschichten de facto nur relativ kleine bildungsbürgerliche Gruppen oder religiöse Gemeinschaften sind, bleiben in hohem Maße religiös aufgeladen. Wo es um die moralische „Umkehr" des Menschen oder gar den Entwurf ganz anderen Menschseins geht, muß unausweichlich Religionssemantik reformuliert werden.

Für die Religionsdiskurse der Jahrhundertwende sind *drittens* spannungsreiche Verknüpfungen von Zeitsemantiken und Bindungssprachen kennzeichnend. Zahllose autobiographische Quellen lassen erkennen, daß viele Menschen um 1900 subjektiv eine rasante Beschleunigung der Zeit und eine damit verbundene Verflüssigung traditionaler Gewißheiten erleben und

---

120 N. Peter, Im Schatten der Modernität: Franz Overbecks Weg zur „Christlichkeit unserer heutigen Theologie", Stuttgart 1992.

erleiden. Immer wieder werden kulturkritische Topoi der Entwurzelung, Heimatlosigkeit, Sinnleere, Anonymität, Entfremdung und transzendenten Unbehaustheit beschworen. In Verbindung mit den Erfahrungen einer „Parzellierung der Seele" (Georg Simmel) und gesellschaftlichen Fragmentierung setzen die subjektiven Repräsentationen von Zeitbeschleunigung und „modernem Gehetztsein" Bedürfnisse nach etwas Bleibendem im permanenten Wechsel bzw. nach unbedingtem Sinn und metaphysischer Geborgenheit frei. Dafür werden um 1900 alte religiöse Sprachen reformuliert oder, durch synkretistische Verschmelzung alter Zeichen mit modernen Symbolen, neue religiöse Symbolwelten konstruiert. Religion soll den einzelnen aus dem gewißheitsverzehrenden Wandel herausheben und ihm einen ganzheitlichen und letztgültigen Sinn erschließen. Sie soll zugleich Gruppen – bis hin zur „Nation" – eine stabile kollektive Identität vermitteln und den einzelnen so in eine überindividuelle Gemeinschaft integrieren, daß er sich in aller prinzipiellen religiösen Vereinzelung – dafür steht um 1900 vor allem die neue Aktualität der Mystik – als sozial geborgen zu erfahren vermag.

Je größer die subjektiven Krisenerfahrungen, desto höher der kompensatorische Bedarf an religiöser Selbstvergewisserung. Die Jahrhundertwende war eine äußerst religionsproduktive Zeit. Auf den expandierenden Weltanschauungsmärkten konnten Sinnproduzenten welcher Art auch immer mit ihren Produkten hohe Wachstumsraten erzielen. Diese Märkte waren hoch differenziert: Ästhetische Bildungsreligion und Kunstreligionen standen neben körperbezogenen Fitness-Kulten, Vegetarismus, Naturheilkunde und Nacktkörperkultur, politische und wissenschaftliche Neureligionen neben asiatischen Religionsimporten wie dem Buddhismus.[121] Die vermeintliche Rückbesinnung bzw., genaugenommen, historisierende Neukonstruktion vorchristlich archaischer oder völkischer Religion konkurrierte mit Entwürfen einer nachchristlichen Zukunftsreligion, und in den einzelnen sozialmoralischen Milieus konnten politische Ordnungsutopien jeweils mit religiös formulierten Erlösungsvisionen und Heilserwartungen verknüpft werden. Einige Indizien sprechen für die Annahme, daß die überkommenen Deutungsmuster für eine Religionsgeschichte der Moderne nur eingeschränkt dazu taugen, den neuen religiösen Pluralismus der Jahrhundertwende wahrzunehmen. Denn Religionshistoriker gehen in aller Regel davon aus, daß sich die vielen kleinen religiösen Gruppenbildungen jenseits der großen Kirchen oder an den unscharfen Rändern der evangelischen Kirchen ereigneten. Phänomene des Synkretismus und der paradoxen Bindung der Individuen an – jedenfalls in dogmatischer Hinsicht – konkurrierende religiöse Symbolsysteme kommen zumeist nicht in den Blick. Anhand von autobiographischen Zeugnissen läßt sich aber zeigen, daß viele Menschen um 1900 auf

---

[121] Einen kurzen präzisen Überblick bietet U. Linse, Säkularisierung oder neue Religiosität? Zur religiösen Situation in Deutschland um 1900, in: Recherches Germaniques 1996, S. 117–141.

der verzweifelten Suche nach Lebenssinn Elemente ganz heterogener Symbolwelten miteinander verknüpften. Je mehr sie sich als entwurzelt erlebten und unter Entfremdungserfahrungen litten, desto mehr suchten sie nach neuen tragenden Fundamenten und einem festen Halt. Dies erklärt die wachsende Attraktivität von religiösen Symbolwelten, die mit den biologistischen Semantiken von Volk, Rasse und Blut entworfen wurden: Hier wurden Substanzen beschworen, die den einzelnen tiefer als alle bloß geistigen Elemente wieder in umfassende, bergende Seinszusammenhänge einbanden. Wegen dieser elementaren Bindungswirkung, die mit Begriffen wie dem – biologistisch konzipierten – Volk und der Rasse beschworen wurde, waren auch christliche Theologen bereit, die alten kirchlichen Glaubenssprachen mit neuen völkischen Religionsbegriffen zu verknüpfen.[122]

Je größer das Leiden an der Gegenwart, desto höher der Utopiebedarf. Für die Religionsdiskurse um 1900 ist die schnelle Durchsetzung von Begriffen und Metaphern kennzeichnend, die ursprünglich in christentumskritischen Kontexten geprägt worden waren. Neben der Faszinationskraft östlicher Religiosität,[123] die durch Schopenhauer theoretisch legitimiert wurde,[124] ist exemplarisch auf die rasante Popularisierung von Leitbegriffen der Philosophie Friedrich Nietzsches zu verweisen. In Deutschland gibt es um 1900 kein sozialmoralisches oder religiöses Milieu, in dem prominente Vordenker nicht mit Nietzsche argumentieren. Protestantische Theologen konnten Friedrich Nietzsche als „Erzieher zum Christentum" deuten[125] und die These vertreten, daß die von Nietzsche verkündeten heroischen Werte von Virilität und Kriegertum das Zentrum wahren, authentischen Christseins bildeten. Nietzsche wurde für die Kritik der empirischen Kirche ausgedeutet und sein Übermensch zum Leitbild für jene *mortificatio* des alten, sündhaften Menschen stilisiert, die dem Gläubigen abzuverlangen sei. Die Adaption von Nietzsches Sprache zum Zwecke einer erfahrungsorientierten Reform der eigenen Glaubensgemeinschaft läßt sich auch bei katholischen Modernisten und jungen jüdischen Intellektuellen beobachten. Immer dienten die Verknüpfungen von überkommener konfessionsspezifischer Sprache und nietzscheanischen Begriffen dem Interesse, die eigene Konfession oder religiöse Gruppe unter Erneuerungsdruck zu setzen und einen starken kulturellen Handlungswillen zu begründen.[126]

---

122 Zu den vielen synkretistischen Verschmelzungen von christlichen und germanischen Symbolsystemen siehe Puschner u. a. (Hg.), Handbuch zur völkischen Bewegung.
123 K.J. Notz, Der Buddhismus in Deutschland in seinen Selbstdarstellungen, Frankfurt 1984, v. a. S. 31–43.
124 Vgl. U. Walter, Europäische Rezeption indischer Philosophie und Religion. Dargestellt am Beispiel von Arthur Schopenhauer, Bern 1994; P. Abelsen, Schopenhauer and Buddhism, in: Philosophy East and West 44. 1993, S. 255–278.
125 H. Gallwitz, Friedrich Nietzsche als Erzieher zum Christentum, in: Preußische Jahrbücher 83/84. 1896, S. 324–347.
126 S. Aschheim, Nietzsche und die Deutschen. Karriere eines Kults, Weimar 1996, S. 221.

Nietzsche stellte zahlreiche Sprachmuster bereit, um die Visionen eines starken „neuen Menschen" zu begründen. Diese Konzepte eines „neuen Menschen" oder religiösen „Übermenschen" fielen je nach der konfessionellen Herkunftsgeschichte des individuellen Religionsdeuters materialiter unterschiedlich aus. Vor allem bei protestantischen Religionsintellektuellen wie Arthur Bonus oder Albert Kalthoff, die mit Nietzsche die müden Philister oder seichten Bourgeois aus den Kirchen hinaustreiben wollten, wurde dieser „neue Mensch" als ein „ganzer Mensch" konzipiert, der alle modernitätsspezifischen Entfremdungserfahrungen durch einen unbedingten Tatwillen oder „absoluten Sprung" hinter sich gelassen habe. In Albert Kalthoffs „Religion der Modernen" – das Buch erschien bei Eugen Diederichs[127]- soll der Übermensch „ein neues religiöses Bewußtsein verkörpern . . ., um den Zusammenhang der Welt zu sichern und die Fragmentierung des Lebens in der bürgerlich kommerziellen Gesellschaft zu überwinden. Der neue Mensch würde eine Integrität erreichen, die hinausging über die üblichen individualistischen oder sozialistischen Kategorien".[128] Bei Schriftstellern wie den Gebrüdern Heinrich und Julius Hart diente dieselbe Metaphorik dazu, um definitiv mit dem leidenden Schwächling aus Nazareth zu brechen und den „neuen Menschen" als „nordischen Menschen" zu bestimmen, der in unmittelbarer Einheit mit dem Ganzen der Natur lebt. Mit Nietzsches Begriffen wurde das starke endliche Individuum hier mit den Prädikaten des alten Gottes ausgestattet und „der neue Mensch" als „neuer Gott" inthronisiert. „Durch und durch Thaten- und Willensmensch, kampf- und arbeitsfroh, bejaht er das Leben und die Erde. . . . Er empfindet ihre Tragik, aber er überwindet sie auch".[129] Auf vielen protestantischen Kanzeln und den Kathedern katholischer Modernisten klang es um 1900 nicht anders, keineswegs nur in Deutschland.

Bilder der Zukunft sind positionsabhängig. Von den professionellen Religionsdeutern wird die Zukunft der Religion um 1900 deshalb nach dem je eigenen Bild der Vergangenheit und Gegenwart vorgestellt. Immer spiegeln die Erwartungen für den großen Lauf der Geschichte die jeweilige religiöse Gegenwartsoption der religiösen Akteure. Die für die Jahrhundertwende kennzeichnende Vielfalt der Optionen und Bilder für die Zukunft von Religion und Kultur spiegelt die Subjektivierung des religiösen „Erlebens" und die Pluralisierung der religiösen Deutungskulturen seit den 80er Jahren des 19. Jahrhunderts.

Aus der Perspektive einer reflektierten Christlichkeit spricht manches für die Vermutung, daß der um 1900 imaginierte „neue Mensch" nur eine andere Selbstinszenierung des „alten Sünders" darstellt. Neben den großen Utopien

---

127 A. Kalthoff, Die Religion der Modernen, Jena 1905.
128 Aschheim, Nietzsche, S. 226.
129 J. Hart, Der neue Gott. Ein Ausblick auf das kommende Jahrhundert, Florenz 1899, S. 92; ders., Der neue Mensch, in: Das Reich der Erfüllung 2. 1901.

gab es um 1900 deshalb auch Versuche einer realistischen Religionsdeutung und pragmatischen Religionsgestaltung. Bei prominenten akademischen Religionsdeutern war der Glaube weit verbreitet, daß der weitere Gang der Religionsgeschichte von einem innerlich erneuerten kirchlichen Christentum bestimmt sein werde, das sich aus allzu engen Bindungen an den Staat und obsoleter doktrinaler Homogenität befreit habe. Die Kirchen müßten sich nur den modernitätsspezifischen Individualisierungsprozessen öffnen, um neue religiöse Gestaltungskraft gewinnen zu können, lautete etwa der Grundtenor von Ernst Troeltschs Theorie der „elastisch gemachten Volkskirche".[130] Auch viele andere Theologen bewahrten sich in ihren Diagnosen des neuen religiösen Pluralismus einen realistischen Blick für das Eigengewicht des Institutionellen. Religiöser Glaube werde nur dann tradierungsfähig sein, wenn er sich institutionalisiere. In einem Vortrag „Religiöser Individualismus und Kirche" formulierte Troeltsch seine Vision einer neuen höheren Einheit von subjektiver Frömmigkeit und institutioneller Repräsentation nicht ohne Pathos: „Die Jünger Christi stehen vor großen Aufgaben, vor kommenden schweren Krisen. Es sind vielleicht solche für die soziale Verfassung der Völker überhaupt, jedenfalls solche für die Kirchen. Da wollen wir für unseren Teil zusammenhalten, was möglich ist. Wir wollen uns ausrüsten mit beidem: mit dem religiösen Bekenntnis einer persönlich wahrhaftigen, aus eigenem inneren Lebenstrieb heraus schaffenden Persönlichkeit, und auf der anderen Seite mit einem wirklichen Willen, die Gemeinschaft des corpus mysticum Christi zu pflegen, an das wir uns aus Liebe gebunden fühlen."[131] Diese Aussage ist für die Religionsdiskurse um 1900 in hohem Maße repräsentativ: Wer damals von der Krise der Religion schrieb, thematisierte immer auch eine Grundlagenkrise der modernen Kultur und sah am Horizont des neuen Jahrhunderts schon Zeichen dafür, daß die „soziale Verfassung der Völker" potentiell katastrophalen Belastungen ausgesetzt sein könnte.

---

130 K. Fechtner, Volkskirche im neuzeitlichen Christentum. Die Bedeutung Ernst Troeltschs für eine künftige praktisch-theologische Theorie der Kirche, Gütersloh 1995; A.L. Molendijk, Zwischen Theologie und Soziologie. Ernst Troeltschs Typen der christlichen Gemeinschaftsbildung: Kirche, Sekte, Mystik, Gütersloh 1996.

131 E. Troeltsch, Religiöser Individualismus und Kirche, in: ders., Gesammelte Schriften, Bd. 2, Tübingen 1913, S. 109–33, S. 133.

Die Zukunft der Avantgarde

Kunst und Politik im italienischen Futurismus 1909–1922

von Wolfgang Schieder

Zu Beginn des 20. Jahrhunderts entstand in der europäischen Kultur eine Gruppierung, die es in dieser Form in der Kunst zuvor nicht gegeben hatte: die künstlerische Avantgarde. Seit langem wird ein kulturwissenschaftlicher Disput darüber geführt, was das Spezifische dieser Avantgarde sei. Zwei Positionen stehen sich dabei einander gegenüber: auf der einen Seite der resignierte Verzicht darauf, die „Aporien der Avantgarde" auf einen Nenner zu bringen,[1] auf der anderen Seite der Versuch, eine systematische „Theorie der Avantgarde" zu entwerfen.[2] Beide Positionen können aus sozialhistorischer Sicht nicht befriedigen, da sie die künstlerischen Avantgardebewegungen des 20. Jahrhunderts gleichermaßen aus ihrem gesellschaftsgeschichtlichen Kontext lösen.[3] Sicherlich, jede Avantgarde will sich vom Vorhergehenden radikal abgrenzen, will „neu" sein in einem totalen Sinne. Sie besteht weiterhin darauf, nicht nur die Kunst zu erneuern, sondern die ganze Gesellschaft. Künstlerische Gruppenbildungen haben keinen Avantgardecharakter, wenn sie sich nur auf ästhetische Erneuerung beschränken. Und schließlich gehört es offenbar zum Selbstverständnis der Avantgarde, daß sie ihre gesellschaftsverändernde Kraft auf dem Wege künstlerischer Dekonstruktion erreichen will. Es geht der Avantgarde nicht einfach um die Ästhetisierung der Politik, sondern um die Veränderung der gesellschaftlichen Realität mittels Zerstörung der traditionellen künstlerischen Formen.[4] Man kann die ästhetische Neuartigkeit, welche die historischen Avantgardebewegungen des 20. Jahrhunderts jeweils auszeichnete, mit rein kulturwissenschaftlichen Kategorien beschreiben, und die umfangreiche Literatur zur modernen Avantgarde beschränkt sich auch weitgehend darauf. Der eigentliche avantgardistische Anspruch auf gesellschaftliche Veränderung wird damit jedoch nicht erfaßt. Ihm wird man historisch nur gerecht, wenn man den gesellschaftsgeschichtlichen Kontext einbezieht, in den sich die historischen Avantgardebewegungen jeweils eingeordnet haben.

1　H.M. Enzensberger, Die Aporien der Avantgarde, in: ders., Einzelheiten, Frankfurt 1962, S. 290–315.
2　P. Bürger, Theorie der Avantgarde, Frankfurt 1974.
3　Vgl. in diesem Sinne M. Hardt, Zu Begriff, Geschichte und Theorie der literarischen Avantgarde, in: ders. (Hg.), Literarische Avantgarden, Darmstadt 1989, S. 145–171.
4　Vgl. dazu z. B. H. Finter, Semiotik des Avantgardetextes. Gesellschaftliche und poetische Erfahrung im italienischen Futurismus, Stuttgart 1980.

Ausgehend von diesen Überlegungen soll im folgenden der italienische Futurismus „als Prototyp der europäischen Kunstavantgarde" behandelt werden.[5] Dabei geht es weniger um die Frage, weshalb der Futurismus Avantgarde war, als vielmehr darum, weshalb gerade in Italien die erste europäische Avantgardebewegung entstand. Zum zweiten soll erörtert werden, welches Gesellschaftsprogramm diese „einzige italienische Avantgarde der europäischen Kultur" vorgelegt hat.[6] In einem dritten Schritt schließlich soll nach den Gründen gefragt werden, weshalb das futuristische Projekt politisch gescheitert ist.

1. Neben dem Dadaismus und dem Surrealismus gehört der Futurismus zu den klassischen Avantgardebewegungen des frühen 20. Jahrhunderts. Wie diese läßt sich seine Entstehung exakt datieren; denn am Anfang stand das „Manifest des Futurismus", das der Schriftsteller Filippo Tommaso Marinetti am 20. Februar 1909 in der Pariser Zeitung „Le Figaro" auf französisch veröffentlichte.[7] Marinetti war bis dahin als Schriftsteller relativ erfolglos geblieben, sein futuristisches Manifest machte ihn in der italienischen Kulturszene mit einem Schlag bekannt. In kürzester Zeit wurde seine Botschaft in Italien, aber auch außerhalb des Landes, verbreitet und machte unter Vertretern der verschiedensten Künste die Runde. Dem futuristischen Urmanifest folgten bis zum Ende des Ersten Weltkriegs in immer schnellerem Tempo weitere „Manifeste", die jeweils auf einzelne Künste oder auch nur Teile derselben bezogen waren. Sie stellten gewissermaßen programmatische Beitrittserklärungen zur futuristischen Avantgarde dar. Bis 1917 hat Christa Baumgarth über vierzig solcher Manifeste gezählt.[8] Am wichtigsten war davon das „manifesto tecnico" über die „pittura futurista", das am 11. April 1910 die fünf bald zum Kern der futuristischen Bewegung gehörenden Maler Umberto Boccioni, Carlo Carrà, Luigi Russolo, Giacomo Balla und Gino Severini unterzeichneten.[9] Von Bedeutung war auch das Manifest über die futuristische Musik von Balilla Pratella (1910),[10] das Manifest von Boccioni über die futuristische Skulptur (1912), das Manifest von Antonio Santelia

---

5 M. Hardt, Futurismus und Faschismus. Vorarbeiten für eine ideologiekritische Studie ihrer Wechselbeziehungen, in: ders. (Hg.), Literarische Avantgarden, S. 252.
6 F. Grisi (Hg.), I futuristi. I manifesti, la poesia, le parole in libertà, i disegni e le fotografie di un movimento „rivoluzionario", che fu l'unica avanguardia italiana della cultura europea, Rom 1990.
7 Der Text ist z. B. greifbar in der Anthologie von Grisi (Hg.), I futuristi, S. 25–32. Der italienische Text erschien in erweiterter, zugleich aber auch entschärfter Fassung in der von Marinetti mitherausgegebenen Zeitschrift „Poesia" (Febr./März 1909). Vgl. H. Schmidt-Bergmann, Futurismus. Geschichte, Ästhetik, Dokumente, Reinbek 1993, S. 49 f.
8 C. Baumgarth, Geschichte des Futurismus, Reinbek 1966, S. 299 f.
9 Vgl. Grisi (Hg.), I futuristi, S. 46–54.
10 Vgl. dazu neuerdings D. Kämper (Hg.), Der musikalische Futurismus, Laaber 1999.

über die futuristische Architektur (1913) sowie das Manifest von Marinetti über das futuristische Theater (1913) und nochmals von diesem und anderen über den futuristischen Film (1916).[11] In diesen Texten manifestierte sich im wahrsten Sinne des Wortes der avantgardistische Charakter des Futurismus. Die Futuristen fanden nicht über die Praxis eines künstlerischen Stils zusammen, sondern über dessen theoretischen Entwurf. Nicht zufällig entsprach diese Selbstdarstellung eher dem Stil politischer Bewegungen. Tatsächlich fiel ihre ästhetische Programmatik auch mit ihrer politischen zusammen.[12] Jedes der programmatischen Plädoyers für eine neue Kunst war zugleich eines für eine neue Politik. Gleich nach seinem futuristischen Manifest hatte Marinetti zu den italienischen Parlamentswahlen am 7. März 1909 auch schon ein „Politisches Manifest des Futurismus" veröffentlicht, dem im April 1909 ein zweites und 1913 ein drittes „manifesto-programma politico futurista" folgen sollten.[13] Diese Manifeste waren nicht „politischer" als die künstlerischen, sie akzentuierten nur stärker die futuristische Utopie der Veränderung der Politik durch die Kunst.

Wie wichtig für die Futuristen die politische Dimension ihres Avantgardismus war, läßt sich daran ablesen, daß sie in erster Linie mit öffentlichen Auftritten in Erscheinung traten, die man als Polithappenings bezeichnen könnte. Sie mieteten in großen Städten Italiens Theater- oder sonstige große Säle an und veranstalteten darin sogenannte „serate futuriste". Diese waren mit einem bewußt provozierenden Auftreten, Handgreiflichkeiten und Beschimpfung des Publikums verbunden. Jedoch bestand der Sinn dieser aufsehenerregenden Veranstaltungen nicht in reinem Aktionismus. Die Futuristen wollten mit ihrem bewußt gewalttätigen Gestus vielmehr bestimmte politische Botschaften vermitteln. So war es am 15. Februar 1910 der Sinn einer ersten solchen „serata" im Teatro Lirico in Mailand, Stimmung gegen Österreich zu machen.[14] In Venedig ließen Futuristen am 8. Juli 1910 von einem Uhrenturm ein „Manifest gegen das Venedig von gestern" herunter. Damit demonstrierten sie gegen die „verfaulende Stadt" und für die „Geburt eines industriellen und militärischen Venedig".[15] Es war dies eine gezielte Kampfansage gegen das zeitgenössische Italien, als dessen negative Verkörperung man Venedig, aber auch andere große Städte Italiens ansah.

Es ist unverkennbar, daß in diesem sowohl nach innen als auch nach außen gerichteten Aktionismus ein politisches Krisenbewußtsein zum Ausdruck kam, das in den eineinhalb Jahrzehnten vor Ausbruch des Ersten Weltkriegs für Italien insgesamt charakteristisch gewesen ist. Der Futurismus

---

11 Vgl. F.T. Marinetti, I Manifesti del Futurismo, 4 Bde., Mailand 1914.
12 Vgl. dazu M. Hinz, Die Zukunft der Katastrophe. Mythische und rationalistische Geschichtstheorie im italienischen Futurismus, Berlin 1985, S. 18–42.
13 Vgl. Baumgarth, Futurismus, S. 112.
14 Vgl. dazu Schmidt-Bergmann, Futurismus, S. 64–66.
15 F.T. Marinetti, Teoria e invenzione futurista, Mailand 1968, S. 268 f.

muß historisch in eine sozialgeschichtliche Konfliktsituation eingeordnet werden, ohne deren Kenntnis seine avantgardistische Attitüde nicht verständlich wird.

Die gesellschaftliche Strukturkrise Italiens war im Prinzip schon in der nationalen Einigung von 1861 angelegt, sie erreichte aber um die Jahrhundertwende unübersehbar ihren Höhepunkt.[16] Am 29. Juli 1900 wurde der italienische König Umberto I. von einem anarchistischen Attentäter ermordet. Das Attentat kam nicht aus heiterem Himmel, sondern war Ausdruck einer fundamentalen Krise des italienischen Nationalstaats. Diese war das Ergebnis einer Staatsgründung, welcher der größte Teil der Italiener von Anfang an gleichgültig oder sogar feindselig gegenübergestanden hatte. Die „Nationalisierung der Massen" war im italienischen Risorgimento nicht nur gescheitert, sie stand seit den 1890er Jahren nicht einmal mehr auf der Tagesordnung. Die „herrschende Klasse" des Landes, wie sie nicht zufällig von den Soziologen Pareto und Mosca bezeichnet wurde, schloß sich zunehmend von der „Masse" – auch dies ein bezeichnender Terminus der Zeit – ab und verwehrte sich proletarisch-sozialistischen ebenso wie katholischen Partizipationsansprüchen. Sowohl die sich nach der Sozialenzyklika Papst Leos XIII. von 1891 unter den Landarbeitern Nord- und Mittelitaliens entfaltende katholische Vereinsbewegung als auch der 1892 gegründete *Partito Socialista Italiano* wurden von ihr ausschließlich als Bedrohung angesehen. Ein Jahrzehnt lang versuchte der autoritäre Ministerpräsident Francesco Crispi nach dem erklärten Vorbild Bismarcks, mit einer rigiden Repressionspolitik den Aufschwung der systemkritischen Massenbewegungen zu bremsen. Als das erfolglos blieb, versuchte er es mit einer kolonialen Prestigepolitik, die 1896 in Abessinien mit der militärischen Niederlage bei Adua kläglich scheiterte. Rasch wechselnde Regierungen bemühten sich in der Folgezeit vergeblich, mit militärischen Mitteln der entfesselten innenpolitischen Dynamik Herr zu werden. Das war die Stunde Giovanni Giolittis, der seit 1901 als Ministerpräsident fast eineinhalb Jahrzehnte lang versuchte, mit einer Politik begrenzter gesellschaftlicher Integration den nationalen Integrationsprozeß voranzutreiben. Diese Politik war in sich in vieler Hinsicht widersprüchlich, weil sie die Nationalisierung der Arbeiter und der Katholiken bewirken sollte, ohne die politische Hegemonie der „herrschenden Klasse" im liberalen Staat anzutasten. Aber sie war trotz allem eine Alternative zur Ausschließungspolitik, die bisher im liberalen Italien betrieben worden war.

Eben diese Widersprüchlichkeit führte allmählich dazu, daß Giolittis Politik auf immer mehr Widerstand stieß. Dies war weniger im Parlament der Fall, in dem Giolitti bis 1914 mit trickreichen Methoden der Mehrheitsbe-

---

16 Vgl. W. Schieder, Das faschistische Italien als Krise der bürgerlichen Gesellschaft, in: M. Hettling u. P. Nolte (Hg.), Nation und Gesellschaft in Deutschland. Historische Essays, München 1996, S. 305–318.

schaffung, die von den Zeitgenossen als Transformismus („trasformismo") bezeichnet wurden, seinen Kurs durchsetzen konnte.[17] Jedoch fanden außerhalb des parlamentarischen Handlungsfeldes zunehmend die organisierten Interessen der Gesellschaft zusammen, denen das Reformprogramm Giolittis zu weit ging. Das galt in erster Linie für die agrarischen Latifundienbesitzer Süditaliens sowie für die industrielle Unternehmerschaft im „triangolo" zwischen Mailand, Genua und Turin. Beide Gruppen hatten traditionell nicht dieselben Interessen, sie schlossen sich jedoch in dem Augenblick zusammen, in dem Giolitti die einseitige Protektion ihrer Produzenteninteressen im Zusammenhang seiner Politik der nationalen Öffnung aufzugeben begann. Für Giolitti wäre das allein für sich noch keine wirkliche innenpolitische Bedrohung gewesen, wenn nicht auch ein wachsender Teil des Bürgertums in das oppositionelle Lager übergeschwenkt wäre. Es handelte sich hierbei zwar zunächst nur um kleine, dafür aber lautstarke Wortführer der bürgerlichen Intelligenz. Diese traten in großen Städten Italiens wie Mailand, Turin, Florenz und Rom zunächst als Herausgeber und Artikelschreiber von politischen Zeitschriften hervor, ehe sie sich unter der Führung Enrico Corradinis 1910 in der Associazione Nazionalista Italiana eine, freilich immer noch lockere politische Organisationsform gaben. Was sie einte, war ein aggressiver Nationalismus, in dem sich militant-antidemokratische und antisozialistische Ziele im Innern einerseits mit einem expansionistisch-imperialistischen Denken andererseits verbanden. Dieser aggressive Nationalismus war nicht einfach „reaktionär", er vereinte vielmehr in sich politisch eindeutig rückwärtsgewandte, gegen die Politik gesellschaftlicher Öffnung des liberalen Systems gerichtete Vorstellungen mit einer Bejahung des modernen Industriesystems. Dieses Programm war damit weit genug, um die gesellschaftlich durchaus heterogene Opposition gegen das „System Giolitti" zusammenzubinden. Die ideologische Leitfunktion gab dem italienischen Nationalismus vor 1914 ein historisches Gewicht, das weit über die selbstreferentielle Ideenproduktion kleiner intellektueller Zirkel hinausging.

II. Auch der Futurismus war bis 1915 zunächst einmal Teil dieses neuen intellektuellen Nationalismus. Die „italianità" stand für ihn ebenso im Zentrum seiner politischen Wertorientierung wie für andere nationalistische Zirkel in der gesellschaftlichen Umbruchzeit Italiens nach der Jahrhundertwende. Und wie von den übrigen Nationalisten wurde den proletarischen Sozialisten die nationale Gleichberechtigung von den Futuristen ebenso verweigert wie den klerikalen Katholiken. Ausdrücklich bekannte sich der futuristische Führer Marinetti nach dem Ende des Libyenkrieges zu einer „ent-

---

17 Vgl. dazu die klassische Kritik von G. Salvemini, Il ministero della mala vita, Mailand 1909.

schieden antiklerikalen und antisozialistischen Nation". Den Sozialisten drohte er, daß er sie „mit allen Mitteln und ohne Waffenstillstand" bekämpfen werde. Und ebenso entschlossen wollte er gegen „die andere große Gefahr der Gegenwart", den Klerikalismus, auftreten. Die „Parole Italien" müsse über die „Parole Freiheit" gestellt werden.[18] Mit dem übrigen Nationalismus verbanden sich die Futuristen 1911 in ihrer Propaganda für den imperialistischen Kolonialkrieg in Libyen. Dieser Krieg wurde auch für sie zum Katalysator eines bürgerlichen Aufschwungs.

Doch anders als der gewöhnliche Nationalismus, wie ihn vor 1914 vor allem Enrico Corradini repräsentierte, legitimierten die Futuristen ihre „italianità" nicht historisch. Der Futurismus sei „antitraditionaler Nationalismus", erklärte Marinetti 1913.[19] „Wir modernen Italiener sind ohne Vergangenheit", verkündete der Maler und Bildhauer Boccioni im selben Jahr.[20] Beide distanzierten sich von dem Erbe der Vergangenheit, weil sie dieses als größten Hemmschuh für eine Modernisierung Italiens ansahen. Nicht Wiedererwecker einer großen Vergangenheit wollten sie mehr sein, sondern die Antizipatoren einer großen Zukunft. Wie schon die von Marinetti geprägte Selbstbezeichnung „Futurismus" erkennen läßt, setzten sie die „Zukunft" an die Stelle der „Vergangenheit". Jede Art von Vergangenheitspolitik wurde von ihnen als „Passatismus" denunziert.[21] Ohne Zweifel war das eine radikalere Absage an den Historismus, als es sie im 19. Jahrhundert je gegeben hatte, radikaler als die Schopenhauers und radikaler auch als die Nietzsches. Die Geburt des Futurismus aus dem Geist des Antihistorismus gab dieser ersten europäischen Avantgarde des 20. Jahrhunderts ihren besonderen Charakter.

Paradoxerweise konnte der Futurismus jedoch keinerlei elaboriertes Zukunftsprogramm vorweisen. Er wollte zwar „ohne Gestern" sein, aber auch „ohne Morgen".[22] Diese erste Avantgarde des 20. Jahrhunderts verzichtete explizit darauf, eine gedachte Ordnung zu entwerfen, deren Erreichung sie zum Programm machte. Marinetti fürchtete vielmehr, ganz dem kulturpessimistischen Denken der Jahrhundertwende verhaftet, daß die Menschheit ihrem Untergang entgegengehe. Um diesem zu entgehen, verschrieb er sich einem totalen Aktionismus. Die „Bewegung" an sich wurde bei ihm zum Programm. Permanente Aktionen sollten an die Stelle von „Stillstand" treten. Marinettis Begriffssprache kannte bezeichnenderweise keine „Metaphern der Dauer",[23] sondern im Kern nur solche der Beschleunigung. Der erste Futurist proklamierte explizit einen „Kult des Fortschritts und der Be-

---

18 F.T. Marinetti, Grande serata futurista, in: Lacerba, 15.12.1913.
19 F.T. Marinetti, Lettera aperta al futurista Mac Demarle, in: Lacerba, 15.8.1913.
20 U. Boccioni, Opere complete, Foligno 1927, S. 81.
21 Die Futuristen führten das Wort 1910 in ihrem Manifest „Contro Venezia passatista" ein.
22 Marinetti, Teoria e invenzione futurista, S. 179.
23 Hinz, Zukunft der Katastrophe, S. 12.

wegung",²⁴ durch den die italienische Gesellschaft in einem Zustand dauernder Mobilisierung gehalten werden sollte. Boccioni sprach in ähnlichem Sinn schon zu Beginn des Weltkriegs von der „Notwendigkeit sich zu amerikanisieren".²⁵ Diese Amerikanisierung wurde zum Idealbild eines futuristischen Aktionismus stilisiert. Und damit war nicht der gesamte „american way of life" gemeint, sondern vielmehr nur die Geschwindigkeit, mit der in den USA alles betrieben werde.

Dieser Aktionismus in Permanenz war für die Futuristen identisch mit „Modernität". Sie verstanden sich als die Bannerträger der Modernisierung Italiens. Aus diesem Grunde bejahten sie entschieden den Industrialisierungsprozeß, der in Italien im Jahrzehnt vor dem Ersten Weltkrieg in seine entscheidende Phase trat. Sie waren auch die ersten, die sich in Italien zur Realität der großen Stadt bekannten. „Wir Futuristen verachten das Ländliche, den Frieden des Waldes, das Murmeln des Baches", erklärte Boccioni in bezeichnender Absage an die Tradition romantischer Naturverherrlichung. „Wir bevorzugen die großen Mietskasernen, den metallischen Lärm, das Aufbäumen der Masse ... Hip Hip Hip Hurrà".²⁶ Das war eine keineswegs nur ästhetisch gemeinte Aussage, der futuristische Modernismus bestimmte sich vielmehr als ein gesellschaftspolitisches Programm. Die Modernisierung Italiens wurde mit dem Übergang zum industriellen System gleichgesetzt. Man träumte von der „Größe eines intensiv landwirtschaftlichen, industriellen und handelspolitischen Italien".²⁷ Damit verband man Forderungen nach „vielen praktischen Handels-, Industrie- und Landwirtschaftsschulen", die an die Stelle des klassischen Gymnasiums treten sollten.²⁸ Das futuristische Modernisierungsprogramm erhielt damit deutlich kulturrevolutionäre Inhalte.

Dies wird erst recht deutlich, wenn man das Eintreten der Futuristen für den modernen Sport berücksichtigt. In ihrem „Programma politico-futurista" von 1913 forderten sie nämlich auch tägliche Gymnastik in der Schule. Diese sollte wichtiger sein als die Lektüre von Büchern.²⁹ Auch hier erhielt die Forderung nach einer Bewegungskultur wiederum den Vorrang vor einer bloßen Bildungskultur. Folgerichtig wandten sich die Futuristen deshalb auch dem modernen Sport zu, dessen Wettkampfidee sie bedingungslos bejahten. Der sportliche Rekord wurde für sie geradezu zu einem Signum der Modernität. Am höchsten im Kurs standen dabei freilich die Sportarten, welche schnelle Bewegung mit maschineller Technik verbanden, nämlich

---

24 Programma Politico-Futurista vom 11.10.1913, in: F.T. Marinetti, Futurismo e fascismo, Foligno 1924, S. 93.
25 Boccioni, Opere complete, S. 143.
26 U. Boccioni, Gli scritti editi e inediti, Mailand 1971, S. 83.
27 Programma Politico-Futurista vom 11.10.1913, in: Marinetti, Futurismo e Fascismo, S. 83.
28 Ebd.
29 Ebd.

der Autosport und der Flugsport. 1910 schrieb Mario Viana einen Essay über „die Gewalt des Automobils und die Kraft des Fliegens".[30] Darin pries er die Geschwindigkeit, welche diese erreichen konnten, weil sie den Menschen in ein Fieber des Willens und der Eroberung versetzten.[31] Das Auto und das Flugzeug, aber auch die Lokomotive und das Kriegsschiff wurden für die Futuristen als Produkte der modernen Technik zu positiv besetzten Gegenbildern zu dem vorgeblichen Stillstand und Verfall der überkommenen gesellschaftlichen Verhältnisse stilisiert. Wie wichtig dieser Maschinenkult für sie war, zeigte sich daran, daß sich ihre originäre künstlerische Produktion in der Literatur, in der bildenden Kunst und besonders auch in der Musik hieran in besonderem Maße orientierte. In den exakten geometrischen Formen der Maschine, in der Monotonie der maschinellen Bewegung und der Maschinengeräusche glaubten sie eine neue Realität zu entdecken, der sie ihre künstlerische Technik anzunähern suchten.

Ihren Höhepunkt erreichte die futuristische Ideologie in der Heroisierung des Krieges. Der futuristische Bellizismus war inhaltlich zunächst nicht näher definiert. Es gab bei den Futuristen kein elaboriertes imperialistisches Programm oder eine irredentistische Befreiungsideologie, in der der Krieg eine zentrale Rolle gespielt hätte. Vielmehr war es der Krieg als solcher, den sie glorifizierten. Der Kult der Geschwindigkeit, das Bekenntnis zur Industriegesellschaft und die Verherrlichung der Technik verbanden sich darin zu einer eigentümlichen Symbiose. Im Krieg kam virtuell alles zusammen, was für sie Modernität ausmachte. Er wurde für sie zum „Fest", an dem man teilnahm wie an einem Gottesdienst.[32] Die Beschwörung des Krieges nahm damit geradezu rituelle Züge an. Schon in Marinettis futuristischem Gründungsmanifest, das 1909 zu einem Zeitpunkt veröffentlicht wurde, in dem Italien noch weit von einem Krieg entfernt zu sein schien, hieß es: „Wir wollen den Krieg verherrlichen – das einzige Heil der Welt".[33] Der Krieg sollte ein kollektives Reinigungsbad sein, aus dem die Kämpfer regeneriert hervorgingen. Marinetti verstieg sich in diesem Zusammenhang sogar dazu, von einer „Blutdusche" zu sprechen, welcher der Mann im Krieg ausgesetzt werde.[34] Und Papini bezeichnete 1913 das im Krieg fließende Blut als den „Wein der starken Völker".[35] Mit dieser Blutmetaphorik waren keine realen Opfervorstellungen verbunden, schon gar nicht eine apokalyptische Todessehnsucht. Der Futurismus kannte keinen Todeskult.[36] Seine Todesvorstel-

---

30 M. Viana, La violenza dell'automobile e la forza del vivere, in: ders., Sciopero generale e guerra vittoriosa. Contributo di agitazione contro la democrazia, Turin 1910, S. 31–43.
31 Ebd., S. 40.
32 Vgl. dazu M. Isnenghi, Il mito della grande guerra. Da Marinetti a Malaparte, Bari 1969.
33 Zit. nach Grisi (Hg.), I futuristi, S. 29. Im italienischen Original heißt es: „Noi vogliamo glorificare la guerra – sola igiene del mondo."
34 Marinetti, Teoria e invenzione futurista, S. 248.
35 G. Papini, La vita non è sacra, in: Lacerba, 15.10.1913.
36 Anders sieht das Hinz, Zukunft der Katastrophe, S. 92 ff.

lungen waren vielmehr sozialdarwinistisch getönt: Nur die Schwachen sollten untergehen, die Starken dagegen aus dem Stahlbad des Krieges gestärkt hervortreten.

Diesem exzessiven Kriegskult entsprachen bestimmte Männlichkeitsrituale. Schon in seinem futuristischen Manifest von 1909 forderte Marinetti scheinbar unvermittelt die „Verachtung für die Frau".[37] In seinem Roman „Mafarka il futurista", dessen Erscheinen einen Skandal auslöste, gab er 1910 in fiktionaler Verkleidung zu verstehen, was er mit dieser Parole meinte.[38] Er wollte nicht die Frauen als solche herabsetzen, sondern nur deren angebliches Bestreben, den Mann an seiner kriegerischen Selbstverwirklichung zu hindern. Im Grunde ging es ihm mit seinen antifeministischen Attacken nur darum, die traditionellen Geschlechterverhältnisse zu delegitimieren, wobei er freilich der „Sentimentalität" der Frau die Schuld für die Erstarrung der gesellschaftlichen Konvention im Verhältnis der Geschlechter zuschob.

Der bis dahin nur virtuell gedachte Krieg wurde 1911 in Italien plötzlich zur Realität, als es darum ging, den zögernden Ministerpräsidenten Giolitti zur imperialistischen Intervention in Libyen zu bewegen. Die Futuristen gehörten zu den ersten, die in Italien für diesen Krieg trommelten. Marinetti – wie übrigens auch Corradini – fuhr mit dem italienischen Interventionskorps nach Libyen und schrieb darüber einen exaltierten Bericht, in dem er den Krieg als „Erzieher" feierte.[39] 1912 stürzte sich Marinetti sofort wieder in einen Krieg und nahm als Korrespondent der französischen Zeitung „L'Intransigent" am bulgarisch-türkischen Krieg teil. Als literarisches Produkt dieser Kriegsteilnahme erschien 1914 sein Buch „Zang Tumb Tuum", eine Mischung aus kühler Bilanzierung des mörderischen Kriegsschreckens und avantgardistischem Sprachexperiment, in dem er sein Programm einer „Zerstörung der Syntax" literarisch umzusetzen suchte.[40] Lautmalerisch-assoziative Wörter und Sprachpartikel, mathematische Formeln und Gleichungen werden darin aneinandergereiht, um die Realität des Krieges scheinbar unverfremdet wiederzugeben.

In diesem Fall mochte es noch einmal gelingen, den Krieg als solchen zu beschwören, da sich Marinetti den beiden Kriegsgegnern gegenüber gleichermaßen neutral verhalten und den Krieg nur beobachten konnte. Anders sah das jedoch aus, als die Futuristen sich seit August 1914 für den italienischen Kriegseintritt in den Ersten Weltkrieg engagierten und, nachdem die-

---

37 F.T. Marinetti, Manifesto futurista, in: Grisi (Hg.), I futuristi, S. 29.
38 F.T. Marinetti, Mafarka il futurista, Mailand 1910.
39 F.T. Marinetti, La battaglia di Tripoli, Mailand 1912, S. 58. Vgl. auch E. Corradini, L'ora di Tripoli, Mailand 1911.
40 F.T. Marinetti, Manifesto tecnico della letteratura futurista (11.5.1912), in: Grisi (Hg.), I futuristi, S. 33: „1. Bisogna distruggere la sintassi, disponendo i sostantivi a caso, come nascono."

ser im Mai 1915 erfolgt war, selbst als Soldaten an die Front gingen. Der Krieg, den man bis dahin immer noch aus der Distanz wahrgenommen hatte, wurde für die Futuristen nunmehr eine konkrete persönliche Erfahrung. Fast ausnahmslos meldeten sie sich 1915 an die Front. Zunächst gingen sie dabei noch mit dem Glauben ins Feld, daß der große Krieg die Erfüllung aller futuristischen Träume bringen werde. Marinetti sah seine alten Hoffnungen bestätigt, daß der Krieg das „einzige Heil der Welt" sein werde.[41] Der Maler Boccioni, der 1916 den Tod finden sollte, schrieb im Herbst 1915 an einen Freund: „Der Krieg ist eine schöne, wunderbare, schreckliche Sache ... ich bin glücklich und stolz, ein einfacher Soldat und schlichter Mitstreiter an einem großen Werk zu sein."[42] Je länger die Futuristen die brutale Realität des Krieges erleben mußten, desto weniger blieb jedoch von der avantgardistischen Überzeugung übrig, daß sich durch den Krieg die Herrschaft der Kunst über die Gesellschaft („artecrazia") realisieren ließe. Bei Kriegsende notierte Marinetti: „Nachdem der so zu Recht gehaßte Feind besiegt war, fühlte ich mich leer, leer und arbeitslos."[43] Der Protagonist der Zukunft sah sich mit einem Mal auf die Gegenwart zurückgeworfen, der progressive Impetus seines avantgardistischen Programms einer Verschmelzung von Kunst und Politik schien nicht mehr zu greifen.

III. Durchaus folgerichtig fiel die futuristische Bewegung nach Kriegsende in zahlreiche Gruppen auseinander. In diesem Auflösungsprozeß schälten sich zwei Tendenzen heraus: Ein Teil der Futuristen entschied sich dafür, sich ganz auf die künstlerische Produktivität zu beschränken und den politischen Anspruch des futuristischen Aufbruchs fallen zu lassen. Gerade die bedeutenderen futuristischen Maler, Schriftsteller und Musiker sind diesen Weg sofort gegangen, der sogenannte zweite Futurismus folgte ihnen in der Ära des Faschismus, wenn auch letzten Endes vergeblich.[44] Die andere Möglichkeit bestand darin, sich ganz der Politik zu verschreiben. Das bedeutete nicht nur, sich von der Idee einer „artecrazia" zu verabschieden, das hieß vielmehr auch, erstmals den Schritt von einer bloß symbolischen Politik zur konkreten Aktion zu tun. Es war wieder Marinetti, der diesen Weg am entschiedensten zu gehen versuchte. Kurz vor Kriegsende publizierte er am 11. Februar 1918 in der römischen Zeitschrift „L'Italia futurista" ein „Manifesto del Partito Futurista Italiano", in dem er zur Gründung einer futuristischen „Partei" aufrief.[45] Auf den ersten Blick mochte es so scheinen, als

---

41 Vgl. F.T. Marinetti, In quest'anno futurista, in: A. d'Orsi, L'ideologia politica del futurismo, Turin 1992, S. 134–137.
42 U. Boccioni an Puccini, Okt./Nov. 1915, in: ders., Gli scritti editi ed inediti, S. 386.
43 F.T. Marinetti, L'alcova acciaio, Mailand 1927, S. 397. Zit. nach der deutschen Übersetzung von Hinz, Zukunft der Katastrophe, S. 131.
44 Vgl. dazu S. v. Falkenhausen, Der Zweite Futurismus und die Kunstpolitik des Faschismus in Italien von 1922–1943, Frankfurt 1979.
45 Text bei D'Orsi, L'ideologia politica, S. 140–144.

ob Marinetti damit auf dem Boden der praktischen Politik angekommen sei. Der avantgardistische Anspruch des Futurismus, als Kunstbewegung zugleich politische Bewegung zu sein, wurde von ihm jetzt ausdrücklich aufgegeben. Die neue „Futuristische Partei" sollte „scharf getrennt sein von der futuristischen künstlerischen Bewegung".[46] Künstlerischer und politischer Futurismus sollten nicht mehr ineinanderfallen, sondern beide sollten getrennte Wege gehen. Und weiter noch: Nur der künstlerische Futurismus sollte noch seinen alten elitären Charakter gegenüber der Masse („maggioranza") behalten. Die politische Partei des Futurismus sollte sich dagegen demokratisch öffnen und für alle Italiener offen sein. Marinetti bezeichnete die neue politische Ordnung, die der Futurismus anstrebte, denn auch als „futuristische Demokratie".[47]

Selbstverständlich mutierten die Futuristen deshalb nicht zu Anhängern der parlamentarischen Demokratie. Das Modell einer futuristischen Demokratie, so wie es von Marinetti beschrieben wurde, war eindeutig autoritär eingefärbt. Die intendierte neue demokratische Ordnung war hierarchisch strukturiert. Marinetti forderte in seinem futuristischen Parteiprogramm zwar die Einführung des allgemeinen Wahlrechts, einschließlich sogar der Frauen, im kruden Widerspruch dazu jedoch auch die Umformung des Parlamentes in eine gleichmäßig aus Industriellen, Landwirten, Ingenieuren und Kaufleuten zusammengesetzte berufsständige Kammer und eine „Regierung der Techniker".[48] Nicht demokratische Institutionen, schon gar nicht eine demokratische Verfassungsordnung waren für den Nachkriegsfuturismus die Garanten der Demokratie, sondern ein „revolutionärer Nationalismus",[49] dessen wesentliche Elemente ein dezisionistischer Aktionismus und eine diktatorische Führungsstruktur waren. Ganz offen bekannte sich etwa der Futurist Enrico Rocca im Juli 1919 „für die Freiheit, für die Brüderlichkeit, gegen die Gleichheit" und forderte eine Diktatur der Intelligenz in allen Bereichen.[50] Ein anderer Futurist wollte sich der „direkten Aktion der Nation und der Humanität" hingeben.

Kein Zweifel also, die Futuristen ordneten sich bei ihrer Parteigründung 1919 in jene antidemokratische Phalanx des Bürgertums ein, welche der Aufstieg der sozialistischen Massenpartei und der gleichzeitige Aufschwung der neugegründeten katholischen Partei in Italien zutiefst verunsicherten.[51] Bezeichnenderweise war die antisozialistische und die antiklerikale Stoßrichtung des futuristischen Parteiprogramms besonders deutlich zu erken-

---

46 Ebd., S. 143.
47 F.T. Marinetti, Democrazia futurista. Dinamismo politico, Mailand 1919.
48 D'Orsi, L'ideologia politica, S. 140.
49 Ebd., S. 140.
50 E. Rocca, Orientarsi, in: Roma Futurista, 13.7.1919.
51 M. Bontempelli, Aderisco, in: Roma Futurista, 10.11.1918. Vgl. E. Gentile, Il futurismo e la politica. Dal nazionalismo modernista al fascismo (1909–1920), in: R. De Felice (Hg.), Futurismo, cultura e politica, Turin 1988, S. 125.

nen. Um den Sozialisten den Wind aus den Segeln zu nehmen, wurde die Einführung einer Rentenversicherung, der Achtstundentag mit Lohnausgleich sowie die Vergesellschaftung des Bodens, der an die ehemaligen Frontsoldaten verteilt werden sollte, verlangt. Im Hinblick auf die katholische Kirche forderte das Manifest der Futuristischen Partei den Übergang vom „gegenwärtigen rhetorischen Antiklerikalismus" zu einem „Antiklerikalismus der Tat".[52] Italien sollte befreit werden „von Kirchen, Priestern, Brüdern, Mönchen, Madonnen".[53] Marinetti ging sogar so weit, die Vertreibung des Papstes aus Italien („svaticanamento") zu fordern.[54]

Wie schon einmal gelang es Marinetti auch 1918 wieder, die Aufmerksamkeit der italienischen Intellektuellen auf sich zu ziehen. Die Verbindung von radikalem Antidemokratismus mit antisozialistischen und antiklerikalen Vorstellungen entsprach einer nach Kriegsende innerhalb des italienischen Bürgertums verbreiteten Grundstimmung. Gleichwohl ist der Futurismus als politische Bewegung gescheitert. Die Gründe dafür sind nicht leicht zu bestimmen, sie sind aber vor allem in der Unfähigkeit der Futuristen zu suchen, sich als „Partei" eine tragfähige Organisationsstruktur zu geben. Im Grunde kamen sie politisch nie über den Charakter einer diffusen „Bewegung" hinaus. In Marinettis Gründungsmanifest war zwar davon die Rede, daß die futuristische Partei die Bedürfnisse der gesamten Gesellschaft ansprechen sollte.[55] Nicht zufällig dürfte Marinetti die neue politische Formation des Futurismus auch „Partei" genannt haben, während er andererseits ausdrücklich von der „künstlerischen futuristischen Bewegung" („movimento artistico futurista") sprach.[56] Doch ist die futuristische „Partei" immer nur die „Bewegung" weniger Intellektueller geblieben, die sich ihrer ideologischen Übereinstimmung versicherten, ohne je die „Partei" personell sichtbar zu erweitern und organisatorisch zu verfestigen. Marinetti selbst zählte 1925 im Rückblick ganze 73 Personen zur politischen Bewegung des Futurismus, wobei er mit der Zuordnung noch recht großzügig umging.[57]

Von größerer Bedeutung als die eigene Organisation war allerdings der politisch-personelle Einfluß, den die kleinen futuristischen Intellektuellenkader zeitweise auf andere politische Bewegungen ausüben konnten. In dieser ideologischen Geburtshelferrolle liegt die eigentliche historische Bedeutung des politischen Nachkriegsfuturismus. In gewissem Sinn kann man sagen, daß die künstlerische Avantgarde des Futurismus politisch erst Erfolg hatte, als sie den ursprünglichen avantgardistischen Anspruch aufgab und zu einer im engeren Sinn politischen Gruppierung wurde.

---

52 D'Orsi, L'ideologia politica, S. 140.
53 Ebd., S. 141.
54 Vgl. Hinz, Zukunft der Katastrophe, S. 131.
55 Im Text des Manifests ist wörtlich von der „coscienza di tutta la razza" die Rede, vgl. D'Orsi, L'ideologia politica, S. 143.
56 Ebd.
57 Vgl. Marinetti, Futurismo e Fascismo, S. 17.

In historischer Reihenfolge wirkte der Futurismus nacheinander auf drei politische Bewegungen ein: auf die Bewegung der *Arditi*, auf die der *Fasci di Combattimento* und die der *Legionari Fiumani*. Nicht zufällig handelt es sich um die Gruppierungen der militanten Rechten, die in Italien entscheidend zum Zusammenbruch des liberal-demokratischen Systems beigetragen haben. Auch deswegen ist die nur scheinbar ephemere Rolle des politischen Futurismus historisch von größerer Bedeutung gewesen, als es der organisatorische Mißerfolg der futuristischen „Partei" erkennen läßt.

Die Organisation der *Arditi* wurde am 1. Januar 1919 in Rom von dem futuristischen Schriftsteller Mario Carli, der im Ersten Weltkrieg Offizier gewesen war, unter dem Namen *Associazione fra gli Arditi d'Italia* gegründet.[58] Es handelt sich im Kern um eine Veteranenorganisation ehemaliger Soldaten, die im Ersten Weltkrieg zu den Elitetruppen gehört hatten. Im Unterschied zu der eher demokratisch strukturierten Veteranenorganisation der *Combattenti* rekrutierten die *Arditi* ihre Mitglieder vor allem unter solchen Soldaten, die – ähnlich wie die deutschen Freikorps – seit Oktober 1918 an der Grenze zu Jugoslawien im bewaffneten Nationalitätenkampf aktiv gewesen waren. Die *Arditi* waren also erprobt im Bürgerkrieg, den sie als Fortsetzung des Krieges mit anderen Mitteln ansahen.[59] Ihre politische Aktivität erschöpfte sich weitgehend in Aufmärschen und gewalttätigen Aktionen. Ihr erster öffentlicher Auftritt bestand bezeichnenderweise Anfang 1919 darin, eine politische Versammlung des Reformsozialisten Leonida Bissolati in der Mailänder Scala durch lärmendes und gewalttätiges Auftreten zu sprengen.[60] Noch einen Schritt weiter gingen sie, als sie in Mailand am 15. April 1919 die Redaktionsräume des sozialistischen Zentralorgans „Avanti" erstürmten und verwüsteten. An dieser Aktion nahm zwar auch schon der Mailänder *Fascio di Combattimento* Mussolinis teil, es waren jedoch die *Arditi*, die bei dieser Aktion den Ton angaben und so in dieser Hinsicht geradezu zu den ersten Lehrmeistern des Faschismus wurden. Die spätere Massenchoreographie und die quasi militärische Kostümierung übernahmen die Faschisten allerdings nicht von den *Arditi*, sondern von D'Annunzios *Legionari Fiumani*.

Die Mitgliederzahl der *Arditi* ist von Renzo De Felice auf etwa 10.000 geschätzt worden.[61] Das dürfte enorm übertrieben sein. Wahrscheinlich handelte es sich bei den *Arditi* nur um einige Hundert.[62] Der organisatorische Ausbau der Bewegung der *Arditi d'Italia* kann nämlich nicht sehr weit ge-

---

58 Vgl. dazu und zum folgenden R. De Felice, Mussolini il rivoluzionario, Turin 1965, S. 419–544; F. Cordova, Arditi e legionari dannunziani, Padua 1969; G. Grana, Il futurarditismo e i proto-modelli dell'azione fascista, in: R. H. Rainero, Il futurismo. Aspetti e problemi, Mailand 1993, S. 101–120.
59 Vgl. zu den Arditi des ersten Weltkrieges G. Rochat, Gli arditi della grande guerra, Mailand 1981.
60 Vgl. De Felice, Mussolini il rivoluzionario, S. 485–490.
61 Ebd., S. 477.
62 So N. Tranfaglia, La prima guerra mondiale e il fascismo, Turin 1996, S. 155.

diehen sein, da sich ihr Gründer Carli schon nach kürzester Zeit Mussolini zuwandte. Er und andere Futuristen, darunter besonders auch Marinetti, waren am 23. März 1919 in Mailand an der Gründung des ersten *Fascio di Combattimento* beteiligt.[63] Nach dem heutigen Stand der Forschung kann das auch nicht überraschen, da die *Arditi* sich gegen finanzielle Gegenleistung schon vorher als „bewaffneter Arm des entstehenden Faschismus" betätigt hatten.[64]

In ideologischer Hinsicht schien die Anlehnung an den Faschismus für die Futuristen ohnehin kein weiter Schritt zu sein, da Mussolini diesen ganz im Sinne des Futurismus ursprünglich als Antipartei definierte und auf dessen Bewegungscharakter setzte.[65] Ebenso wie die Futuristen glaubte auch Mussolini an den Primat der Aktion gegenüber der Doktrin. Auch unklare und einander widersprechende ideologische Versatzstücke im Programm des Urfaschismus ließen sich scheinbar miteinander verbinden, wenn man sie in einem demonstrativ antiideologischen Aktionismus aufhob. Im übrigen war der frühe Faschismus für die Futuristen deshalb attraktiv, weil er ihnen den Zugang zur Arbeiterklasse zu eröffnen schien, den sie selbst nicht hatten herstellen können und den sie auch über die *Arditi* nicht erreicht hatten. Anders als die gesamte futuristische Intelligenz hatte Mussolini ja den unschätzbaren politischen Vorteil, selbst aus dem Sozialismus zu kommen. Er führte die Teile des nationalistischen Sozialismus in den Faschismus, die sich schon 1914 von dem als zu quietistisch angesehenen *Partito Socialista Italiano* abgesetzt hatten.[66] In den Augen der Futuristen schienen die *Fasci di Combattimento* daher den Charakter einer nationalrevolutionären Massenbewegung zu haben.

Um so größer war unter den Futuristen die Enttäuschung, als die junge faschistische Bewegung bei ihrem ersten Versuch, politische Bestätigung zu finden, kläglich scheiterte. Bei den Parlamentswahlen vom 20. November 1919 erhielt die faschistische Liste, auf der in Mailand unter anderem Mussolini und Marinetti kandidierten, gerade einmal 4.795 Stimmen, während die Sozialisten es auf etwa 170.000 und die katholischen Popolari auf etwa 74.000 Stimmen brachten.[67] Wegen eines – nicht von ihnen zu verantwortenden – Bombenanschlags wurden Mussolini und Marinetti nach den Wahlen, wie schon einmal im April 1915, verhaftet und für drei Wochen im Gefängnis gehalten.[68] Das gemeinsame politische Märtyrertum konnte jedoch nicht überdecken, daß die unruhigen futuristischen Intellektuellen auch das faschistische Experiment schon wieder als gescheitert ansahen. Marinet-

---

63 Vgl. dazu R. Vivarelli, Le origini del fascismo, Bd. 1, Bologna 1992.
64 Rochat, Gli arditi, S. 116.
65 Vgl. F. Cordova, Le origini dei sindacati fascisti 1918–1926, Bari 1974.
66 E. Gentile, Le origini dell'ideologia fascista (1918–1925), Bari 1975.
67 Vgl. De Felice, Mussolini il rivoluzionario, S. 572.
68 Marinetti, Futurismo e fascismo, S. 17.

ti und Carli schieden zwar erst nach dem ersten faschistischen Kongreß in Mailand vom Mai 1920 aus der faschistischen Bewegung aus. Wie Emilio Gentile überzeugend nachgewiesen hat, waren sie jedoch schon seit den Novemberwahlen von 1919 auf dem Rückzug aus der Partei.[69]

Der letzte Versuch eines kleinen Häufleins von Futuristen mit Mario Carli und Ferruccio Vecchi an der Spitze, Anschluß an die Bewegung D'Annunzios in Fiume zu finden, scheiterte ebenfalls.[70] Ein Dichter an der Spitze einer nationalrevolutionären Bewegung, zudem noch in selbstherrlicher militärischer Aktion – das schien den ursprünglichen Idealen der futuristischen Avantgarde zu entsprechen. Der Versuch der nach Fiume geeilten futuristischen Intellektuellen, sich der Bewegung D'Annunzios zu bemächtigen, schlug jedoch ebenso rasch fehl wie zuvor die Assimilierung der *Arditi* und der Faschisten an den Futurismus. Das Mißtrauen der großenteils aus dem revolutionären Anarchismus kommenden *Fiumani* gegenüber den exfaschistischen Futuristen war zu groß, als daß es eine Vereinigung zugelassen hätte.

Der Konflikt zwischen den futuristischen Intellektuellen und den Faschisten vollzog sich ideologisch über die unterschiedliche Auffassung von „Revolution". Futuristen und Faschisten waren gemeinsam unter dem Programm einer „italienischen Revolution" angetreten. Wie sich herausstellte, war das für Mussolini jedoch nur eine rhetorische Floskel, die ihn nicht von taktischen Wendungen abhielt, wenn er diese für nötig hielt. Selbst seine abrupte Zuwendung zur katholischen Kirche und seine Bestandsgarantie für die Monarchie konnte er mühelos als Teil seiner nationalrevolutionären Strategie darstellen. Man kann das als politischen Opportunismus bezeichnen, in jedem Fall aber stand dahinter eine prinzipiell andere politische Philosophie, als sie die futuristischen Wortführer hatten. Die Trennung der futuristischen Avantgarde von der faschistischen Bewegung war daher unvermeidlich. Nur wenige der futuristischen Intellektuellen waren in der Lage, sich der politischen Kompromißstrategie Mussolinis anzupassen und auch noch – wie beispielsweise Giuseppe Bottai als mehrfacher Minister – innerhalb des Faschismus an prominenter Stelle eine politische Karriere zu verfolgen. Die Mehrheit ging nach dem gescheiterten politischen Abenteuer der Nachkriegszeit seit 1922 wieder den Weg zurück in die Kunst. Die gescheiterten politischen Avantgardisten trafen hier mit den Futuristen zusammen, die nach Kriegsende gleich auf freie künstlerische Aktivitäten gesetzt hatten. Der zweite Futurismus erhob keinen Anspruch mehr darauf, eine politische Avantgarde zu sein, sondern markierte in seiner künstlerischen Selbstgenügsamkeit deren Ende.

---

69 Gentile, Il futurismo e la politica, S. 136 ff.
70 Gentile, Le origini dell'ideologia fascista, S. 166–186.

Rußland an der Jahrhundertwende

Zeitdiagnosen und Zukunftsprojektionen aus östlicher Perspektive

von Dietrich Geyer

I. Einführung. Wer sich mit Rußland befaßt, wird schwerlich schlagende Belege dafür finden, daß der Abschied vom 19. Jahrhundert von den Zeitgenossen als Zäsur in der „vaterländischen Geschichte" empfunden worden wäre. Doch wenig später, in den Konvulsionen von 1905, nahm sich die russische Welt schon anders aus: Die militärische Katastrophe im Krieg gegen Japan hatte im Zarenreich die Revolution hervorgetrieben, einen Massenaufruhr, für den es in der Erinnerung der lebenden Generationen keine Parallele gab. Nun erst war der Eindruck allgemein, an einer Epochenwende zu stehen, die nicht nur Rußland, sondern womöglich auch dem „Westen" tiefgreifende Veränderungen bringen werde.

Diese erste Kulminationsphase sozialer Revolutionierung wird in der folgenden Problemübersicht zwar nicht ausgeblendet, aber doch am Rande der Betrachtung bleiben. Die Erörterung konzentriert sich auf Zeitdiagnosen und Zukunftsprojektionen jener Jahre, in denen Rußland die Erfahrung von Krieg und Revolution noch vor sich hatte. Dabei kann der historische Kontext nicht außer acht gelassen werden, auf den sich die Äußerungen bezogen: die Sozial- und Herrschaftsverfassung des Vielvölkerreiches, die imperialen Ambitionen der zarischen Machteliten und der Reflexionsstand des „geistigen Rußlands" gleichermaßen. Der vorliegende Beitrag kann von diesen Rahmenbedingungen nur ein skizzenhaftes Bild vermitteln.[1]

Als das 20. Jahrhundert begann, war die Ansicht, am Vorabend grundstürzender Ereignisse zu leben, im Zarenreich nicht sonderlich verbreitet. In weiten Teilen des aufgeklärten Publikums, zumal der großen Städte, schwankte die Stimmung zwischen Zeitkritik und Melancholie. Was die Energien lähmte, war jenes Grundgefühl sinnentleerten Lebens, das den Dramen Tschechows auf der Bühne des Moskauer Künstlertheaters damals zu einzigartiger Resonanz verhalf. Von Ironie durchzogene Neujahrsglückwünsche wie die, die Wassili Jantschewezki, ein junger Reisekorrespondent, dem vom Glockenklang des „Heiligen Rußland" noch ganz erfüllten deutschen Dichter Rilke übersandte, haben diese Empfindung in beispielhafter Weise ausgedrückt:

---

1 Auch von der Forschungsliteratur kann hier nur eine äußerst knappe Auswahl nachgewiesen werden. Zur Orientierung vgl. die einschlägigen Beiträge in: Handbuch der Geschichte Rußlands, Bd. 3/1–2: 1856–1945, Hg. G. Schramm, Stuttgart 1983/1992; zu neueren Ansätzen die vorzügliche Studie von M. Stadelmann, Das revolutionäre Rußland in der Neuen Kulturgeschichte. Diskursive Formationen und soziale Identitäten, Erlangen 1997.

„Was sich in Rußland jetzt ereignet? Hier klirren die Fröste, die Bauern in den Dörfern liegen auf dem Ofen und kriechen einmal in der Woche, am Sonnabend, herunter, um in der Banja zu schwitzen, sich nackt im Schnee zu wälzen, wieder in die Banja zu schlüpfen und dann von neuem auf den Ofen zu steigen – wieder für eine Woche. Unsere gebildete Intelligenz spricht von einer Konstitution, schimpft auf die Regierung, auf die Engländer und Ihren Wilhelm, spielt ‚Wint‘, trinkt ‚Kasenka‘ und liest Maxim Gorki. Die Studenten rebellieren, kommen auf Versammlungen zusammen, fordern von der Regierung ‚Verwaltungsreformen‘, werden dafür verhaftet und nach Hause zu Mama verbannt. Zu Hause halten sie den Provinzfräuleins hochtrabende Reden, tragen lange Haare und lesen Marx und Maxim Gorki. Da haben Sie in Kürze ein allgemeines Bild vom gegenwärtigen Rußland. Alles darüber hinaus wäre schon Individualisierung."[2]

Kein Zweifel, daß solche ironischen Betrachtungen eingeschliffene Stereotypen weitergaben und den beschleunigten Wandel nicht erfassen konnten, der das Zarenreich seit den 1890 Jahren ergriffen hatte. Die geistige Elite stand in enger Fühlung mit den vielfältigen Orientierungsangeboten, die aus der europäischen Kulturkrise des *Fin de siècle* kamen: mit den Auseinandersetzungen um die Philosophie Nietzsches, den Neukantianismus und den marxistischen Revisionismus, mit den Kunstrichtungen der „Dekadenz": dem Jugendstil, dem Symbolismus und der Neoromantik, deren Gemeinsamkeit in Rußland darin bestand, sich der Hegemonie des sozialkritischen Realismus zu entziehen. In der von Sergei Djagiljew und Alexander Benois angestoßenen Bewegung *Mir iskusstva* (Die Welt der Kunst) sprach sich die Bemühung aus, den spezifischen Beitrag Rußlands zur europäischen Moderne sichtbar zu machen und zu verdeutlichen, daß die schöpferischen Kräfte des Ostens von unverwechselbar eigenen Quellen zehrten. Auf die nach Westen ausstrahlenden Zeugnisse dieses Kreativitätsschubs, der im Rückblick vom „silbernen Zeitalter der russischen Kultur" hat sprechen lassen, kann hier nicht näher eingegangen werden.[3]

Bei aller Betriebsamkeit, die dieses russische „Europäertum" entfaltete, darf nicht vergessen werden, daß die Uhren im Zarenreich noch immer anders gingen als jenseits seiner Grenzen. Während der Westen nach dem gregorianischen Kalender lebte, hatte die autokratische Obrigkeit an der julianischen Zeitrechnung festgehalten, die zweihundert Jahre zuvor, auf Anordnung Peters des Großen, an die Stelle der biblischen, von der Erschaffung der Welt abgeleiteten Jahreszählung getreten war. Bis dahin war Rußland dem übrigen Europa um 5508 Jahre vorausgewesen, doch von nun an blieb es hinter seinen westlichen Nachbarn zurück: elf Tage im achtzehnten, zwölf im neunzehnten, dreizehn Tage im zwanzigsten Jahrhundert. Erst die

---

2 Zit. nach K. Asadowski (Hg.), Rilke und Rußland. Briefe, Erinnerungen, Gedichte, Frankfurt 1986, S. 243 f.
3 M. Deppermann, Rußland um 1900: Reichtum und Krise einer Epoche, in: Musik-Konzepte 37/38, München 1984, S. 61–106.

Sowjetmacht vollzog, wozu sich die zarische Regierung trotz wiederholter Reformprojekte nicht hatte entschließen können. Wenige Wochen nach dem Oktoberumsturz, zum 1. Februar 1918, verfügten die roten Kommissare den Anschluß Rußlands an die europäische Zeit.[4]

Der Eigensinn, mit dem das alte Regime auf seinem kalendarischen Sonderweg beharrte, war keine bloße Kaprice der Petersburger Bürokratie, sondern hatte einen prinzipiellen Kern. Er kam aus dem universalistischen Anspruch der russisch-orthodoxen Staatskirche, deren Haupt und Protektor der „gottgesalbte, apostelgleiche Herrscher" Rußlands war. Dieses Selbstverständnis widerstrebte dem Gedanken, die „Heilige Rus" einer Zeitrechnung zu unterwerfen, deren Regelwerk ein römischer Papst beglaubigt hatte. So war der julianische Kalender symbolischer Ausdruck für das Immediatverhältnis der russischen Orthodoxie zum dreieinigen Gott geblieben, für die Distanz gegenüber dem lateinisch geprägten Europa, das, ob katholisch oder protestantisch, vom rechten Glauben abgefallen in Häresie und Sünde lebe.

II. Apokalypse und Revolutionserwartung. Von tiefer Unruhe gezeichnet waren um die Jahrhundertwende die Zukunftsbilder jener europäisch gebildeten, geistigen Elite, die über den Lauf der Welt in religiösen Kategorien dachte, in Abkehr von den erstarrten Dogmen der orthodoxen Kirche und der Staatsgläubigkeit ihrer Hierarchie. Lew Tolstoi, der „weise Mann" in Jasnaja Poljana, vom Heiligen Synod als Häretiker und Volksverderber exkommuniziert, gehörte dazu. Mit dem ethischen Rigorismus seiner späten Schriften, die viele Verehrer seiner Kunst enttäuschten, konnte der alte Graf im Bauernkittel zahlreiche, auch weibliche Jünger an sich binden. Provozierender noch wirkte die Botschaft Nietzsches, der den christlichen Gott für tot erklärte. Die prometheische Figur des „Übermenschen", dem Nietzsche die Zukunft überließ, wurde als Herausforderung empfunden und bestärkte die Neigung philosophierender Geister, sich in apokalyptischen Reflexionen zu ergehen. Wer an Weltschmerz litt, an Verzweiflung ob der Verworfenheit bürgerlicher Kultur, konnte den Diskursen kaum entkommen, die um die Rede vom nahen „Ende der Geschichte" kreisten. Auch Nikolaj Fjodorows kosmologische Wiedererweckungslehre, die die Resurrektion der Toten den Fortschritten der Technik anvertraute, ist in diesem Zusammenhang zu sehen.[5]

---

4 R.C. Williams, The Russian Revolution and the End of Time, 1900–1940, in: Jahrbücher für Geschichte Osteuropas (= JGO) 45. 1995, S. 364–401.
5 E. Dieckmann, Polemik um einen Klassiker. Lew Tolstoi im Urteil seiner Zeitgenossen, Berlin 1987; B.G. Rosenthal (Hg.), Nietzsche in Russia, Princeton 1986; M. Hagemeister, Nikolaj Fedorov. Studien zu Leben, Werk und Wirkung, München 1989; J. Scherrer, Die Petersburger Religiös-Philosophischen Vereinigungen. Die Entwicklung des religiösen Selbstverständnisses ihrer Intelligenzija-Mitglieder (1901–1917), Berlin 1973; D.M. Bethea, The Shape of Apocalypse in Modern Russian Fiction, Princeton 1989.

Niemand in Rußland hat das Erscheinen des Satans (nach dem Text der Offenbarung) damals in ähnlich dichter, Rußland, Europa und die Welt umgreifender Beschreibung vorgetragen, niemand die Apokalypse mit den großen Fragen der Gegenwart so unmittelbar verknüpft wie Wladimir Solowjow, die überragende Gestalt russischen religiösen Philosophierens in jener Zeit. Ende Februar 1900, im Jahr seines Todes (31. Juli), erstmals publiziert, bald darauf den „Drei Gesprächen über Krieg, Fortschritt und das Ende der Weltgeschichte" als Anhang beigegeben, griff Solowjow mit seiner „Kurze[n] Erzählung vom Antichrist" in höchst konkreten Bildern weit in die Zukunft aus.[6] Das 20. Jahrhundert beschrieb er als „die Epoche der letzten großen Kriege, Revolutionen und politischen Umwälzungen", eröffnet durch einen zweiten Mongolensturm, angestoßen von den in Technik und Militärwesen europäisierten Japanern, exekutiert von einem Millionenheer ihrer gelehrigsten Schüler, den Chinesen.

Hier wurden, noch ehe der Boxeraufstand die Gemüter erregte, jene Bedrohungsszenarien aufgenommen, die durch das Schlagwort von der „Gelben Gefahr", unter Mitwirkung des Deutschen Kaisers, seit dem japanisch-chinesischen Krieg von 1894/95 evoziert worden waren.[7] Schon damals hatte Solowjow aus den vermeintlichen Ambitionen des „Panmongolismus" die „historische Katastrophe" Rußlands und Europas kommen sehen. Nun rückte er diese bange Ahnung in eine heilsgeschichtliche Perspektive, doch der Trost, den er der Menschheit verhieß, lag in unerreichbar weiter Ferne. Was er in naher Zukunft erwartete, war das Versinken der zivilisierten Welt in einem Meer von Blut und Tränen, verursacht von der Schreckensherrschaft des Bogdo Khan und seiner Söhne. Erst nach fünfzig Jahren bitteren Leids, so Solowjow, werde es dank der gesammelten Kraft der europäischen Völker zur Vertreibung der Mongolen kommen, zur Entstehung der „Vereinigten Staaten von Europa" im Zeichen des Friedens, des Fortschritts und des allgemeinen Wohlstands. Doch diese Segnungen würden sich als trügerisch erweisen. Denn sie seien die Folge des triumphalen Aufstiegs des Antichrist, der Lichtgestalt des „Übermenschen", der unter dem Jubel der verblendeten Menschheit als „Welt-Kaiser" an die Stelle des Gottessohnes treten werde.

Den Höllensturz dieses großen Verführers sagte Solowjow für die 70er Jahre des 21. Jahrhunderts voraus: Als der Antichrist, inzwischen auch Ehrendoktor der Tübinger Evangelisch-Theologischen Fakultät geworden, in Jerusalem sich anschickt, die getrennten christlichen Kirchen unter seinem Zepter auf einem großen Konzil zu einen, trifft er auf den Widerstand einer glaubensstarken Minderheit, repräsentiert durch Petrus, den römischen Papst, den russischen Starzen Johannes und den protestantischen Theologie-

---

6 Die folgende Zusammenfassung nach der von Ludolf Müller übersetzten und kommentierten deutschen Ausgabe: W. Solowjow, Kurze Erzählung vom Antichrist, München 1968.
7 H. Gollwitzer, Die gelbe Gefahr. Geschichte eines Schlagworts. Studien zum imperialistischen Denken, Göttingen 1962.

professor Paulus. Die Erhebung der Juden kommt hinzu. Und so erfüllt sich die Prophetie der Offenbarung im Heiligen Land: Die satanische Natur des Kaisers wird durch die Wunder des Himmels bloßgelegt, der Antichrist von Feuerströmen verschlungen, die von ihm Getöteten, Christen und Juden gleichermaßen, werden zu neuem Leben erweckt, um im Zeichen des Kreuzes „für tausend Jahre mit Christo zu herrschen".

Dem Symbolgehalt dieser „Erzählung" kann hier sowenig nachgegangen werden wie der Fülle kritisch-ironischer Anspielungen auf die Misere der christlichen Kirchen und ihrer Theologen. Auch die zeitgenössischen Bezüge, die dem Panmongolismus-Syndrom zugrunde lagen, sollen hier beiseite bleiben. Wichtiger ist zu sehen, daß Solowjow, ein vehementer Kritiker des russischen Nationalismus, den Anspruch auf die spirituelle Exklusivität des rechtgläubigen Rußlands weit hinter sich gelassen hatte. Von den messianistischen Projektionen, die, Dostojewski und anderen Aposteln folgend, die Erlösung der Welt und die „All-Einheit" der Menschheit für die göttliche Bestimmung der Russen hielten, war in dieser Apokalyptik keine Spur zu finden. Nicht weniger gegenwartsbezogen war die entschiedene Absage an den Antijudaismus und Antisemitismus, von dem sich die Integrationsstrategien der orthodoxen Amtskirche und der Polizeibehörden damals tragen ließen. Die Juden, von nationalistischen Stimmführern als Feinde Rußlands stigmatisiert, wurden von Solowjow nicht ausgestoßen, sondern sollten, wie die Christen selber, der Rettung der Seelen teilhaftig werden. In einer Zeit, in der auch der Zarenhof sich dem Phantom einer „jüdischen Weltverschwörung" zu öffnen begann, wog dieses Vermächtnis des großen Philosophen nicht gering.[8]

Um den Stellenwert der von Solowjow geprägten religiös-philosophischen Richtung zu verstehen, ist an elementare Problemlagen russischer Ideengeschichte zu erinnern. Seit den 1830er Jahren, vollends seit 1848, hatte die Frage, ob Rußland Europa zugehöre oder eine Welt sei für sich selber, die russische Bildungselite nicht mehr losgelassen. In den Kontroversen, die zwischen den „Westlern" und den „Slawophilen" damals aufgebrochen waren, hatten Generationen philosophisch und politisch argumentierender Literaten sich die Finger wund geschrieben. Für die einen, die *Zapadniki*, war Rußland ein zurückgebliebener Teil der europäischen Kultur, dazu bestimmt, den Zivilisationsfortschritt des Westens aufzuholen; für die Slawophilen stand außer Zweifel, daß der Finger Gottes dem rechtgläubigen Rußland einen unverwechselbar eigenen Weg in der Geschichte angewiesen hatte.[9]

---

8   H.-D. Löwe, Antisemitismus und reaktionäre Utopie. Russischer Konservativismus im Kampf gegen den Wandel von Staat und Gesellschaft 1890–1917, Hamburg 1978, erw. engl. Fassung: The Tsars and the Jews. Reform, Reaction and Antisemitism in Imperial Russia, Chur 1993; M. Hagemeister, Sergei Nilus und die „Protokolle der Weisen von Zion", in: Jb. für Antisemitismusforschung 5.1996, S. 127–47.
9   Der zeitgenössische Klassiker zu dieser Schlüsselfrage: T. Masaryk, Rußland und Europa.

Um die Jahrhundertwende waren diese alten Identitätsdebatten noch immer gegenwärtig: in den hohen Rängen der Staatsbürokratie, die in dieser Zeit des Eisenbahnbaus und der forcierten Industrialisierung den Begriff des „Fortschritts" neu zu definieren hatte; in den durch Besitz und Bildung privilegierten Schichten, die sich von der liberalen Idee der „zivilen Gesellschaft" herausgefordert sahen; im Lager der revolutionären Intelligenz, wo die Faszination der Marxschen Lehren das Credo der „Volkstümler" (*Narodniki*) zu entwerten schien, wonach die sozialistische Zukunft Rußlands in den urtümlichen Lebensformen des Bauernvolkes schon enthalten sei. Die Marxisten dagegen vertrauten den „ehernen Gesetzen des historischen Prozesses" und waren überzeugt, daß Rußland, um im „Reich der Freiheit" anzukommen, beim Kapitalismus „in die Lehre gehen" müsse.[10]

Ende der 1890er Jahre war indessen schon offenbar geworden, daß die „Revisionismusdebatte" in der deutschen Sozialdemokratie auf die Frontbildungen innerhalb der revolutionären Intelligenz in Rußland wie Scheidewasser wirkte. Die Entzauberung des „revolutionären Wunderglaubens" durch Eduard Bernstein bewog nicht wenige reflektierende Köpfe dazu, sich von der „monistischen Geschichtsauffassung" zu lösen und den Kampf gegen die Autokratie mit liberaldemokratischen Konzepten zu bestreiten. Dagegen wurden die Differenzierungsprozesse, die 1903 zur Spaltung der Sozialdemokraten in einen „bolschewistischen" und einen „menschewistischen" Flügel führten, von der Beobachtung genährt, daß der Marxsche Revolutionsbegriff aus der Praxis der westlichen Bruderparteien gewichen und in eine nur noch rhetorisch konservierte Weltanschauung abgewandert sei. Ihren Widerstand gegen diesen „Opportunismus" sollten nicht nur die „Leninisten", sondern auch die sich neu formierenden Sozialrevolutionäre mit der Überzeugung verbinden, daß ihnen „die Geschichte" ein besonderes Mandat auf dem Weg zur Weltveränderung übertragen habe.

Außer Frage steht, daß das zarische Rußland vulkanisches Gelände war, von schweren Spannungen gezeichnet, die an der Jahrhundertwende bereits nach außen traten und sich 1905 über die Teilräume des Reiches hin in Arbeiteraufständen, Bauernerhebungen und Militärrevolten erstmals entladen sollten. Linksradikale Protestbewegungen der berufsständischen Intelligenz und der politisierten Studentenschaft konnten vor diesem Hintergrund eine bis dahin ungeahnte Schubkraft entfalten. Ihr Ziel war es, die Autokratie im Namen staatsbürgerlicher Freiheit zur Kapitulation zu zwingen. Die re-

---

Studien über die geistigen Strömungen in Rußland. Zur russischen Geschichts- und Religionsphilosophie. Soziologische Skizzen, Jena 1913, 2 Bde.
10 Hierzu und zum folgenden aus der Fülle der Forschungsliteratur: D. Geyer, Lenin in der russischen Sozialdemokratie. Die Arbeiterbewegung im Zarenreich als Organisationsproblem der revolutionären Intelligenz, 1890–1903, Köln 1962; M. Hildermeier, Die Sozialrevolutionäre Partei Rußlands. Agrarsozialismus und Modernisierung (1900–1914), Köln 1978.

volutionären Untergrundparteien, Mitglieder der Sozialistischen Arbeiter- und Gewerkschaftsinternationale, riefen zum „bewaffneten Massenkampf" gegen den Zarismus auf: die Sozialrevolutionäre, Erben der *Narodniki*, auf das „werktätige Volk" in Dorf und Stadt justiert und auf die Wirkung individueller Terrorakte bauend; die von Flügelkämpfen zerrissenen Sozialdemokraten mit dem Anspruch, die Hegemonie der Arbeiterklasse durchzusetzen und die Revolution mit Unterstützung des europäischen Proletariats womöglich „permanent" zu machen.[11]

Mit dem Ausbruch des russisch-japanischen Krieges hatten sich dafür neue Perspektiven aufgetan. Niemand von denen, die dem alten Regime den Tod geschworen hatten, schien der revolutionären Hebelwirkung dieses Krieges sicherer zu sein als Lenin, der führende Kopf der Bolschewiki. Schon aus Anlaß des Boxeraufstands, als er in seinem Schwabinger Quartier die erste Ausgabe der Zeitung „Iskra" redigierte, hatte er, in scharfer Frontstellung gegen die Protagonisten der „gelben Gefahr", die Solidarität zwischen dem russischen und dem chinesischen Volk beschworen. Beide Völker litten, schrieb er im Dezember 1900, „unter dem gleichen Übel ..., unter einer asiatischen Regierung, die aus hungernden Bauern Steuern herauspreßt und jedes Streben nach Freiheit mit Militärgewalt unterdrückt, unter dem Joch des Kapitals, das auch ins Reich der Mitte eingebrochen ist ... Europäische Kapitalisten strecken ihre gierigen Tatzen nach China aus. So ziemlich an der Spitze steht dabei die russische Regierung."[12]

Wenig später, im Februar 1902, rückte Lenin in der berühmten Schrift „Was tun?", der der Stuttgarter Parteiverlag der deutschen Sozialdemokratie zum Druck verhalf, sein Projekt einer berufsrevolutionären Kaderpartei in weite, Europa, Rußland und Asien umfassende Perspektiven: „Die Geschichte hat uns vor die revolutionärste aller revolutionären Aufgaben gestellt, die je auf das Proletariat irgendeines anderen Landes zugekommen ist." Der Sturz des Zarismus, „der mächtigsten Stütze nicht nur der europäischen, sondern auch der asiatischen Reaktion, würde das russische Proletariat zur Avantgarde des internationalen Proletariats machen."[13] Wie man sieht: Das Selbstbewußtsein dieses außerhalb der eigenen Konventikel damals noch unbekannten Mannes war nicht klein.

Nach Beginn des Krieges in der Mandschurei schien für Lenin die Zeit gekommen, um seiner ins Messianistische ausschweifenden Vision die revolutionäre Praxis anzupassen. Nach dem Fall von Port Arthur, am Jahresende 1904, plädierte er öffentlich für den Sieg der Japaner mit der Begründung, daß „der Kampf des internationalen und des russischen Proletariats für den Sozialismus" in stärkstem Maß von der Niederlage des russischen

---

11 Jüngste Gesamtdarstellung des Revolutionsverlaufs: A. Ascher, The Revolution of 1905, Bd. 1: Russia in Disarray, Bd. 2: Authority Restored, Stanford 1988/1992.
12 Der China-Krieg (1.12.1900), in: Lenin, Werke, Bd. 4, S. 371–76.
13 Was tun? Brennende Fragen unserer Bewegung, in: LW, Bd. 5, S. 355–551, hier: S. 383.

Absolutismus in diesem Krieg abhängig sei. Der Kampf der japanischen Bourgeoisie gegen den Zarismus besitze progressive Bedeutung; das „fortschrittliche Asien" (in Gestalt Japans) bringe dem „rückständigen Europa" (in Gestalt des Zarismus) entscheidende Schläge bei; infolgedessen spiele dieser „historische Krieg" eine „gewaltige revolutionäre Rolle": „Der Krieg ist noch längst nicht beendet, aber jeder Schritt zu seiner Verlängerung bringt uns dem Augenblick eines neuen gewaltigen Krieges näher, dem Krieg des Volkes gegen die Selbstherrschaft, dem Krieg des Proletariats für die Freiheit."[14]

Kein anderer Sozialdemokrat diesseits oder jenseits der russischen Grenzen hat damals ähnlich unverhüllt darauf bestanden, daß nicht der Friede, sondern der Krieg das Elixier der Revolutionäre sei. Die Menschewiki, Lenins schärfste Kontrahenten, wiesen diese Auffassung mit Entschiedenheit zurück. Sie hielten sich an die Maxime der Sozialistischen Internationale, wonach Kriege, welcher Art auch immer, den Interessen der arbeitenden Massen widersprächen. Gleichermaßen fremd war ihnen der Gedanke, dem russischen Proletariat eine internationale Führungsrolle zuzumuten. Nach wie vor stand für sie fest, daß auf dem Weg zum „Klassensieg über die bürgerliche Ordnung" nicht Rußland, sondern die „sozialistische Revolution im Westen" voranzugehen habe.[15]

III. Kulturgrenzen im Vielvölkerstaat. Wer sich, mit welchen Begründungen auch immer, auf die Sonderlage Rußlands berief, hatte dem Umstand Rechnung zu tragen, daß das Imperium im „Russentum" nicht aufging. Rußland war kein kultureller Raum, dessen Bevölkerung, unter dem Zarenadler und im rechten Glauben wohlgeborgen, die übergreifende Identität einer Reichsnation hervorgetrieben hätte. Es war kein russischer Nationalstaat, sondern ein Vielvölkerreich, ein in ethnischer, konfessioneller und sprachlicher Hinsicht fragmentiertes Staatsgebilde, das wenig Anlaß bot, die suggestive Formel von der „Einheit und Unteilbarkeit" des Reiches für mehr zu halten als für ein ideologisches Produkt der Autokratie und ihrer Machteliten.[16] Insofern hatte dieses gigantische Kontinentalreich mit seinen weiträumigen asiatischen Peripherien – trotz aller Sonderbedingungen – ähnliche Strukturprobleme auszutragen wie die von Nationalitätenkämpfen gezeichnete Habsburger Monarchie und die Osmanische Türkei, über deren Schicksal in den

---

14 Der Fall von Port Arthur (1.1.1905), in: LW, Bd. 8, S. 34–42, hier: S. 40 f.
15 L. Martov, Na očeredi. Rabočaja partija i „zachvat' vlasti" kak naša bližnjašaja zadača, in: Iskra, 93 (17.3.1905), 4. – Zur menschewistischen Polemik gegen den „bonapartistischen" Charakter der bolschewistischen Parteikonzeption mit der hellsichtigen Unterstellung, daß Lenins „theokratische Organisationsutopie" zur Diktatur einer Verschwörerclique über das Proletariat führen werde, vgl. Geyer, Lenin, S. 409 ff.
16 Umfassende Orientierung dazu: A. Kappeler, Rußland als Vielvölkerreich. Entstehung, Geschichte, Zerfall, München 1992. Dort auch Literaturnachweise zur ethno-sozialen Struktur und zu den nationalen Bewegungen in den „Randgebieten".

Hauptstädten der rivalisierenden Großmächte entschieden wurde. Doch anders als Österreich-Ungarn, vom „kranken Mann am Bosporus" zu schweigen, war Rußland eine imperiale Kraft geblieben, von der es allerorten hieß, daß sie die Potenzen einer Weltmacht in sich trüge.

Längst war die Attraktionskraft, die von der europäischen Idee der nationalen Selbstbestimmung ausging, vom Aufruf zur Sprengung der alten „Völkerkerker", auch in Rußland spürbar geworden. Dabei lag den nichtrussischen Nationalbewegungen der Gedanke durchaus fern, die Zukunft der „kleinen Völker" in eigenständigen, aus dem Reichsverband ausbrechenden Nationalstaaten zu suchen. Von den Polen abgesehen, deren Stimmführer von der Idee staatlicher „Wiedergeburt" nicht lassen mochten, ging es vorab um gesetzlich verbürgte Formen kultureller Autonomie: um muttersprachlichen Schulunterricht, Aufhebung der Publikationsverbote, rechtliche Gleichstellung auch in der kommunalen und landschaftlichen Selbstverwaltung. Weitergehende Perspektiven vermittelte das Nationalitätenprogramm der Austromarxisten, das die Nation als Personalverband begriff und ihre Selbstbestimmung im Rahmen einer demokratischen Föderation zu sichern versprach. Doch aus der Sicht der autokratischen Regierung kamen solche Vorstellungen einem Anschlag auf die Integrität des Reiches gleich. Durch die rigide Unterdrückung aller nationalen Regungen blockierte sie jeden ernsthaften Versuch, die Sprengkraft der „nationalen Frage" zu entschärfen. Selbst 1905, als der Massenaufruhr in den Randgebieten einen „Völkerfrühling" einzuleiten schien, ließ sich die Autokratie auf weitertragende Zugeständnisse nicht ein.

Trotz ihrer regressiven Politik war die Regierung außerstande geblieben, die kulturelle Heterogenität des imperialen Herrschaftsraums zu ignorieren. Auf geographischen Karten und in der amtlichen Statistik war von jeher zwischen dem „europäischen" und dem „asiatischen Rußland" unterschieden worden, ohne daß die beiden Teile, den Reichshälften der Donaumonarchie vergleichbar, als administrativ separierte Größen in Erscheinung getreten wären. Drei Jahre vor der Jahrhundertwende hatte die erste „allrussische" Volkszählung die ethnisch-soziale und konfessionelle Vielgestaltigkeit des Reiches so eindrucksvoll ins Bild gebracht, daß sich das Verlangen, Rußland im nationalen Sinn tatsächlich „russisch" zu machen, bei nüchterner Betrachtung eigentlich von selbst hätte verbieten müssen.[17] Der Zensus von 1897, der mit Ausnahme des finnländischen Großfürstentums das ganze Reichsgebiet erfaßte, hatte mehr als einhundert ethnische Gruppen mit eigener Muttersprache identifiziert. Nur 43 % der Bevölkerung gehörten zum „großrussischen Stamm", nur 67 % zu jenem erweiterten Begriff des „Russentums", der sich aus Groß-, Klein- und Weißrussen zusammensetzte und sich auf die Gemeinsamkeit des orthodoxen Glaubens berief. Doch auch dieser Befund reichte

---

17 H. Bauer u. a. (Hg.), Die Nationalitäten des Russischen Reiches in der Volkszählung von 1897, Stuttgart 1991, 2 Bde.

nicht aus, um das gedankliche Konstrukt einer modernen russischen Nation auf das Reservoir der rechtgläubigen Untertanenschaft zu gründen. Die ukrainische Nationalbewegung, die ihr „Piemont" jenseits der Reichsgrenzen in Ostgalizien hatte, ließ schon an der Jahrhundertwende ahnen, daß mit der umstandslosen Einvernahme des „kleinrussischen" Bauernvolkes nicht zu rechnen war.[18]

Vollends aussichtslos war der Versuch, den fortgehenden Prozeß moderner Nationsbildung im polnischen Milieu durch Repressionen stillzustellen und die „Weichselgouvernements", das „Königreich Polen" des Wiener Kongresses, mit der Idee des einen und unteilbaren Rußlands zu versöhnen. Hinzu kam, daß in Litauen, Weißrußland und der rechtsufrigen Ukraine, jenen Territorien, die aus der Konkursmasse der alten Adelsrepublik requiriert worden waren, die alte, von der katholischen Szlachta markierte Kulturgrenze zwischen dem orthodoxen Rußland und dem lateinischen Europa ihre prägende Kraft noch nicht verloren hatte. Obwohl das Zarenregime im Raum zwischen Wilna und Kiew keine Mittel scheute, um die kulturelle und sozialökonomische Hegemonie der polnischen Herrenklasse zu brechen, waren die Erfolgsaussichten der Petersburger Russifizierungsstrategie höchst zweifelhaft geblieben.[19]

Auch die katholischen Litauer, deren Intelligenz sich anschickte, die Vormundschaft des polnischen oder polonisierten Adels abzuwerfen, ließen sich dem „Russentum" nicht einverleiben. Ähnliches galt für die Esten und Letten der Ostseeprovinzen, die unter der Landesherrschaft und dem evangelisch-lutherischen Kirchenpatronat der deutschen Ritterschaften aufgewachsen waren. Ihre nationalbewußte Elite orientierte sich an der überkommenen Sonderstellung Finnlands, die der russische Behördenstaat an der Jahrhundertwende durch rüde Eingriffe in die Autonomie des Großfürstentums zu liquidieren suchte. Nichts sprach dafür, daß die „kleinen Völker" des Baltikums gesonnen gewesen wären, als Preis für die von den Reichsbehörden betriebene Entmachtung der deutschen Herrenschichten ihre nationalkulturelle Identität dahinzugeben.

Von dem Gedanken, die nichtchristlichen „Fremdvölker" des Imperiums mit der russischen Reichsnation zu verschmelzen, hatten die Petersburger Macht eliten seit langem Abstand genommen. Das betraf zumal die muslimische Bevölkerung, die in der kaukasischen Statthalterschaft und in Turkestan unter militärkolonialer Oberherrschaft stand, ohne daß die russische Bürokratie darauf fixiert gewesen wäre, die traditionellen Sozialhierarchien und Lebensformen islamischer Kultur wirksam aufzubrechen. Bildungsbe-

---

18 Zu den aktuellen Historikerkontroversen über eine Nationalgeschichte der Ukraine: M.v. Hagen, Does Ukraine Have a History? in: Slavic Review 54. 1995, S. 658–73, mit den Repliken von G.G. Grabowicz, A. Kappeler u. a., in: ebd., S. 674–719.
19 T.R. Weeks, Nation and State in Late Imperial Russia. Nationalism and Russification on the Western Frontier 1863–1914, DeKalb 1996.

wegungen, von krim- und wolgatatarischen Intellektuellen getragen, begannen nach der Jahrhundertwende, spezifisch islamische Wege zur Moderne zu erproben.[20]

Kennzeichnend für die zarische Rechtspraxis und Verwaltung war, daß den „Fremdvölkern" *(inorodcy)* auch die Untertanen mosaischen Glaubens zugerechnet wurden. Die pauperisierte Mehrheit der „russischen" Juden blieb im sogenannten „Ansiedlungsrayon" der ehedem polnisch-litauischen Gebiete zerniert und einem diskriminierenden Sonderregime unterworfen. Ältere Programme im Stil des gouvernementalen Liberalismus, die auf langfristige Assimilierung zielten, waren Anfang der 1880er Jahre endgültig verworfen worden. Unmittelbar nach der Jahrhundertwende, als eine neue Welle blutiger Pogrome die jüdischen Wohnbezirke mit Angst und Schrecken überzog, kam abermals zutage, daß die Normen des „zivilisierten Europas" in Rußland wenig galten. Diese Bedrängnis erklärt, weshalb unter der jungen Intelligenz neben dem „Jüdischen Arbeiterbund", der stärksten Formation der „allrussischen" Sozialdemokratie, nun auch zionistische Gruppen emanzipatorische Erwartungen auf sich zogen.

Indessen lebten nicht nur die nichtrussischen Untertanen der „Randgebiete" in voneinander scharf geschiedenen Welten, in Verhältnissen prekärer Koexistenz, für die „die Ungleichzeitigkeit des Gleichzeitigen" charakteristisch war. Auch die „urrussischen" Kernzonen des Imperiums wurden von Kulturgrenzen durchschnitten, die niemand übersehen konnte, der nach Rußland kam. Dieser elementare Tatbestand, dem das besondere Interesse der modernen Forschung gilt, kann hier nur angedeutet werden.[21] Die Armut der Masse der Bevölkerung markierte die soziale Kluft zwischen dem „gemeinen", überwiegend kleinbäuerlichen Volk und der europäisierten „Gesellschaft", das enorme Gefälle zwischen dem „hölzernen Rußland" und den großstädtischen „Laboratorien der Moderne" (Karl Schlögel), zwischen der Welt des Kapitals und dem jungen Industrieproletariat, das in den ausgehenden 1890er Jahren unter marxistisch eingefärbten Parolen den „Klassenkampf" zu erproben begann. Diese Sachlage erklärt, weshalb sich das „Volk", auf das sich der russische Nationalismus berief, in die patriotische Reichskultur nicht einbeziehen ließ. Tatsächlich kamen die Prozesse, die von den Historikern als „moderne Nationsbildung" beschrieben werden, bis zum Ende des alten Staates unter den Russen selber nicht wesentlich voran.[22]

---

20 Zur Einführung in den gegenwärtigen Forschungsstand vgl. D.R. Brower u. E.J. Lazzerini (Hg.), Russia's Orient. Imperial Borderlands and Peoples, 1700–1917, Bloomington, Ind. 1997; dazu mit wichtigen Beiträgen zur russischen Politik in den muslimischen Territorien des Reiches: JGO 47. 1999/4.

21 Orientierungen vermitteln: B. Bonwetsch, Die russische Revolution 1917. Eine Sozialgeschichte von der Bauernbefreiung 1861 bis zur Oktoberrevolution, Darmstadt 1991; E.W. Clowes u. a. (Hg.), Between Tsar and People. Educated Society and the Quest of Public Identity in Late Imperial Russia, Princeton 1991.

22 Vgl. H. F. Jahn, Patriotic Culture in Russia During World War I, Ithaca 1995.

Bei alledem versteht sich, daß der Kampf gegen die alte Ordnung nicht nur Männersache war. An der Jahrhundertwende hatte der öffentliche Diskurs über die „Frauenfrage" auch in Rußland bereits eine eigene Geschichte.[23] Das lag nicht nur daran, daß der legendäre Ruhm aristokratischer Dekabristengattinnen ins allgemeine Bildungswissen eingegangen war und die Unerschrockenheit junger, zum Selbstopfer bereiter Revolutionärinnen in der Gesellschaft Abscheu oder Bewunderung erregte. Längst ging das Problem der Geschlechterbeziehungen in der Figur der „Nihilistin" nicht mehr auf, die, dem Elternhaus entlaufen, für die Utopie vom „neuen Menschen" schwärmte.

Tausende von Gymnasiastinnen und Studentinnen, überproportional viele davon aus jüdischen Familien, konnten an der traditionellen Bestimmung des Frauenlebens kein Genüge finden, auch an den Angeboten weiblicher Caritasvereine nicht, die sich der sozialen Not der „niederen Volksklassen" geöffnet hatten. Durch gesetzliche Schranken vom regulären Universitätsstudium ausgeschlossen und auf „Höhere Frauenkurse" verwiesen, blieben den Absolventinnen akademische Berufe in aller Regel unzugänglich. Noch am ehesten boten sich kümmerlich dotierte Stellen für Lehrerinnen, Hebammen oder Apothekerinnen an, die kaum öffentliches Ansehen und materielle Unabhängigkeit versprachen. Auch für sie war es schwer, die Kulturgrenzen zu überschreiten, die sie als Angehörige der gebildeten Klassen von den städtischen und ländlichen Unterschichten trennten.

Für die „Sache der Frau" zu kämpfen hieß vorab, gegen diese Diskriminierungen anzugehen und dafür zu wirken, daß auch der weibliche Teil der Bevölkerung der politischen Freiheitsrechte (einschließlich des Wahlrechts) teilhaftig werden müsse. Obwohl sich die von Männern dominierten Protoparteien sozialistischer und liberaldemokratischer Richtung diesen Forderungen nicht verschlossen, blieben die Genossen doch von der weitergehenden Einsicht unberührt, daß sich „Frauenemanzipation" in der rechtlichen Gleichstellung nicht erschöpfe, sondern nach einer Revolution des Geschlechterverhältnisses auch in den eigenen Reihen verlange. Um feministische Perspektiven zu vermitteln, waren die Voraussetzungen jedoch nicht gut. Was über Sexualität, Prostitution, Sozialhygiene und dergleichen über Sensationsmeldungen hinaus zu sagen war, schlug sich in der legalen Presse und in Fachzeitschriften nieder, ohne den Horizont liberaler Diskurse merklich zu überschreiten.[24]

Junge Frauen, die sich in wachsender Zahl in sozialdemokratischen oder sozialrevolutionären Zirkeln engagierten, blieben mit ihren geschlechtsspezifischen Problemen auf sich selbst verwiesen. Ihre Genossen hatten verinnerlicht, was auch unter deutschen Sozialdemokraten damals als unbestrit-

---

23 B. Pietrow-Ennker, Rußlands „Neue Menschen". Die Entwicklung der Frauenbewegung von den Anfängen bis zur Oktoberrevolution, Frankfurt 1999.
24 L. Engelstein, The Keys of Happiness. Sex and the Search for Modernity in fin-de-siècle Russia, Ithaca 1992.

ten galt: die Überzeugung, daß die Befreiung der Frau in der Befreiung der Arbeiterklasse aufgehoben sei. Die sozialisierten Elektroküchen und Kinderbewahranstalten, von denen in Bebels einschlägigem Klassiker die Rede war, gaben für die praktische Arbeit im proletarischen Milieu nur wenig her. Dem Verlangen nach Literatur, die sich den spezifischen Nöten der Arbeiterfrau gewidmet hätte, wurde von den dafür zuständigen Genossen nicht entsprochen.[25]

IV. Groß- und Weltmachtpolitik. Keine andere Großmacht, die zu den tragenden Säulen des europäischen Staatensystems gehörte, hat nach dem Eintritt in das neue Jahrhundert ähnlich dramatische Erschütterungen ihrer inneren Ordnung erlebt wie das russische Vielvölkerreich. Zehn Jahre bevor das „zivilisierte Europa" in den Untergang hineingerissen wurde, hatte eine Serie schmählicher Niederlagen im Krieg gegen die Japaner genügt, um den alten Staat an den Rand der Katastrophe zu treiben.[26] Daß die Autokratie die revolutionären Konvulsionen überstand, lag nicht nur an der Kombination von Repression und Reform, zu der sich Nikolaus II. nach dem Verfassungsversprechen des Oktobermanifests bewegen ließ. Vielmehr stellte sich heraus, daß der internationale Kapitalmarkt und das verbündete Frankreich Rußland um keinen Preis verlieren mochten, sondern bereit waren, den drohenden Finanzbankrott des Reiches durch eine große Restitutionsanleihe abzuwenden.[27] Obwohl die Regierungen der westlichen Industriestaaten damals keinen Anlaß fanden, die russische Erfahrung auf sich selber zu beziehen, war in Rußland schon mit Händen zu greifen, was als allgemeineuropäisches Problem erst 1917/18 vor aller Augen kommen sollte: die Leichtigkeit, mit der ein kräfteverzehrender Krieg im „Zeitalter des Imperialismus" zum Hebel sozialer Revolutionen werden konnte.

Das Zarenregime war in die Existenzkrise von 1905 und 1906 nicht deshalb hineingeraten, weil es die überkommenen Bindungen Rußlands an Europa gelockert oder gar zerrissen hätte. Seit Peter der Große das schwedische Dominium im Ostseeraum zum Einsturz gebracht, die polnisch-litauische Adelsrepublik dem Willen des Zaren unterworfen und in die deutschen Reichsangelegenheiten eingegriffen hatte, war das Imperium aus dem Europa der Großen Mächte nicht mehr fortzudenken. Kein Zar der nachpetrinischen Zeit wäre je darauf verfallen, Rußland vom übrigen Europa wieder abzuschneiden, keiner mächtig genug, um dies ernsthaft zu probieren. Auch dem letzten Autokraten, Nikolaus II., kam derlei niemals in den Sinn.

---

25 B. Fieseler, Frauen auf dem Weg in die russische Sozialdemokratie, 1890–1917. Eine kollektive Biographie, Stuttgart 1995.
26 J. Kusber, Krieg und Revolution in Rußland, 1904–1906. Das Militär im Verhältnis zu Wirtschaft, Autokratie und Gesellschaft, Stuttgart 1997.
27 D. Geyer, Der russische Imperialismus. Studien über den Zusammenhang innerer und auswärtiger Politik, 1861–1914, Göttingen 1977, S. 169 ff.

Tatsächlich hatte die Revolution von 1905 bestätigt, daß das Reich den Modernisierungspfad keineswegs verlassen hatte, der, an westlichen Mustern orientiert, von den großen Reformen Alexanders II. in den 1860er Jahren markiert worden war. Ziel dieser nachholenden Entwicklung blieb es, den traditionellen Großmachtstatus Rußlands zu bewahren, ohne daß die autokratische Regierungsform dabei zugrunde ging. Systemerhaltung, Modernisierung und imperiale Machtbehauptung sollten ineinandergreifen. Diesem Imperativ Genüge zu tun war im Fortgang der Zeit nicht leichter geworden. Die ökonomische Rückständigkeit des kapitalarmen Landes gegenüber den industrialisierten Staaten konnte trotz aller Anstrengungen nicht verringert werden. Notorisch blieb die Funktionsschwäche der nach liberalen Modellen geschaffenen Institutionen. Die Idee des Rechtsstaats ließ sich dem bäuerlichen Rußland nicht vermitteln, weil das „gemeine Volk" von Recht und von Gerechtigkeit seine eigenen Begriffe hatte.[28]

Auch die äußere Machtstellung Rußlands gab wenig Anlaß zu optimistischen Prognosen. Die dynastischen Beziehungen des Hauses Romanow, das sich seit dem 18. Jahrhundert aus dem Reservoir protestantischer deutscher Fürstenhöfe rekrutierte, trugen die „Große Politik" nicht mehr voran. Das Sonderverhältnis zu Berlin war nach dem Abgang Bismarcks obsolet geworden. Obwohl die russisch-französische Allianz die Zarenhymne und die Marseillaise zusammenklingen ließ, war nicht damit zu rechnen, daß Rußland in Europa zu einer Politik der „freien Hand" je fähig werden könnte. Das zarische Imperium blieb an Frankreich gebunden: in der Konfrontation mit dem Wilhelminischen Deutschland und den österreichischen Balkanambitionen wie mit der britischen Politik, die der russischen Neigung beharrlich widerstritt, nach Konstantinopel und den Meerengen zu greifen. Erst die *Entente cordiale* zwischen Paris und London, vollends die russische Niederlage gegen Japan machten den Weg für ein Interessenarrangement mit Großbritannien frei.

Um die Jahrhundertwende stand der russischen Staatsführung längst vor Augen, daß im Zeitalter der Hochrüstung und des Flottenbaus zu den Qualitäten einer Großmacht die Fähigkeit gehörte, an der Weltpolitik im Stil des modernen Imperialismus erfolgreich teilzunehmen. Von diesen Konditionen ging ein Imitationszwang aus, der die Petersburger Machteliten zu einer Expansionsstrategie verleiten sollte, deren Risiken nicht kalkulierbar waren. Gegen erhebliche Widerstände hatte Sergej Witte, Finanzminister und selbstbewußter Architekt der russischen Industrialisierung, seine Absicht

---

28 Vgl. J. Baberowski, Autokratie und Justiz. Zum Verhältnis von Rechtsstaatlichkeit und Rückständigkeit im ausgehenden Zarenreich 1864–1914, Frankfurt 1996. – In dieser umfassenden Untersuchung wird der Zwangscharakter der Modernisierungspolitik in helles Licht gerückt und die These vertreten, daß die positive Würdigung der Reformen Alexanders II. zu den „Lebenslügen" des gouvernementalen wie des gesellschaftlich fundierten Liberalismus in Rußland gehöre.

durchgesetzt, den Bau der Transsibirischen Eisenbahn zum Vehikel der „friedlichen Durchdringung" Ostasiens zu machen. Dieses ehrgeizige Unternehmen zielte darauf, der „vaterländischen" Industrie im Griff nach der Mandschurei neue Märkte zu erschließen, um Rußland aus der erniedrigenden Abhängigkeit von fremden Kapitalgebern zu befreien.[29]

In zahlreichen, an den Zaren gerichteten Memoranden hatte der Minister für seinen großen Plan geworben, mit dem er weit vorausgriff ins kommende Jahrhundert. „Rußlands Beziehungen zu den Westmächten", schrieb er 1899 in dramatischer Zuspitzung des Problems, „ähneln noch vollkommen den Beziehungen der Kolonialländer zu ihren Metropolen: Die letzteren betrachten ihre Kolonien als günstigen Markt, wo sie die Produkte ihrer Arbeit, ihrer Industrie ungehindert absetzen und aus denen sie die ihnen notwendigen Rohstoffe herausziehen können. Darauf stützen die Staaten Westeuropas ihre ökonomische Macht, und der Schutz oder die Eroberung neuer Kolonien ist dafür ihr hauptsächliches Mittel. Rußland ist für alle industriell entwickelten Staaten auch jetzt noch in gewissem Grad eine solche gastfreie Kolonie, die jene Staaten freigiebig mit billigen Produkten ihres Landes versorgt und für die Erzeugnisse der Arbeit der Industrieländer teuer bezahlt. Doch im Vergleich mit der Lage der Kolonien gibt es einen wesentlichen Unterschied: Rußland ist ein politisch unabhängiger, mächtiger Staat, der das Recht und die Kraft besitzt, nicht ewiger Schuldner der ökonomisch entwickelteren Staaten zu bleiben ..., sondern selbst eine Metropole *(metropolija)* zu sein."[30]

Bei alledem hatte Witte rasch erkannt, daß es nicht genügte, seine Kunst der Überredung allein auf Argumente zu stützen, die den Vorrang der industriellen Entwicklung Rußlands unterstrichen. Um seine großagrarischen Gegner zu beschwichtigen, war er von Beginn an auch auf die Gefühlslagen konservativer Kreise eingegangen. Wieder und wieder hatte er hervorgehoben, daß sich Rußland in Asien nicht von westlichen Mustern der „Europäisierung" leiten lasse, sondern von der ihm eigenen historischen Sendung, den ehernen Prinzipien der Orthodoxie, der Selbstherrschaft und jenes „Volksgeists", der im Russentum lebendig sei: „Eine Kolonialpolitik braucht Rußland nicht. Seine Auslandsaufgaben haben nicht nur einen friedlichen, sondern sogar einen höchst kulturellen Charakter ..., weil die Mission Rußlands im Osten, im Gegensatz zum Streben der westeuropäischen Mächte nach wirtschaftlicher und nicht selten politischer Unterjochung der Völker des Ostens, eine schützende und bildende Mission sein muß."[31]

---

29 Dazu noch immer grundlegend: T.v. Laue, S. Witte and the Industrialization of Russia, N.Y. 1963.
30 Witte an den Zaren, 22.3.1899, in: Materialy po istorii SSSR, Bd. 6, Moskau 1959, 159–222, hier: S. 176f.
31 Zit. nach S. Witte, Vorlesungen über Volks- und Staatswirtschaft (1901/02), Bd. 1, Stuttgart 1913, S. 204.

Schon 1897, beim Zugriff der russischen Macht auf Port Arthur, war in Zweifel geraten, ob die als Zivilisationswerk ausgegebene Wirtschaftsexpansion auf Dauer in friedlichen Bahnen zu halten sei. Um mit der Politik der „offenen Tür" zu konkurrieren, von der der amerikanische Handelsimperialismus sich leiten ließ, hatte Rußland keine adäquaten Mittel zur Hand. Wie der Boxeraufstand im Sommer 1900 zeigte, mußte zum Schutz des mandschurischen Eisenbahnimperiums eine Armee von 400.000 Köpfen aufgeboten werden. Damit waren die ausgreifenden Unternehmungen Wittes im Grunde schon gescheitert. Wenige Jahre später stellte sich heraus, daß die russische Staatskunst bei der Aufgabe versagte, dem Zusammenstoß mit den fahrlässig unterschätzten Japanern durch tragfähige Kompromisse auszuweichen. Der Gedanke, sich mit der Mandschurei zu begnügen und Korea den „gelben Affen" des Inselreichs zu überlassen, schien sich denen, die das Ohr des Zaren hatten, um Rußlands Zukunft willen zu verbieten.

V. Krisenbewußtsein der Machteliten. Man kann nicht sagen, daß die Gefahr, die machtpolitische Potenz des Reiches zu überspannen, in Petersburg nicht wahrgenommen worden wäre. Von der Einsicht in die Grenzen der finanziellen Leistungskraft hatte das Angebot einer vertraglich gesicherten Rüstungsbegrenzung gezeugt, mit dem die Petersburger Diplomatie 1899 auf der ersten Haager Friedenskonferenz erschienen war.[32] Vorangegangen war im August 1898 ein Manifest des Zaren, das an die Regierungen der europäischen Mächte appellierte, „auf dem Wege internationaler Beratung die wirksamsten Mittel zu suchen, um den Völkern die Wohltaten eines wahren und dauerhaften Friedens zu sichern". Mit den Mitteln militärischer Stärke und Bündnispolitik, hieß es, habe sich „das segensreiche Ergebnis der ersehnten Friedensstiftung" nicht erzielen lassen. Vielmehr werde durch die steigenden finanziellen Lasten die Volkswohlfahrt an ihrer Wurzel getroffen, die physischen Kräfte der Völker würden „in unproduktiver Weise aufgezehrt", die „nationale Kultur, der wirtschaftliche Fortschritt, die Erzeugung von Werten ... in ihrer Entwicklung gelähmt und irregeführt". Um die drohende Katastrophe zu verhindern, müßten die „Elemente des Unfriedens und der Zwietracht" auf einer internationalen Konferenz beseitigt und dem „großen Gedanken des Weltfriedens" zum Triumph verholfen werden.[33]

Kaum überraschen kann, daß die russische Offerte bei den europäischen Regierungen, dem französischen Verbündeten ohnehin, nur kopfschüttelndes Befremden weckte. Der Gedanke, daß sich der Zar mit seinen „komisch sen-

---

32 J. Dülffer, Regeln gegen den Krieg? Die Haager Friedenskonferenzen von 1899 und 1907 in der internationalen Politik, Berlin 1981; ders., Großmachtpolitik und Friedenskonferenzen am Beispiel der Haager Friedenskonferenzen, in: F. Klein u. K.O. v. Aretin (Hg.), Europa um 1900. Texte eines Kolloquiums, Berlin 1989, S. 191–201.
33 Zit. nach W.D. Gruner, Völkerbund oder Europäische Föderation? Die Diskussion über neue Formen der internationalen Beziehungen, in: ebd., S. 210 f.

timentalen Phrasen" der pazifistischen Bewegung angeschlossen haben könnte, mußte als absurd erscheinen. Auch die Eindringlichkeit, mit der das monumentale Werk des Warschauer Eisenbahnkönigs Jan Gottlieb Bloch die Folgen moderner Kriege beschrieben hatte, war in Petersburg ohne Wirkung geblieben.[34] Niemand durfte ernstlich darauf hoffen, daß die prinzipielle Verurteilung des Wettrüstens den russischen Staatshaushalt entlasten könnte.

Wie ein Memorandum des Außenministers Graf Murawjow vom Januar 1900 belegt, war man sich im Umkreis des Zaren wohlbewußt, daß für die absehbare Zukunft eine Strategie der Konfliktvermeidung absoluten Vorrang haben müsse. Das galt zumal für das Feld der Asienpolitik. Statt weitere territoriale Eroberungen anzustreben, sollten die im Fernen Osten gewonnenen Positionen ausgebaut, der russische Einfluß in Persien handelspolitisch gestärkt und der Sultan auf diplomatischem Weg zum Verzicht auf die Befestigung der Meerengen und der Schwarzmeerküste veranlaßt werden (damit dieses alte Zielgebiet der Zarenmacht als „politisch-ökonomisches Reservoir" erhalten bleibe). Zu entscheiden, wann und in welcher Weise an eine Besetzung des Bosporus zu denken sei, wollte Murawjow internen Beratungen überlassen.[35]

Ungleich besorgter klangen die Warnungen des Kriegsministers. Im März 1900 hielt Kuropatkin dem Zaren in einer Denkschrift vor, daß die kostenaufwendige Fernostpolitik zu Lasten der russischen Verteidigungsfähigkeit in Europa gehe und die Sicherheit der Westgrenzen des Reiches gefährde. Angesichts des fieberhaften Wachstums der Industrie sah er Überproduktionskrisen voraus, mit der Folge, daß Rußland in den „schrecklichen Kampf" um die Märkte hineingerissen werde. Der russischen Militärmacht stehe damit eine „nie dagewesene, ihrer Geschichte fremde Periode" bevor, eine Zeit, in der sie sich, statt „dem Glauben, dem Zaren und dem Vaterland" zu dienen, für die eigensüchtigen Interessen der „Industriekönige" zu schlagen habe.[36] Doch in merkwürdigem Widerspruch zu dieser Sorge blieb Kuropatkin von den Perspektiven „friedlicher Eroberungen" fasziniert, die den „kommenden Geschlechtern" eine große Zukunft versprächen: „Wenn Rußland die Eisenbahnverbindungen zwischen dem Großen Ozean und der Ostsee in seinen Händen hält, sowie seine Fühler nach dem Bosporus und dem Indischen und Großen Ozean ausstreckt, kann es mit seinen unerschöpflichen Reichtümern den Mächten der ganzen Welt eine furchtbare wirtschaftliche Konkurrenz schaffen."[37] Wie man sieht, war der moderne,

---

34 J. v. Bloch, Der Krieg, Berlin 1899, 6 Bde.; vgl. R. Kołodziejczyk, Jan Bloch (1836–1902). Szkic do portretu „Króla polskich kolej", Warschau 1983, S. 207–42.
35 Krasnyj archiv (= KA) 18, S. 4–18, dt. Übers. in: Die Kriegsschuldfrage. Berliner Monatshefte 6. 1928, S. 640–56. Vgl. L. Thomas, Rußland um 1900, in: Klein und Aretin (Hg.), S. 113–24, hier: S. 114 ff.
36 Kuropatkin an den Zaren, 14.3.1900, in: General Kuropatkin, Memoiren, Berlin 1909, S. 47 ff.
37 Ebd., S. 77 f.

imperialistische Denk- und Argumentationsstil den russischen Militärs durchaus vertraut.

Auch Wittes hochfliegende Visionen litten an jener Kluft zwischen Anspruch und Vermögen, die für die russische Großmachtpolitik bezeichnend blieb. Der Anschluß des Rubels an den Goldstandard hatte keine spürbare Erleichterung gebracht. Vielmehr war die wirtschaftliche Hochkonjunktur der 1890er Jahre an der Jahrhundertwende einer empfindlichen Geschäftsstockung gewichen, so daß der unverminderte Kredithunger des Finanzministers in der europäischen Bankenwelt zwar Verständnis, doch wenig Entgegenkommen fand.[38] Dementsprechend pflegte auch er die Übel des „Militarismus", der die Mächte dazu zwinge, „sich fortwährend auf den Krieg vorzubereiten", emphatisch zu beklagen. Wie viele seiner Zeitgenossen hielt er es für ausgemacht, „daß ein künftiger Krieg alle europäischen Staaten einbeziehen" werde.[39] Doch sein Wunsch, die „kulturellen und produktiven Kräfte des Volkes" zu mehren, kam gegen die machtpolitischen Ambitionen nicht auf, die er mit seinen fernöstlichen Unternehmungen selber wachgerufen hatte. Als es schließlich darum ging, einen bewaffneten Konflikt mit Japan abzuwenden, fanden seine Mahnungen beim Zaren kein Gehör. Insofern war der Entlassung des Finanzministers im Sommer 1903 eine eigene Logik nicht abzusprechen. Wittes Abgang ließ erkennen, daß sich das russische Verlangen nach „Weltgeltung" in Aporien festgelaufen hatte.

Das Gefühl, in einer Zeit wachsender Insekurität zu leben, wurde nicht nur von den Kosten und Risiken der auswärtigen Politik genährt. Als noch bedrohlicher erschien, daß die Regierung außerstande blieb, die soziale Unruhe zu dämpfen, die sich seit den Studentenprotesten von 1899 in weiten Teilen des Landes ausgebreitet hatte.[40] Arbeiterstreiks und regionale Bauernrevolten zeigten, daß die Selbstherrschaft in eine Autoritätskrise hineingeraten war, deren endemische Züge immer deutlicher zutage traten. Mordanschläge terroristischer Kampfgruppen, denen zwischen 1901 und 1904 herausragende Symbolfiguren des Regimes, darunter der verhaßte Innenminister Plehwe, zum Opfer fielen, demonstrierten die Ohnmacht der Staatsgewalt: „Dank der von niemandem gebremsten Willkür der Beamten," klagte ein hochrangiger Beobachter im September 1902, „dank gedankenloser bürokratischer Phantasien, einer Reglementierungssucht, die das Komische streift, gerät das russische Volk immer mehr in eine geknechtete, armselige

---

38 Witte an den Zaren, Februar 1900, in: Istorik marksist 1935/2–3, S. 131–39.
39 Witte, Vorlesungen, Bd. 1, S. 80 ff.
40 Die dreibändige Revolutionsgeschichte von Richard Pipes beginnt mit den Studentenstreiks von 1899: Die Russische Revolution, Bd. 1: Der Zerfall des Zarenreiches, Berlin 1992. – Zur Geschichte der „Universitätsfrage" vgl. S. D. Kassow, Students, Professors and the State in Tsarist Russia, Berkeley 1989; zur Politisierung der Professorenschaft: T. Maurer, Hochschullehrer im Zarenreich. Ein Beitrag zur russischen Sozial- und Bildungsgeschichte, Köln 1998, S. 551–833.

Lage. Seine Geduld erlahmt, der Boden für die Anarchie wird immer fruchtträchtiger ... Rußland steht großes Unheil bevor."[41]

Doch außer Kosakendetachments und Gendarmerie hatte die Regierung offensichtlich nichts zur Hand, was zur Stabilisierung der inneren Ordnung beigetragen hätte. Konfliktdämpfende Wirkungen, die sich die Behörden von der Arbeiterschutzgesetzgebung versprochen hatten, waren in dieser Krisenzeit nicht zu erwarten.[42] Der Erfolg gewaltsamer Pazifizierungsmittel blieb naturgemäß gering. Die Praxis, Soldaten „auf eine wehrlose Menge schießen" zu lassen, war dem Kriegsminister zuwider. Er befürchtete nicht ohne Grund, daß Truppeneinsätze gegen die eigene Bevölkerung politisch unzuverlässigen Elementen in der Armee den Rücken stärken würden.[43] Nichts kann die Zerfahrenheit der Staatsspitze eindrucksvoller belegen als die konträren Meinungen, die unter den Ministern in Umlauf waren, wenn es darum ging, die Folgen kriegerischer Verwicklungen zu kalkulieren. Während Plehwe unterstellte, daß „ein kleiner, siegreicher Krieg" geeignet sei, die Revolutionsgefahr zu bannen, hielt Kuropatkin die Armee für nicht belastungsfähig und sagte für den Fall militärischer Rückschläge und Niederlagen „ernste Unruhen" voraus. Insoweit traf er sich mit Stimmführern des revolutionären Lagers, die aus einem Zusammenstoß mit Japan den „Anfang vom Ende" des Zarismus kommen sahen.[44]

Nicht weniger bedenklich als die Protestbereitschaft unter den „niederen Volksklassen" war der galoppierende Vertrauensverlust, den das herrschende Regime in der staatsloyalen „Gesellschaft" damals hinzunehmen hatte. Im liberalkonservativen Adelsmilieu, das mit der landschaftlichen Selbstverwaltung eng verbunden war, schwankte die Stimmung zwischen Empörung und Resignation. Die Hoffnung, daß der Zar die polizeistaatliche Willkür zügeln und dem Partizipationsverlangen der Semstwo-Vertreter an den öffentlichen Dingen entgegenkommen könnte, wurde durch die Renitenz der Sicherheitsbehörden immer wieder widerlegt. So wandten sich selbst patriotisch gesonnene Honoratioren den Angeboten zu, mit denen seit 1902 liberaldemokratische Intellektuelle im westlichen Exil von sich reden machten: dem Aufruf der Gruppe „*Osvoboždenie*", sich unter konstitutionellen Forderungen in einer „nationalen Freiheitsbewegung" zu sammeln und der Autokratie eine rechtsstaatliche Verfassung abzuringen.[45] Nach dem Debakel

---

41 Dnevnik A.A. Polovcova (22.9.1902), in: KA 3, S. 161.
42 Dazu grundlegend: J. v. Puttkamer, Fabrikgesetzgebung in Rußland vor 1905. Regierung und Unternehmerschaft beim Ausgleich ihrer Interessen in einer vorkonstitutionellen Ordnung, Köln 1996.
43 Dnevnik Kuropatkina, in: KA 2, S. 13 (8.12.1902), 40 (1.4.1903).
44 Die vielzitierten Äußerungen Plehwes, in: ebd., S. 34 (11.12.1903), Warnungen Kuropatkins, ebd., S. 12 (3.12.1902), 20 (5.1.1903), 44 (24.7.1903), 52 f. (10.8.1903); vgl. Parvus (Helphand), Der Anfang vom Ende? in: Aus der Weltpolitik. Sozialdem. Zeitungs-Korrespondenz 5/49 (30.11.1903), S. 1–10.
45 K. Fröhlich, The Emergence of Russian Constitutionalism 1900–1904, Den Haag 1980;

des fernöstlichen Krieges, als die Revolution in Rußland ihren Höhepunkt erreichte, sollte aus diesen Anfängen die von Professoren und Advokaten dominierte „Partei der Volksfreiheit" entstehen. Ihr Programm war von dem Gedanken erfüllt, Rußland nach britischem Vorbild zu einer parlamentarischen Monarchie zu machen, zu einem Staatswesen auf dem Niveau der „zivilisierten Welt", in dem die „Volksrechte" dauerhaft gesichert wären und der Abbau der sozialen Notstände absoluten Vorrang habe.

Die autistische Schwerhörigkeit, mit der Nikolaus II. die Krisenzeichen ignorierte, hatte großen Anteil daran, daß gegen die Entfremdung weiter Teile der Gesellschaft vom autokratischen Regime im Vorfeld des Krieges offenbar kein Kraut gewachsen war. Der Zar blieb auf das Vermächtnis seines Vaters Alexander III. eingeschworen, wonach das Schicksal Rußlands an die ungeschmälerte Bewahrung der Selbstherrschaft gebunden sei.[46] Jedes Zugeständnis an die „wirren Träume" liberaler Köpfe schien ihm einem Anschlag gegen den göttlichen Auftrag gleichzukommen, Rußland auf der vom Allerhöchsten vorbestimmten Bahn ins 20. Jahrhundert zu führen. Den Glauben an das Liebesverhältnis, das ihn, den Herrscher, mit dem rechtgläubigen Volk verbinde, wollte er sich nicht nehmen lassen. Inneren Anfechtungen, die es dennoch gab, pflegte er durch öffentliche Inszenierungen dieses Mythos zu begegnen.

Ein besonders eindrucksstarkes Beispiel dafür bietet das Aufsehen, das die (gegen die Bedenken des Heiligen Synods durchgesetzte) Kanonisierung Serafims von Sarow im Sommer 1903 erregte.[47] Damals brachte die Heiligsprechung der Reliquien dieses Wundertäters, dessen apokalyptische Visionen die Wiederkehr des Herrn verhießen, die kaiserliche Familie in einem abgelegenen Winkel des Tambowschen Gouvernements mit Hunderttausenden frommer Pilger zum Gebet zusammen. Nikolaus war zu Tränen gerührt, als er die Menge vor der Majestät seiner Person in die Knie sinken sah. Bei anderen Begegnungen mit dem Volk genügten Brot und Salz, die ein Starost in devoter Anrede überreichte, um das Fixierbild des „Väterchen Zar" *(Car' batjuška)* in seiner Seele leuchtkräftig zu halten.

S. Galai, The Liberation Movement in Russia 1900–1904, Cambridge 1963. – Eindrucksvolle Selbstzeugnisse für die liberaldemokratische Fundamentalkritik: J. Melnik (Hg.), Russen über Rußland. Ein Sammelwerk, Frankfurt 1905. Vgl. auch die Belege und Kommentare von Dittmar Dahlmann zu Max Webers Rußlandschriften: Max Weber Gesamtausgabe I/10, Tübingen 1989.
46 Aus der Fülle biographischer Darstellungen ragt hervor: D. Lieven, Nicholas II. Twilight of the Empire, N.Y. 1994.
47 G.L. Freeze, Subversive Piety. Religion and Political Crisis in Late Tsarist Russia, in: JMH 68. 1996, S. 308–50; M. Hagemeister, Eine Apokalypse unserer Zeit. Die Prophezeiungen des heiligen Serafim von Sarov über das Kommen des Antichrist und das Ende der Welt, in: J. Hösler u. W. Kessler (Hg.), Finis mundi – Endzeiten und Weltwende im östlichen Europa. Fs. H. Lemberg, Stuttgart 1998, S. 41–60.

Mit solchen Demonstrationen spirituellen Einklangs ging das Bemühen einher, die Autokratie in die Kulissen der „Heiligen Rus" zu versetzen und eine Symbolsprache zu entfalten, die die vermeintlich heile Welt des 17. Jahrhunderts reproduzieren sollte. Den Idealen, denen Nikolaus auf dem Weg ins alte Rußland anhing, entsprachen die Rituale und Requisiten des Moskauer Hofes unter Alexej Michailowitsch, dem zum „frommen Zaren" stilisierten Vater Peters des Großen. Was im Februar 1903 eher spielerisch begann – mit einem Kostümball, zu dem das Herrscherpaar und seine Entourage in moskowitischer Verkleidung erschienen und die Palastgarde in Strelizen-Uniformen Posten bezog – sollte in den folgenden Jahren zu einer eingeschliffenen Repräsentationsform der Zarenherrschaft werden. Zukunft wurde im Rekurs auf die Vergangenheit gesucht. Auch diese Art der Realitätsverfehlung gehört zu den Krisensymptomen jener Zeit. Sie läßt ahnen, wie es geschehen konnte, daß die Autokratie in der Konfrontation mit Japan und mit ihren inneren Gegnern blind blieb und sich durch eigene Starrheit schließlich selbst riskierte.

Schlußbemerkung. Die Probleme, die der fernöstliche Krieg und die revolutionären Erschütterungen hinterließen, können im Rahmen dieses Beitrags nicht mehr eingefangen werden. Unbestritten ist, daß die Zeitdiagnosen und Erwartungen der vorangehenden Jahre durch die Ereignisse von 1905 dramatisiert und in vieler Hinsicht bestätigt worden sind. Aus den öffentlichen Diskursen um die Jahrhundertwende sind die Kausalfaktoren bereits abzulesen, die den Untergang des Zarenreiches im Ersten Weltkrieg unabwendbar machen sollten. Belege dafür finden sich in den Äußerungen der geistigen und künstlerischen Elite, die im Sog der europäischen Kulturkrise die Herausforderungen der Moderne zu verarbeiten hatte; in der Entschlossenheit sozialistischer Intelligenz, sich an die Spitze der „arbeitenden und unterdrückten Massen" zu setzen und die Revolution zu ihrem Beruf zu machen; in den Insekuritätsgefühlen der privilegierten Gesellschaft, die zu ahnen begann, daß nicht dauern könne, was überkommen war; im Orientierungsnotstand der politischen Klasse, deren hellsichtigste Köpfe den unauflösbaren Widerspruch begriffen, der aus den selbstauferlegten Zwängen kam, das im europäischen Vergleich rückständige Vielvölkerreich auf das Niveau einer modernen Weltmacht zu bringen, ohne der inneren Reformpolitik Priorität zu geben und den Weg zur Entfaltung einer mündigen Staatsbürgergesellschaft zu öffnen.

Wie sich nach der Niederschlagung des revolutionären Aufruhrs zeigte, war das alte Regime auch unter der halbkonstitutionellen Ordnung der Duma-Periode nicht imstande, aus den Erfahrungen von 1905 die nötigen Lehren zu ziehen und sich zu der Einsicht zu bekennen, daß das Imperium den Belastungen eines großen Krieges nicht gewachsen war.

Ostasiens Jahrhundertwende

Unterwerfung und Erneuerung in west-östlichen Sichtweisen

von Jürgen Osterhammel und Niels P. Petersson

Im Übergang zum 20. Jahrhundert wurden europäische Intellektuelle nicht müde, die Heraufkunft eines globalen Zeitalters zu beschwören. Getrieben von den Chancen und Zwängen der „Weltwirtschaft", stürzten sich „Weltmächte" erstmals in „Weltpolitik". Mit dem, wie es schien, unaufhaltsamen Vordringen westlicher Lebensformen war in den Augen einiger bereits eine „Weltzivilisation" in Sichtweite gerückt. Dem Gedankenbild des Planetarisch-Expansiven entsprach notwendig ein beunruhigendes Gefühl der Endlichkeit. Die Erde war entdeckt, erforscht und unter den Mächtigen aufgeteilt. Sie war eng geworden. Die Chancen, sich aus dem Weg zu gehen, sanken, diejenigen des Konflikts nahmen zu. Die Welt, befand der britische Geograph Halford J. Mackinder 1904 in einem berühmt gewordenen Vortrag, sei „a closed political system" geworden: „Every explosion of social forces, instead of being dissipated in a surrounding circuit of unknown space and barbaric chaos, will be sharply re-echoed from the far side of the globe, and weak elements in the political and economic organism of the world will be shattered in consequence."[1]

Dieser Beitrag befaßt sich mit „the far side of the globe". Es soll mit gelegentlichen Seitenblicken auf andere Teile der außerokzidentalen Welt um Ostasien gehen, um China, Japan und Korea, also um das, was die geopolitische Sprache der Zeit den „Fernen Osten" nannte.[2] Wenn Europäer in ihren Zeitdiagnosen und Zukunftsentwürfen auch nur den zaghaftesten Anspruch auf Universalität erhoben, dann konnten sie eine Weltgegend nicht übersehen, in der alte Zivilisationen Europa mit einem erschütterten, aber keineswegs zerstörten Selbstbewußtsein gegenübertraten. Diese Zivilisationen verharrten vor dem imperial triumphierenden Europa nicht wie Kaninchen vor der Schlange. Die Realität ihrer Reaktionen bewegte sich zwischen den selten erreichten Extremen von selbstentäußernder Kapitulation und kompromißlosem Widerstand. Asiaten formulierten ihre eigenen Zeitdia-

---

1 H.J. Mackinder, The Geographical Pivot of History, in: Geographical Journal 23. 1904, S. 421–37, hier 421. Zu den Raumbildern der Jahrhundertwende grundlegend: S. Kern, The Culture of Time and Space, 1880–1918, Cambridge/Mass. 1983, Kap. 8–9.
2 Einführungen in die Geschichte der Region zwischen etwa 1880 und 1920 sind: J.K. Fairbank u. a., East Asia: Traditions and Transformation, London 1973, Kap. 18–24; C. Mackerras, Eastern Asia: An Introductory History, London 1993; S. Linhart u. E. Pilz (Hg.), Ostasien. Geschichte und Gesellschaft im 19. und 20. Jahrhundert, Wien 1999, S. 29–65.

gnosen und Zukunftsentwürfe, die nur ausnahmsweise ein bloßer Nachhall der europäischen waren. Die Europäer ihrerseits standen im Banne ihrer eigenen Weltgeltung. Um die Jahrhundertwende wurde Ostasien zur Projektionsfläche rivalisierender Expansionsstrategien. Gleichzeitig zwangen allerdings der Aufstieg Japans zur Militärmacht, der Boxeraufstand und die beginnende Erneuerung Chinas die Europäer dazu, Ostasien nicht mehr nur unter dem Gesichtspunkt imperialer Ausbreitung zu betrachten. Die sich anbahnende Eingliederung Japans und Chinas in Weltwirtschaft und Weltpolitik wurde teils gefürchtet („Gelbe Gefahr"), teils unter dem Gesichtspunkt von Handelschancen und Hoffnungen auf Verwestlichung begrüßt. China war dabei der interessantere Fall, weil es um die Jahrhundertwende, anders als Japan, seinen Weg noch nicht gefunden zu haben schien. Die Chinadebatte wurde teils in der Öffentlichkeit, teils in der internen Kommunikation der unmittelbar an der Gestaltung europäischer Politik beteiligten Außenpolitiker und Diplomaten geführt. Dabei behandelte man Ostasien ausschließlich als Objekt. *Politisches* Lernen blieb eine Einbahnstraße. Anregungen aus Fernost suchten Europäer nur im – durch ein Auseinanderfallen von *mainstream* und Avantgarde geprägten – Bereich der *Künste*. Ansonsten blieb es bei jenem Eurozentrismus, der sich um die vorausgegangene Jahrhundertwende herausgebildet hatte.[3] Seine Erkenntnismöglichkeiten wurden allerdings tiefer ausgeschöpft, als es eine im Banne der Orientalismusvorwürfe stehende Forschung[4] für möglich gehalten hat. Diese einflußreiche Forschungsrichtung hat außerdem „die Anderen" zu Stummheit gegenüber einem diskursbeherrschenden Westen verurteilt gesehen. Davon kann zumindest für Ostasien – und auch für die Kontrastfälle Indien und Vietnam, die ebenfalls betrachtet werden sollen – keine Rede sein. Um 1900 sprach Asien mit vielfältigeren Stimmen als Europa.

I. Expansion, Kulturtransfer und Widerstand. An der Wende zum 20. Jahrhundert war es erstmals in der Geschichte unmöglich geworden, Europa zu ignorieren. Noch an den entlegensten Orten des Globus waren die politische Macht und die wirtschaftliche Stärke Europas zu verspüren. In diesen Jahren wurde die koloniale Eroberung, sogar diejenige Afrikas, im wesentlichen beendet. Als mit der „Pazifizierung" Oberburmas 1895 die konventionelle europäische Territorialexpansion in Asien zum Abschluß kam, wurde sie bereits durch einen neuen Zyklus eines nicht-europäischen „empire-building" überlagert: Ebenfalls 1895 eignete sich Japan die chinesische Provinz Taiwan als Kriegsbeute an und legte damit den Grundstein für ein eigenes

---

3 Vgl. J. Osterhammel, Die mentale Abschließung Europas (ca. 1770–1830), in: J. Calließ (Hg.), Europa und das Fremde, Loccum 1998, S. 173–84.
4 Referat und Kritik bei J. Osterhammel, Edward W. Said und die „Orientalismus"-Debatte. Ein Rückblick, in: asien – afrika – lateinamerika 25. 1997, S. 597–607; J.M. MacKenzie, Orientalism: History, Theory and the Arts, Manchester 1995, S. 1–42.

Imperium. Wichtiger als die Arrondierung der europäischen Kolonialreiche war im Asien der Jahrhundertwende die Verstärkung der machtpolitisch flankierten wirtschaftlichen Durchdringung durch Eisenbahnen, den Aufbau von Industrien, die Errichtung exportorientierter Plantagensektoren und die Erschließung von Binnenmärkten für die Erzeugnisse des westlichen „corporate capitalism". Gleichzeitig kam es zu einer außerordentlichen Steigerung von Finanzgeschäften mit den selbständigen Regierungen Asiens, allen voran Chinas.

Daß Europa um 1900 in Asien und Afrika in einem beispiellosen Maße koloniale Herrschaft, quasi-kolonialen Einfluß und eine Art von Hegemonie über die modernen Sektoren der Wirtschaft ausübte, darf freilich nicht als eine völlige Unterwerfung der farbigen Welt mißverstanden werden. Überall gab es resistente Zonen und unberührte Landstriche. Die Berber des Atlas und die Beduinen Libyens widerstanden französischen und italienischen Kolonialtruppen bis in die frühen 1930er Jahre, die Afghanen ließen sich vom großmächtigen britischen Weltreich nicht in die Knie zwingen, und die Mehrzahl der Bewohner des inneren China und sogar mancher Regionen Britisch-Indiens dürfte so gut wie nie westliche Ausländer zu Gesicht bekommen haben. Eine britische Invasion Tibets im Jahre 1904 blieb folgenlos. Korea, seit vielen Jahrhunderten der wichtigste Tributstaat des chinesischen Kaiserreiches, wurde niemals in dem Maße wie China und Japan für den Westen geöffnet und glitt zwischen 1895 und 1910 aus dem Zustand traditioneller Isolation in den einer exklusiven japanischen Kolonialherrschaft hinüber.[5] Schließlich darf nicht vergessen werden, daß das Osmanische Reich zwar 1882 seine ohnehin halbautonome Provinz Ägypten an Großbritannien verloren hatte, aber bis zum Ersten Weltkrieg eine zumindest nominelle Herrschaft über die Levante und die arabische Halbinsel aufrechterhalten konnte. Um die Jahrhundertwende standen die Kernlande des Islam vom Bosporus bis zur heutigen Westgrenze Pakistans *nicht* unter direkter europäischer Kolonialherrschaft.

Wichtiger als solche residuale, nicht zuletzt durch Schutzwirkungen der Geographie bedingte Widerständigkeit war der artikulierte und tatkräftig praktizierte Widerstand, auf den die Europäer in Asien immer wieder und mit zunehmender Häufigkeit trafen. Es ist schwierig, die Haltung „der"

---

5 Aus diesem Grunde wußte man bis 1945 im Westen über die inneren Verhältnisse Koreas sehr wenig. Der einzige ausführliche Reisebericht der Jahrhundertwende, der auf vier Besuchen zwischen 1894 und 1897 beruhte, stammte von der berühmtesten Weltreisenden der Epoche: I.L. Bird (Mrs. Bishop), Korea and Her Neighbours: A Narrative of Travel, with an Account of the Recent Vicissitudes and Present Position of the Country, 2 Bde., London 1898 (Reprint in: Collected Travel Writings of Isabella Bird, Bristol 1997, Bde. 9–10). Ein deutscher Kaufmann hatte Korea bereits 1866 besucht: E. Oppert, Ein verschlossenes Land. Reisen nach Corea, Leipzig 1880. Zur Geschichte Koreas um die Jahrhundertwende vgl. P. Duus, The Abacus and the Sword: The Japanese Penetration of Korea, 1895–1910, Berkeley 1995 (zur „Öffnung" S. 29–49).

Asiaten gegenüber Europa in wenigen Sätzen zusammenzufassen. Zu unterschiedlich waren die je besonderen Erfahrungen, die man im Laufe einer bis zu den portugiesischen Eroberungen zurückreichenden Geschichte des Kontakts gesammelt hatte. Aber so viel läßt sich doch sagen: Primärer Widerstand, die gewaltsam-spontane Reaktion einer traditionalen Agrargesellschaft auf eine unverstandene Invasion von Fremden, endete in Afrika mit dem großen Maji-Maji-Aufstand in Tanganyika (1904/5) und brach in Asien nach langer Pause zum letzten Mal im chinesischen Boxer-Aufstand von 1900 hervor.[6] Das Zeitalter speerschwingender Krieger und magischer Abwehrrituale war vorüber.[7]

Bei weitem charakteristischer für die außereuropäischen Reaktionen auf den Westen waren die Stellungnahmen von Gelehrten und – wie man zumindest für Indien und Japan um die Jahrhundertwende auch schon sagen kann – Intellektuellen, also den sich öffentlich artikulierenden Meinungsführern ihrer jeweiligen Gesellschaften. Ihre Haltungen zum Westen variierten auf einem breiten Spektrum zwischen denjenigen, die eine radikale Verwestlichung befürworteten, und denjenigen, die aus dem Widerstand gegen die andrängende okzidentale Zivilisation die Kraft zur Stärkung, manchmal sogar zur Erfindung eigener Traditionen zu schöpfen versuchten. Dahinter verbarg sich bei den besten Köpfen der außereuropäischen Länder kein naiver Schrecken vor einem unverstandenen Anderen, sondern das rationale Bestreben, die Geheimnisse des zumindest materiellen Erfolges der Europäer zu verstehen und daraus Lehren für das kollektive Überleben in einer kompetitiven Welt zu ziehen. Allerdings konnten sich die Intellektuellen Asiens in ihrer Auseinandersetzung mit einer Zivilisation, die aggressiv in die eigenen Lebenssphären eindrang, nur wenig akademische Gelassenheit leisten. Ihre Stellungnahmen waren politisch. Die weltgeschichtliche Defensive, in der Asien sich seit dem späten 18. Jahrhundert befand, schloß das zweckfreie Studium und die kulinarische Kontemplation des Fremden aus.

Die Haltungen der asiatischen Bildungseliten zu Europa lassen sich andeutungsweise beschreiben, wenn man nach dem Echo von zwei maßgebenden Strömungen der europäischen Ideenwelt des 19. Jahrhunderts fragt: Liberalismus und Nationalismus. Der Liberalismus war für Indien von unmittelbarer praktischer Bedeutung, inspirierte er doch eine koloniale Reformpolitik, die sich in den 1830er und 1840er Jahren die verwestlichende „Zivilisierung" der Inder zum Ziel setzte. Es ist nicht ohne tieferen Sinn,

---

6   Grundsätzlich zu primärem und sekundärem Widerstand: T.O. Ranger, Connections between „Primary Resistance" Movements and Modern Mass Nationalism in East and Central Africa, in: Journal of African History 9. 1968, S. 437–53, 631–41. Die Asienliteratur benutzt häufig den Gegensatz zwischen „Xenophobie" und „Nationalismus".
7   Zu den krassen, religiös-magisch bestimmten anti-westlichen Feindbildern der Boxer (Yihetuan) vgl. P.A. Cohen, History in Three Keys: The Boxers as Event, Experience, and Myth, New York 1997, S. 84 ff.

daß John Stuart Mill, der maßgebende liberale Theoretiker des Hochviktorianismus, im Berufsleben einer der Chefbeamten der East India Company war, die bis 1858 als souveräne Macht Indien regierte.[8] Der englisch gebildeten indigenen Bildungsschicht in Britisch-Indien waren die Texte der europäischen politischen Theorie leicht zugänglich; früh lernte sie es, ihre Forderungen in der Sprache liberaler Herrschaftskritik zu formulieren. In anderen Ländern war man bei der Rezeption westlicher Ideen viel stärker auf Übersetzungen angewiesen. Dennoch hatten um die Jahrhundertwende die Lektüre und Diskussion von Montesquieu und Rousseau, Adam Smith, John Stuart Mill und François Guizot zumindest in Japan und China begonnen.[9] War für die erste Phase der Begegnung mit dem europäischen Liberalismus ein Vertrauen in die allseits wohltätigen Wirkungen des Fortschritts kennzeichnend gewesen,[10] wurden liberale Ideen zum Ende des Jahrhunderts hin in den Händen asiatischer Intellektueller zu Waffen, die man gegen einen immer aggressiveren europäischen Imperialismus richtete. Den Europäern heuchlerischen Verrat an ihren eigenen Freiheitsidealen vorzuwerfen, war seitdem eine der wichtigsten Denkfiguren aller Emanzipationsbestrebungen in der später so genannten „Dritten Welt".

Eine große praktische Bedeutung erlangte vor allem die Idee der konstitutionellen Begrenzung staatlicher Autorität. In Japan wurden bereits in den frühen 1870er Jahren Forderungen nach „Freiheit und Volksrechten" laut. 1889 gab sich die Tennô-Monarchie die – nach der kurzlebigen osmanischen Konstitution von 1876 – erste tatsächlich systemprägende Verfassung Asiens; sie orientierte sich an europäischen Vorbildern, namentlich der Verfassung des Deutschen Reiches, ohne sie sklavisch zu kopieren.[11] In den Anfangsjahren des neuen Jahrhunderts ging dann eine Welle des Konstitutionalismus über die Autokratien Eurasiens hinweg: 1905 das Duma-Wahlgesetz im Zarenreich, 1908 ein erfolgreicherer zweiter Anlauf im Osmanischen Reich, im gleichen Jahr die „konstitutionelle Revolution" im Iran, 1911 das erste Verfassungsdokument in der Geschichte Chinas.[12] Als Pionier unter den Kolonialmächten leitete Großbritannien 1909 auf Druck der indischen Öffentlichkeit

---

8 Vgl. L. Zastoupil, John Stuart Mill and India, Stanford 1994; M.I. Moir u. a. (Hg.), J.S. Mill's Encounter with India, Toronto 1999.
9 In Japan begann diese Rezeption früher als in China. Hier waren die Übersetzungen europäischer Klassiker der Staats- und Sozialphilosophie wichtig, die der Philosoph Yen Fu (1853–1921) zwischen 1897 und 1909 veröffentlichte. Vgl. B.I. Schwartz, In Search of Wealth and Power: Yen Fu and the West, Cambridge/Mass. 1964, S. 99.
10 So Fukuzawa Yukichi (1834–1901), einer der maßgebenden Intellektuellen und Erzieher der frühen Meiji-Zeit. Vgl. sein An Outline of a Theory of Civilization (1875), Tokyo 1973, bes. S. 13 ff. Dazu C. Blacker, The Japanese Enlightenment: A Study of the Writings of Fukuzawa Yukichi, Cambridge 1964.
11 Zur Etablierung des konstitutionellen Regierungssystems vgl. J. Banno, The Establishment of the Japanese Constitutional System, London 1992.
12 Vgl. R. Schulze, Geschichte der islamischen Welt im 20. Jahrhundert, München 1994, S. 37–54; W.L. Tung, The Political Institutions of Modern China, Den Haag 1964, S. 18 f.

mit den sogenannten Morley-Minto-Reformen die allmähliche parlamentarische Erweiterung der kolonialen Despotie ein.[13] Kein anderes Element politischer Ordnung war im Kulturtransfer von Europa nach Asien wichtiger als die Idee der Verfassung. Asiatische Zukunftsentwürfe des frühen 20. Jahrhunderts waren konstitutionalistisch.

Mit dem Liberalismus gelangte der Nationalismus nach Asien. Da er weitaus stärkere einheimische Wurzeln besaß, half die politische Rhetorik Europas bei der Reformulierung älterer Vorstellungen von kollektiver Identität. Der Nationalismus in Asien war kein reines europäisches Transplantat. Auch hier waren die Voraussetzungen in den einzelnen Ländern Asiens ganz unterschiedlich. Dies kann an vier Beispielen gezeigt werden. In einem verhältnismäßig kleinen und kompakten Land wie Vietnam, das jahrhundertelang in einer Spannung zwischen kultureller Aneignung und politischer Abwehr gegenüber dem großen Nachbarn China gelebt hatte, wies die Elite genügend Gemeinschaftsbewußtsein mit den bäuerlichen Massen auf, um den französischen Invasoren als Sprecher und Führer einer Art von Proto-Nation gegenübertreten zu können.[14] China selbst verfügte vor dem militärischen Vordringen des Westens zwar über eine außerordentlich starke kulturelle Kohärenz und ethnische Homogenität, hatte aber keinerlei Erfahrung mit der Abgrenzung gegenüber gleichrangigen politischen Nachbargebilden. Die Bewohner des geschwächten und an seinen Rändern wegbrechenden Kaiserreiches, das sich stets für den Mittelpunkt seiner eigenen Welt gehalten hatte, mußten in einem schmerzhaften Prozeß lernen, sich in der militarisierten Anarchie der imperialistischen Staatenwelt zurechtzufinden. Der chinesische Nationalismus, der noch nicht als Reaktion auf die Landesöffnung, sondern erst in der großen Krise nach der unerwarteten militärischen Niederlage von 1895 gegen das seit jeher wenig geschätzte Japan entstand, verband zwei Merkmale miteinander: einen reaktionsempfindlichen Patriotismus, der auf Beeinträchtigungen chinesischer Ehre und Würde mit vehementem Protest zu antworten pflegte, und eine starke Staatszentrierung.[15] Zweitausend Jahre lang war es der Zentralstaat gewesen, der – mit Unterbrechungen – das bevölkerungsreichste politische Gebilde der Welt zusammengehalten hatte. Nicht „citizenship" oder vorpolitische Identitäten waren der Kern der nationalen Frage Chinas, sondern Bedrohung, Zerfall und Rekonstruktion des autoritären Einheitsstaates.[16] Europa wurde viel stärker als

---

13 Vgl. A.C. Banerjee, The Constitutional History of India, Bd. 2: 1858–1919, Delhi 1978, S. 320–88.
14 Vgl. D.G. Marr, Vietnamese Anticolonialism 1885–1925, Berkeley 1971, S. 21. Vgl. auch C. Fourniau, Annam-Tonkin 1885–1896: lettrés et paysans vietnamiens face à la conquête coloniale, Paris 1989.
15 Vgl. M.H. Hunt, Chinese National Identity and the Strong State: The Late Qing-Republican Crisis, in: L. Dittmer u. S. S. Kim (Hg.), China's Quest for National Identity, Ithaca 1993, S. 62–79.
16 Dennoch wurden Ideen der Bürgergesellschaft in China lebhaft diskutiert. Vgl. J. Fogel

machtpolitische Herausforderung denn als alternatives Zivilisationsmodell gesehen. Es hat daher in China niemals (vor den 1980er Jahren) Verwestlichungseuphorien gegeben, wie sie in Japan in den ersten beiden Jahrzehnten nach der Meiji-Restauration auftraten.[17] Der chinesische Nationalismus war kein Imitat des westlichen.

Anders als in Vietnam und China gab es im vormodernen Indien – ebenso wie in der malaiisch-indonesischen Welt – weder einen integrierenden Zentralstaat noch ein großräumiges kollektives Identitätsbewußtsein. Niemand fühlte sich als „Inder". Da Indien eine Kolonie ohne indigene Staatlichkeit war, stellte sich nicht das für China und Japan vordringliche Problem, wie man in einer Welt aggressiver imperialer Nationalstaaten äußere Handlungsfähigkeit bewahren oder wiedererlangen könne. Um so wichtiger wurde der symbolische Entwurf einer „imaginierten" Nation. Erst Gandhi gelang hier in den 1920er Jahren die mobilisierende Synthese. Um die Jahrhundertwende zeigte der indische Nationalismus, dessen Beginn die Geschichtsschreibung meist auf das Jahr 1883 datiert,[18] zwei Gesichter: zum einen den aus der englischen politischen Tradition entlehnten Impuls zur rechtlichen Sicherung von Gleichberechtigung und Partizipationschancen, zum anderen einen „kommunalen" Nationalismus, der vor allem auf religiösen Loyalitäten aufbaute. Die Widersprüche zwischen beiden Arten von Nationalismus prägen die gesamte Geschichte der indischen Unabhängigkeitsbewegung.

Japan schließlich hatte zwischen 1639 und 1853 so gut wie keine Außenbeziehungen unterhalten, besaß aber eine anschlußfähige Tradition zivilisatorischer Übernahmen von außen. Ebenso wie Vietnam hatte das klassische Japan jahrhundertelang chinesischen Kultureinfluß absorbiert, war jedoch niemals, wie zeitweise Vietnam, in politische Abhängigkeit von China geraten. Daher war die interkulturelle Lernerfahrung politisch unkompromittiert. Die Japaner hatten sich auch nie – wie China – vor der Notwendigkeit gesehen, die Überlegenheit ihrer eigenen Zivilisation gegenüber den „Barbaren" an der Peripherie des Reiches zur Geltung zu bringen. Als die USA und Großbritannien das ethnisch einzigartig homogene Land in den 1850er Jahren „öffneten", besaßen die Japaner daher ein gefestigtes kollektives Selbstbewußtsein, das sich auf Religion, Lebensstil und Abstammungsmythen stützte, ohne sich in politischem Widerstand (Vietnam) oder kultureller Arroganz (China) differentiell verhärtet zu haben. Diese Voraussetzungen erleichterten es Japan, den Westen unbefangen und pragmatisch zu studie-

---

u. P.G. Zarrow (Hg.), Imagining the People: Chinese Intellectuals and the Concept of Citizenship, 1890–1920, New York 1997.
17 Vgl. die Beschreibung bei einem der großen Kulturhistoriker der Gegenwart: E. Seidensticker, Low City, High City: Toyko from Edo to the Earthquake, London 1983, S. 90–143.
18 Zuletzt zusammenfassend B. Stein, A History of India, Oxford 1998, S. 272 f. (Anlaß war die Ilbert Bill Agitation).

ren.[19] Wie gleichzeitig in China, unterschied man auch in Japan zwischen der eigenen Kultursubstanz und dem nur zweitrangigen instrumentellen Wissen, das man dem Westen entlehnen wollte. Man ging dabei indessen mit viel größerer Unbefangenheit zu Werke und entwickelte geradezu eine Art von „shopping"-Mentalität eines Modernisierers der zweiten Generation. Als Ergebnis mehrerer offizieller Erkundungsmissionen nach Europa und Nordamerika waren der japanischen Führung seit spätestens 1873 die Unterschiede zwischen den Ländern des „Westens" deutlich bewußt.[20] Japan war in der günstigen Lage, eine Wahlfreiheit nutzen zu können, welche kolonisierte Völker wie Inder oder Vietnamesen, nahezu alternativlos mit der Kultur der jeweiligen Fremdherrscher konfrontiert, nicht besaßen.

Zwar kam es auch in Japan in den Jahren nach den ersten Begegnungen mit Ausländern zu „primären" Widerstandshandlungen, etwa zahlreichen Attacken schwerttragender Samurai auf Diplomaten, doch waren sie nicht nationalistisch motiviert. Mit der Meiji-Restauration, also der „Revolution von oben", die 1868 begann, lancierte eine neue nationale Führungsoligarchie dann ein im 19. Jahrhundert weltweit einzigartiges Programm der zeitlich konzentrierten Nationsbildung, paradoxerweise zunächst, ohne daß dies mit einem abgrenzenden Nationalismus verbunden gewesen wäre. Man importierte alles Mögliche aus Europa, nur nicht den Nationalismus. Das Ziel, das Land „reich und stark" zu machen, war einstweilen unter insularen Bedingungen anstrebbar. Japan integrierte sich in die Weltwirtschaft, ohne in der Weltpolitik eine größere Rolle spielen zu wollen. In den späten 1880er

---

19 Vorausgegangen waren die „Hollandstudien" in der Epoche der Landesabschließung. Vgl. G.K. Goodman, Japan: The Dutch Experience, London 1986, bes. S. 147 ff.
20 M. B. Jansen, Japan and Its World: Two Centuries of Change, Princeton 1980, S. 60. Zu den Erkundungsmissionen, an denen vorübergehend (Iwakura-Mission 1871–73) der größere Teil der Staatsführung teilnahm, vgl. W.G. Beasley, Japan Encounters the Barbarian: Japanese Travellers in America and Europe, New Haven 1995, S. 56 ff. Die chinesische Auslandserkundung war schlechter organisiert und protokollarisch weitaus tiefer angesiedelt. Vgl. die Dokumente in J.D. Frodsham (Hg.), The First Chinese Embassy to the West: The Journals of Kuo Sung-t'ao, Liu Hsi-hung and Chang Te-yi, Oxford 1974; A. Lévy (Hg.), Nouvelles lettres édifiantes et curieuses d'Extrême-Occident par des voyageurs lettrés chinois à la Belle Epoque 1866–1906, Paris 1986; D. Howland (Hg.), The European Diary of Hsieh Fucheng, Envoy Extraordinary of Imperial China, New York 1993; Ding Jianhong, Zhang Deyi und Deutschland, in: Kuo Heng-yü u. M. Leutner (Hg.), Deutschland und China, München 1994, S. 135–60; Sun Ying, Aus dem Reich der Mitte in die Welt hinaus. Die chinesischen Gesandtschaftsberichte über Europa unter besonderer Berücksichtigung Deutschlands von 1866 bis 1906, Frankfurt 1997 (Texte: S. 63–149). Vgl. zur chinesischen Sicht des Westens auch E. Rosner, Europa in chinesischen Reiseberichten des 19. und 20. Jahrhunderts, in: T. Nagel (Hg.), Asien blickt auf Europa. Begegnung und Irritationen, Beirut 1990, S. 157–75; A. Chih, L'Occident „chrétien" vu par les Chinois vers la fin du XIXe siècle (1870–1900), Paris 1962, sowie Xiong Xuezhi, Degrees of Familiarity with the West in Late Qing Society, in: D. Pollard (Hg.), Translation and Creation: Readings of Western Literature in Early Modern China, 1840–1918, Amsterdam 1998, S. 25–35.

Jahren, als Erfolge und Kosten autogener Modernisierung sichtbar geworden waren, änderte sich die Stimmung. Nun trat jene Zweifrontenkonstellation in Erscheinung, die fortan den Rahmen für die Entwicklung des japanischen Nationalismus bilden sollte. Einerseits sah man die eigenen Modernisierungsbemühungen von den Westmächten nicht hinreichend gewürdigt. Der westliche Rassismus hatte sich offenbar nicht völlig überwinden lassen, und der nunmehr als natürlich empfundene Anspruch des Kaiserreiches auf einen Platz unter den imperialistischen Mächten traf auf Widerstand.[21] Auf der anderen Seite distanzierte sich Japan immer mehr von dem angeblich dekadenten und rückständigen China und wechselte in eine Rollenumkehrung, die nun Japan die konfuzianische Autoritätsstellung des gehorsamsberechtigten „älteren Bruders" zuwies.[22] Ohne diesen neuen nationalen Exzeptionalismus und das damit verbundene Überlegenheitsgefühl wäre die japanische Expansion auf dem Festland, die 1905 mit der Übernahme der russischen Position in der Südmandschurei begann, mental schwieriger gewesen. Die Aufnahme von Ideologemen aus dem Westen hat vermutlich bei der Herausbildung und Radikalisierung des japanischen Nationalismus nur eine sekundäre Rolle gespielt.

II. Imperialismus und Utopie. Zeigt das Beispiel des liberalen Konstitutionalismus, wie energisch neue Eliten im nicht-kolonialen Asien von der Türkei bis Japan aus eigenem Antrieb an der weltgeschichtlichen Bewegung zur Überwindung von Ancien Régimes teilnahmen, so erweist ein Vergleich einiger früher asiatischer Nationalismen, mit welch immensen länderspezifischen Brechungen politische Ideen Europas für Asien bedeutsam wurden. Sowohl im Konstitutionalismus als auch in den Nationalismen drückten sich kollektive Zukunftsentwürfe aus, deren kleinster gemeinsamer Nenner die Idee der Freiheit war – einer Freiheit nicht zuletzt von Europa, mit dem um die Jahrhundertwende nur noch strategische Bündnisse (etwa die Anglo-Japanische Allianz von 1902), aber keine harmonische Partnerschaft mehr möglich zu sein schienen. Auch als Vorbild für die eigene Entwicklung wurde Europa nur sehr eingeschränkt anerkannt. Technische Errungenschaften – Eisenbahnen, Dampfschiffe, Telegraphen, Druckerpresse, Straßenbeleuchtung – wurden nicht als Gaben höherer Kultur bestaunt, sondern als Angebote der Moderne benutzt. Nicht nur die technologische und waffentechnische Überlegenheit Europas verlor spätestens in dem Augenblick ihre Magie, als Japan 1905 das Zarenreich zu Lande und zur See in die Knie zwang, sondern auch der Mythos des europäischen Monopols auf Patriotis-

---

21 W.G. Beasley, The Rise of Modern Japan: Political Economic and Social Change since 1850, London 1995², S. 99. Als besondere Demütigung wurde die „Triple Intervention" Rußlands, Frankreichs und Deutschlands empfunden, die Japan um Teile seiner territorialen Kriegsbeute von 1895 brachte.
22 Vgl. S. Tanaka, Japan's Orient: Rendering Pasts into History, Berkeley 1993, S. 115 ff.

mus und effiziente Formen politisch-sozialer Organisation. Obwohl Elemente der materiellen Zivilisation Europas langsam in die großen Städte Asiens einsickerten, blieb die Attraktion des westlichen Zivilisationsmodells begrenzt. Seine ideelle Grundlage, das Christentum, vermochte nicht Fuß zu fassen. Obwohl in Japan das Verbot des Christentums 1873 aufgehoben worden war, blieb das Aufblühen öffentlicher Bekenntnisse von kurzer Dauer. Wachsender Widerstand der einheimischen Religionsgemeinschaften sowie ein zunehmend nationalistischer Tennô-Kult, der den höchsten spirituellen Rang für den Kaiser reservierte, bremsten die Ausweitung des christlichen Glaubens.[23] In China war die Mission seit 1860 zumindest auf dem Papier unbehindert möglich. Sie wurde mit großem Mitteleinsatz betrieben – zwischen 1833 und 1914 sollen mindestens 21 Millionen Bibeln in chinesischer Sprache verbreitet worden sein[24] – und erreichte kurz nach der Jahrhundertwende ihren Höhepunkt. Der Anteil der Konvertiten an der chinesischen Gesamtbevölkerung blieb jedoch verschwindend gering. Ähnliches gilt für Indien.[25]

Die europäische Sozialordnung wurde ebenfalls ambivalent beurteilt. Einige der vormodernen Gesellschaften Asiens, vor allem die chinesische, hatten mindestens ebenso große Spielräume für vertikale soziale Mobilität zugelassen wie zur gleichen Zeit die Gesellschaften Westeuropas; die indische Kastengesellschaft war ein für Asien untypischer Sonderfall. Die europäische Moderne versprach daher nicht unbedingt eine Befreiung aus Verkrustung und Zwängen. Vorbildlich war Europa, darin stimmten Reformer in vielen Ländern Asiens überein, in der verhältnismäßig günstigen Stellung der Frau, jedenfalls in der Familie. Schon ihre normalen Lebensbedingungen, von den Zielen der Frauenbewegung ganz zu schweigen, wurden zum Maßstab für den Kampf gegen Mißhandlung, Frauenhandel, Zwangsverheiratung oder die chinesische Sitte des Fußbindens.[26] Auch das öffentliche Unterrichtswesen vor allem Deutschlands und Frankreichs fand Anerkennung und Nachahmung im Asien der Jahrhundertwende, insbesondere in Japan. Die Natur- und Ingenieurwissenschaften des Westens wurden nicht nur als Instrumente der Fremdherrschaft betrachtet,[27] sondern mehr noch als

23 A. Schwade, Christentum, in: H. Hammitzsch u. L. Brüll (Hg.), Japan-Handbuch, Wiesbaden 1981, Sp. 1571 f.; zum Tennô-Kult, der mit der Meiji-Verfassung von 1889 entstand, vgl. Irokawa Daikichi, The Culture of the Meiji Period, Princeton 1985, S. 245–311.
24 J. Ch'en, China and the West: Society and Culture 1815–1937, London 1979, S. 103.
25 Vgl. H.-W. Gensichen, Die indischen Christen, in: D. Rothermund (Hg.), Indien. Kultur, Geschichte, Politik, Wirtschaft, Umwelt. Ein Handbuch, München 1995, S. 186–98.
26 Zu den Anfängen der verschiedenen Frauenbewegungen vgl. M. Chaudhuri, Indian Women's Movement: Reform and Revival, New Delhi 1993 (S. 65–100 zur Jahrhundertwende); M. Freudenberg, Die Frauenbewegung in China am Ende der Qingdynastie, Bochum 1985; S.H. Nolte u. S.A. Hastings, The Meiji State's Policy toward Women, 1890–1910, in: G.L. Bernstein (Hg.), Recreating Japanese Women, Berkeley 1991, S. 151–74.
27 Diese Perspektive etwa für Indien: Z. Baber, The Science of Empire: Scientific Knowledge, Civilization, and Colonial Rule in India, New York 1996, S. 136 ff.

universale kognitive Werkzeuge, derer man sich in Asien kreativ bedienen solle.[28] Unter chinesischen Intellektuellen zum Beispiel wurde es nicht als Widerspruch empfunden, gegen den westlichen Imperialismus zu agitieren und gleichzeitig die Übernahme westlicher Wissenschaft auf allen Gebieten zu empfehlen.[29]

Die unerfreulichen Nebenwirkungen der Industrialisierung entgingen asiatischen Beobachtern nicht. Wenngleich um die Jahrhundertwende nur wenige der späteren Überzeugung Mohandas K. Gandhis (1869–1948) zugestimmt hätten, der städtische Industrialismus sei ein Irrweg,[30] zogen doch manche Befürworter asiatischer Modernisierung, etwa Sun Yat-sen (1866–1925), der erste Führer der nationalen Revolution in China, aus eigenen Beobachtungen im Westen und denjenigen anderer Reisender den Schluß, die Industrialisierung Asiens müsse durch frühzeitiges Eingreifen des Staates, etwa nach dem Vorbild von Bismarcks Sozialgesetzgebung, Exzesse von Ausbeutung und Proletarisierung vermeiden.[31] In China war dies um die Jahrhundertwende, als eine nennenswerte Industrialisierung gerade erst begonnen hatte, noch ein Wunsch für die Zukunft, in Japan indessen waren damit bereits Gegenwartsprobleme angesprochen. 1896 gründete eine Gruppe von Rechtsprofessoren an der Kaiserlichen Universität zu Tokyo eine „Wissenschaftliche Vereinigung für Sozialpolitik" (Shakai seisaku gakkai), die dem deutschen „Verein für Socialpolitik" nacheiferte und nach Wegen zum Ausgleich sozialer Gegensätze suchte.[32]

Die asiatischen Zeitdiagnosen um 1900 waren von der Realität des Imperialismus durchdrungen. Außer Japan, dem die Europäer wenig Böses angetan hatten und das 1895 ins Lager der Täter wechselte, und vielleicht noch Siam (Thailand), das ebenfalls kolonialer Herrschaft entging, konnten sich alle anderen als Opfer fühlen. Die scharfsichtigsten Analysen der Gegenwart

---

28 Grundlegend dazu: J.R. Barthomolew, The Formation of Science in Japan: Building a Research Tradition, New Haven 1989.
29 Diese Spannung wurde insbesondere etwas später während der „Bewegung für Neue Kultur" virulent. Vgl. J. Osterhammel, Die erste chinesische Kulturrevolution. Intellektuelle in der Neuorientierung (1915–1924), in: ders. (Hg.), Asien in der Neuzeit 1500–1950. Sieben historische Stationen, Frankfurt 1994, S. 125–41, bes. 138 ff.
30 Vgl. D. Rothermund, Mahatma Gandhi. Der Revolutionär der Gewaltlosigkeit. Eine politische Biographie, München 1989, S. 400–402.
31 Vgl. M.-C. Bergère, Sun Yat-sen, Paris 1994, S. 162 f. Um die Frage der „Wohlfahrt des Volkes" (minsheng zhuyi) wurden im Kreis des studentischen Radikalismus um Sun Yat-sen kurz nach der Jahrhundertwende große Debatten geführt. Dazu ausführlich R.A. Scalapino u. G.T. Yu, Modern China and Its Revolutionary Process: Recurrent Challenges to the Traditional Order, Berkeley 1985, S. 166 ff., bes. 206–10; M. Gasster, Chinese Intellectuals and the Revolution of 1911: The Birth of Modern Chinese Radicalism, Seattle 1969.
32 Vgl. T. Morris-Suzuki, A History of Japanese Economic Thought, London 1989, S. 62–65; W. Schwentker, Max Weber in Japan. Eine Untersuchung zur Wirkungsgeschichte 1905–1995, Tübingen 1998, S. 71–75.

waren denn auch solche, die die imperiale Präsenz zum Thema nahmen. Schon 1876 hatte der Geschäftsmann, Politiker und Gelehrte Dadabhai Naoroji (1825–1917), der später als liberaler Abgeordneter im britischen House of Commons die Interessen Indiens vertrat, in Bombay einen Vortrag gehalten, in dem er seine bis heute immer wieder zitierte „Drain of wealth"-These von der Plünderung des Subkontinents erläuterte. Ausführlich entwickelte er seine Argumente später in seinem Buch „Poverty and Un-British Rule in India" (1901).[33] Von Naoroji beeinflußt, veröffentlichte Romesh Chandra Dutt (1848–1909), der eine steile Karriere im Indian Civil Service aufgegeben hatte, um in die bengalische Politik zu gehen, 1902 seine „Economic History of British India". Hier untersuchte er als einer der frühesten Entwicklungsökonomen die strukturellen Verzerrungen, die der Kolonialismus der indischen Wirtschaft zugefügt hatte, und schuf damit eine Interpretation der neueren indischen Wirtschaftsgeschichte, der pro-britische Autoren lange Zeit nichts Gleichwertiges entgegenzusetzen vermochten.[34]

In China waren die materiellen Auswirkungen der Öffnung zunächst weniger kraß zu spüren. Die Debatten über die angemessene chinesische Reaktion, die um 1860 begannen, drehten sich zunächst um Wünschbarkeit und Möglichkeit militärisch-industrieller „Selbststärkung".[35] Als sich aber mit der Niederlage gegen Japan 1895 der Zugriff der Großmächte auf China dramatisch verschärfte, entstanden im intellektuellen Klima eines düsteren Sozialdarwinismus Versuche, Chinas Rolle im internationalen System zu bestimmen. Besonders der umfassend interessierte und gebildete Publizist Liang Qichao (1873–1929) wandte sich 1899 im japanischen Exil dem Thema zu und entwickelte in einer Reihe von Artikeln seine eigene Deutung von Imperialismus und Nationalismus.[36] Mit der Verbreitung sozialistischer Ideen, die zur gleichen Zeit begann (1899 wurde Karl Marx erstmals in einer chinesischen Publikation erwähnt, 1906 erschien die erste Übersetzung einer seiner Schriften),[37] wurde auch die Möglichkeit einer marxistischen Analyse des Imperialismus vorbereitet. Anspruchsvolle Arbeiten dieser Ausrichtung entstanden jedoch erst in den 1920er Jahren in Auseinandersetzung mit Lenins 1917 veröffentlichter Imperialismustheorie. In Japan schließlich war die Problemlage eine ganz andere. Hier hätte Kritik am Imperialismus spätestens seit 1895 Selbstkritik sein müssen. Dies war im chauvinistischen öffentlichen Klima der Jahrhundertwende kaum möglich.[38] Aber immerhin

---

33 Vgl. B.N. Ganguli, Dadabhai Naoroji and the Mechanisms of External Drain, in: Indian Economic and Social History Review 2. 1965, S. 85–102.
34 Vgl. J.N. Gupta, Life and Work of Romesh Chunder Dutt, Delhi 1986, S. 292–96.
35 Immer noch den besten Überblick gibt Teng Ssu-yü u. J.K. Fairbank, China's Response to the West: A Documentary Survey, Cambridge/Mass. 1954, bes. S. 61 ff.
36 Referiert in Chang Hao, Liang Ch'i-ch'ao and Intellectual Transition in China, 1890–1907, Cambridge/Mass. 1971, S. 161–67.
37 M. Bernal, Chinese Socialism to 1907, Ithaca 1976, S. 37, 116.
38 Zur Mentalitätsgeschichte Japans nach 1895 vgl. K.B. Pyle, The New Generation in Meiji

lenkten frühe Sozialisten wie der später hingerichtete Kôtoku Shûsui (1871–1911) die Aufmerksamkeit auf den Mechanismus der Problementlastung durch Überseeabenteuer und die moralisch korrumpierenden Wirkungen der Territorialexpansion für die japanische Gesellschaft.[39]

Nicht alle Zeitdiagnosen und Zukunftsentwürfe asiatischer Autoren waren national eingefärbt, nicht allen dieser Autoren ging es allein um das Wohl des eigenen Volkes. Mag es sein, daß die japanische Zivilisation mit ihrem Glauben an das, was S. N. Eisenstadt „sacred particularity" nennt,[40] universalistische Orientierungen aus sich heraus nur mühsam hervorbringt; dem chinesischen Konfuzianismus sind solche Orientierungen selbstverständlich gewesen.[41] Es hat daher im konfuzianischen Diskurs immer wieder Raum für Utopien von menschheitlicher Reichweite gegeben. Diese utopische Linie erreichte einen Höhepunkt mit dem „Buch der Großen Gleichheit" („Datongshu"), das Kang Youwei (1858–1927) 1902 im Manuskript vollendete; vollständig ist es erst 1935 postum in Shanghai erschienen.[42] Kang, ein profunder Kenner der chinesischen Tradition, hatte mit textkritischen Studien am konfuzianischen Kanon und dann 1897 mit seinem Buch „Konfuzius als Reformer" („Kongzi gaizhi kao") Furore gemacht, in dem er nachzuweisen suchte, daß Fortschritt, Demokratie und konstitutionelle Monarchie keine Erfindungen des modernen Europa, sondern bereits bei Konfuzius selbst zumindest spurenweise zu erkennen seien. Er leitete daraus die Forderung

Japan: Problems of Cultural Identity, 1885–1895, Stanford 1969, S. 163 ff.; D. Keene, The Sino-Japanese War of 1894–95 and Its Cultural Effects in Japan, in: D.H. Shively (Hg.), Tradition and Modernization in Japanese Culture, Princeton 1971, S. 121–79.

39 Zum Denken der japanischen Sozialisten um die Jahrhundertwende vgl. J. Crump, The Origins of Socialist Thought in Japan, London 1983, Kap. 1–8; P. Duus u. I. Scheiner, Socialism, Liberalism, and Marxism, 1901–1931, in: P. Duus (Hg.), The Cambridge History of Japan, Bd. 6: The Twentieth Century, Cambridge 1988, S. 654–710, bes. 658–673.

40 S. N. Eisenstadt, Japanese Civilization: A Comparative View, Chicago 1996, S. 283 (Eisenstadt übernahm den Begriff von dem Religionswissenschaftler J.R. Werblowski).

41 Auf die Darstellung ähnlicher Bestrebungen in Indien muß hier verzichtet werden. In Europa besonders bekannt wurden die frühen Werke Rabindranath Tagores (1861–1941), in denen die Hoffnung auf Versöhnung der Menschen zumindest in Indien zum Ausdruck kommt, sowie der Reformhinduismus Swami Vivekanandas (1863–1902). Zu Vivekanandas Sicht des Westens vgl. T. Raychaudhuri, Europe Reconsidered: Perceptions of the West in Nineteenth-Century Bengal, Delhi 1988, S. 219–331.

42 Der Titel kann auch als „Buch der Großen Gemeinschaft" oder „Gemeinsamkeit" übersetzt werden. Eine englische Übersetzung fertigte Laurence G. Thompson an: Ta T'ung Shu: The One-World Philosophy of K'ang Yu-wei, London 1958. Darauf beruht die deutsche Ausgabe: K'ang Yu-wei, Das Buch von der Großen Gemeinschaft, Düsseldorf 1974. Das Folgende nach W. Bauer, China und die Hoffnung auf Glück. Paradiese, Utopien, Idealvorstellungen, München 1971, S. 412–52 (dort auch ausführliche Neuübersetzungen aus dem Original), sowie Hsiao Kung-chuan, A Modern China and a New World: K'ang Yu-wei, Reformer and Utopian, 1858–1927, Seattle 1975, S. 409–596. Kang stand nicht unter dem Einfluß westlicher Science Fiction, deren chinesische Rezeption erst um 1902 begann, vgl. D. Pollard, Jules Verne, Science Fiction and Related Matters, in: ders. (Hg.), Translation and Creation, S. 177–207.

ab, China durch die Anerkennung eines reformoffenen Konfuzianismus als Staatsreligion spirituell zu einigen und politisch zu stärken. 1898 gewann Kang gemeinsam mit Liang Qichao und anderen Gelehrten vorübergehend Zugang zum jungen Kaiser Guangxu und veranlaßte ihn zu weitreichenden Reformedikten, die das Reich der Mitte auf einen dem japanischen ähnlichen Entwicklungsweg führen sollten. Die „Reform der 100 Tage" scheiterte jedoch am Widerstand konservativer Hofkreise und endete mit der Entmachtung des Kaisers durch seine Tante, die Kaiserinwitwe Cixi, und der Hinrichtung jener Reformer, denen nicht, wie Kang und Liang, die Flucht ins Exil glückte. Kang Youwei vollendete das „Datongshu" als Gast und unter dem Schutz des Gouverneurs von Bengalen in Darjeeling.

Das „Datongshu" gehört zu den bemerkenswertesten Werken der Weltliteratur im Übergang zum 20. Jahrhundert. Kang Youwei verknüpft die utopische Tradition Chinas mit einer umfassenden Bestandsaufnahme der Probleme seiner Gegenwart. In grenzenlosem Optimismus erwartet er von der Beseitigung von „neun Barrieren" die Heraufkunft eines Zustandes universaler Glückseligkeit, der starke buddhistische Züge trägt. Kang sieht Abrüstung und die Ächtung des Krieges als Voraussetzung der Überwindung konflikterzeugender Einzelstaatlichkeit an. Er setzt große Hoffnungen in die Folgen der Haager Konferenz von 1899 und schlägt eine neue Zeitrechnung mit 1900 als dem Jahr Eins einer Epoche vor, die zur Gründung eines Weltstaates führen soll. Die Schaffung und Einführung einer Weltsprache, bei der das 1887 erfundene Esperanto Pate stand, sollen diesen Prozeß unterstützen. Die gewählte Weltregierung gewährleistet wahre Demokratie durch telefonische Volksbefragungen. Bei Kangs gesellschaftspolitischen Ideen steht das Vorbild der USA im Hintergrund, die er als offenes Gemeinwesen mit niedrigen Klassenschranken bewundert. Rassengrenzen sollen aufgehoben werden, indem – hier verbindet Kang den westlichen Rassismus seiner Zeit mit der traditionellen Barbarenverachtung des chinesischen Kolonialismus – die „höheren" Rassen die „niederen" absorbieren. Frauen müßten aus allen Zwängen und Benachteiligungen befreit werden, was ohne Auflösung der patriarchalischen Familie unmöglich sei. Soziale Einrichtungen wie Hospitäler, Altersheime und Sanatorien müßten allen Menschen zugute kommen. Strafrecht und Strafvollzug sollten nicht auf Sühne und Abschreckung beruhen, sondern das mildere Mittel öffentlicher Beschämung verwenden; ohnehin würden aber mit der Abschaffung von Familie, Eigentum und Klassen die meisten Anlässe für Straftaten verschwinden. Das Sexualleben sollte von jeder strafrechtlichen Einschränkung befreit werden.

Obwohl Kang Youweis mit großer Detailfreude ausgemalter Zukunftsentwurf auf die utopischen Potentiale der chinesischen Religionen und philosophischen Systeme zurückgreift, ist er weitaus mehr als die Projektion chinesischer Lösungsvorschläge auf eine globale Leinwand. Er muß als genuiner Beitrag zu einem Kosmopolitismus gesehen werden, der die Welt rivalisierender Mächte und durch unüberbrückbare Unterschiede getrennter

Zivilisationen hinter sich läßt.⁴³ Daß man Kang in China mangelnden Patriotismus und eine Verharmlosung der existentiellen Bedrohung durch den Imperialismus vorwarf, kann nicht verwundern. Seine Vision, die sich am Ende ins Mystisch-Kosmologische öffnet, erhebt sich über den Gegensatz zwischen Orient und Okzident.

III. Das „Erwachen Asiens". Aufstieg und Fall der „Gelben Gefahr". Von einem Universalismus wie demjenigen Kang Youweis war in europäischen Zeitdiagnosen und Zukunftsentwürfen um 1900, insofern sie sich ausführlicher mit Ostasien beschäftigten, kaum etwas zu verspüren. Weltbild und Handeln der Europäer waren durchdrungen von der Realität des Imperialismus, vom Machtkampf der Nationen in einer als immer enger empfundenen Welt. Statt des gemeinsamen Schicksals der Menschheit stand das die Nationen und Zivilisationen voneinander Trennende im Vordergrund. Die Welt wurde in „progressive nations" und „unprogressive nations" oder gar in „living nations" und „dying nations" unterteilt. Als vornehmste Aufgabe der immer mächtigeren und effizienteren Staaten Europas erschien es, durch eine möglichst prominente Teilnahme an der Ausbeutung oder Aufteilung der „dying nations" die eigene Position im Kampf um eine weltpolitisch bedeutsame Stellung zu verbessern.⁴⁴ Die vom Vordringen miteinander rivalisierender europäischer – formeller wie vor allem informeller – Einflüsse geprägte Entwicklung in Ostasien war Ausdruck und, für die Zeitgenossen, auch Bestätigung dieser Weltsicht.

Die öffentliche Meinung in Europa war keineswegs kontinuierlich an ostasiatischen Fragen interessiert. Dies war zunächst eine Folge mangelnder Informationsmöglichkeiten. Zeitungen in englischer und später auch in französischer, deutscher und russischer Sprache – heute eine wichtige Quelle für die Sozialgeschichte von „expatriate communities" – entstanden in den Treaty Ports Chinas und Japans schon bald nach deren Öffnung, gelangten aber selten nach Europa und wurden fast nur von der Klientel am Ort gelesen.⁴⁵ Bevor die großen Zeitungen und Nachrichtenagenturen begannen, Korrespondenten nach Asien zu entsenden, erfuhr man in Europa wenig und

---

43 Vgl. auch die grundsätzlichen Überlegungen bei J.R. Levenson, Revolution and Cosmopolitanism: The Western Stage and the Chinese Stages, Berkeley 1971.
44 Den Ausdruck „living and dying nations" popularisierte der britische Premier und Außenminister Lord Salisbury in einer im Mai 1898 vor der konservativen Primrose League gehaltenen Rede. Der Text ist dokumentiert in: The Times, 5.5.1898. Zu zeitgenössischen Vorstellungen über die Zukunftsaussichten von „unprogressive nations" jetzt R.K.S. Mak, The Future of the Non-Western World in the Social Sciences of 19th Century England, Frankfurt 1999.
45 Vgl. für China: F. H. H. King u. P. Clarke, A Research Guide to China-Coast Newspapers, 1822–1911, Cambridge/Mass. 1965; für Japan: O. Checkland, Britain's Encounter with Meiji Japan, 1868–1912, Basingstoke 1989, S. 92 ff.; O.K. Fält, The Clash of Interests: The Transformation of Japan in 1861–1881 in the Eyes of the Local Anglo-Saxon-Press, Rovaniemi 1990.

spät von den aktuellen Geschehnissen in Fernost.[46] So waren Missionare, Diplomaten, Offiziere und Privatreisende die einzigen westlichen Zeugen der chinesischen Taiping-Revolution (1850–1864), einer der dramatischsten und blutigsten Episoden in der Weltgeschichte des 19. Jahrhunderts.[47] Auch die Öffnung Japans fand nicht gerade unter den Augen der Weltöffentlichkeit statt.[48] Bücher blieben einstweilen wichtigere Auskunftsmittel als Zeitungsberichte.[49] Erst der Anschluß Ostasiens an das transkontinentale Telegraphenkabelnetz in den frühen 1870er Jahren schuf die Voraussetzungen für schnelle Nachrichtenübermittlung.[50] Davon profitierten auch Asiaten: Die Nachrichtenagentur Reuters, die 1871 in Shanghai ihr fernöstliches Hauptbüro eröffnet hatte, versorgte chinesische und japanische Kaufleute mit den neuesten Börsendaten und Warenpreisen aus Europa und den USA.[51] Seit dem Krimkrieg wurden militärische Konflikte in aller Welt zum Anlaß, Korrespondenten zu den Expeditionstruppen oder auf die Schlachtfelder zu entsenden. Erst daraus entwickelte sich die Institution des permanent akkreditierten Berichterstatters.

Stärkere publizistische Aufmerksamkeit wurde dem Fernen Osten erstmals durch den Chinesisch-Japanischen Krieg von 1894/95 und die damit verknüpften diplomatischen Entwicklungen zuteil.[52] Chinas Niederlage löste eine erbitterte Konkurrenz unter den Mächten um Märkte, Investitionsgelegenheiten und Territorien aus und stellte den politisch-territorialen Status quo in der gesamten Region in Frage: Der Hochimperialismus hatte nun auch Ostasien erfaßt. Der Ferne Osten wurde für einige Jahre zur bevorzugten Projektionsfläche weltpolitischer Rivalitäten, wirtschaftlicher Träume und neuer Bedrohungsängste: „The war between China and Japan", schrieb der „Times"-Berichterstatter Valentine Chirol, „has inaugurated a new dra-

---

46 Diese auch für die Zeitgenossen quälende Distanz setzt die deutsche Diplomatengattin E. von Heyking in ihrem Briefroman „Briefe, die ihn nicht erreichten" (Berlin 1903) als spannungssteigerndes Element ein.
47 Vgl. P. Clarke u. J. S. Gregory (Hg.), Western Reports on the Taiping: A Selection of Documents, London 1982.
48 Vgl. G.C. Schwebell (Hg.), Die Geburt des modernen Japan in Augenzeugenberichten, Düsseldorf 1970. Zu den britischen Informationsquellen *nach* der Öffnung ausführlich: T. Yokoyama, Japan in the Victorian Mind: A Study of Stereotyped Images of a Nation 1850–80, Basingstoke 1987, S. 21–45.
49 Das meistgelesene Buch über Ostasien in dieser Zeit war vermutlich: L. Oliphant, Narrative of the Earl of Elgin's Mission to China and Japan in the Years 1857, '58, '59, 2 Bde., Edinburgh 1859. Vgl. A. Taylor, Laurence Oliphant 1829–1888, Oxford 1982, S. 46 ff.
50 J. Ahvenainen, The Far Eastern Telegraphs: The History of Telegraphic Communications between the Far East, Europe and America before the First World War, Helsinki 1981, S. 44 f.
51 Vgl. D. Read, The Power of News: The History of Reuters 1849–1989, Oxford 1992, S. 60, 84.
52 Vgl. R.W. Desmond, The Information Process: World News Reporting to the Twentieth Century, Iowa City 1978, S. 379–83.

ma in the world's history ... The scene is laid at present on the other side of the globe, but the action and its further development and ultimate consequence may reach into the home of every working man in this country."[53] Die erbitterte Konkurrenz der Mächte um die Aufteilung des chinesischen Kadavers (so das Bild des französischen Konsuls und Schriftstellers Paul Claudel),[54] die das Deutsche Reich im November 1897 mit der Besetzung der Bucht von Jiaozhou einleitete,[55] erzeugte neues Medieninteresse an der Entwicklung in Fernost. Die Belagerung der Gesandtschaften in Peking 1900 und die Acht-Mächte-Invasion zu ihrer Befreiung wurde dann zu einem der frühesten globalen Medienereignisse, vier Jahre später gefolgt vom noch dichter beschriebenen und kommentierten Russisch-Japanischen Krieg.[56] In den Jahren dazwischen und dann in der Zeit nach 1905 erlahmte das Interesse der europäischen Öffentlichkeit am zeitgenössischen Ostasien wieder. Erst die chinesische Revolution der 1920er Jahre entfachte es erneut.

Der Modernisierungserfolg Japans – der allerdings aufgrund der kruden Einteilung der Welt in fortschreitende (europäische) und stagnierende („orientalische") Nationen häufig unterschätzt wurde[57] – und die gleichzeitig deutlich gewordene Schwäche Chinas bestimmten um die Jahrhundertwende das europäische Bild der Gegenwart und Zukunft Ostasiens. Im Zentrum des Interesses stand China, das als Absatzmarkt schon lange die Phantasie europäischer Produzenten, Kaufleute und Journalisten beschäftigte. Die Ausbeutung Chinas, die Möglichkeit einer Aufteilung des Landes und seine Aussichten auf Erneuerung waren die Probleme, an denen sich im Jahrzehnt um die Jahrhundertwende Ostasienpolitik und Ostasienwahrnehmung ausrichteten.[58]

53 V. Chirol, The Far Eastern Question, London 1896, S. vi.
54 „La Chine, ... c'est un cadavre prêt à être dépecé et qui s'offre de lui-même au couteau": Claudel an Hanotaux, 19.11.1897, in: Ministère des Affaires Etrangères (Hg.), Documents Diplomatiques Français, 1/XIII, Nr. 362.
55 J.E. Schrecker, German Imperialism and Chinese Nationalism. Germany in Shantung, Cambridge/Mass. 1971; M. Leutner (Hg.), „Musterkolonie Kiautschou": Die Expansion des Deutschen Reiches in China. Deutsch-Chinesische Beziehungen 1897–1914. Eine Quellensammlung, Berlin 1997.
56 Desmond, Information Process, S. 415–29; ders., Windows on the World: World News Reporting, 1900–1920, Iowa City 1980, S. 22–26; P. Knightley, The First Casualty: The War Correspondent as Hero, Propagandist and Myth Maker, London 1982, S. 59–62.
57 Nicht erst seit Edward Said wird die pauschalisierende Zusammenfassung stagnierender und daher beherrschbarer asiatischer und nahöstlicher Gesellschaften unter dem Sammelbegriff des „Orients" angeprangert. Der britische Diplomat und Gelehrte Sir Charles Eliot bemerkte bereits im Jahre 1906: „The enormous strides which were being made by Japan were long not appreciated at their true value, because she was an oriental country, and as such unable to overstep the limits which European ideas thought probable for oriental progress." (C. Eliot, Letters from the Far East, London 1907, S. 2).
58 Zu zeitgenössischen Chinabildern vgl. Ch'en, China and the West. S. 39–90; R. Dawson, The Chinese Chameleon: An Analysis of European Conceptions of Chinese Civilization, London 1967; H.C. Jacobs, Reisen und Bürgertum. Eine Analyse deutscher Reiseberichte

Das Schlagwort, unter dem das lesende Publikum Europas in dieser Zeit immer wieder eingeladen wurde, sich das „Erwachen Asiens" zu vergegenwärtigen, war dasjenige der „Gelben Gefahr".[59] Schon seit den 1870er Jahren vertrat der deutsche Geograph und Chinaspezialist Ferdinand von Richthofen – wie eine Reihe anderer Asienkenner auch – die Auffassung, daß „die Hebung von China in materieller, intellectueller und industrieller Hinsicht den Interessen Europas direct zuwiderlaufend" sei.[60] Angesichts der für europäische Unternehmen mit der Modernisierung Chinas verbundenen Gewinnchancen sei diese Entwicklung längerfristig allerdings wohl nicht aufzuhalten. Richthofen beruhigte sich mit dem Gedanken, daß China zur Modernisierung aus eigener Kraft nicht in der Lage sei und Europa deshalb die Fäden in der Hand behalten könne. Um die Jahrhundertwende allerdings schien die lange mit kühlem Fatalismus für eine doch noch recht ferne Zukunft vorausgesagte „Gelbe Gefahr" beunruhigende Realität zu gewinnen. Japan hatte bei seinem Sieg von 1895 die prinzipielle Möglichkeit asiatischer Modernisierung unter Beweis gestellt und nebenbei auch noch das – allen Mächten zugute kommende – Recht zur Errichtung moderner Industriebetriebe in den offenen Häfen Chinas durchgesetzt; im „scramble for concessions" von 1898 hatten die großen europäischen Mächte nicht nur Flottenstützpunkte, sondern auch die Konzessionen für Eisenbahnen und Bergwerke in China an sich gerissen und schienen die Entwicklung des Landes nun selbst in die Hand nehmen zu wollen. Der Boxeraufstand von 1900 zeigte, daß die Chinesen gemeinsam und mit patriotischem Opfermut gegen den Westen aufzutreten bereit waren, während Intellektuelle und Beamte mehr und mehr Interesse an Reformen und an westlicher Wissenschaft und Technik bekundeten. Richthofen, der während des „scramble" erneut vor dem „Selbstmordprozeß" der Erschließung Chinas gewarnt hatte, hielt nun die Zeit für gekommen, sich auch aktiv gegen die „Gelbe Gefahr" einzusetzen. Der einflußreiche Gelehrte, der bald Rektor der Berliner Universität werden sollte, verwandte sich beim preußischen Kultusministerium dafür, „die Zulassung von Chinesen zu unseren Unterrichtsanstalten thunlichst zu beschränken", insbesondere in anwendungsbezogenen Fächern. Richtho-

---

aus China im 19. Jahrhundert: Die Fremde als Spiegel der Heimat, Berlin 1995; V.G. Kiernan, The Lords of Human Kind: European Attitudes Towards the Outside World in the Imperial Age, London 1969, S. 152–202; C. Mackerras, Western Images of China, Hongkong 1989.

59 H. Gollwitzer, Die Gelbe Gefahr. Geschichte eines Schlagworts. Studien zum imperialistischen Denken, Göttingen 1962; J.-P. Lehmann, The Image of Japan: From Feudal Isolation to World Power, 1850–1905, London 1978, S. 143–180; U. Mehnert, Deutschland, Amerika und die „Gelbe Gefahr". Zur Karriere eines Schlagworts in der Großen Politik, 1905–1917, Stuttgart 1995.

60 Zu Richthofen, seinen Reisen und seinen Veröffentlichungen: J. Osterhammel, Forschungsreise und Kolonialprogramm: Ferdinand von Richthofen und die Erschließung Chinas im 19. Jahrhundert, in: AfK 69. 1987, S. 150–95 (Zitat von 1882: S. 192).

fen begründete dies damit, „dass es in wirthschaftlicher Hinsicht für das Ausland selbstmörderisch ist, durch Ausbildung von Chinesen in den Grundlagen der höheren Technik die Hand ... zu seinem eigenen wirthschaftlichen Ruin und materiellen Verderb zu bieten. In dieser Erkenntnis sollten alle civilisirten Länder China solidarisch gegenüberstehen. Ihr gemeinsames Interesse liegt darin, dass die Arbeitskraft dieses Landes latent bleibe, indem sie sich in den althergebrachten Bahnen fortbewegt."[61]

Richthofens Furcht vor einer „Gelben Gefahr" erscheint als eine in dem Moment, in dem das größte Land Ostasiens und eine der dauerhaftesten und erfolgreichsten Zivilisationen der Weltgeschichte dem Andringen der europäischen Mächte wehrlos ausgeliefert war, absonderliche europäische Reaktion auf die Veränderungen in Ostasien. Dennoch handelt es sich hier um ein weit verbreitetes, wenn auch durchaus nicht unumstrittenes „Schlagwort". Es kann als „semantisches Kondensat" (Ute Mehnert) einer bestimmten Sicht auf globale Wechselbeziehungen im Zeitalter des Imperialismus aufgefaßt werden. Seine Grundlage sind die für das 19. Jahrhundert so charakteristischen deterministischen und biologistischen Konzeptionen von Geschichte und Gesellschaft. Eine „Gelbe Gefahr" entstand für die Propagandisten dieser Idee dadurch, daß das politische und wirtschaftliche Leben der Chinesen und Japaner durch deren historische Prägung oder biologische Veranlagung angeblich anderen Gesetzmäßigkeiten folgte als denjenigen, die für die europäischen Völkern galten. Bei den „gelben" Völkern mit ihrer naturgegebenen Bedürfnislosigkeit, ihrem handwerklichen Geschick, ihrem Fleiß würde anders als in Europa eine erhöhte Produktion nicht mit erhöhten Konsumbedürfnissen einhergehen; ihre starken Familien- und ethnischen Bande schlössen normale, interessengeleitete Austauschbeziehungen zwischen „Gelben" und „Weißen" aus; in dem Kampf ums Dasein, der aus diesem Grunde die einzig mögliche Form der Beziehungen zwischen Europäern und Asiaten sei, ließen sich letztere durch ihre Unterwürfigkeit gegenüber Staat und Familie zum gemeinsamen Kampf gegen die untereinander zerstrittenen Europäer mobilisieren. So werde zunächst der ostasiatische Markt und später der Weltmarkt mit fernöstlichen Billigprodukten überschwemmt, ohne daß zum Ausgleich in Ostasien eine Nachfrage nach europäischen Waren entstehe; gleichzeitig würden sich die „gelben Massen", einem Ameisenheer gleich, willig und ohne Rücksicht auf persönliche und nationalspezifische Interessen gegen das „Europäertum" führen lassen.[62]

Bedeutung im Rahmen europäischer Zeitdiagnosen und Zukunftserwartungen erlangte das Konzept der „Gelben Gefahr" allerdings erst durch die imperialistische Machtentfaltung in Ostasien, die Kritiker von „White Peril

---

61 Denkschrift Richthofen, Anlage zu: Kultusministerium an Auswärtiges Amt, 8.2.1902, Auswärtiges Amt (Bonn), Politisches Archiv (= AA), China 1, Bd. 49.
62 Zeitgenössische Beispiele sind in großer Zahl ausgewertet bei Gollwitzer, Gelbe Gefahr, und Lehmann, Image; zusammenfassend Mehnert, Deutschland, S. 21–59.

in the Far East"⁶³ sprechen ließ. Die „Gelbe Gefahr" eignete sich trefflich, die Notwendigkeit expansionistischer Politik zu begründen, sei es als Präventivmaßnahme oder um wenigstens Europa statt dem aufstrebenden Japan den bestimmenden Einfluß auf eine unvermeidbare Erneuerung Ostasiens sichern zu können. Schließlich hegten viele Europäer – nicht nur Missionare – die Hoffnung, durch die Werte des Christentums und der europäischen Kultur überhaupt könnten die Asiaten in die Lage versetzt werden, verantwortungsvoll mit den ihnen nun zugänglichen Errungenschaften der materiellen Zivilisation Europas umzugehen.⁶⁴ Popularisiert wurde das Konzept der „Gelben Gefahr" durch die publizistischen Anstrengungen des deutschen Diplomaten Max v. Brandt, der während des Chinesisch-Japanischen Krieges in engem Kontakt mit dem Auswärtigen Amt und Wilhelm II. die deutsche Öffentlichkeit auf das diplomatische Einschreiten des Deutschen Reiches (gemeinsam mit Frankreich und Rußland) gegen die japanischen Waffenstillstandsbedingungen einzustimmen suchte. Brandt argumentierte, man müsse sowohl den chinesischen Markt gegen die mit unfairen Mitteln arbeitenden japanischen Konkurrenten verteidigen als auch eine Industrialisierung Chinas unter japanischer Anleitung verhindern, die nur zu Lasten deutscher Arbeiter und Industrieller gehen könne.⁶⁵ Der Boxer-Aufstand im Jahre 1900 war zwar wenig geeignet, die These einer industriellen Bedrohung aus Ostasien zu untermauern, überzeugte aber eine breite Öffentlichkeit von der fanatischen und feindseligen Disposition „der" Chinesen, so daß die „Gelbe Gefahr" endgültig im Asiendiskurs Fuß faßte (auch wenn japanische Truppen an der Seite von Europäern und Amerikanern gegen die Boxer gekämpft hatten). In der Folgezeit versuchten die deutsche Diplomatie und insbesondere der Kaiser immer wieder, die „Gelbe Gefahr" als weltpolitischen Faktor ins Spiel zu bringen, um Spannungen zwischen den Mächten zu schüren und so einer Politik der „freien Hand" die Grundlage zu erhalten.⁶⁶

Überzeugte Anhänger der „Gelben Gefahr" ließen sich von der gegenwärtigen wirtschaftlichen und militärischen Schwäche Chinas nicht beirren. G. Dubail, der als französischer Gesandter in China und Japan unablässig seine Geringschätzung für die Asiaten bekundet hatte, erklärte nach seinem Ausscheiden aus dem diplomatischen Dienst in einem Presseinterview, es gebe

---

63 S. L. Gulick, The White Peril in the Far East, London 1905.
64 C. Munzinger, Japan und die Japaner, Stuttgart 1906. Natürlich gab es auch die Position, daß ohne das moralische Gerüst des Christentums in Ostasien überhaupt keine Gesellschaftsordnung entstehen könne, die einen modernen Staat und eine moderne Volkswirtschaft zu tragen imstande sei, so etwa bei A.H. Smith, Chinese Characteristics, Shanghai 1890.
65 Siehe die Aufsätze Brandts aus den Jahren 1894/95 in: M.v. Brandt, Ostasiatische Fragen, Leipzig 1897. Ausführlich zur Aktivität v. Brandts: Gollwitzer, Gelbe Gefahr, S. 204 ff., 209 ff.
66 Ausführlich Mehnert, Deutschland.

zwei Gefahren in Ostasien: „un péril prochain", Chinas Schwäche, „et un péril à plus lointaine échéance: la renaissance du monde jaune". Da das Problem also offenbar war, daß es überhaupt Asiaten auf der Welt gab, wünschte sich Dubail „qu'une habile politique d'expédients fasse vivre au jour le jour l'Empire Chinois", ohne daß es zu einem Zusammenbruch oder einer Erneuerung Chinas komme.[67] Insbesondere auf französischer Seite, wo man wegen der Schwäche der französischen Industrie auf den Weltmärkten große Hoffnungen in eine durch vertraglich garantierte Privilegien abgesicherte Beteiligung an der Erschließung Chinas setzte, zeigte sich immer wieder eine Mischung aus Hoffnung auf die Ausbeutung des Landes (und die Ausnutzung chinesischer Schwäche) und Furcht vor einer eventuellen Überflügelung durch allzu gelehrsame asiatische Schüler.[68] Vor allem in Frankreich, aber nicht nur dort, versuchten denn auch zahlreiche protektionistische Interessengruppen, den propagandistischen Wert einer Drohung mit der „Gelben Gefahr" für ihre Zwecke zu nutzen. Daß in den Jahren 1904/05 zum ersten Mal eine asiatische Macht eine europäische Großmacht in einem größeren militärischen Konflikt besiegen konnte, gab den Warnungen vor einer „Gelben Gefahr" neue Nahrung, fand sich doch das europäische Publikum „in seinem naiven Selbstgefühl gestört, welches in den Völkern nicht-europäischer Rasse nur Objekte der Weltpolitik sah".[69] Auch hierbei ist ein starkes propagandistisches Element nicht zu übersehen; die „Gelbe Gefahr" paßte Rußlands Verbündetem Frankreich genauso ins Konzept wie deutschen Diplomaten, die auf der Suche nach weltpolitischen Störfaktoren waren, die die ihrer Politik der „freien Hand" zugrundeliegenden Spannungen am Leben hielten.

Während Japan die Bedrohung der „weißen" durch die „gelbe Rasse" zu verkörpern schien, war Rußland für breite Kreise der Inbegriff von Unterdrückung, Reaktion und Obskurantismus. Nicht nur asiatische Patrioten, sondern auch europäische Gegner von Autoritarismus und kolonialer Herrschaft waren daher geneigt, in Japan eine „Gelbe Hoffnung" auszumachen. Auch die solcher Tendenzen nicht verdächtige „Times" – die auf der Seite des seit 1902 mit Großbritannien verbundenen Japan stand – bemerkte: „it is part of the irony of the situation that in this controversy the Asiatic Power represents the forces of civilising progress, and the European Power those of mechanical repression."[70]

---

67 Le Fils du Ciel est mort, in: Le Journal, 15.11.1908; Dubail an Delcassé, 6.4.1903, Archives du Ministère des Affaires Etrangères, Paris (= MAE), nouvelle série, Chine, Bd. 6.
68 D. Brötel, Frankreich im Fernen Osten. Imperialistische Expansion und Aspiration in Siam und Malaya, Laos und China, Stuttgart 1996, Abschnitt C; N.P. Petersson, Imperialismus und Modernisierung. Die europäischen Mächte und die Modernisierungsbemühungen in Siam und China, 1895–1914, Diss. Hagen 1999, S. 26–32, 122–128.
69 K. Rathgen, Staat und Kultur der Japaner, Bielefeld 1907, S. 1.
70 Vgl. Lehmann, Image, S. 143–80; The Times, 6.2.1904, zit. nach ebd., S. 150.

Als asienpolitisches Leitkonzept konnte sich die Idee einer „Gelben Gefahr" trotz aller Publizität nicht durchsetzen, auch wenn die Furcht vor einer Bedrohung aus Asien zu einer unter bestimmten Umständen leicht aktivierbaren Grundstimmung wurde. Die praktischen Hindernisse, die einer Modernisierung Chinas im Wege standen, wurden um so deutlicher erkennbar, je mehr konkrete Reformbemühungen in Gang kamen. Auch Japans Industrie, so verstand man mit der Zeit, funktionierte nach den gleichen Gesetzen wie die europäische und hatte ihre Anfangsschwierigkeiten noch lange nicht überwunden.[71]

IV. Die „Hebung Chinas": liberal-imperialistische Zukunftsentwürfe. So wie die Auffassung Ferdinand von Richthofens repräsentativ für das Denken von der „Gelben Gefahr" war, kann die Reaktion der Reichsregierung auf die Eingabe des Berliner Professors stellvertretend für die Mehrheitsauffassung in Politik, Wirtschaft und öffentlicher Meinung genommen werden. Hier glaubte man, „dass die kulturelle Hebung Chinas sich auf die Dauer doch nicht wird verhindern lassen und dass demjenigen Staate, welcher die chinesischen Bildungsbestrebungen zu fördern willens ist, voraussichtlich besondere Vortheile politischer und wirthschaftlicher Art zufliessen dürften".[72] Um auch den für Vorstellungen der „Gelben Gefahr" besonders empfänglichen Wilhelm II. zu überzeugen, daß chinesische Studenten weiterhin Aufnahme an deutschen Universitäten finden sollten, versicherte ihm Reichskanzler Bernhard von Bülow: „Im Vertrauen auf die sieghafte Kraft des Germanenthums werden wir es aber getrost unseren zukünftigen Generationen überlassen können, durch Weiterentwickelung des ihm von uns überlieferten geistigen und materiellen Rüstzeugs den dereinstigen Kampf gegen die Zopfträger mit Erfolg zu bestehen."[73] Das Interesse konkurrierender Staaten und Unternehmen an der Entwicklung der Märkte und Naturschätze Asiens war zu groß, als daß die „Gelbe Gefahr" besonderen Einfluß auf Entscheidungsträger in Politik und Wirtschaft hätte gewinnen können. „Qui exploitera la Chine" war die Frage, an der sich um die Jahrhundertwende die Ostasienpolitik der Mächte ausrichtete.[74] Japan begann währenddessen mehr und mehr die Rolle einer regional bedeutenden „normalen" – militarisierten, nationalistischen, expansionistischen – Macht zu spielen, die

---

71 Vgl. etwa den Reisebericht des deutschen Bankiers und zeitweiligen Staatssekretärs des Reichskolonialamts, Bernhard Dernburg: Japan und China. Eine wirtschaftspolitische Studienreise, Herbst 1910, Berlin 1911, für den internen Gebrauch gedruckt, AA Deutschland 122 Nr. 9/3. Andere Beispiele: E. Bard, Les Chinois chez eux, Paris 1899; J. Novicov, L'avenir de la race blanche, Paris 1897.
72 Randbemerkungen zu Richthofens Denkschrift (wie Anm. 61).
73 Bülow an Wilhelm II., 15.3.1902, AA China 1/49.
74 „Qui exploitera la Chine" ist der Titel eines Beitrags des französischen Journalisten René Pinon in der Revue des Deux Mondes, 1897, S. 331–66. Vgl. Gollwitzer, Gelbe Gefahr, S. 140 f.

je nachdem Bündnispartner oder politischer Gegner, Konkurrent oder Absatzmarkt sein konnte.[75] Die Ausbeutung Chinas erwies sich allerdings als schwieriger, als man ursprünglich angenommen hatte. Während der zweiten Hälfte der 1890er Jahre konzentrierten sich die Mächte in einer hochkompetitiven internationalen Atmosphäre darauf, Positionen im Bereich der entstehenden oder geplanten Industrie und Infrastruktur zu besetzen. Nachdem sich weder durch den Erwerb ausbaufähiger „privilèges indéterminés" noch durch mit Anleihen an die chinesische Regierung verknüpfte Sonderbedingungen befriedigende Ergebnisse hatten erreichen lassen, sicherten sich die Mächte, allen voran das Deutsche Reich, durch Gewalt oder Gewaltandrohung Eisenbahn- und Bergwerkskonzessionen, Flottenstützpunkte und „Einflußsphären".[76] Die asienpolitischen Konzeptionen in dieser Phase waren geprägt von der Konkurrenz der Mächte um die Trümmer eines Reiches, das nichts als die passive Verfügungsmasse einer „höheren" Zivilisation zu sein schien. Man betrachtete China als machtpolitisches Spielfeld, dessen gegenwärtige Gestalt und zukünftige Entwicklung in erster Linie nicht von inneren Kräften, sondern vom Ausgang der Rivalität zwischen den großen Mächten bestimmt wurde. Die Diplomaten, die eine solche Haltung in Peking zu vertreten hatten, waren bewußt als „Männer fürs Grobe" ausgewählt worden und bemühten sich nach Kräften, diesem Ruf gerecht zu werden. Der britische Gesandte, der ehemalige Armeeoffizier und Kolonialgouverneur Sir Claude MacDonald, warnte seine Vorgesetzten in London: „No European or civilized governor or official would carry on like these people do, and therefore to treat them as a civilized state is a great mistake."[77] Sein deutscher Kollege, der baltische Baron Edmund von Heyking, vertrat die Ansicht: „Die drohende Gewalt ist das einzige Argument, was diesen Barbaren gegenüber ver-

---

75 Aus diesem Grunde erscheint es auch nicht gerechtfertigt, jegliche Überlegung bezüglich einer eventuellen Bedrohung europäischer Positionen in Ostasien durch Japan gleich unter der Überschrift „Gelbe Gefahr" einzuordnen: Häufig kamen in solchen strategischen Überlegungen keine grundsätzlich anderen Kategorien zur Anwendung als in jenen, die sich auf mögliche Auseinandersetzungen mit europäischen Gegnern bezogen.
76 Zur Chinapolitik der einzelnen europäischen Mächte vgl. U. Ratenhof, Die Chinapolitik des Deutschen Reiches von 1871 bis 1945. Chinas Erneuerung, Großmachtrivalitäten in Ostasien und deutsches Weltmachtstreben, Boppard 1985; B. Barth, Die deutsche Hochfinanz und die Imperialismen. Banken und Außenpolitik vor 1914, Stuttgart 1995; E.W. Edwards, British Diplomacy and Finance in China, 1895–1914, Oxford 1987; R.S. Lee, France and the Exploitation of China, 1895–1901: A Study in Economic Imperialism, Hongkong 1989; Brötel, Frankreich; R.K.I. Quested, Sino-Russian Relations: A Short History, Sydney 1984. Den multinationalen Charakter des Imperialismus betont J. Osterhammel, China und die Weltgesellschaft. Vom 18. Jahrhundert bis in unsere Zeit, München 1989, Kap. 12–13.
77 MacDonald an Bertie, 22.7.1896, Public Record Office (Kew), Foreign Office (= FO) 17, Bd. 1278. Zu MacDonald vgl. M.H. Wilgus, Sir Claude MacDonald, the Open Door, and British Informal Empire in China, 1895–1900, New York 1987.

wendbar ist." China war für ihn „ein hoffnungsloses Land und nur gut als Beute für den, der es nehmen will".[78] Interesse für die gesellschaftliche Entwicklung Chinas wurde vom diplomatischen Personal weder erwartet noch aufgebracht, und ein britischer Diplomat bekannte, man sei in der britischen Gesandtschaft „out of touch with Chinese feeling – if such a thing exists".[79]

Die Entwicklungen der Jahre 1900–1905 brachten dann einen grundlegenden Wandel im asienpolitischen Klima. Seit dem Boxer-Aufstand war den Europäern klar, daß die Aufteilung und koloniale Beherrschung Chinas oder ein Auseinanderbrechen des Landes unübersehbare Lasten und Risiken mit sich bringen würden. Rußlands militärische Niederlage, die Erschöpfung des Siegers Japan und neue Spannungen in anderen Weltgegenden trugen dazu bei, daß die machtpolitischen Rivalitäten, die die Jahre 1895–1905 bestimmt hatten, nun wieder abflauten. Die Pekinger Regierung bekehrte sich währenddessen zu einer vorsichtigen Reformpolitik, und das Programm der patriotisch motivierten Reformbewegung, die sich dafür aussprach, die Herausforderung durch den Westen anzunehmen und die Europäer mit ihren eigenen Mitteln zu bekämpfen, bestimmte von nun an das politische Leben in China.[80] Japans militärischer Erfolg gab dieser Bewegung einen neuen Impuls und eine Richtung: Nationalismus, Konstitutionalismus und industrielle Entwicklung – möglichst ohne die Beteiligung der Europäer – waren die Schlagworte. Auch die Ziele und Methoden europäischer Chinapolitik veränderten sich nun, wobei insbesondere eine den neuen Zielen und dem neuen Umfeld angepaßte Perzeption der gegenwärtigen Probleme und zukünftigen Aussichten Chinas ins Auge fällt. Die Europäer, die seit dem Boxer-Aufstand die gesellschaftliche und innenpolitische Entwicklung Chinas aufmerksam verfolgten, reagierten rasch auf die im Jahre 1905 erstmals offen erkennbaren Veränderungen. Wer China bislang als rückständiges und wehrloses Land angesehen habe, in dem man auf die Interessen und Anliegen von Regierung und Bevölkerung keinerlei Rücksicht nehmen müsse, werde sich „daran gewöhnen müssen, im Chinesen einen Menschen und in China einen Staat zu sehen, der, wenn auch ungeschickt und verspätet, trotz-

---

78 Heyking an Hohenlohe, 19.8.1896, AA China 9 no.2/5 u. 14.10.1896, AA China 1/41. Auch Heykings Ehefrau Elisabeth, die sich später in ihren literarischen Werken dem europäischen Imperialismus gegenüber kritisch äußerte und um Verständnis für die Sichtweise der Opfer imperialer Expansion warb, teilt in ihren Tagebüchern noch ganz den Standpunkt ihres Mannes (dessen dienstliche Berichte zu einem erheblichen Teil aus ihrer Feder stammen sollen): E. v. Heyking, Tagebücher aus vier Weltteilen, 1896/1904, Hg. G. Litzmann, Leipzig 1926. Heykings literarisches Schaffen wird erörtert bei C.C. Günther, Aufbruch nach Asien. Kulturelle Fremde in der deutschen Literatur um 1900, München 1988, bes. S. 113 f.
79 Bax Ironside an Bertie, 26.3.1899, FO 17/1373.
80 Zu den Reformen in China vgl. im Überblick C. Ichiko, Political and Institutional Reform, 1901–11, in: D. Twitchett u. J.K. Fairbank (Hg.), The Cambridge History of China, Bd. 11, Cambridge 1980, S.375–415.

dem allmählich Reformen einführt und seine Einrichtungen modernisiert", meinte etwa der deutsche Gesandte Alfons v. Mumm zu Schwarzenstein. Insbesondere auf britischer und auf deutscher Seite kam es in den Jahren 1905/06 zu einer grundlegenden Neubewertung der eigenen chinapolitischen Ziele und Methoden, an deren Ende für den britischen Außenminister Sir Edward Grey „to some extent a new departure" stand.[81]

Anknüpfungspunkt für „a new departure" war die durch den Erwerb von Eisenbahnkonzessionen nicht gelöste Frage des Ausbaus der chinesischen Infrastruktur. Die Konzessionen waren europäischen Investoren nicht als attraktive Geldanlagen erschienen, zogen den Unmut der für einen Bahnbau in rein chinesischer Regie eintretenden chinesischen Reformbewegung auf sich und schienen so dem Bau von Eisenbahnen in China eher im Wege zu stehen als ihn zu erleichtern.[82] Indem sie die alten Konzessionsverträge zur Disposition stellten, hofften Grey und die ihn beratenden Diplomaten, die betroffenen Bahnlinien doch noch unter Beteiligung europäischer Firmen und mit europäischem Kapital bauen zu können und damit die Grundlage für neue europäisch-chinesische Projekte zu schaffen. Ihr Ziel war es, „[to] encourage and welcome China's efforts to develop the resources of the country under her own auspices, and on terms which will give her the help of foreign capital and experience when required, without being derogatory to her sovereignty or her independence".[83] Mit diesem „liberalen Imperialismus" verbanden sich eine bestimmte Analyse der Gegenwart Chinas und ein ziemlich konkretes Modernisierungsprogramm. Durch den Bahnbau und die kommerzielle Öffnung und Erschließung sollte China Mittel für die weitere Erneuerung von Staat und Wirtschaft mobilisieren sowie den administrativen Zusammenhalt und die militärische Stärke entwickeln, die es brauchen würde, um seine Selbständigkeit zu erhalten. Kurz, ein rascher, mit europäischem Kapital, Know-how und Personal vorangetriebener Bahnbau würde in China den „Fortschritt" in Gang bringen – politische Stabilität und wirtschaftliches Wachstum, Unabhängigkeit und Einbindung in die Weltwirtschaft. Der Bahnbau könne China helfen, „sich wirtschaftlich und sodann politisch auf die Höhe zu erheben, auf die es Anspruch zu erheben beginnt und die mit unseren Interessen voll übereinstimmt".[84]

Am Ende gelang in zahlreichen Einzelverhandlung die Neujustierung der betroffenen Interessen und die Umwandlung weitgehend unter der Kontrolle einzelner europäischer Firmen stehender Eisenbahnkonzessionen in chine-

---

81 Mumm an Bülow, 8.1.1906, AA China 1/58; Grey an Jordan, 31.8.1906, FO 371/35. Vgl. Petersson, Imperialismus, Kap. V u. VII.
82 Edwards, British Diplomacy, S. 51 ff., 90 ff.; E-tu Zen Sun, Chinese Railways and British Interests, 1898–1911, New York 1971²; Lee En-han, China's Quest for Railway Autonomy, 1904–1911, Singapore 1977.
83 Grey an Jordan, 31.8.1906, FO 371/35.
84 Luxburg an Bethmann Hollweg, 26.5.1911, AA China 4/26.

sisch geleitete Unternehmungen, die durch die Anzapfung europäischer Kapitalmärkte finanziert und von multinationalen Bank- und Firmengruppen aufgebaut wurden. Ein Modus vivendi, der europäische und asiatische, wirtschaftliche und politische Interessen gleichermaßen berücksichtigte, schien gefunden, die Kooperation der westeuropäischen Mächte untereinander und mit der Pekinger Regierung erstmals möglich zu sein. Im Rahmen des weiterhin von imperialistischen Abhängigkeiten geprägten europäisch-chinesischen Verhältnisses entstand ein neuer Beziehungsraum, der im wesentlichen von marktwirtschaftlichen Zusammenhängen strukturiert war. In den Verhandlungen zählten nun Argumente und Interessen statt „old methods – gestures accompanied with table thumping". Erstmals seit langem waren europäische Diplomaten in Übersee wieder gezwungen, ihre eigene Position zu rechtfertigen, statt sich auf die Macht der Kanonenboote zu verlassen. Damit gewann China nach 1905 zumindest einen Teil jener Initiative zurück, die es während der Zeit des aggressiven Beuteimperialismus der Jahre 1895–1901 verloren hatte.

Die Grundlage hierfür war, daß auf europäischer Seite eine tiefere Beschäftigung mit den inneren Verhältnissen Chinas und den Anliegen und Interessen von Regierung und Bevölkerung als Voraussetzung europäischer Chinapolitik anerkannt wurde. Anstelle der ausgewiesenen „Kanonenbootpolitiker" waren seit dem Boxeraufstand zunehmend politisch interessierte Diplomaten in Peking tätig, die sich der Bedeutung innenpolitischer Entwicklungen für die europäischen Interessen bewußt waren. Sie waren aufmerksame Beobachter der sich rasch wandelnden politischen und sozialen Verhältnisse und bemühten sich um eine differenzierte Berichterstattung auch über Entwicklungen und Kräfte, denen sie ablehnend gegenüberstanden. Dazu gehörte auch, daß europäische Diplomaten Verständnis für die patriotischen Anliegen der chinesischen Reformbewegung aufzubringen begannen. Der neue anti-imperialistische Nationalismus in China, meinte etwa der britische Geschäftsträger W. G. Max Müller, habe zwar eine stark fremdenfeindliche Komponente, sei aber auf die bestehenden Ungleichheiten im europäisch-chinesischen Verhältnis zurückzuführen und dem blinden Fremdenhaß der Boxer ganz und gar nicht vergleichbar: „It is, if I may use the expression, a more civilised feeling, and is directed not so much against the foreigner as such, as against his privileged position and boasted superiority."[85] Daß die Vorrechte der Fremden in China ein Ziel berechtigter Kritik waren, erkannten auch andere Diplomaten an, ohne allerdings deren Aufhebung empfehlen zu wollen. Der deutsche Geschäftsträger in Peking, Graf Luxburg, hielt auf die Dauer ein „Zusammengehen mit den oft turbulenten und unreifen, aber patriotischen und gesunden Volkskräften" für geboten. Als Voraussetzung dafür sah er allerdings die Beseitigung zumindest

---

85 Max Müller an Grey, 14.4.1910, FO 371/863.

der schlimmsten Auswüchse von Mißwirtschaft und Korruption und die Bekehrung der Reformer zu von den Europäern vorgeschlagenen Modernisierungsmodellen an.[86]

Die Zukunftsentwürfe der (West-)Europäer für China waren freilich unvereinbar mit denjenigen, welche die politische Elite des spätkaiserlichen China favorisierte. Dem Programm der nationalistisch und protektionistisch eingestellten Reformkräfte, die eine Politik des „China für die Chinesen" und des „Hinausdrängens der Fremden" vertraten, stellten die Europäer ihre Vision der kommerziellen Öffnung, des Eisenbahnbaus mit fremdem Kapital, autoritärer Reformpolitik „von oben" und – eventuell – einer langsamen, den Fortschritten des Landes entsprechenden Emanzipation aus imperialistischen Abhängigkeiten entgegen. Für größere Reformprojekte galten europäische „Hilfe und Aufsicht" immer noch als wichtigste Erfolgsgarantie.[87] Eine anti-europäische Reformpolitik, so ein französischer Konsul, sei irrational und führe ihre Verfechter in einen „cercle vicieux".[88] Der chinesische Patriotismus, der sich unter dem Schlagwort „China für die Chinesen" organisierte, erschien als kontraproduktiv: Könnten die Chinesen überhaupt etwas mit ihrem eigenen Land anfangen? „Mais la Chine, une fois aux Chinois, qu'en feront-ils?"[89] Der Bereitschaft, erworbene Privilegien und vertraute Kontrollansprüche zur Disposition zu stellen, setzte eine solche Haltung Grenzen. Diese wurden allerdings durch die Konkurrenz, die europäische Firmen, Banken und Staaten einander machten, und dank der starken Verhandlungsposition, die der Rückhalt einer patriotischen Reformbewegung der chinesischen Regierung verschaffte, immer weiter zurückgeschoben.

Bewährten kolonialen Rezepten entsprechend, bestanden die Europäer auf der Reform von Wirtschaft und Verwaltung, hielten aber einen Wandel der politischen Strukturen für zu riskant: „Reformen sind notwendig, aber diese Reformen müssen von oben her kommen ... fängt das Umstürzen einmal an, so werden wir gewiß zuerst umgestürzt."[90] Heftig wurde beklagt, daß westliche Formen von Protest und politischer Agitation in China offenbar wesentlich schneller Fuß faßten als westliche Wirtschafts- und Verwaltungspraktiken. Der Gesandte Mumm erblickte in dem gegen die US-Einwanderungspolitik gerichteten Boykott amerikanischer Waren vom Sommer 1905 nicht nur ein Anzeichen für den neuen „nationalen Zusammenhang des chinesischen Volkes", sondern vor allem „durch die Art der Agitation eine nicht unbedenkliche Annäherung an westliche Ideen". Ein anderer deutscher Diplomat entdeckte im fernen China den bereits aus Europa bekannten alten

---

86 Luxburg an Bethmann Hollweg, 18.5.1911, AA China 3/26.
87 Rex an Bethmann Hollweg, 6.5.1910, AA China 4/25.
88 Kahn an Rouvier, 5.1.1906, MAE NS Chine 413.
89 Couget an Bourgeois, 17.5.1906, MAE NS Chine 9.
90 Aufz. Radowitz, 26.11.1903, AA China 1/52.

Feind, organisierten sich die Verfechter des anti-amerikanischen Boykotts doch in „Einrichtungen, die ganz den socialdemokratischen Streikkomites [sic] nachgebildet" seien.[91] So sehr die Europäer Patriotismus und soziale Mobilisierung als begrüßenswerte Voraussetzungen weiterer Modernisierung schilderten, so sehr betonten sie zugleich die politische „Unreife" der neuen Kräfte und die Unangemessenheit ihrer auf dem Umweg über Japan importierten „ideas which, for the present at least, cannot be put into practice".[92] Dementsprechend galt: „Verstärkung der Demokratie – eine Gefahr".[93] Demokratisierung hielt man für übereilt und einer gedeihlichen Entwicklung des Landes abträglich: „It is open to question whether democratic institutions are ever compatible with Oriental life and ideas"; in jedem Fall aber sei China angesichts seines niedrigen Alphabetisierungsgrads und seines erst in den Anfängen begriffenen nationalen politischen Lebens noch kaum in der Lage, demokratische Institutionen mit Leben zu füllen.[94] Immer wieder wurde in diesem Zusammenhang die (nicht unberechtigte) Furcht geäußert, in China zerbrächen die alten Strukturen, bevor eine neue Ordnung auch nur in Ansätzen erkennbar sei. Innerhalb weniger Jahre hatte sich China vom stagnierenden Reich der Mitte in ein sich rasend schnell wandelndes – wenn auch nicht unbedingt „fortschreitendes" – Land des Unerwarteten transformiert: „Im Osten geht die Zeit jetzt mehr im Sauseschritt als je zuvor."[95] Selbst ein so konservativer und autoritätsbewußter chinesischer Modernisierungsautokrat wie Yuan Shikai, ein Mandarin des Ancien Régime und 1912 bis 1916 Präsident der neuen Republik, erschien dem britischen Gesandten Jordan als „an iconoclast [who] ... had no reverence for a past which did not assist the present".[96]

Der maßgebende europäische Zukunftsentwurf für China trug also autoritär-koloniale Züge. Wie China unter der Kontrolle europäischer Ratgeber und einheimischer Autokraten Eigenverantwortung und politische Handlungsfähigkeit entwickeln sollte, wurde nicht thematisiert. Andererseits schien das japanische Vorbild nahezulegen, daß rasche Modernisierung und politische Stabilität kompatibel waren, wenn nur die Demokratisierung weit genug hinter der Umgestaltung von Verwaltung, Bildungswesen und Wirtschaft zurückstand. Daß Japan eine solche Umgestaltung in *eigener* Regie

---

91 Mumm an Holstein, 20.7.1905, AA China 1/56; Knappe an Bülow, 29.8.1905, AA China 1/57a.
92 Satow an Grey, 7.3.1906, FO 371/25.
93 So ein Abschnittstitel bei Dernburg, Japan und China, S. 111.
94 Max Müller an Grey, 15.10.1910, FO 371/858. Die einzige abweichende zeitgenössische Stimme, die wir gefunden haben, war die des amerikanischen Politikwissenschaftlers und Diplomaten P.S. Reinsch, Intellectual and Political Currents in the Far East, New York 1911, S. 225 ff.
95 Dernburg, Japan und China, S. 107
96 J.N. Jordan, Some Chinese I Have Known, in: The Nineteenth Century and After 88. 1920, S. 942–60, hier S. 955.

geschafft hatte, wurde gern übersehen. Sir John Jordan, der von 1906 bis 1920 die britische Gesandtschaft in Peking leitete und einer der wichtigsten und politisch einflußreichsten Vertreter des liberalimperialistischen Entwicklungsdenkens war, erwartete den zukünftigen Dank der Chinesen für milde westliche Vormundschaft: „When China becomes a power of some importance in the world, she will have no reason to feel that we acted unfairly to her in the days when she was of no account or that we hampered her efforts to work out her salvation".[97]

Chinas Jahrhundertwende endet mit dem Sturz der Monarchie im Herbst 1911 (diejenige Japans eher symbolisch mit dem Tod des Meiji-Kaisers im folgenden Jahr). In der chinesischen Revolution von 1911 wurde nicht zuletzt ein Konflikt zwischen den Zukunftsentwürfen des liberalen Imperialismus einerseits, den die europäischen Mächte und die spätkaiserliche Regierung vertraten, und denen des anti-imperialistischen Nationalismus der neuen Eliten Chinas andererseits ausgetragen. Eine große Eisenbahnanleihe von 1911, die Jordan und seinen Mitstreitern als Triumph ihrer Politik fürsorglicher Modernisierung erschien, war den patriotischen Kräften so zuwider, daß sie zu einem Auslöser der Revolution wurde. Der liberale Imperialismus setzte zwischen 1912 und 1915 noch einmal letzte Hoffnungen in den bewährten Partner Yuan Shikai, der China in diesen Jahren als diktatorischer Präsident regierte. Mit der politischen Fragmentierung des Landes in die Herrschaftsgebiete zahlreicher „Warlords" wurde diesem Zukunftsentwurf seit 1916 die Grundlage entzogen.

V. Experten und Vermittler. Die Analysen und Strategien der Diplomaten drangen nur selten und dann zumeist journalistisch vermittelt an die Öffentlichkeit. Bis etwa in die 1880er Jahre hinein hatten noch Amateure – Reisende, Missionare und einige zumeist pensionierte Diplomaten und Kolonialbeamte – das europäische Wissen von Ostasien geformt. In der Generation danach machte sich der auch sozialgeschichtlich aufschlußreiche Vorgang des Triumphs der Experten bemerkbar. Nicht alle Kategorien von Ostasienexperten trugen zur Zeitdiagnose bei oder fühlten sich zu Zukunftsvisionen berufen. Die akademische Sinologie, um die Jahrhundertwende in Frankreich, Rußland und Deutschland am höchsten entwickelt, verstand sich vorwiegend als philologische Altertumswissenschaft und hielt Distanz zur Gegenwart.[98] Es fiel aus dem Rahmen, daß Otto Franke (1863–1946), der

---

97 Jordan an Campbell, 20.8.1908, FO 350/5. Vgl. auch Chan Lau Kit-ching, Anglo-Chinese Diplomacy in the Careers of Sir John Jordan and Yüan Shih-k'ai, 1906–1920, Hongkong 1978.
98 Ihre Brücke zur Gegenwartsanalyse war vor allem die Religionswissenschaft. Vgl. als repräsentative Übersicht P. Hinneberg (Hg.), Die Kultur der Gegenwart, Teil I, Abt. III, Bd. 1: Die orientalischen Religionen, Berlin 1906. Der Einführungsband dieses Werkes (Teil I, Abt. I: Die allgemeinen Grundlagen der Kultur der Gegenwart, 1906) ist charakteristischerweise vollkommen eurozentrisch angelegt.

nach langer Tätigkeit im auswärtigen Dienst 1909 in Hamburg die erste deutsche Professur für Sinologie übernahm und sich in den folgenden Jahrzehnten ein internationales Ansehen als Historiker des frühkaiserlichen China erwarb, die aktuellen Ereignisse in China publizistisch begleitete.[99] Insbesondere widersetzte sich Franke, ein Mann von unangreifbarem Sachverstand und besonnenem Urteil, Parolen der „Gelben Gefahr" und Vorstellungen von der kulturellen Überlegenheit des Westens. (Dies hinderte ihn übrigens nicht daran, sich mit ausgesprochen kulturimperialistischen Argumenten für die Gründung einer deutschen Hochschule in der Kolonie Qingdao einzusetzen, die Deutschland die Möglichkeit eröffnen sollte, bei der „Umbildung des Geisteslebens" der Chinesen eine maßgebende Rolle zu spielen.)[100] Franke war es auch mehr als den meisten seiner sinologischen Kollegen darum zu tun, die chinesische Geschichte in eine universalhistorische Perspektive zu rücken. Unter den deutschen Fachhistorikern verfolgte nur der Außenseiter Karl Lamprecht ähnliche Absichten.[101]

Um die Jahrhundertwende war der Triumph der Fachleute noch keineswegs ein Sieg der Kulturwissenschaftler. Der nur langsame Aufbau und die Selbstmarginalisierung der universitären Orientdisziplinen öffneten einen diskursiven Raum, der aus verschiedenen Richtungen gefüllt wurde. Prominente Asienreisende wie der britische Politiker und spätere Vizekönig Indiens George N. Curzon oder der „Times"-Journalist Valentine Chirol sowie Diplomaten wie Sir Ernest Satow (1843–1929), der 1862 nach Japan gekommen war und den Höhepunkt seiner Laufbahn als Gesandter erst in Tokyo (1895–1900) und dann in Peking (1900–6) erreichte, oder Maximilian von Brandt (1835–1920), langjähriger deutscher Repräsentant in Tokyo und Peking, galten als Orakel in Fragen des Fernen Ostens.[102] Ein Journalist wie der Australier George E. Morrison (1862–1920), zwischen 1897 und 1912 Korrespondent der „Times" in Peking und danach Berater des chinesischen

---

99 Vgl. etwa O. Franke, Was lehrt uns die ostasiatische Geschichte der letzten fünfzig Jahre? Berlin 1905; ders., Ostasiatische Neubildungen. Beiträge zum Verständnis der politischen und kulturellen Entwicklungs-Vorgänge im Fernen Osten, Hamburg 1911.
100 Zitat: ebd., S. 200. Eine schöne Charakterisierung Frankes gibt M. Leutner, Sinologie in Berlin. Die Durchsetzung einer wissenschaftlichen Disziplin zur Erschließung und zum Verständnis Chinas, in: Kuo Heng-yü (Hg.), Berlin und China. Dreihundert Jahre wechselvoller Beziehungen, Berlin 1987, S. 31–55, hier 44–47; auch M. Leutner, Otto Frankes Konzeption zur chinesischen Geschichte. Die „Geschichte des chinesischen Reiches" neu gelesen, in: Kuo Heng-yü u. M. Leutner (Hg.), Deutsch-chinesische Beziehungen vom 19. Jahrhundert bis zur Gegenwart, München 1991, S. 183–208.
101 Vgl. A. Pigulla, China in der deutschen Weltgeschichtsschreibung vom 18. bis zum 20. Jahrhundert, Wiesbaden 1996, S. 244–48; auch P. Griss, Japan und Karl Lamprechts universalgeschichtliche Anschauung 1900–1914, in: Comparativ 1991/4, S. 94–107.
102 Vgl. G.N. Curzon, Problems of the Far East: Japan, Korea, China, London 1894; P.F. Kornicki, Ernest Mason Satow (1843–1929), in: H. Cortazzi u. G. Daniels (Hg.), Britain and Japan 1859–1991: Themes and Personalities, London 1991, S. 76–85; M.v. Brandt, Dreiunddreißig Jahre in Ost-Asien, 3 Bde., Leipzig 1901.

Staatspräsidenten Yuan Shikai, konnte zwar kein Chinesisch, sammelte aber eine Bibliothek von 20.000 Veröffentlichungen zu Asien an, besaß einzigartige Kontakte sowohl zu den Machthabern Chinas als auch zu den maßgebenden Politikern der Großmächte und machte seine Zeitung zum Flaggschiff der Chinaberichterstattung. Morrison war ein besonders optimistischer Vertreter des liberal-imperialistischen Entwicklungsdenkens. „One of the most striking features of Modern China," so schrieb er (der immerhin 1900 die Belagerung der Gesandtschaften durch die Boxer durchlitten hatte) 1909, „is the growth of national wealth, security and prosperity and the friendliness of people towards foreign ways and foreign things".[103] Seine unbeirrbare Zuversicht mochten allerdings nur wenige Zeitgenossen uneingeschränkt teilen, und selbst sein späterer Arbeitgeber Yuan Shikai äußerte, Morrison mache sich keinen Begriff von den Schwierigkeiten, vor denen China tatsächlich stehe.[104]

Als China- oder Japanfachleute wurden auch Gelehrte anerkannt, die sich dem Osten nicht in erster Linie historisch-philologisch, sondern über landeskundliche Empirie annäherten. Hier genossen Geographen eine besondere Stellung, vor allem in Deutschland.[105] Der bereits erwähnte Ferdinand von Richthofen, der auf der Grundlage einer vierjährigen Reise (1868–72) ein monumentales Chinawerk verfaßt hatte, galt bis zu seinem Tod 1905 als höchste deutsche Autorität über das Land der Mitte.[106] Obwohl weniger eminent als das Schulhaupt Richthofen, spielte der Bonner Geograph Johann Justus Rein (1835–1918), der sich 1874/75 im Auftrag des Preußischen Handelsministeriums in Japan umgesehen hatte, eine vergleichbare Rolle.[107] Richthofen war von Haus aus Geologe und physikalischer Geograph mit einem wachen Interesse für das Wirtschaftsleben, das er in größter Ausführlichkeit schilderte. Reins Japanwerk hingegen folgte in konventionellerer Weise dem Schema einer enzyklopädischen Landesbeschreibung, in der das Kapitel „Anthropologie und Ethnographie" eine wichtige Stellung einnahm. 1897 erschien auch eine gekürzte Neuausgabe von Philipp Franz von Sie-

103 Morrison an Valentine Chirol, 6.12.1909, in: Lo Hui-min (Hg.), The Correspondence of G.E. Morrison, 2 Bde., Cambridge 1976, Bd. 1, S. 533. Vgl. auch C. Pearl, Morrison of Peking, Harmondsworth 1970.
104 Die Äußerungen Yuans fielen im Gespräch mit dem britischen Gesandten Jordan: Jordan an Campbell, 12.12.1907, FO 350/5.
105 Vgl. auch M. Korinman, Continents perdus: Les précurseurs de la géopolitique allemande, Paris 1991.
106 Vgl. F. v. Richthofen, China. Ergebnisse eigener Reisen und darauf begründeter Studien, 5 Bde., Berlin 1877–1912. Der wertfreie Objektivismus, der Richthofens Chinawerk (im Gegensatz zu seinen Reisetagebüchern) auszeichnet, fällt besonders auf, wenn man es neben andere Landeskunden stellt, z. B. J. Lauterer, China. Das Reich der Mitte einst und jetzt, Leipzig 1910.
107 J.J. Rein, Japan nach Reisen und Studien im Auftrag der Königlich Preussischen Regierung dargestellt, 2 Bde., Leipzig 1881/86. Bd. 1 wurde später gründlich überarbeitet: Natur und Volk des Mikadoreiches, Leipzig 1905².

bolds Japanwerk – im Grunde eine riesige Stoffsammlung – aus den Jahren 1832–58, in dem ebenfalls ethnographisch-kulturkundliches Material von zentraler Bedeutung zusammengetragen war.[108] Die Akzentsetzung in solchen Standardwerken präformierte das jeweilige Bild von der anderen Zivilisation. Richthofen zeigte China in einer geradezu photographischen Momentaufnahme als ein vom Westen noch wenig berührtes, schlecht regiertes Riesenreich mit fleißigen Menschen und gewaltigen unerschlossenen Potentialen. Für die chinesische Kultur der Gegenwart hatte er wenig Verständnis. Selbst der im deutschen „Pachtgebiet" Qingdao tätige Missionar Richard Wilhelm (1873–1930), der große Nachschöpfer der philosophischen Klassiker Chinas, war derart vom Ökonomischen berührt, daß er in seinem Todesjahr eine bemerkenswerte „Chinesische Wirtschaftspsychologie" veröffentlichte.[109] Japan hingegen wurde dem Publikum typischerweise als Land mit eigentümlichen Religionen, Ritualen und Lebensformen präsentiert: „das Land der sonderbaren und unglaublichen Dinge".[110] Sein wirtschaftlicher Aufbruch nach der Meiji-Restauration fand weniger Beachtung als die Stagnation Chinas, dem Experten wie Richthofen, Wilhelm oder Morrison eine Zukunft als Industrienation voraussagten.[111] Dies erklärt sich auch daraus, daß die westlichen Wirtschaftsinteressen in Japan bei weitem geringer waren als die in China. Nach Japans Sieg über Rußland 1905 schob sich das Bild des jugendfrisch aufstrebenden Militärstaates in den Vordergrund. Karl Haushofer, von 1908 bis 1910 als bayerischer Militärbeobachter nach Japan abkommandiert und nach dem Ersten Weltkrieg der Wortführer der „Geopolitik", malte es seit 1913 in einer Reihe von Büchern aus.[112]

Eine besondere Gruppe von Experten waren schließlich diejenigen, die tiefe Einblicke in die zeitgenössischen Lebensformen und Kulturen der Länder Ostasiens versprachen. Solche Einblicke ließen sich weder durch flüchtige Reisen gewinnen noch durch Klassikerlektüre in europäischen Studierstuben. Profunde Sprachkenntnisse und lange Alltagserfahrung waren dafür die Voraussetzungen, außerdem eine literarische Begabung, die über Gelehrten- und Journalistenprosa hinausging. Japan fand gleich zwei solcher Meister subtiler Kulturhermeneutik, die beide auch von japanischen Intellektuellen als authentische Fürsprecher geschätzt wurde: Lafcadio Hearn, 1850 als Sohn eines britischen Armee-Arztes und einer Griechin geboren, wuchs in Dublin auf, schlug sich in den USA als Kriminalreporter durch und kam

---

108 P.F. v. Siebold, Nippon. Archiv zur Beschreibung von Japan, 2 Bde., Würzburg 1897².
109 R. Wilhelm, Chinesische Wirtschaftspsychologie, Leipzig 1930.
110 B. Kellermann, Ein Spaziergang in Japan (1910), Berlin 1920³, S. 5 (ein literarisch besonders gelungener Reisebericht).
111 Vgl. zur (Nicht-)Wahrnehmung der japanischen Industrialisierung: Lehmann, Image, S. 123–42.
112 Haushofers erstes Japanbuch blieb mit Abstand sein bestes: Dai Nihon. Betrachtungen über Groß-Japans Wehrkraft, Weltstellung und Zukunft, Berlin 1913. Daß Japan Kriegsgegner des Deutschen Reiches wurde, trübte den Enthusiasmus nur vorübergehend.

1890 mit einem journalistischen Auftrag nach Japan, das er nie wieder verließ. 1904 starb er als Professor für englische Literatur in Tokyo. Er schrieb ein einziges durchkomponiertes Buch: „Japan: An Attempt at Interpretation" (1905). Charakteristischer für ihn waren Essays von unerhörter stilistischer Vielfalt, die er in insgesamt sechzehn Bänden sammelte.[113] Hearn besaß eine soziologische Sensibilität und Beobachtungsgabe, die ihn zu so etwas wie dem Georg Simmel Japans werden ließ. Fühlte sich Hearn gleichsam als weißer Japaner, so blieb der gleichaltrige Basil Hall Chamberlain (1850–1935) bewußt seinem europäischen Hintergrund verhaftet. Chamberlain war seit 1886 der erste Inhaber eines Lehrstuhls für *japanische* Philologie in Japan. Er teilte Hearns schwärmerische Einstellung zu seiner Wahlheimat nicht, schilderte Japan aber dennoch mit Sympathie und Verständnis. Wo Hearn Partei ergriff, nahm Chamberlain die Beobachtung des Fremden als Ausgangspunkt, um auf Ost wie West einen distanzierten Blick zu richten. Insbesondere thematisierte er die Rolle der europäischen „Interpreten" Japans, deren souveränster er selber war. So enthält seine klassische Japanstudie mit ihrer offenen Form als historisches Wörterbuch den Ansatz zu einer sich ihrer selbst bewußten Kulturwissenschaft.[114]

China hat um die Jahrhundertwende keine Interpreten und Fürsprecher ähnlichen Ranges gefunden – sieht man ab von dem großen französischen Schriftsteller Victor Segalen (1878–1919), einem Autor, der zu komplex ist, um ihn hier zu behandeln.[115] Am ehesten spielte der amerikanische Missionar Arthur H. Smith (1845–1932) die Rolle des Vermittlers „tiefen" Kultursinns. Sein Buch „Chinese Characteristics", nach einem beinahe zwanzigjährigen Aufenthalt in China 1890 in Shanghai veröffentlicht, war noch in den 1920er Jahren eines der fünf meistgelesenen Bücher unter den Ausländern in China.[116] Es wurde auch in Europa zu einem Bestseller mit zahlrei-

---

113 S. Hirakawa (Hg.), Rediscovering Lafcadio Hearn: Japanese Legends, Life and Culture, Folkstone/Kent 1997. Zugänglich ist Hearns Werk am besten über: L. Hearn, Writings from Japan: An Anthology, Hg. F. King, Harmondsworth 1984; L. Allen u. J. Wilson (Hg.), Lafcadio Hearn: Japan's Great Interpreter: A New Anthology of his Writings, 1894–1904, Sandgate 1992.
114 B. H. Chamberlain, Things Japanese: Being Notes on Various Subjects Connected With Japan for the Use of Travellers and Others, London 1905⁵ (dt.: ABC der japanischen Kultur (1912), ND Zürich 1990). Vgl. auch R. Browning, An Amused Guest in All: Basil Hall Chamberlain (1850–1935), in: Cortazzi u. Daniels (Hg.), Britain and Japan, S. 128–36. Chamberlains generöse Würdigung Hearns: ABC, S. 98 f.
115 Vgl. G. Manceron, Segalen, Paris 1991, S. 279 ff.; W. Geiger, Victor Segalens Exotismuskonzeption und ihre Bedeutung für die heutige Forschung, in: W. Kubin (Hg.), Mein Bild in deinem Auge. Exotismus und Moderne: Deutschland – China im 20. Jahrhundert, Darmstadt 1995, S. 43–81.
116 Die Wirkung des Buches begann mit der Ausgabe A. H. Smith, Chinese Characteristics, London 1892, dt.: Chinesische Charakterzüge, Würzburg 1900. Vgl. C.W. Hayford, Chinese and American Characteristics: Arthur H. Smith and His China Book, in: S. W. Barnett u. J.K. Fairbank (Hg.), Christianity in China, Cambridge/Mass. 1985, S. 153–74.

chen Auflagen und diente etwa Max Weber bei seinen Chinastudien, die er um 1909 begann, als wichtige Materialgrundlage.[117] Weniger schöngeistig als Hearn und in robuster Selbstsicherheit Moderne mit Protestantismus gleichsetzend, ging es Smith um ein „wissenschaftliches" Portrait des „wirklichen China". Dabei gelangen, hart an der Grenze eines bei Hearn und Chamberlain unbekannten Rassismus, durchaus einige wichtige kulturvergleichende Einsichten.

VI. Künstler und Visionäre. Für die breite Mehrheit gebildeter Europäer war die Erneuerung Ostasiens vor allem unter dem Gesichtspunkt der Verschiebung politischer und wirtschaftlicher Machtverhältnisse interessant und kam nur episodisch an Krisen- und Wendepunkten ins Blickfeld. Wenig berührt von der Tagesaktualität vollzog sich daneben die *ästhetische* Aneignung Ostasiens. In einer imaginären Strömungsbilanz des Kulturtransfers zwischen Ost und West (einschließlich Nordamerikas) dürfte die Übermittlung künstlerischer Anregungen und Objekte den Hauptstrang in ost-westlicher Richtung ausmachen. Dies ist auch materiell zu verstehen. Die Öffnung Chinas und Japans schuf neuartige Chancen zur Sammlung von Ostasiatica. In China, wo der westliche Imperialismus ungleich härter zugriff als in Japan, ließ sich seit der Brandschatzung des kaiserlichen Sommerpalastes durch britische und französische Truppen im Jahre 1860 Sammeleifer nicht immer leicht von Raub und Plünderung trennen; vor allem die Besetzung Pekings nach der Unterdrückung des Boxeraufstandes erbrachte reiche Beute. Die Jahre zwischen etwa 1893 und 1919 waren „the golden age of East Asian art collecting".[118] In der zweiten Hälfte des 19. Jahrhunderts wurden aus den verschiedensten Quellen zahlreiche jener Privatsammlungen ostasiatischer *objets d'art* angehäuft, die später als Schenkungen den Weg in die großen Museen fanden. Eine Geschichte der europäischen Asienkollektionen, die noch nicht geschrieben ist, müßte nicht nur deren Zustandekommen untersuchen, sondern auch die Verschiebungen in der Klassifikation und Bewertung ostasiatischer Kunst.

Westliche und chinesische Kenner waren sich darin einig, daß die Blütezeiten der chinesischen Kunst Jahrhunderte zurücklagen. Das Interesse daran blieb vorwiegend antiquarisch. Im Gegensatz dazu waren die Meister des japanischen Farbholzschnitts, vor allem Hokusai (1760–1849) und Hiroshige (1797–1858), noch beinahe Zeitgenossen, als die ersten ihrer Arbeiten in

---

117 Vgl. bes. M. Weber, Die Wirtschaftsethik der Weltreligionen. Konfuzianismus und Taoismus. Schriften 1915–1920, Hg. H. Schmidt-Glintzer u. P. Kolonko, Tübingen 1989 (= Max Weber Gesamtausgabe I/19), S. 455 ff. Weber verwendete auch A. H. Smith, Village Life in China, Edinburgh 1899.
118 W.I. Cohen, East Asian Art and American Culture: A Study in International Relations, New York 1992, S. 35. Diese Aussage bezieht sich auf die USA, gilt cum grano salis aber auch für Europa. Vgl. C. Clunas, Oriental Antiquities/Far Eastern Art, in: T.E. Barlow (Hg.), Formations of Colonial Modernity in East Asia, Durham/N.C. 1997, S. 413–46.

den späten 1850er Jahren in Europa bekannt wurden. Die Wirkung dieser Entdeckung war ungeheuer und ließ in den folgenden Jahrzehnten – man hat die Bewegung des „Japonismus" auf die Zeit zwischen 1860 und 1920 datiert und von einem Höhepunkt um die Jahrhundertwende gesprochen – in Europa kaum eine Richtung von Kunst, Kunsthandwerk und industriellem Design unberührt.[119] Chinesische Kunst hat in dieser Zeit keinen auch nur annähernd vergleichbaren Eindruck hinterlassen. Der Japonismus unterschied sich von früheren Hinwendungen zu asiatischer Bildlichkeit, etwa den Chinoiserien des Rokoko, dadurch, daß er nicht im Dekorativen steckenblieb, sondern Lösungen für künstlerische Probleme der europäischen Avantgarde zu bieten schien. Ihn als bloße Japan-„Mode" oder als „Flucht" ins Exotische zu betrachten hieße, ihn zu unterschätzen.[120] Auch in der Musik gingen Anleihen bei östlichen Klangwelten seit den 1890er Jahren im besten Falle über Nachahmung und Zitat hinaus, wie sie etwa für die Türkenmusiken des 18. Jahrhunderts charakteristisch gewesen waren. Die Erfindung des Phonographen durch Thomas Alva Edison 1870 ermöglichte Schallaufnahmen von außereuropäischer Musik. Gustav Mahler verwertete Studien solchen Materials im „Lied von der Erde" (1908) und in seiner IX. Symphonie (1909), Giacomo Puccini in „Madame Butterfly" (1904) und besonders in „Turandot" (1924/26). In der Musik des leichteren Genres begnügte man sich weiterhin damit, durch Klangfarbenkolorit klischeehafte Orientstimmungen hervorzurufen. Bei Meistern wie Debussy, Mahler, Puccini und dem jungen Richard Strauss führte der Import fremdartigen Tonmaterials in die abendländische Tonalität hingegen zur Erschütterung herkömmlicher Klangidiome.[121] Bei aller Offenheit für die Verwendung asiatischen Tonmaterials fiel es allerdings selbst ernsthaft interessierten Europäern in der Regel schwer, direkten Zugang zu asiatischer Musik zu finden.[122] Daher ging die Asienrezeption hier auch nicht so weit wie in der bildenden Kunst. Sie war auch entschieden begrenzter als die Aufnahme westlicher Musik in Japan, wo bereits seit 1900 öffentliche Konzerte mit

---

119 Vgl. K. Berger, Japonismus in der westlichen Malerei 1860–1920, München 1980; S. Wichmann, Japonismus. Ostasien – Europa. Begegnungen in der Kunst des 19. und 20. Jahrhunderts, Herrsching 1980. Zu asiatischen Einflüssen auf das Design des frühen Industriezeitalters vgl. MacKenzie, Orientalism, S. 105–37.
120 F. Arzeni, L'immagine et il segno. Il giapponismo nella cultura europea tra Ottocento e Novecento, Bologna 1987, S. 6.
121 Vgl. T.W. Adorno, Mahler. Eine musikalische Physiognomik, in: ders., Gesammelte Werke, Bd. 13, Frankfurt 1971, S. 290. Eine präzise Fallstudie zur Nutzung chinesischen Materials ist W. Ashbrook u. H. Powers, Puccini's „Turandot": The End of the Great Tradition, Princeton 1991, S. 94 ff. Vgl. auch P. Gradenwitz, Musik zwischen Orient und Okzident. Eine Kulturgeschichte der Wechselbeziehungen, Wilhelmshaven 1977, S. 319–50.
122 Beispielhaft Chamberlains Artikel „Musik" (ABC der japanischen Kultur, S. 464–71). Zur musiktheoretischen Erfassung asiatischer „Kulturmusiken" um 1900 vgl. C. Braun, Max Webers „Musiksoziologie", Laaber 1992, S. 268–83.

Klavier- und Violinmusik sowie Liederabende ein Publikum fanden und 1912 die erste Oper im Stil Wagnerscher Spätromantik entstand.[123]

Anders als Musik und bildende Kunst spricht Literatur nicht unmittelbar zu den Sinnen, sondern bedarf zunächst sprachlicher Vermittlung. Im Falle Ostasiens, wo die europäische Literaturwelt vollkommen auf Übersetzungen durch eine Handvoll von Sprachkundigen angewiesen war, boten Japanologen und Sinologen in der Regel philologisch seriöse, dabei aber poetisch unattraktive Übersetzungen an. Breitere Resonanz fanden nur Nachdichtungen (von Hans Bethge, Klabund oder später Ezra Pound und Bertolt Brecht), die auf solchen Rohfassungen beruhten.[124] Ostasiatische Lyrik – Prosa und Theater folgten später – war auf diesem Umweg immerhin präsent genug, um europäischen Lesern seit etwa der Jahrhundertwende einen Eindruck von ungewohnten Sinn- und Bilderwelten zu vermitteln. Ein handfester Import war die im 18. Jahrhundert in Japan erfundene Drehbühne, die als erster Max Reinhardt 1905 in Berlin verwendete.[125]

Von der oft doppelt gebrochenen Rezeption ostasiatischer Texte muß die Evokation orientalischer Schauplätze bei europäischen Schriftstellern unterschieden werden. Eine kleine Zahl von ihnen hatte den Fernen Osten bereist oder sich gar, wie der französische Diplomat Paul Claudel (1868–1955, 1895–1906 in China),[126] längere Zeit dort aufgehalten. Einige der eindrücklichsten und meistgelesenen Ostasienberichte der Zeit waren das Ergebnis solcher Reisen, an erster Stelle vielleicht die Briefe, die Rudyard Kipling während seiner beiden Besuche in Japan 1889 und 1892 schrieb und auf die er später in „From Sea to Sea" (1899) zurückgriff.[127] Andere Asienreisende wie der französische Marineoffizier und Weltenbummler Pierre Loti (1850–1923) oder Max Dauthendey (1867–1918), zu seinen Lebzeiten der bekannteste deutsche literarische Interpret Ostasiens und insbesondere Japans, setzten ihre Erfahrungen in exotisierende Romane und Novellen um.[128] Loti war sensationsbewußt genug, um sich 1900 zur Beteiligung an der Boxer-Invasion militärisch reaktivieren zu lassen.[129] Der Augenschein garantierte selbstverständlich keine tieferen Einsichten in

---

123 Vgl. The New Grove Dictionary of Music and Musicians, London 1980, Bd. 9, S. 549; ebd., Bd. 20, S. 566. Der Komponist der Oper war der in Deutschland ausgebildete Yamada Kôsaku (1886–1965), der Begründer japanischer Musik in europäischer Tradition.
124 Vgl. I. Schuster, China und Japan in der deutschen Literatur 1890–1925, Bern 1977, S. 90 ff.
125 Ebd., S. 117 f. Wichtig zum Kulturtransfer in umgekehrter Richtung: T. Sasayama u. a. (Hg.), Shakespeare and the Japanese Stage, Cambridge 1998.
126 Vgl. G. Cadoffre, Claudel et l'univers chinois, Paris 1986.
127 Eine sorgfältige Edition der Briefe ist H. Cortazzi u. G. Webb (Hg.), Kipling's Japan: Collected Writings, London 1988.
128 Vgl. Schuster, China und Japan, S. 66–80; Arzeni, L'immagine, S. 85–107. Zu den deutschen literarischen Asienreisenden vgl. auch Günther, S. 17 ff.
129 Das Ergebnis war der tagebuchartige Bericht „Les derniers jours de Pékin" (1902).

Wesen und Erscheinung der besuchten Völker und Kulturen; daß Reisende mitgebrachte kognitive Schemata an das Gesehene herantragen und daß ihre Berichte den Zwängen darstellerischer Konventionen unterliegen, ist ein Gemeinplatz der Kulturgeschichte des Reisens. Umgekehrt stand ein Studium Ostasiens allein aus der Ferne nicht unbedingt einer profunden Sympathie im Wege, wie sie aus dem 1913 vollendeten und 1915 gedruckten frühexpressionistischen Roman „Die drei Sprünge des Wan-lun" des Berliner Armenarztes Alfred Döblin (1878–1957) spricht. Hier gestaltet Döblin seine Vision eines „neuen Menschen", verkörpert durch den Rebellen Wan-lun, eine authentische Gestalt des 18. Jahrhunderts: ein gewaltloser Kämpfer gegen die Gewalt, sehnsüchtig nach dem Zustand leidenschaftsloser Ruhe (dem „wu-wei" der daoistischen Philosophie), aber doch engagiert gegen Unrecht und Unterdrückung in der gesellschaftlich-politischen Wirklichkeit. Döblins Roman, der auf die heterodoxen Volkstraditionen Chinas zurückgreift, ist ein wuchtiger Gegenentwurf zur Realität des imperialistischen Zeitalters, eine universal gedachte Parabel, die sich exotisierender Verfremdungseffekte nur sparsam bedient. Er hebt sich aus der großen Menge orientalisierender Belletristik der Jahrhundertwende ebenso durch die Sorgfalt der historischen Konstruktion wie durch seinen kritischen Bezug auf die gewaltschwangere Gegenwartslage Europas am Vorabend des Ersten Weltkriegs und durch seinen utopisch-visionären Zukunftsentwurf heraus; Günter Grass hat in ihm den „ersten futuristischen Roman" gesehen.[130] Döblin suchte dabei keineswegs Zuflucht oder Erlösung in einem spirituell überlegenen Osten und interessierte sich eher für den politischen als für den mystischen Gehalt einer Weltanschauung wie des Daoismus.[131] Dennoch ist es symptomatisch, daß Döblin und viel nachdrücklicher manche seiner Zeitgenossen, zum Beispiel Hermann Graf Keyserling (1880–1946), der 1912 auf einer Weltreise auch China und Japan besucht hatte, „östliche Weisheit" weniger in den ethischen Maximen des Konfuzius suchten, die einst die große Bewunderung der Aufklärung gefunden hatten und nun in China selbst kulturkritisch in Zweifel gezogen wurden, als in den weltverlorenen Lehren des daoistischen Buches Lao Zi (Lao Tse) und im Buddhismus. Keyserling bemerkte aber, der Daoismus

---

130 G. Grass, Über meinen Lehrer Alfred Döblin, in: A. Döblin, Die drei Sprünge des Wan-lun, Frankfurt 1978, S. ix. Vgl. auch J. Ma, Döblin und China, Frankfurt 1993, S. 78 ff.; Liu Weijian, Die daoistische Philosophie im Werk von Hesse, Döblin und Brecht, Bochum 1991, S. 93–118.

131 Das auf das Indienbild der Romantik zurückgehende Motiv der spirituellen Überlegenheit des Ostens kann hier nicht verfolgt werden. Vgl. dazu J.J. Clarke, Oriental Enlightenment: The Encounter between Asian and Western Thought, London 1997, S. 95 ff. Auch in Europa einflußreich waren hier einige amerikanische Autoren. Vgl. C.T. Jackson, The Oriental Religions and American Thought: Nineteenth-Century Explorations, Westport/Ct. 1981; R.A. Rosenstone, Mirror in the Shrine: American Encounters with Meiji Japan, Cambridge/Mass. 1988.

sei den praktisch gesinnten Chinesen wenig gemäß, und sie hätten Schwierigkeiten, seine philosophischen Feinheiten zu verstehen.[132] Dies war bei Keyserling weniger ein Ausdruck eines hochmütigen „Orientalismus" als das freimütige Eingeständnis, es gehe ihm weniger darum, das authentische „Wesen" Asiens zu verstehen, als um Anleihen bei östlichen Weltbildern zum Zweck der Lösung der geistig-moralischen Krise Europas.

In welchem Maße literarische Repräsentationen die europäischen Auffassungen von Ostasien prägten, ist kaum entscheidbar. Jedenfalls besaßen sie keineswegs ein Deutungsmonopol. Sie standen in Konkurrenz zu den Schriften der Fachleute, die sich im späten 19. Jahrhundert im akademischen Betrieb und auf dem Buchmarkt eine einflußreiche Stellung verschafften. Häufig war diese Konkurrenz sogar eine Abhängigkeit: Die Nachdichter waren auf Vorlagen der Sprachgelehrten angewiesen. Alfred Döblin studierte (wie gleichzeitig Max Weber) neue Forschungen zum chinesischen Sektenwesen[133] und las die Übersetzungen der konfuzianischen und daoistischen Klassiker, die Richard Wilhelm seit 1910 im Jenaer Eugen Diederichs Verlag herausbrachte.[134] Die Dichter und ebenso die kulturvergleichenden Generalisten wie Max Weber waren auf die Landeskenner angewiesen.

Nach zwei Jahrzehnten einer von Edward Saids Buch „Orientalismus" (1978) inspirierten Dekonstruktion „orientalistischer Diskurse" ist es müßig, abermals nachzuweisen, daß Europäer im imperialen Zeitalter die Zivilisationen des Ostens mit Geringschätzung behandelten, sie zu passiven Erkenntnisobjekten degradierten und sie auf wenige zeitlose „Essenzen" reduzierten, die dann dem dynamischen „Westen" als das inkommensurable „Andere" gegenübergestellt wurden. All das ist nicht falsch und läßt sich durch Textanalysen ad infinitum bestätigen. Neue Erkenntnisse sind aber nur dann zu erwarten, wenn man den schematischen Binarismus der Alteritätsforschung zur Diskussion stellt. Dann wäre nach den Möglichkeiten zu fragen, die zeittypischen Befangenheiten herrschender Diskurse zumindest individuell zu überschreiten. Wir haben bereits manche Beispiele für solche Überschreitungen vorgestellt. Sie sind so zahl- und formenreich, daß sich Saids These vom machtgestützten Autismus des europäischen Weltbezugs

---

132 H. Graf Keyserling, Das Reisetagebuch eines Philosophen (1919), Darmstadt 1956, S. 395 f. (= Gesammelte Werke, Bd. 1).
133 Vor allem J.J.M. de Groot, Sectarianism and Religious Persecution in China: A Page in the History of Religions, 2 Bde., Amsterdam 1903. Der Einfluß des bedeutenden, in Berlin lehrenden Sinologen de Groot auf Max Weber ist nachgewiesen in MWG I/19.
134 R. Wilhelm (Hg. u. Übers.), Kung-Futse: Gespräche, Jena 1910; ders., Laotse: Taoteking. Das Buch des Alten vom Sinn und Leben, Jena 1911; ders., Liä Dsi: Das wahre Buch vom quellenden Urgrund, Jena 1911; ders., Dschuang Dsi: Das wahre Buch vom südlichen Blütenland, Jena 1912. Dazu vorzüglich: W. Bauer, Zeugen aus der Ferne. Der Eugen Diederichs Verlag und das deutsche China-Bild, in: G. Hübinger (Hg.), Versammlungsort moderner Geister. Der Eugen Diederichs Verlag – Aufbruch ins Jahrhundert der Extreme, München 1996, S. 450–85, bes. S. 455 ff.

nicht pauschal bewährt.[135] Worum es geht, ist nicht die rechte Gesinnung. Sympathie für „das Andere" oder ein „positives Asienbild" können durchaus – Hermann Graf Keyserling verkörpert diese Haltung – bloße Selbstbespiegelungen abendländischer Subjektivität sein. Auch die ernstgemeinte Verteidigung asiatischer Sichtweisen, wie sie etwa Goldsworthy Lowe Dickinson aus der Perspektive eines fiktiven chinesischen Beamten versucht, führte Europäer mit asiatischen Sympathien häufig dazu, gerade diejenigen konservativen Positionen einzunehmen, die asiatische Reformer und Patrioten zu überwinden trachteten.[136]

VII. Paradoxien der Urteilsbildung. Gerade das ernsthafte Bemühen um die Erfassung der Eigenart asiatischer Gesellschaften führte hochgebildete Asienkenner häufig zu einer Art von Betriebsblindheit, die es ihnen in einer Zeit der beginnenden globalen Verbreitung von Elementen europäischer Kultur, europäischen Denkens und europäischer Technik unmöglich machte, die in Asien tatsächlich stattfindenden Veränderungen adäquat zu beschreiben. (Dieser mentale Mechanismus ist von einer verzweifelt um die Exotik ihrer Forschungsgegenstände kämpfenden Ethnologie bekannt.) Es waren unbekümmerte Eurozentriker wie der französische Außenminister Théophile Delcassé und sein Abgesandter im südwestchinesischen Kunming, der wunderliche Konsul Auguste François, die frühzeitig den nach der Jahrhundertwende rasch wachsenden nationalen Zusammenhalt in China wahrzunehmen und politisch zu berücksichtigen verstanden.[137] Ausgewiesene Chinakenner dagegen – etwa Otto Franke oder der britische „Times"-Korrespondent J.O.P. Bland (1863–1945) – beharrten lange auf dem Standpunkt, Patriotismus sei eine allem, was man über Asien wisse, widersprechende Eigenschaft, die Asiaten nur zuschreibe, wer in Unkenntnis der wirklichen Verhältnisse überall „immer nur dieselben Kräfte als wirksam" annehme, „die auch im Westen bestimmend seien".[138] Wissenschaftlich zweifelhafte Analogien zu den Verhältnissen in Europa boten in einer Zeit der aggressiven Betonung europäischer Überlegenheit immerhin die Möglichkeit, die

---

135 Vgl. die bei Lehmann, Image (S. 14 u. Kap. 1) vorgestellten Positionen.
136 G.L. Dickinson, Letters from a Chinese Official: Being an Eastern View of Western Civilization, New York 1903. Ähnliches zeigt Bauer (Zeugen, S. 459–61) am Beispiel der deutschen Übersetzung eines kulturkonservativen Traktats: Ku Hung-ming, Chinas Verteidigung gegen europäische Ideen, Jena 1901.
137 Circulaire Delcassé, 10.11.1902, MAE NS Chine 5; François an Beau, 13.9.1902, MAE Papiers Paul Beau 11/14. Vgl. auch A. François, Le mandarin blanc. Souvenirs d'un consul en Extrême-Orient (1886–1904), Hg. P. Seydoux, Paris 1990; D. Liabœuf u. a. (Hg.), L'œil du consul. Auguste François en Chine (1896–1904), Paris 1989.
138 Bland z. B. in The Times, 17.4.1903; Franke, Neubildungen, S. 104 (Zitat) u. passim. Bland ist heute noch bekannt als literarischer Mitarbeiter des genialen Sinologen und Dokumentenfälschers Sir Edmund Backhouse (1873–1944). Vgl. H. Trevor-Roper, A Hidden Life: The Enigma of Sir Edmund Backhouse, London 1976.

prinzipielle Geringschätzung alles Außereuropäischen zu umgehen und Wandel zu erkennen, den die Selbstgewißheit der Landeskenner verschleierte. Aber es verwundert nicht, daß kaum ein „Chinaexperte" in den Jahren vor 1911 eine Revolution in China für möglich hielt.

Sogar in den Berichten manch eines bewußt und überzeugt in die imperialistische Machtentfaltung eingebundenen Diplomaten finden sich bisweilen ernsthafte Zeugnisse der Auseinandersetzung mit den Problemen anderer Kulturen. Beispielhaft kann hier der britische Chinadiplomat Sir John Jordan genannt werden, dessen Ansatz, so eurozentrisch und (liberal-)imperialistisch er auch war, darauf abzielte, China Handlungsspielräume offenzuhalten und das Land zur Lösung der eigenen Probleme anzuhalten, statt es an den Tropf der westlichen Finanz zu hängen. Daß Jordan seine Ansichten im Zuge eines fast zehnjährigen, von zahlreichen politischen Miß- und Teilerfolgen geprägten Prozesses des *learning by doing* immer wieder modifizierte, entwertet seine Argumente nicht. Zu offensichtlich ging es ihm nicht um die Verteidigung eines bestimmten essentialistischen Orientbildes, sondern um die Erfassung grundlegender Probleme im konkreten politischen Kontext – Eigenverantwortung, Markt und Macht, Modernisierungsrezepte, Stabilität und politische Entwicklung sind hier die Stichworte. Auch hier mag der Orientalismusvorwurf zutreffen, greift aber zu kurz.

Dennoch fiel es nicht an die imperiale Interessenpolitik gebundenen Beobachtern leichter, sich über den Unterschied zwischen den Zivilisationen zu erheben – zumindest dann, wenn sie gewillt waren, sich aus eigenem Antrieb und in kritischer Unvoreingenommenheit hinreichend tiefe Kenntnisse anzueignen. Eine Art Gegenstück zu der universalistischen Utopie Kang Youweis läßt sich aus den imperialismuskritischen Schriften des britischen Journalisten und Ökonomen John Atkinson Hobson (1858–1940) herauslesen. Hobson entwirft im letzten Abschnitt seiner berühmten Schrift „Imperialism. A Study" (1902) in einer Art negativer Utopie das Bild einer Welt, in der außereuropäische Kulturen zerstört, außereuropäische Bevölkerungen unterworfen und ausgebeutet werden, während gleichzeitig in Europa die Gesellschaft zerfällt in die von globalen Wirtschaftsbeziehungen und ostasiatischer Arbeitskraft profitierenden Klassen der Finanz-, Verwaltungs- und Wissenselite einerseits und die Unterschichten andererseits, denen angesichts von Deindustrialisierung, Niedriglöhnen und bei der Verteidigung imperialer Herrschaft in Übersee verfeinerter Repressionsorgane keinerlei Perspektive mehr bleibt. Dieses düstere Schicksal erscheint allerdings nicht als zwangsläufiges Resultat der kapitalistischen Wirtschaftsform oder der machtpolitischen Überlegenheit einer seelenlosen industriellen Zivilisation: Sozialreformen, die den Grund für Ausbeutung, „oversaving and underconsumption" in westlichen Gesellschaften beseitigten, würden imperiale Expansion überflüssig machen und so die Voraussetzung schaffen für einen gleichrangigen und gegenseitig fruchtbaren kulturellen wie wirtschaftlichen

Austausch unter den Zivilisationen.[139] Bei Hobson müssen klar identifizierte Mißstände innerhalb der zur Zeit mächtigsten Zivilisation beseitigt werden, bevor das prinzipiell für möglich gehaltene friedliche Mit- und Nebeneinander der Individuen, Völker und Kulturen verwirklicht werden kann. Die Bedeutung von Hobsons Beitrag liegt nicht zuletzt darin, daß er europäische Ausbeutung und Gewalt in Übersee und Ausbeutung und Gewalt innerhalb europäischer Gesellschaften selbst als sich gegenseitig bedingend erkennt. Nicht von imperialer Expansion, einem präventiven Schlag gegen die „Gelbe Gefahr" oder von einer aktiven Teilnahme an einem „Kampf der Kulturen" sind Lösungen für die Probleme Europas und der Welt zu erwarten, sondern von Achtung und Gleichberechtigung innerhalb europäischer Gesellschaften ebenso wie in internationalen und interkulturellen Beziehungsverhältnissen. Gegenüber einer solchen ernsthaft vorgetragenen Kritik am europäischen Vorgehen und derartigen post-imperialistischen Zukunftsperspektiven verliert Hobsons zeitgebundene und um 1900 nahezu selbstverständliche Überzeugung von der Überlegenheit der westlichen Zivilisation an Bedeutung. Neben Hobson ist es wohl nur der französische Geograph und Anarchist Elisée Reclus (1830–1905) gewesen, der „la solidarité de l'Europe et de l'Asie" zum Ausgangspunkt seiner Überlegungen nahm.[140]

Wenn man, wie es in diesem Aufsatz geschehen ist, Bilder von fremden Zivilisationen nicht bloß textuell-imagologisch untersucht, sondern sie mit geschichtlicher Praxis in Verbindung setzt, dann zeigt sich: Insofern die in europäischen Zeitdiagnosen und Zukunftsentwürfen aufgeworfenen Fragen praktische Konsequenzen für politisches und soziales Handeln hatten, konnten sie nicht durch eine vorurteilskritische Betrachtungsweise aus der Welt geschafft, sondern mußten in der einen oder anderen Weise gelöst werden.[141] Europäische Äußerungen aus der Zeit der Jahrhundertwende, die ihren Gegenstand ernst nehmen, eröffnen den Blick dafür, auf wie viele verschiedene Weisen man verschiedener Meinung sein konnte und wie wenig inhaltliche Positionen an einen bestimmten ideologischen Hintergrund gebunden waren. Zutreffende Prognosen weit in die Zukunft hinaus sind unter allen Umständen rar. Daß das 20. Jahrhundert das Jahrhundert Ostasiens werden würde, glaubte in Europa niemand, und es ist es dann auch nicht geworden. Aber ein Ende weißer Weltherrschaft war für ganz wenige bereits erkennbar, und daß zumindest China das Zeug zu einer Weltmacht habe, ließ sich mit etwas

---

139 J.A. Hobson, Der Imperialismus, Köln 1968 (nach der 2. Auflage, London 1905), S. 247–307.
140 E. Reclus, L'homme et la terre: Histoire contemporaine (1905), Bd. 1, Paris 1990, S. 273. Vgl. auch den Ostasienband in Reclus' früherem Monumentalwerk: Nouvelle Géographie universelle, Bd. 7, Paris 1882.
141 Vgl. die wichtigen Überlegungen bei J. Fisch, Der handelnde Beobachter. François Valentyns Schwierigkeiten mit dem asiatischen Charakter, in: H. J. König u. a. (Hg.), Der europäische Beobachter außereuropäischer Kulturen. Zur Problematik der Wirklichkeitswahrnehmung, Berlin 1989, S. 119–134, hier 126–33.

geographischer Phantasie ebenfalls voraussagen.[142] Eines aber war den meisten Zeitgenossen klar: *Wenn* es einmal das große Aufbegehren gegen die imperialen Nationen Europas geben würde, dann nicht in Afrika, Arabien, Indien oder der Südsee, sondern im niemals ganz unterworfenen Fernen Osten.

---

142 Unser erster Beleg dafür ist R. Kjellén, Die Großmächte der Gegenwart, Leipzig 1914, S. 204 (Weltmächte im Jahre 2000: USA, Rußland, China). Ob sich das schon in der schwedischen Erstausgabe des Buches (1905) findet, bleibt zu prüfen.

Die Autoren

Hartmut Berghoff, geb. 1960, Dr. phil., Privatdozent für Neuere Geschichte sowie Wirtschafts- und Sozialgeschichte an der Universität Tübingen.
Veröffentlichungen: Englische Unternehmer 1870–1914, 1991; Zwischen Kleinstadt und Weltmarkt. Hohner und die Harmonika 1857 bis 1961, 1997; Konsumpolitik. Die Regulierung des privaten Verbrauchs im 20. Jahrhundert (Hg.), 1999; Change and Inertia. Britain under the Impact of the Great War (Hg. zus. mit Robert v. Friedeburg), 1998.

Ute Frevert, geb. 1954, Dr. phil., Professorin für Allgemeine Geschichte mit besonderer Berücksichtigung des 19./20. Jhs. an der Universität Bielefeld.
Veröffentlichungen: Krankheit als politisches Problem 1770–1880, 1984; Frauen-Geschichte, 1986; Ehrenmänner. Das Duell in der bürgerlichen Gesellschaft, 1991; „Mann und Weib, und Weib und Mann". Geschlechter-Differenzen in der Moderne, 1995; (zus. mit Aleida Assmann) Geschichtsvergessenheit – Geschichtsversessenheit. Vom Umgang mit deutschen Vergangenheiten nach 1945, 1999.

Dietrich Geyer, geb. 1928, Dr. phil., emeritierter Professor für Osteuropäische Geschichte an der Universität Tübingen.
Veröffentlichungen: Die russische Revolution, 4. Aufl. 1985; Der russische Imperialismus, 1977; Reußenkrone, Hakenkreuz und Roter Stern, 1999.

Friedrich Wilhelm Graf, geb. 1948, Dr. theol., Professor für Evangelische Theologie an der Universität München.
Veröffentlichungen: Ernst Troeltsch Bibliographie (mit Hartmut Ruddies), 1982; Theonomie. Fallstudien zum Integrationsanspruch neuzeitlicher Theologie, 1987; Profile des neuzeitlichen Protestantismus (Hg.), 3 Bde., 1990–1993; Kultur und Kulturwissenschaften um 1900 (Mithg.), 2 Bde., 1989 u. 1997; Max Weber und die Theologie, 1999; German Protestantism in the Age of Extremes. Studies in Intellectual History, 1999.

Jürgen Osterhammel, geb. 1952, Dr. phil., Professor für Neuere und Neueste Geschichte an der Universität Konstanz.
Veröffentlichungen: China und die Weltgesellschaft. Vom 18. Jahrhundert bis in unsere Zeit, 1989; Shanghai, 30. Mai 1925. Die chinesische Revolution, 1997; Die Entzauberung Asiens. Europa und die asiatischen Reiche im 18. Jahrhundert, 1998.

Niels P. Petersson, geb. 1968, Dr. phil. des., Wissenschaftlicher Mitarbeiter an der Universität Konstanz.

Veröffentlichungen: Imperialismus und Modernisierung. Die europäischen Mächte und die Modernisierungsbemühungen in Siam und China, 1895–1914 (i.E.).

Wolfgang Schieder, geb. 1935, Dr. phil. Dr. h. c. (Bologna), Professor für Neuere und Neueste Geschichte an der Universität Köln.
Veröffentlichungen: Karl Marx als Politiker, 1991; Religion und Revolution. Die Trierer Wallfahrt von 1844, 1996; (zus. mit Jens Petersen) Faschismus und Gesellschaft in Italien. Staat, Wirtschaft, Kultur, 1998.

Alexander Schmidt-Gernig, geb. 1964, Dr. phil., wissenschaftlicher Assistent am Institut für Geschichtswissenschaften der Humboldt-Universität zu Berlin.
Veröffentlichungen: Reisen in die Moderne. Der Amerika-Diskurs des deutschen Bürgertums vor dem Ersten Weltkrieg im europäischen Vergleich, 1997; Amerika erfahren – Europa entdecken. Zum Vergleich der Gesellschaften in europäischen Reiseberichten des 20. Jahrhunderts (Hg.), 1999.

Dirk Schumann, geb.1958, Dr. phil., Privatdozent an der Universität Bielefeld, Visiting DAAD Professor am Department of History der Emory University, Atlanta, USA.
Veröffentlichungen: Bayerns Unternehmer in Gesellschaft und Staat, 1834–1914, 1992; Bürgerkrieg in Deutschland? Politische Gewalt in der Weimarer Republik 1918–1933, vorauss. 2000.

Thomas Welskopp, geb. 1961, Dr. phil., Privatdozent an der FU Berlin.
Veröffentlichungen: Arbeit und Macht im Hüttenwerk, 1994; Geschichte zwischen Kultur und Gesellschaft (Hg. zus. m. Thomas Mergel), 1997; Das Banner der Brüderlichkeit, vorauss. 2000.